Band 0391  Falken-Handbuch
in Farbe

Flugzeuge

Von den Anfängen bis zum 1. Weltkrieg

von Enzo Angelucci und Paolo Matricardi
deutsche Bearbeitung von Eduoard Schartz

FALKEN-VERLAG E. SICKER KG · WIESBADEN

ISBN 3 8068 0391 9
© der deutschen Ausgabe 1976 by Falken-Verlag Erich Sicker KG, Wiesbaden
© der Originalausgabe 1975 by Arnoldo Mondadori Editore, Europa Verlag
Zeichnungen: Vincenzo Cosentino
Satz: Otto Gutfreund & Sohn
8 7 6 5 4 3 2 1

Inhaltsverzeichnis

7 **Vorwort**

11 Von Leonardo zu den Wrights

31 Von den Wrights zum I. Weltkrieg

96 Weitere Flugzeuge 1908–1914

99 Die Rekorde von 1906 bis 1914

109 Von 1914 bis zum Ende des Krieges

121 Die besten Kampfflugzeuge von 1914 bis 1918

128 Frankreich

162 Frankreich – weitere Flugzeuge

164 Großbritannien

212 Großbritannien – weitere Flugzeuge

215 Rußland

220 Italien

233 Italien – weitere Flugzeuge

235 Die Vereinigten Staaten

244 Die Vereinigten Staaten – weitere Flugzeuge

245 Deutschland

292 Deutschland – weitere Flugzeuge

295 Österreich

306 Motoren

310 Die wichtigsten Ereignisse von den Anfängen bis 1918

313 Register

Vorwort

Warum soll man eine Geschichte der Luftfahrt schreiben? Dafür gibt es eigentlich zwei Gründe; zum einen die Faszination, welche das Fliegen immer wieder auf den Menschen ausgeübt hat und auch heute noch ausübt, wo das Flugzeug keine Geheimnisse mehr birgt und praktisch jeder in der Lage ist, mit ihm zu fliegen. Es ist die Frage, warum ein Flugzeug vom Boden abhebt, in der Luft bleibt und dort große Entfernungen zurücklegt. Diese Bewunderung ist aber gepaart mit dem Wissensdrang, wieso und warum das alles so gekommen ist, wieviel Opfer der Mensch hat bringen müssen, welche Enttäuschungen und welche Freuden er dabei erlebt hat. Auch wenn die Geschichte der Luftfahrt noch kein Jahrhundert alt ist, so war sie doch von allen Abenteuern des Menschen wohl das erregendste und eines der spannendsten. Nach jahrhundertelangem vergeblichen Suchen gelang innerhalb von wenigen Jahren der Ausbau der Luftfahrt. Der ungeheure Fortschritt der Wissenschaft in der modernen Zeit ging Hand in Hand mit der Entwicklung der Luftfahrt. Die Geschichte der Luftfahrt ist somit auch die Geschichte des Fortschritts der Menschheit und ihrer Fähigkeiten.
Der zweite Grund für unser Buch ist eher praktischer Natur, obwohl auch er in der Faszination begründet liegt. Gerade wegen dieser komplexen Vielfalt ist es für den Interessierten sehr schwer, alle Daten, alle Ereignisse und alle Abbildungen auf einmal geordnet vorzufinden. Diese Geschichte muß aber nicht unbedingt in eine Vielzahl von Einzeltexten aufgesplittert sein. Wir haben uns das Ziel gesetzt, sie in einer gerafften und klaren Übersicht wiederzugeben, in der die Details, die Fakten und der chronologische Ablauf nicht zu kurz kommen, eine Art Mosaik also der wichtigsten Gegebenheiten, welche für das Verständnis der Geschichte der Luftfahrt unerläßlich sind. Das von uns gewählte Schema sollte das Risiko von Auslassungen möglichst klein halten. Dieser Band behandelt die Entwicklung von den Anfängen der Fliegerei bis zum I. Weltkrieg, für

die mehr als 150 Flugzeuge ausgewählt wurden. Neben den Flugzeugen, welche die Luftfahrt entscheidend vorangebracht haben, stehen die Maschinen, die mit besonderen Glanzleistungen verbunden sind oder die in ihrer Zeit durch besondere technische Neuerungen auffielen. Da die Geschichte des Flugzeugs auch die Geschichte der Luftkriege ist, werden die Maschinen genannt, welche die Übermacht in der Luft errungen oder auch wieder zerstört haben. Alle Flugzeuge werden nach dem gleichen Schema beschrieben. Die jeweilige Zeichnung soll die Linienführung und die Farbenpracht der einzelnen Maschinen ins Gedächtnis rufen. Eine rein technische Tabelle bringt die Daten der Maschinen. Die Strichzeichnungen sollen die Ausmaße und das Profil der einzelnen Maschinen verdeutlichen. Der Text schließlich entspricht in seiner Länge der Bedeutung der jeweiligen Maschine. Die technischen Daten unterrichten über die Ausmaße, das Gewicht, die Leistung, den Motor und den Konstrukteur. Die Bewaffnung wird aufgeführt, wenn sie für die Geschichte des Flugzeugs von Bedeutung war. Durch dieses einheitliche Schema können die Daten sehr leicht miteinander verglichen werden. All diese Angaben sind das Ergebnis einer mühsamen Forschungsarbeit. Bei unterschiedlichen Quellenangaben wurde immer eine Zahl ausgewählt, die mindestens zweimal belegt war. Die zahlreichen Angaben, die aus dem angelsächsischen Raum stammen, mußten in das Dezimalsystem umgerechnet werden, wobei wir auf- und abgerundet haben. Von einigen Flugzeugen sind auch die Varianten oder Weiterentwicklungen abgebildet – jede mit einer eigenen Tabelle – um in einer direkten Gegenüberstellung der Tabellen zu zeigen, zu welchen Flugzeugtypen ein einziger Prototyp geführt haben kann. Jedes Land wird in einem eigenen Kapitel behandelt, in dem die Flugzeuge in chronologischer Reihenfolge geordnet sind.

In diesem Band, der mit der Geburt der modernen Luftfahrt am 17. Dezember 1903, dem Erstflug der Brüder Wright, und mit dem ersten Flugzeug, der Flyer I, beginnen sollte, konnte die lange Zeit der Träume, der genialen Einfälle und der zaghaften Versuche nicht unberücksichtigt bleiben. Das erste Kapitel beginnt mit dem ersten großen Theoretiker und Wissenschaftler des Fliegens, Leonardo da Vinci. Es schließt mit dem letzten Mißerfolg vor dem großen Ereignis von Kitty Hawk, das ebenfalls in Amerika, der Heimat der Brüder Wright, stattfand. Es war der gescheiterte Versuch von Samuel Pierpont Langley, auf dem Potomac mit seiner Aerodrome von einem schwimmenden Ponton aus zu starten. Dieses Kapitel ist eine breit angelegte Einführung, und es ist unerläßlich für das Verständnis der späteren Ereignisse. Unsere Arbeit soll für alle von Nutzen sein; für die Liebhaber und die Kenner, welche anhand unserer Hinweise ihre Lieblingsthemen vertiefen können, für die nicht so stark Interessierten, welche sich dennoch durch die Geschichten, Namen, Daten und Fakten bannen lassen, sowie für all diejenigen, die noch keine Berührung mit der Welt des Fliegens hatten und deren Interesse wir mit diesem historischen Abriß wecken wollen.

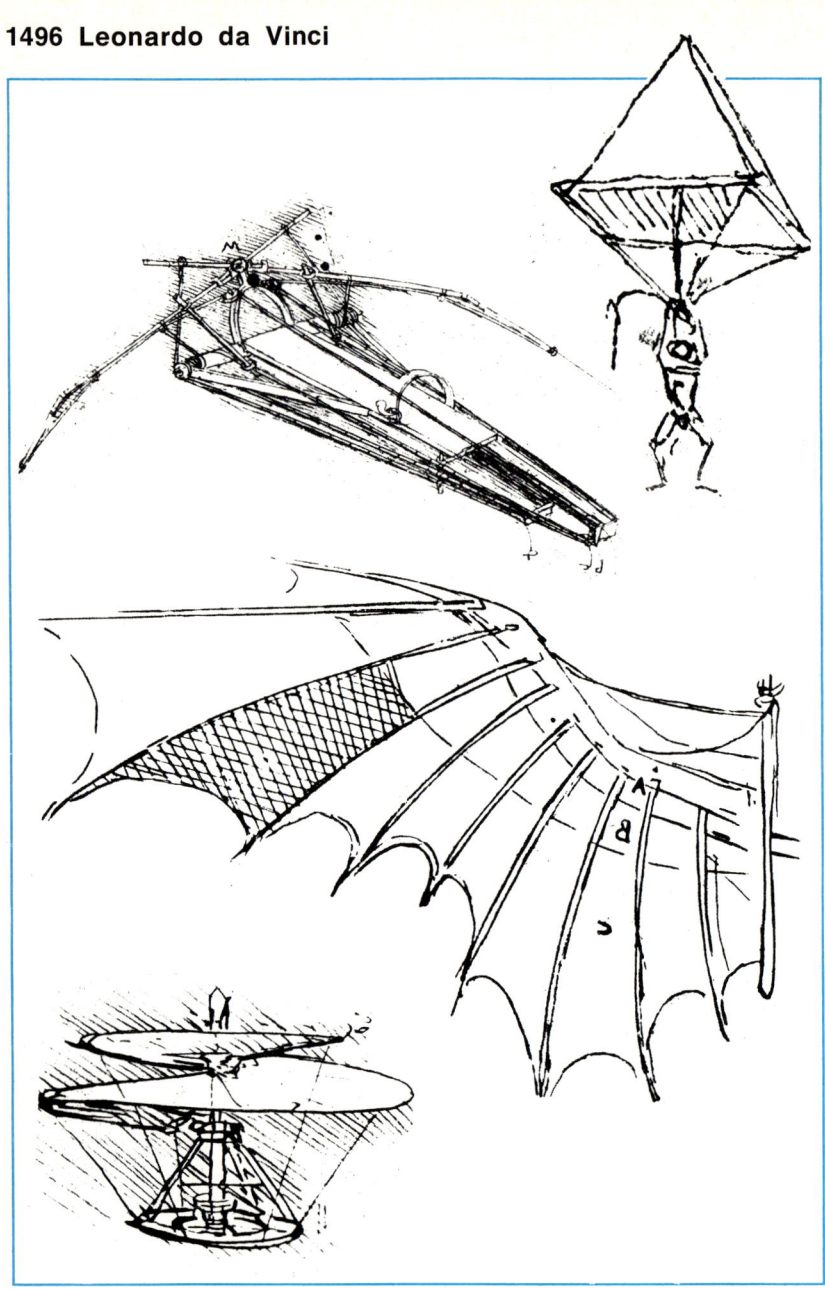

Von Leonardo zu den Wrights

5.000 handgeschriebene Seiten, 35.000 Wörter, 150 Entwürfe: Leonardo da Vinci hatte mit der Intuition des Genies zahlreiche Prinzipien, Theorien und Versuche vorweggenommen, welche die Verwirklichung des ältesten Traums der Menschheit schon zu seiner Zeit ermöglicht hätten. Er beobachtete die Vögel und beschrieb gleichzeitig, wie man es ihnen gleichmachen konnte; er entdeckte mehrere aerodynamische und physikalische Gesetze und zeigte, wie sie in die Praxis umzusetzen waren und er hinterließ Entwürfe für Fallschirme, Hubschrauber und Luftschrauben. Es wird jedoch wohl nie zu klären sein, warum gerade der umfassende Beitrag Leonardos zur Entstehung der Luftfahrt drei Jahrhunderte lang im Verborgenen blieb: von 1519, dem Jahr, in dem Leonardo am 2. Mai in Cloux (Frankreich) starb, bis 1797 als erste Teile der »Codices Leonardeschi« wieder auftauchten. Diese Verzögerung sollte sich noch nachhaltig auf die Geschichte der Luftfahrt auswirken.

Nach all den Mythen, Träumen und unsinnigen Versuchen waren die Arbeiten Leonardos die erste streng wissenschaftliche Behandlung der schwierigen Materie. Leonardo da Vinci begann 1486, als er in Mailand im Dienste der Sforza stand, das Fliegen der Vögel zu beobachten. Zehn Jahre später legte er die Entwürfe für seine ersten fliegenden Maschinen vor. Dabei war er direkt von seinen Beobachtungen ausgegangen und hatte die Mechanismen, die er in Hunderten von Skizzen und Zeichnungen (»ornitotteri«) beschrieb, alle um den gleichen Grundgedanken kreisen lassen: Der Auftrieb wurde von beweglichen Flügeln erzeugt, die wie Vogelflügel funktionierten.

Diese Entdeckung, die für die damalige Zeit eine wissenschaftliche Glanzleistung war, beherrschte fortan die Arbeiten Leonardos und verurteilte sie gleichzeitig dazu, reine Theorie zu bleiben. Sie beruhte nämlich auf zwei Irrtümern: erstens, daß die Vögel ihre Flügel von vorne nach hinten bewegten und zweitens, daß die Muskelkraft des Menschen ausreichte, um sich nebst Maschine in die Lüfte zu erheben. Leonardo erkannte erst gegen Ende seines Lebens, daß seine Ideen nicht praktizierbar waren und er ahnte auch die richtige Lösung: den starren Flügel und den Gleitflug. Die ersten Gleiter sollten jedoch erst drei Jahrhunderte später auftauchen. Leonardo muß im Verlaufe seiner Studien auch eingesehen haben, daß die Muskelkraft allein für den Auftrieb nicht ausreichen konnte. Es fanden sich mehrere Skizzen für einen Hubschrauber, auf denen eine Feder offensichtlich die Kraft des Piloten steigern sollte.

Leonardo da Vinci und seine Forschungen waren für lange Zeit der einzige Lichtblick in der Entwicklung der Luftfahrt. Die folgenden Jahrhunderte erlebten zwar eine ganze Reihe von zaghaften und phantastischen Versuchen, die aber nur bewiesen, daß die Menschheit für die Eroberung der Lüfte noch nicht reif war.

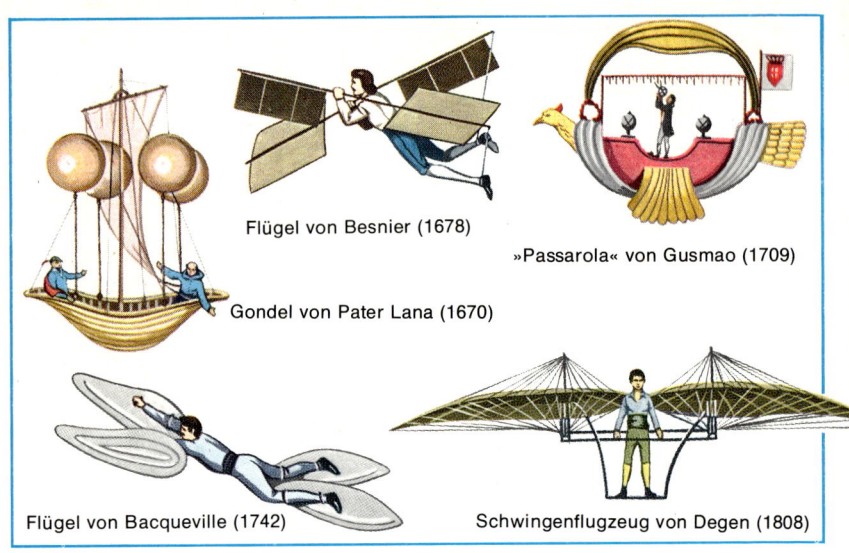

Flügel von Besnier (1678)

»Passarola« von Gusmao (1709)

Gondel von Pater Lana (1670)

Flügel von Bacqueville (1742)

Schwingenflugzeug von Degen (1808)

Francesco de Lana (1631–1687), ein Jesuit aus Brescia, war Lehrer für Literatur und Wissenschaften. Er hatte das Gewicht der Luft in Meereshöhe ungefähr bestimmen können. Seine Erfenntnis, daß die Luft in großen Höhen leichter sei, versuchte er für den Bau einer fliegenden Maschine zu nutzen. Sein Buch »Prodromo oder Bericht über einige neue Erfindungen« (1670) gibt eine Beschreibung dieser Maschine: eine Gondel, die an vier Kupferkugeln – mit einem Durchmesser von 6 m – hing, in denen ein Vakuum erzeugt worden war. Die Steiggeschwindigkeit wurde mit Hilfe von Ballastsäcken geregelt, während für den Abstieg die Kugeln zum Teil mit Luft gefüllt wurden.

In Frankreich wollte 1678 der Fabrikant Besnier mit Hilfe von zwei Paar Flügeln, die er an zwei Stöcken befestigt hatte und die er abwechselnd mit Armen und Beinen bewegte, in die Luft gehen. In Lissabon versuchte 1709 der brasilianische Jesuit Laurenço de Gusmâo (1686–1724) mit seiner »Passarola«, einem vogelähnlichen Gleiter, Höhe zu gewinnen. In Paris stürzte sich Jean-François Boyvin de Bonnetot, Marquis de Bacqueville, mit vier Flügeln gewappnet, von einem Dach. 1742 waren die fliegenden Menschen immer noch am Werk. 1809 experimentierte der Schweizer Jacob Degen in Wien mit seinen »Flügeln« und blieb überraschenderweise am Leben. Vier Jahre später wurde er dann in Paris schwer verletzt. Seinen »Flug« hatte er zwar heil überstanden, die enttäuschte Menge ließ jedoch ihren Zorn an ihm aus.

In der ersten Hälfte des 19. Jahrhunderts trat die Geschichte des »schwerer als Luft« in eine neue Phase. Ein Engländer, Sir George Cayley (1773–1857), brachte einige Beiträge, die manche Kenner der Materie sogar mit der Leistung Leonardos gleichstellten. Er galt als »der wahre Erfinder des Flugzeugs und eines der größten Genies der Luftfahrtgeschichte«. Es war ihm gelungen, die meisten Probleme des Fliegens in der Theorie zu lösen. Als erstes wandte er sich den Gesetzen der Mechanik zu (»Das Problem besteht darin, den Widerstand der Luft mit Hilfe einer Kraft zu überwinden, um mit einer Tragfläche ein gegebenes Gewicht tragen zu können«); danach betrieb er aerodynamische Forschungen, und erkannte als erster, daß die Flugzeuge ein Antriebssystem benötigen. Sir George Cayley gebührt ebenfalls das Verdienst, seine Theorien in das erste »richtige« Flugzeug der Luftfahrtgeschichte umgesetzt zu haben. Er entwarf 1804 eine Art Segler von 1,5 m Länge, der in der Folgezeit

zahlreiche Nachahmungen erfahren sollte. 1849 gelang es ihm noch nicht, das erste Modell mit einem leichtgewichtigen Knaben an Bord zu starten.

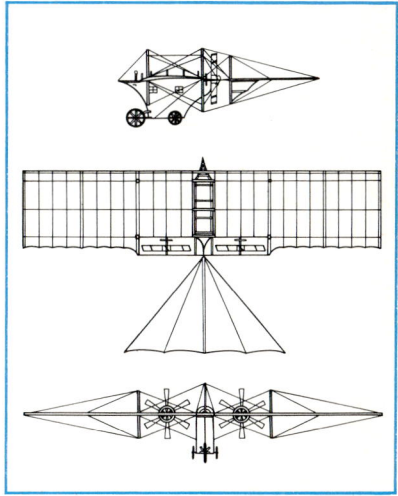

1849 George Cayley

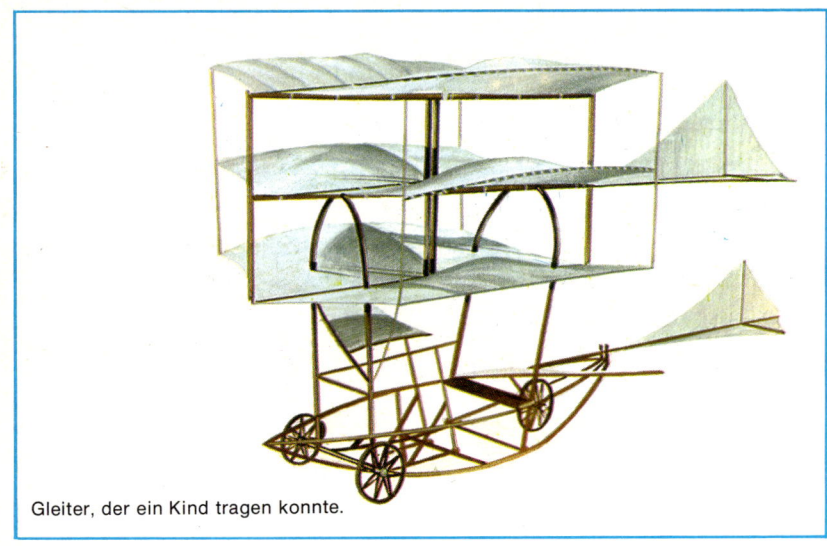

Gleiter, der ein Kind tragen konnte.

Doch 1853 mußte der schreckensbleiche Kutscher von Sir George an Bord des zweiten Modells den ersten erfolgreichen Versuch über sich ergehen lassen.

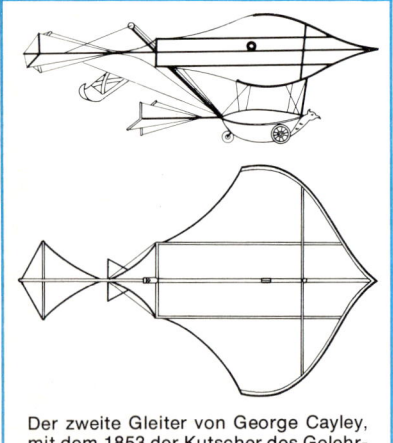

Der zweite Gleiter von George Cayley, mit dem 1853 der Kutscher des Gelehrten flog.

Cayleys Wirken machte sich bald bemerkbar. 1842 ließ der Engländer William Samuel Henson (1812–1888) eine fliegende Maschine patentieren, die bahnbrechend wirken sollte, auch wenn sie nie gebaut wurde: die Aerial Steam Carriage. Von den Theorien Cayleys ausgehend hätte diese Maschine eine Spannweite von 45 m und eine Flügelfläche von 418 m² haben müssen. Außerdem war ein Dampfmotor vorgesehen, der 2 Schubpropeller antreiben sollte. Es war der erste Entwurf mit starren Flügeln, Luftschrauben und einem »modernen« Aussehen. Henson hatte – zusammen mit seinem Freund John Stringfellow – ehrgeizige Pläne. So wollte er z. B. eine Luftfahrtgesellschaft gründen, die Aerial Transit Company. Am Ende blieb jedoch von diesen Plänen nur ein Modell mit einer Spannweite von 6 m, dem es zwischen 1845 und

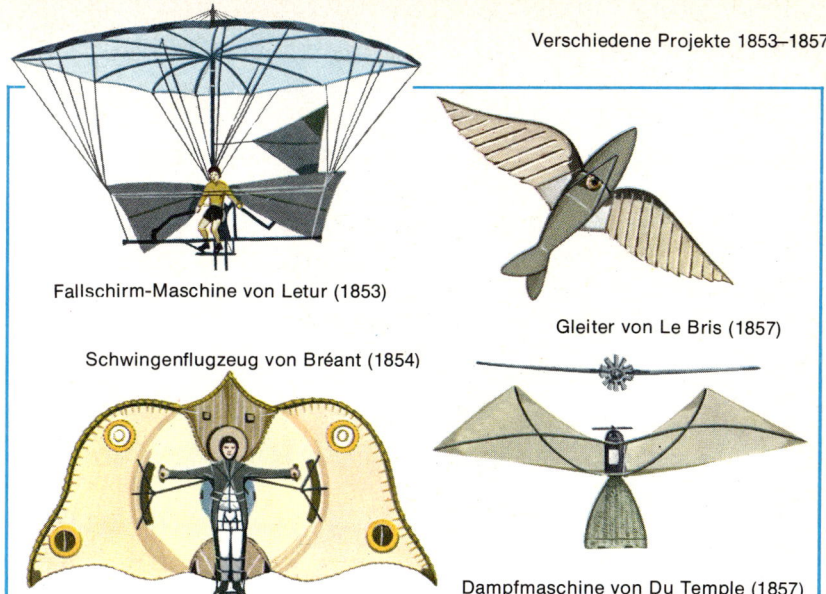

Fallschirm-Maschine von Letur (1853)

Gleiter von Le Bris (1857)

Schwingenflugzeug von Bréant (1854)

Dampfmaschine von Du Temple (1857)

1847 nicht gelang, vom Boden abzuheben.

Das Aufsehen, das die Maschine von Henson bewirkt hatte und die weite Verbreitung der Studien von Sir George Cayley brachten in der Mitte des Jahrhunderts einen unerwarteten Umschwung mit sich. Die zündenden Ideen für den Flugzeugbau kamen plötzlich nicht mehr aus Großbritannien, sondern vorwiegend aus Frankreich. Zwischen 1853 und 1854 experimentierte Louis Charles Letur mit einer Art Gleiter-Fallschirm, der als eine der ersten Maschinen »schwerer als Luft« von einem Menschen in der Luft gelenkt werden konnte. Nach einigen glücklich verlaufenen Versuchen in Großbritannien und Frankreich stürzte Letur am 27. Juni 1854 in der Nähe von London ab und erlag seinen Verletzungen.

1853 entwarf der Mechaniker Michel Loup einen »Vogel« mit großen Tragflächen, einem dreirädrigen Fahrwerk und zwei riesigen Luftschrauben für den Antrieb. Ein Jahr später erdachte Bréant ein Schwingenflugzeug; die Armbewegungen des Piloten wurden durch elastische Bänder erleichtert. Der Marineoffizier Jean-Marie Le Bris wandte sich erneut den Gleitern zu. Er baute in der Zeit von 1856 bis 1868 einen Gleiter, der in seinen äußeren Konturen stark an einen Albatros erinnerte. Obwohl auch dieser Versuch zum Mißerfolg verurteilt war, kann Le Bris ebenfalls zu den ersten Pionieren in der Geschichte der Luftfahrt gezählt werden.

Es war erneut ein Marineoffizier, Félix du Temple (1823–1890), der 1857 mit seinem Entwurf für einen Eindecker mit Zugpropeller, leicht V-förmigen Flügeln und dreirädrigem Fahrwerk sein Talent und seine guten Kenntnisse der Aero-

15

1853 Michel Loup

Entwurf für einen Eindecker

dynamik unter Beweis stellte. Du Temple hatte vorher schon mit einem raffinierten Modell auf sich aufmerksam gemacht, das erst mit Hilfe einer Feder und dann mit einem Dampfmotor regelmäßig starten und landen konnte. Die Versuche mit einer größeren Maschine scheiterten lange an dem Fehlen eines geeigneten Antriebs, bis 1874 mit einem Warmluftmotor mehrere bemannte Sprünge von einigen Metern gelangen.

In den 60er Jahren waren die »ornitotteri«, die Schwingenflugzeuge, erneut am Zuge. Daneben tauchte aber auch ein neuer Typ von fliegenden Maschinen auf: der Hubschrauber. So stellte 1860 Smythies ein kompliziertes Gebilde vor, dessen Flügel zur Hälfte beweglich und zur Hälfte starr waren. Es wurde von einem Dampfmotor angetrieben, während der Pilot mit seinem Sitz den

Schwerpunkt verlagern konnte. 1864 hatten Struvé und Telescheff eine noch phantastischere Idee: Sie wollten die Probleme der Stabilität mit fünf Paar Flügeln überwinden. Als Antriebskraft mußte allerdings wieder die Muskelkraft des Piloten herhalten. Der Industrielle J. J. Bourcart hatte 1866 den gleichen Gedanken verwirklicht, indem er die Beine des Piloten mit einem ausgeklügelten System von Zugleinen verband. Das Schwingenflugzeug sollte acht Jahre später dem belgischen Schuster Vincent de Groof in London zum Verhängnis werden. Nach dem Sprung aus einem Ballon konnte er die Flügel nicht steuern und stürzte tödlich ab.

Der Hubschrauber bewegte vor allem die Gemüter der französischen Erfinder. Man gründete eine Gesellschaft, um die zahlreichen Projekte dieser Zeit besser überblicken und fördern zu können.

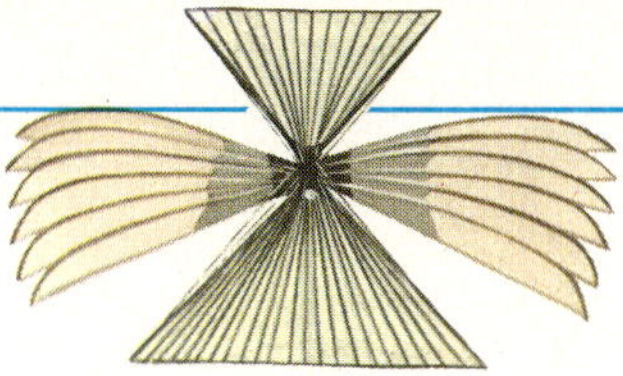

Dampfmaschine von Smythies (1860)

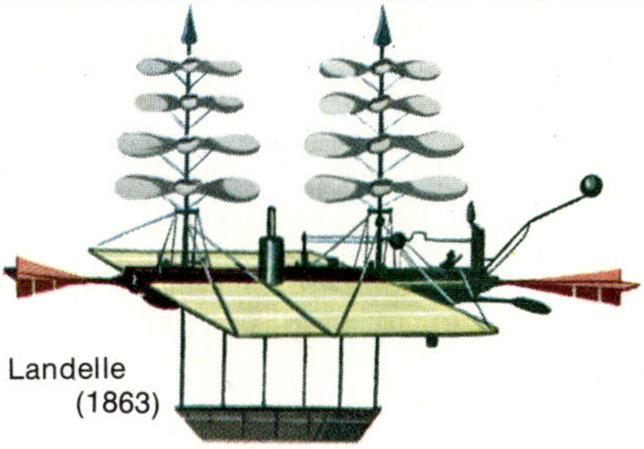

Projekt von La Landelle (1863)

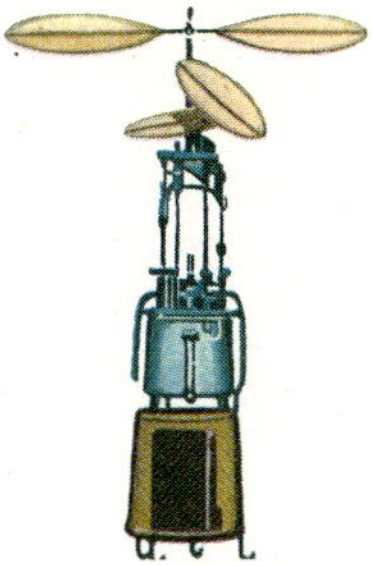

Dampfhubschrauber von Ponton d'Amécourt (1863)

Projekt von J. J. Bourcart (1866)

Ruhm erlangte Ponton d'Amécourt, der 1863 einen Hubschrauber mit gegenläufigen Luftschrauben vorstellte. Als er den Motorantrieb durch eine Feder ersetzte, konnte er sein Modell sogar starten.

1866 war für die Geschichte der Luftfahrt ein äußerst wichtiges Jahr. In London erfolgte die Gründung der »Aeronautical Society ot Great Britain«. Sie sollte den Forschern, die sich für die Probleme des mechanischen Fluges interessierten, ein angemessenes Forum bieten. Außerdem trug die Gesellschaft durch die Herausgabe von technischen Zeitschriften zur Verbreitung der neuesten Theorien und Forschungsergebnisse bei. 1868 beherbergte der Chrystal Palace die erste Luftfahrtschau der Welt. Sie bot eine seltsame Mischung von Genialität und Naivität, die dem damaligen Stand der Dinge entsprach. Unter den zahlreichen Projekten verdiente vor allem der Dreidecker von John Stringfellow einige Beachtung. Dieser britische Ingenieur hatte nämlich ein neuartiges Flugzeugmodell entwickelt, das, obgleich es nicht abheben konnte, die Projekte seiner Zeit nachhaltig beeinflußte, und zwar mit seinem Konzept von übereinander angebrachten Tragflächen. Stringfellow erhielt für

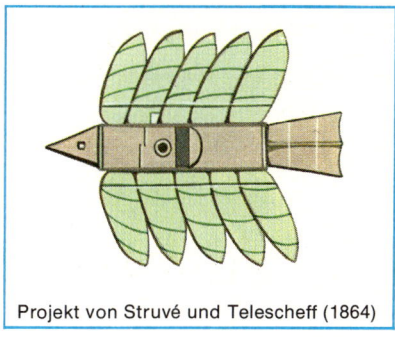

Projekt von Struvé und Telescheff (1864)

17

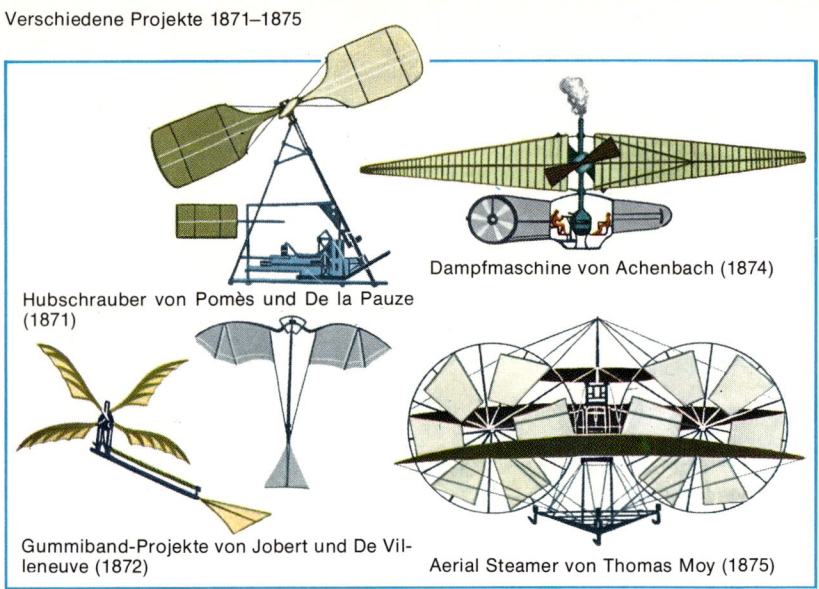

Hubschrauber von Pomès und De la Pauze (1871)

Dampfmaschine von Achenbach (1874)

Gummiband-Projekte von Jobert und De Villeneuve (1872)

Aerial Steamer von Thomas Moy (1875)

seinen Dampfmotor, der als »der leichteste im Verhältnis zur Leistung« ausgezeichnet wurde, einen mit 100 Pfund dotierten Preis.

Die 70er und 80er Jahre brachten noch einmal neue Ideen und neue Projekte. Im Juni 1875 gelang in England der erste Start mit Hilfe eines Dampfmotors. Die

Maschine »Aerial Steamer« war von Thomas Moy entworfen und gebaut worden. Es handelte sich um einen Eindecker, dessen Flügel tandemförmig angeordnet waren; vorne hatten sie eine Fläche von 4,6 m² und hinten von 5,9 m². Die beiden großen Luftschrauben, die an Schaufelräder erinnerten, wurden von einem 3-PS-Dampfmotor angetrieben. Sie hatten einen Durchmesser von 182 cm und befanden sich zwischen den beiden Flügelanordnungen. Der von ihnen erzeugte Auftrieb reichte aus, um das 55 kg schwere Gefährt 15 cm hochzuheben.

In dieser Zeit kam vor allem dem Franzosen Alphonse Pénaud (1850–1880) besondere Bedeutung zu, denn er lieferte einige wichtige Beiträge für die Entwicklung der Luftfahrt. Er wandte seine Theorien, über die Flügelprofile und die aerodynamischen Prinzipien,

Schwingenflugzeug von De Groof (1874)

Modell für einen Dreidecker

mit Erfolg bei seinen eigenen Flug-zeug-, Hubschrauber- und Schwing-flügelprojekten an. Dabei verfiel er auf ein Antriebssystem, das schon bekannt war, aber nur selten angewandt wurde: aufgerollte Gummistreifen. 1871 stellte er ein Modell vor, das zu den Urvätern der modernen Flugzeuge gezählt wer-den darf. Es handelte sich um einen Eindecker mit einer Spannweite von 45 cm. Die umgebogenen Flächenen-den sicherten die Seitenstabilität. Die Luftschraube, die mit ihren beiden Blät-tern am Ende angebracht war, wurde von einem Gummiband, das 20 cm breit war, bewegt. Dies war das erste völlig stabile Flugzeug der Geschichte. Es hatte am 18. August 1871 »Erstflug« und legte dabei in den Tuilerien von Paris 40 m in 11 Sekunden zurück. Alphonse Pénaud starb im Alter von nur 30 Jahren durch Selbstmord. Vorher hatte er noch

als Höhepunkt seiner Leistungen Pläne für einen amphibischen Eindecker vor-gelegt, der zwei Personen transportie-ren konnte. Pénaud meldete 1876 das Patent an, konnte die Maschine aber nicht mehr verwirklichen. Sie nahm in manchen Punkten das Flugzeug der Zukunft vorweg: zwei gegenläufige Propeller, ein mit der Kielflosse fest ver-bundenes Ruder, eine mit Glas verklei-dete Kabine, ein einziehbares Fahrge-stell und Instrumente für den Piloten. Das geschätzte Gewicht lag bei 1.195 kg, die Geschwindigkeit bei 96,5 km/h.

Der flugbegeisterte Franzose Victor Tatin (1843–1913) gehörte zu den ersten großen Theoretikern der Luftfahrt. Sein Ruhm gründete sich vor allem auf ein originelles Modell aus dem Jahre 1879, bei dem der Rumpf gleichzeitig Preß-luftbehälter für einen kleinen Motor war,

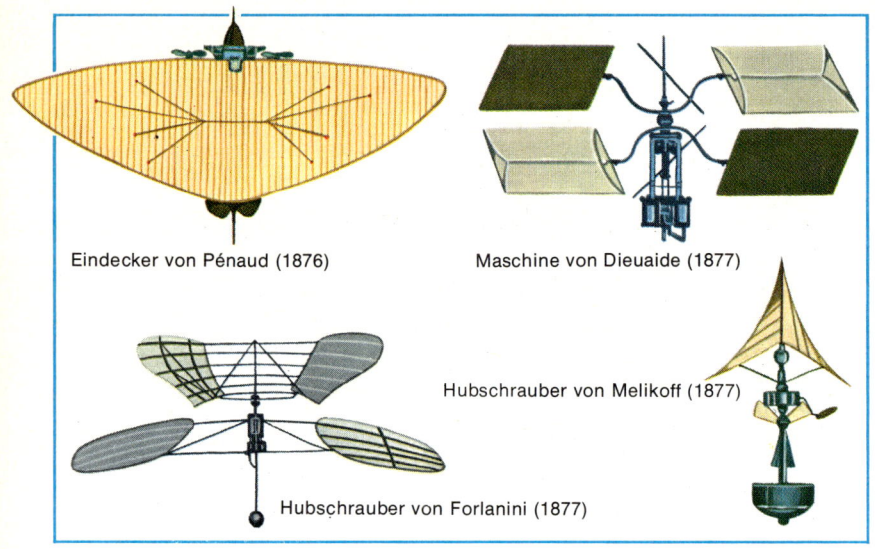

Eindecker von Pénaud (1876)

Maschine von Dieuaide (1877)

Hubschrauber von Melikoff (1877)

Hubschrauber von Forlanini (1877)

der zwei Zugpropeller antrieb. Die Spannweite betrug 190 cm. Bei Versuchen wurde das Modell mit einem Seil an einen Pflock gebunden und konnte für ungefähr 15 m in der Luft bleiben. Die Anhänger der Hubschrauber belegten ihr Interesse am Senkrechtstart mit einer Reihe von aufsehenerregenden Versuchen. 1871 stellten Pomès und De la Pauze ein Modell vor, dessen Rotor-

Hubschrauber von Castel (1878)

blätter mit Schießpulver angetrieben wurden. 1874 entwarf Achenbach einen riesigen Hubschrauber mit Dampfmotor. Drei Jahre später brachte Emmanuel Dieuaide ein Modell mit gegenläufigen Rotoren heraus, bei dem der Kessel des Motors am Boden blieb und über ein biegsames Rohr mit der Maschine verbunden war. Bei Melikoff war die Luftschraube kegelförmig, um den Fall abzubremsen. 1877 stieg das Dampfprojekt des italienischen Ingenieurs Enrico Forlanini für 20 Sekunden in 12,8 m Höhe. 1878 holte der Franzose Castel das Äußerste aus der Hubschrauberformel heraus, indem er auf zwei Achsen acht Rotorblätter gegenläufig mit Druckluft antreiben ließ. Er hatte keinen Erfolg, während Dandrieu 1878 und 1879 mit seinen viel kleineren Modellen mit Gummiband großes Aufsehen erregte.

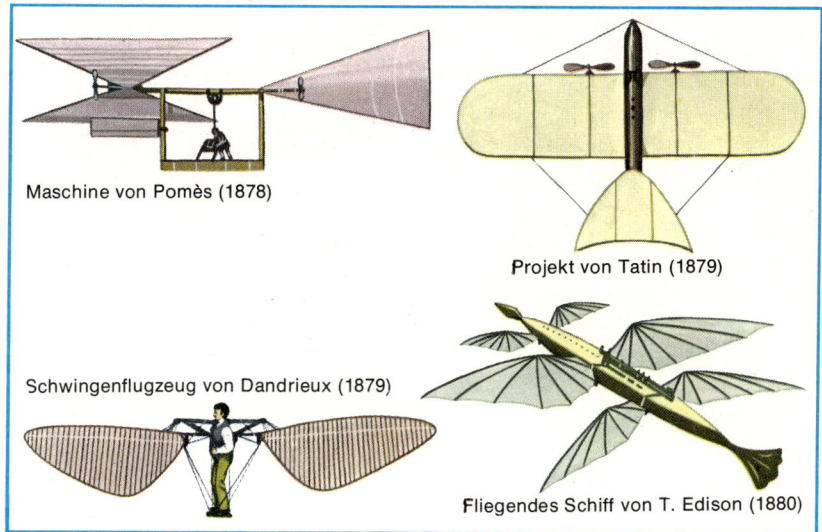

Maschine von Pomès (1878)

Projekt von Tatin (1879)

Schwingenflugzeug von Dandrieux (1879)

Fliegendes Schiff von T. Edison (1880)

Im letzten Jahrzehnt dieses Jahrhunderts sollte der Auftakt zur Verwirklichung des ersten richtigen Fluges erfolgen. Zuvor wurde jedoch aus Rußland ein interessanter Versuch vermeldet. Der Marineoffizier Alexander F. Moschaiski konstruierte zwischen 1881 und˙1883 einen Eindecker mit Zugpropeller und Dampfmotor, den er in der Nähe von St. Petersburg mit Erfolg vorführte. Die Maschine wurde von einer Rampe aus gestartet und blieb ungefähr 30 m lang in der Luft. Obwohl der Flug kaum kontrolliert werden konnte, war er dennoch ein Ereignis.
Nach dem Versuch von Du Temple aus dem Jahre 1874 war dies der zweite motorisierte Flug der Weltgeschichte.

Leichter als Luft

Schwerer als Luft. Leichter als Luft. Das Wettrennen um die Eroberung des Himmels fand gleichzeitig in diesen beiden Bahnen statt. Die Versuche und Experimente mit einer Maschine, die von dem dynamischen Druck der Luft auf ihre Tragflächen getragen und mit eigener Kraft gelenkt werden sollte, führten erst zu Beginn des 20. Jahrhunderts zum Erfolg. Die Anhänger des »leichter als Luft« waren schon 120 Jahre vor dem ersten motorisierten Flug der Brüder Wright erfolgreich.
Es war am 21. November 1783 in Paris. Die beiden Protagonisten waren der Chemieprofessor Jean François Pilâtre de Rozier (1756–1783) und der Major Marquis François d'Arlandes. Pilâtre de Rozier hatte eine Gondel gebaut, die stark genug für zwei Personen war und

21

1884 Alexander F. Mozhaiski

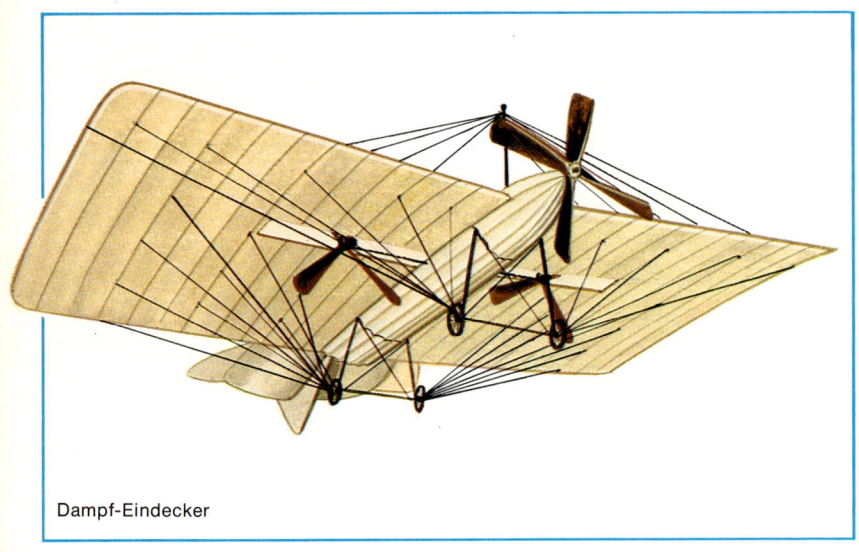

Dampf-Eindecker

die unter einem Warmluftballon befestigt wurde. Er legte während eines Fluges von 25 Minuten ungefähr 3 km zurück.

Diesem erfolgreichen Versuch war eine geniale Entdeckung der französischen Brüder Joseph Michel (1740–1810) und Jacques Etienne Montgolfier (1745–1799), Inhaber einer Papierfabrik bei Lyon, vorausgegangen. Sie hatten beobachtet, wie der Rauch mit den Papiertüten, die sie über ein offenes Feuer hielten, zusammen nach oben strebte. Daraus folgerten sie, daß das, was sie für Gas hielten, in einem großen und leichten Behälter gefaßt, diesen gen Himmel steigen lassen müßte. Bei ihren zahlreichen Experimenten wurden die Modelle immer größer, bis sie am 4. Juni 1783 mit einem von ihnen aus Stoff und Papier konstruierten Ballon (Durchmesser: 10 m) auf dem Marktplatz von

Annonay einen ersten »echten« Vesuch starteten. Um die Hülle mit warmer Luft anzufüllen, wurde ein Gemisch aus Wolle und Stroh verbrannt. Der Ballon – der von nun an Montgolfière hieß – hob tatsächlich ab und stieg auf ungefähr 2.000 m.

Siegesgewiß begaben sich die Brüder Montgolfier nach Paris und bauten dort einen zweiten Ballon, mit dem sie am 19. September eine Ziege, eine Gans und einen Hahn in die Lüfte beförderten. Mit dem dritten Ballon vollbrachten dann Pilatre de Rozier und d'Arlandes am 21. November – im Beisein von Ludwig XVI. und Marie-Antoinette – den ersten Flug der Geschichte.

Nur neun Tage später erfolgte schon der nächste wichtige Schritt. Jacques Alexandre César Charles (1746–1823), Mitglied der Französischen Akademie der Künste erprobte mit Erfolg eine neue Art

Montgolfière, die zum erstenmal in die Lüfte stieg

Wasserstoffballon von Jacques Charles

Montgolfière 1783

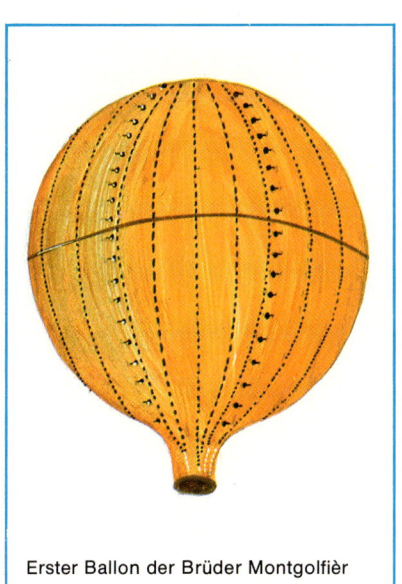

Erster Ballon der Brüder Montgolfièr

Ballon. Er ersetzte die warme Luft durch Wasserstoff, der »entflammbaren Luft«, die der englische Wissenschaftler Henry Cavendish 17 Jahre früher entdeckt hatte. Charles hatte schon am 27. August einen ähnlichen Ballon unbemannt aufsteigen lassen. Er war nach einem längeren Flug wieder in der Nähe von Paris niedergegangen, wo ihn eine Gruppe von verschreckten Bauern zerstörte. Am 1. Dezember 1783 stieg dann auch dieser neue Luftballon – der nach seinem Erfinder Charlière genannt wurde – mit Charles und N. Robert in die Luft und legte mehr als 43 km zurück.

Die Erfindung von Jacques Charles sollte Pilâtre de Rozier das Leben kosten. Der französische Chemiker startete am 15. Juni 1785 mit einem von ihm konstruierten Ballon, der neben der warmen Luft auch noch Wasserstoff mit sich führte. Pilâtre wollte zusammen mit

1852 Henri Giffard   1901 Santos-Dumont

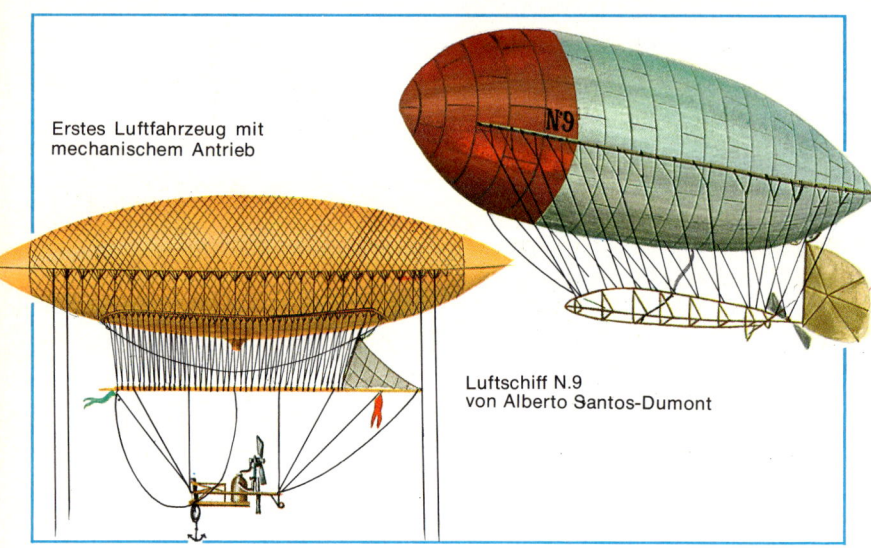

Erstes Luftfahrzeug mit
mechanischem Antrieb

Luftschiff N.9
von Alberto Santos-Dumont

seinem Freund Pierre Romain von Bou-
logne aus nach Großbritannien fliegen.
In 900 m Höhe explodierte der Wasserstoff und der Ballon stürzte ab. Pilâtre
und Romain waren die ersten Todesopfer des gelenkten Fluges.
Die Lust am Fliegen griff wie eine Epi-
demie um sich. Ballone jeder Art tauchten plötzlich auf. Es kam zu den ersten
großen Flügen und zu den ersten Rekorden. Am 7. Januar 1785 schafften der
Franzose Jean-Pierre Blanchard und
der Amerikaner John Jeffries den ersten
Flug über den Ärmelkanal. Blanchard
führte am 9. Januar 1793 auch den ersten Flug in der Geschichte der USA
durch. Dabei beförderte er gleich die erste Luftpost: einen Brief des Präsidenten Washington. Am 7. und 8. November
1836 flog ein großer Ballon, Vauxhall
genannt, von London nach Weilburg in
Deutschland und legte dabei in

18 Stunden 772 km zurück. An Bord befanden sich Charles Green, Robert Hol-
lond und Monck Mason. Vom 2. bis
3. September 1849 überquerte der
Franzose François Arban bei einem
Flug von Marseille nach Turin als erster
die Alpen. Am 12. Juli 1859 flog der
Amerikaner John Wise von St. Louis
nach New York, wobei er in 19 Stunden
und 50 Minuten 1.301 km zurücklegte.
Sieben Jahre früher waren dem »leichter als Luft« jedoch neue Möglichkeiten
eröffnet worden. Der französische Ingenieur Henri Griffard (1825–1882) hatte
den Ballon aus der Abhängigkeit der
Winde und Luftströme befreit. Er stattete ihn mit einer eigenen Antriebskraft
aus, wodurch er wenigstens horizontal
gelenkt werden konnte. Dies war die
Geburtsstunde des Luftschiffes: Ein
Ballon, den Griffard mit einem 3-PS-
Dampfmotor, einem Propeller und ei-

Erstes Luftschiff mit starrer Struktur

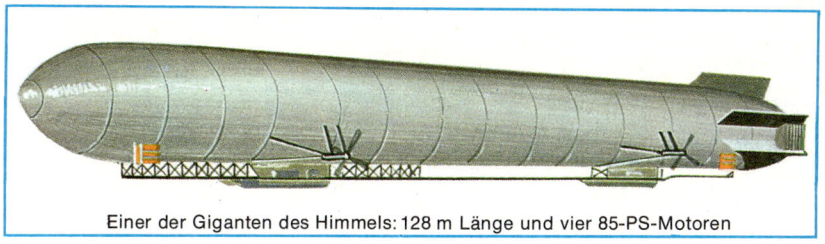

Einer der Giganten des Himmels: 128 m Länge und vier 85-PS-Motoren

nem primitiven Seitenruder versah. Der Erstflug fand am 24. September 1852 statt und führte vom Hippodrom in Paris nach Trappes, eine Distanz von 27 km, die mit 9 km/h zurückgelegt wurde.

Die Entwicklung dieser neuen Art von fliegenden Maschinen ging bis 1936 weiter, auch nachdem die ersten Flugzeuge aufgetaucht waren. Dabei wurden die angewandten Techniken immer komplizierter. Von den ersten, schlichten Maschinen, wie sie z. B. der Brasilianer Alberto Santos-Dumont, der zukünftige Flugzeugpionier Europas zwischen 1898 und 1905 in Paris baute, gelangte man zu den ersten Riesen des Himmels, mit starrer oder halbstarrer Struktur, einer aerodynamischen Form und großen Beförderungskapazitäten.

Die herausragende Figur auf diesem Gebiet war der Deutsche Graf Ferdinand von Zeppelin (1838–1917), der auf

dem Gebiet des »leichter als Luft« eine Revolution herbeiführte. Er interessierte sich schon 1874 für die fliegenden Maschinen und trat 20 Jahre später mit seinen ersten Entwürfen an die Öffentlichkeit. Aber erst 1898/99 entwarf und baute Zeppelin das Luftfahrzeug LZ I, welches allen zukünftigen Luftschiffen mit starrer Struktur als Vorbild dienen sollte. Die Arbeiten fanden in einer Art Schwimmdock auf dem Bodensee, bei Manzell statt. 30 Arbeiter benötigten ungefähr ein Jahr, um die zylinderförmige Aluminiumstruktur zu bauen, die anschließend mit Leinwand bespannt wurde. Sie enthielt 17 Wasserstoffbehälter. Die Luftschrauben wurden von zwei Daimler Motoren mit je 32 PS angetrieben. Am 2. Juli 1900 starteten Zeppelin und eine fünfköpfige Besatzung zum Erstflug. Das Luftschiff erwies sich aber als zu langsam, schwer zu len-

1896 Otto Lilienthal

Eindecker-Gleiter

ken und schwach in der Struktur. Nach zwei weiteren enttäuschenden Versuchen ging es 3 Monate später zu Bruch. Ferdinand von Zeppelin gab sich nicht geschlagen. Seine unentwegten Bemühungen bahnten den Weg für die riesigen Gebilde des I. Weltkrieges und der 20er und 30er Jahre. Seinen größten Erfolg errang er mit der L.56, welche in einem Flug von 98 Stunden 6.725 km zurücklegte.

Noch 10 Jahre bis zu den Wrights

Die Grundlagen für die Eroberung der Lüfte wurden im letzten Jahrzehnt des 19. Jahrhunderts erarbeitet. Die bis zu diesem Zeitpunkt herangereiften Theo-

rien und Versuche schlugen sich in einer Reihe von konkreten Projekten nieder, die den unmittelbaren Auftakt zu der Pioniertat von Orville und Wilbur Wright bildeten. Dabei kam den beiden Amerikanern zugute, daß die Probleme des Gleitflugs schon vorher von dem deutschen Ingenieur Otto Lilienthal und dem Amerikaner Octave Chanute gelöst worden waren. Chanute war ebenfalls

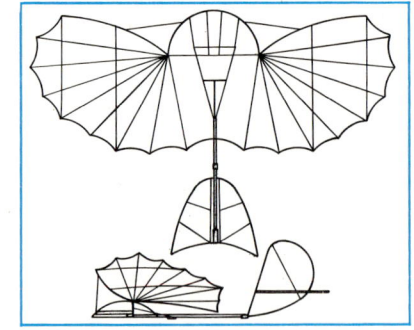

Das erste Projekt von Ader

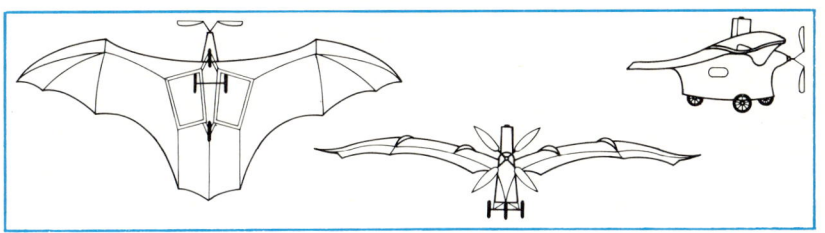

Ingenieur, und er war der Autor der ersten »Geschichte der Luftfahrt«; er kannte die Brüder Wright sehr gut und hatte maßgeblichen Einfluß auf ihre Arbeiten. Die Wrights wagten sich erst an den mechanischen Flug heran, nachdem sie den Gleitflug voll beherrschten. Otto Lilienthal (1848–1896) gilt als eine der bedeutendsten Gestalten in der Geschichte der Luftfahrt. Er schwang sich als erster Mensch in die Lüfte und flog. Leider stürzte er bei einem seiner Versuche tödlich ab (am 9. August 1896 bei Stölln), ansonsten wäre ihm wohl der Erfolg gelungen, der etwas später den Brüdern Wright beschieden war. Lilienthal veröffentlichte 1889 ein Buch über den Flug der Vögel, in dem er seine Theorien erläuterte. Zwischen 1891 und 1896 entwarf er eine ganze Reihe von ein-, zwei- und dreideckigen Gleitern. Die ersten, zaghaften Versuche wurden

schon bald von längeren Flügen abgelöst. Lilienthal hatte in ungefähr 2.500 Flügen Erfahrungen sammeln können, die er in seinen letzten Lebensjahren in motorisierte Flüge umzusetzen versuchte. Diese Maschinen konnte er zwar nicht mehr im Fluge erproben, sie wären aber ohne Zweifel ebenfalls abgestürzt.

Unter den motorisierten Projekten dieser Zeit kommt den Maschinen Eole (1890) und Avion III (1897) des aus Toulouse stammenden Ingenieurs Clément Ader (1841–1925) eine größere Bedeutung zu. Ader beobachtete zuerst den Flug der Vögel und der Fledermäuse und experimentierte mit kleinen Modellen. Danach machte er sich an den Bau eines Eindeckers, der von einem Dampfmotor, den Ader selbst entworfen und gebaut hatte, angetrieben wurde. Die Maschine selbst war äußerlich einer

Fledermaus sehr ähnlich, und die stark gewölbten Flügel hatten eine Spannweite von 15 m. Am 9. Oktober 1890 startete Ader mit der Eole zum Erstflug. Dabei soll sie in einigen Zentimetern Höhe einen völlig unkontrollierten Sprung von etwa 50 m gemacht haben. Das französische Kriegsministerium war beeindruckt und bestellte bei Ader ein neues Flugzeug. Das war 1892 und Ader benötigte 5 Jahre, um seine Avion III herauszubringen.

Die Maschine war der vorherigen ähnlich; die Fledermausflügel hatten eine Spannweite von 17 m, es gab zwei Doppelmotoren mit Zugpropellern und das Gesamtgewicht lag bei ungefähr 400 kg. Die beiden Flugversuche, die am 12. und 14. Oktober 1897 auf dem Militärflugplatz von Satory bei Versailles stattfanden, zeigten, daß Clément Ader die Erkenntnisse seiner Zeitgenossen nicht verwertet hatte. Am ersten Tag rollte die Maschine nur die vorbereitete Piste ab, während sie am zweiten Tag sogar von der Piste abkam und im Gelände stekkenblieb. Daraufhin wurden die Versuche abgebrochen, ohne daß die Avion III vom Boden abgehoben hatte.

Trotz dieser Mißerfolge galt Ader lange Zeit als derjenige, der als erster in Europa geflogen war. Die öffentliche Diskussion um die Versuche von Santos-Dumont, veranlaßten Ader 1906 offiziell zu erklären, ihm sei am 14. Oktober 1897 — dem letzten Versuchstag der Avion III — ein Flug von 300 m gelungen. Dies entsprach zwar nicht der Wahrheit, wurde aber geglaubt, bis das französische Kriegsministerium 1910 den von General Mensier verfaßten Bericht über den Mißerfolg der Avion III veröffentlichte.

Der letzte Versuch dieser Art fand sechs Jahre später in den USA, neun Tage vor dem Erfolg von Orville und Wilbur Wright, statt. Das Flugzeug — ein Eindecker mit Tandem-Flügel und einem 55-PS-Benzinmotor — war von Samuel Pierpont Langley (1834–1906) gebaut worden, einem Mathematiker und Astronomen, der an der Smithsonian Institution, dem Nationalmuseum der USA, wirkte. Langley begann 1890 mit seinen Versuchen und er konnte 1896 einige positive Resultate erzielen. 1901 nahm er ein neues Modell in Angriff, das als erstes Luftfahrzeug von einem Benzinmotor angetrieben wurde. Da die ersten Ergebnisse nicht gerade vielversprechend waren, baute er ein Flugzeug in natürlicher Größe — die Aerodrom —

1897 Avion III - Clement Ader

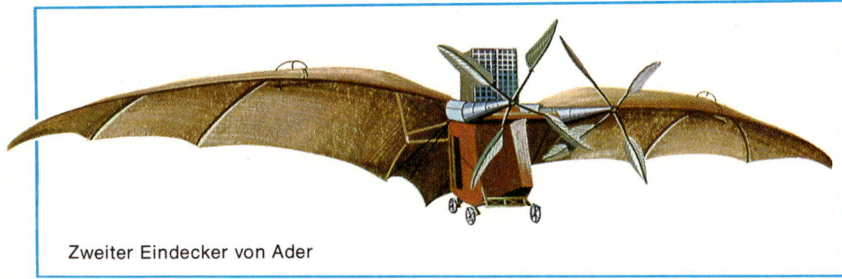

Zweiter Eindecker von Ader

und versuchte es mit einem neuen Benzinmotor, der von seinem Assistenten Charles M. Manly entwickelt worden war. Die Tragflächen hatten eine Spannweite von 14,63 m, eine Oberfläche von 96,6 m², und das Flugzeug wog 330 kg. Langley hatte sich ausgedacht, daß der Start von einer schwimmenden Brücke im Potomac mit Hilfe eines Katapults erfolgen sollte. Die Versuche fanden am 7. Oktober und am 8. Dezember 1903 statt. Die Aerodrom stürzte beide Male ins Wasser. Langley zog sich enttäuscht und verbittert über die heftigen Attacken in der Presse und durch den Kongreß, der das Unternehmen finanziert hatte, zurück. Er starb am 27. Februar 1906 an einer Herzattacke.

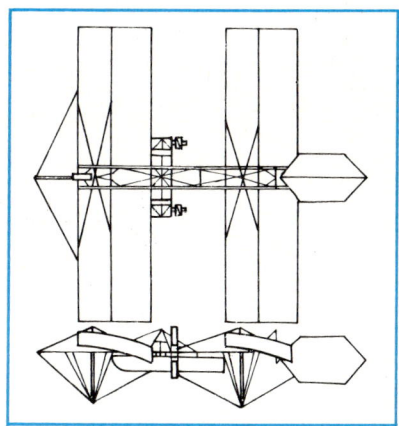

Von den Wrights zum I. Welt-krieg

Als sich der Traum der Menschheit endlich erfüllte, fand das Ereignis kaum Beachtung. Nach dem gescheiterten Unternehmen von Langley nahm die amerikanische Öffentlichkeit von dem historischen Datum des 17. Dezember 1903 wenig Notiz. Die Zeitungsherausgeber waren den Flugzeugen gegenüber skeptisch geworden und sie hielten das Unternehmen der Wrights für einen jener zahllosen, phantastischen Versuche, von denen sie fast täglich berichteten. Die beiden Brüder mußten diese Gleichgültigkeit vier Monate später selbst erleben, als sie die Presse ausdrücklich zum Erstflug ihrer verbesserten Flyer II einluden. Bei dieser Gelegenheit, im Mai 1904, Huffman Prairie, verhinderte überdies eine Motorpanne den Start der Maschine.

So ließen die Amerikaner, die drei Jahre Vorsprung vor den Europäern hatten, noch geraume Zeit verstreichen, ehe sie den Wert der neuen Errungenschaft erkannten. Auch als im Oktober 1905 die Flyer III länger als 30 Minuten in der Luft geblieben war und 39 km zurückgelegt hatte, weigerte sich das amerikanische Kriegsministerium immer noch, das Flugzeug zu erproben. Orville und Wilbur zogen sich vom Fliegen zurück, um ihre Maschine zu verbessern und um darauf zu warten, daß sich die allgemeine Stimmung bessere. Sie mußten bis 1908 ausharren. In dieser Zeit holten die Europäer den verlorenen Boden langsam wieder auf.

Nach dem Tode Lilienthals im Jahre 1896, waren auf dem Alten Kontinent die Bemühungen um die Fliegerei plötzlich zum Stillstand gekommen. Man mußte schon bis 1901 warten, bevor sich in Frankreich Hauptmann Ferber erneut mit den Theorien Lilienthals befaßte. Er experimentierte zuerst mit den Gleitern, um sich dann doch für die von den Brüdern Wright entwickelten Segelflugzeuge zu entscheiden. Ferbers Versuche wurden aber erst 1904 vom Erfolg gekrönt, als er ein von ihm entwickeltes Segelflugzeug vorstellte. Es handelte sich um einen Doppeldecker mit festem Leitwerk, der durch und durch stabil war. Die Flugversuche Ferbers waren äußerst erfolgreich und lösten praktisch alle Probleme des Gleitflugs. Der französische Pionier vollführte noch im gleichen Jahr den ersten Passagierflug einer Maschine »schwerer als Luft«, die allerdings immer noch ohne Motor war: in Chalais Meudon nahm er seinen Mechaniker Burdin für eine kurze Runde mit. Ferber gehörte zu den großen Bewunderern der Brüder Wright.

Diese Erfolge ließen die Begeisterung wieder aufflammen. Männer wie Louis Blériot, Gabriel Voisin, Robert Esnault-Pelterie und Ernest Archdeacon – die alle sehr bald berühmt werden sollten – machten sich eifrig an die Arbeit. Um die Entwicklung der Luftfahrt in Europa zusätzlich anzuregen, setzte der französische Aéro Club mehrere Preise aus. So den Ernest-Archdeacon-Pokal für den ersten Piloten, der mehr als 25 m fliegen würde und 1.500 Franken für den, der mehr als 50 m zurücklegen würde. Außerdem den Deutsch-Archdeacon-Preis von 50.000 Franken für den Piloten, der als erster einen Rundflug von 1 km fliegen würde.

Die beiden ersten Trophäen mußten zwei Jahre auf ihre Gewinner warten. Es war Alberto Santos-Dumont, der am 23. Oktober und am 12. November 1906 vor einer jubelnden Menschenmenge beide Preise gewann. Die kurzen Flüge des brasilianischen Pioniers konnten aber nicht mit den Leistungen verglichen werden, welche die Brüder Wright schon ein Jahr früher mit ihrer Flyer III vollbracht hatten. Es war jedoch ein Beweis dafür, daß sich auch in Europa etwas tat.

1908 wurde ein großes Jahr für die Luftfahrt. Der Entschluß der Wrights, nach einer selbstgewählten Isolation von zweieinhalb Jahren, wieder öffentlich zu fliegen, war ein Ereignis für alle flugbegeisterten Europäer. Orville blieb in den USA, um die Flugerprobung der Flyer A, für die sich das amerikanische Heer nun doch interessierte, abzuschließen. Wilbur kam nach Frankreich. In Le Mans verblüffte er von August bis Dezember mit seinen Demonstrationsflügen eine große Menge Zuschauer. Als besonders beeindruckend wurden dabei die vollständige Beherrschung des Flugzeugs und die außergewöhnliche Flugkunst Wilburs empfunden. Faktoren, die den französischen Pionieren weitgehend unbekannt waren.

Die Brüder Wright konnten der Öffentlichkeit überzeugend vorführen, daß sie die besten waren. Sie waren jedoch nicht mehr die einzigen. Farman, Delagrange und Blériot setzten mit ihren Rekordflügen ebenfalls neue Maßstäbe. Aus Großbritannien – das bis dahin etwas zurückgeblieben war – hörte man von den guten Leistungen von Samuel Franklin Cody und Alliott Verdon Roe. In den USA gipfelten die Arbeiten der Aerial Experiment Association im Bau einiger guter Maschinen, wie der June Bug von Glenn Curtiss und der Silver Dart von J. A. D. McCurdy. In Italien – das erst ein Jahr später ein eigenes Flugzeug herausbringen sollte – trieben die Vorführungen von Léon Delagrange in Rom, Turin und Mailand, die Forscher und Konstrukteure zu verstärkten Anstrengungen an.

Ab 1909 setzte ein Reifeprozeß ein. Das Flugzeug galt nicht mehr länger als etwas Seltsames (faszinierend zwar, aber doch nur für »Eingeweihte«), sondern es wurde als ein praktisches und sicheres Produkt menschlicher Erfindungsgabe angesehen. Dieses neue Bewußtsein wurde von zwei großen Ereignissen gestützt: der Überquerung des Ärmelkanals durch Louis Blériot und der Flugwoche von Reims (22.–29. August). Die Überquerung des Kanals zeigte konkret, wozu das Flugzeug fähig war. Mit dem Flugmeeting wurde eine ganze Reihe von sportlichen Wettbewerben eröffnet, die die Entwicklung der Maschinen und Motore entscheidend beeinflussen sollte. Die Flugwoche der Champagne stand unter der Schirmherrschaft des französischen Präsidenten, und sie war von den Weinfabrikanten der Champagne organisiert worden. Unter den zahlreichen Rekorden, für die es Preise über 200.000 Franken gab, ragten folgende Höchstleistungen heraus: 180 km Entfernung für die Henri Farman III; 75 km/h für die Golden Flyer von Curtiss; 155 m Höhe für die Antoinette VII von Hubert Latham. Es nahmen insgesamt 38 Flugzeuge teil und es wurden 87 Flüge mit mehr als 5 km registriert. In Reims konnten sich aber auch zwei weitere Produkte der noch jungen Luftfahrtindustrie durchsetzen: die

Propeller von Lucien Chauvière und die absolut neuartigen Gnôme-Rotationsmotoren der Brüder Séguin.

Der Antoinette-Motor von Léon Levavasseur (wassergekühlter 8-Zylinder V-Motor) hatte die Erfolge der ersten europäischen Pioniere ermöglicht. Der Rotationsmotor von Laurent und Louis Séguin sollte eine Reihe von Motoren nach sich ziehen, die eine ganze Epoche der Luftfahrt prägten. Das Prinzip des Rotationsmotors war zu Beginn des Jahrhunderts von dem Australier Lawrence Hargrave entdeckt worden; die beiden französischen Konstrukteure entwickelten es geschickt weiter. Besonders glänzend gelang ihnen dabei die Versorgung der sich drehenden Zylinder. Sie verzichteten nämlich auf den Einbau von mechanischen Ventilen und brachten in der unteren Hälfte des Zylinders eine Öffnung an. Die Motoren der Monosoupape-Serie sind ein Meilenstein in der Geschichte der Luftfahrttechnik. Nach den ersten 5-Zylinder-Motoren tauchten 7-, 9- und 14-Zylinder-Motoren — letztere in doppelter Sternanordnung — auf, welche bis zum Ende des I. Weltkriegs Bestand hatten. Reims war auf jeden Fall der Auftakt für die großen sportlichen Wettbewerbe. Ob es sich um den England- oder den Europa-Rundflug von 1911 handelte, ob es um die Gordon-Bennett-Geschwindigkeitskonkurrenz, die in Reims von der Curtiss Golden Flyer gewonnen wurde oder um den Michelin-Preis für Dauerflüge ging. Der berühmte Schneider-Pokal wurde von dem französischen Industriellen Jacques Schneider gestiftet und 1913 zum erstenmal ausgetragen. Zu den großen sportlichen Leistungen zählten auch jene Einzelflüge, wie das unglückliche Unternehmen des Brasilianers Geo Chavez, der am 23. September 1910 mit seinem Blériot-Eindecker die Alpen überquert hatte und bei der Landung tödlich verunglück war. Oder die Überquerung der Vereinigten Staaten durch Gailbraith Rodgers (5.000 km vom 17. September bis 5. November 1911) mit einer kleinen Wright Baby.

Das Fliegen war inzwischen aus dem öffentlichen Leben nicht mehr wegzudenken. Dies galt auch für Italien, das einen etwas zögernden Anlauf genommen hatte. Gleich nach dem verunglückten Flug des ersten in Italien gebauten Flugzeugs — des Dreideckers von Aristide Faccioli — wurde in Rom der italienische Aéro Club gegründet (2. Februar 1909). Dieser lud Wilbur Wright ein, seine Maschinen in Italien vorzuführen. Der amerikanische Pionier blieb vom 1. bis 26. April in Rom und begann am 15. mit Schauflügen auf dem Militärgelände von Centocelle. Wilbur bildete außerdem noch den ersten italienischen Piloten aus, den Marineoffizier Mario Calderara. In Centocelle wurde ein Jahr später auch die erste Flugschule der Armee eingerichtet. 1909 fand die erste größere Luftfahrtschau, das Internationale Meeting von Brescia statt (9.–20. September). Es kamen die ersten guten Maschinen heraus, wie die Projekte des Ingenieurs Franz Miller aus Turin, die Maschinen der Gesellschaft Asteria oder die des Ingenieurs Caproni.

In den Jahren vor dem I. Weltkrieg war die Entwicklung der Fliegerei nicht mehr zu bremsen. Das Flugzeug war jetzt in der Lage, neue Aufgaben zu übernehmen. Es waren die Italiener, welche aus dieser sportlichen und friedlichen Erfindung ein Instrument des

Krieges machten, das die gesamte Kriegskunst gründlich verändern sollte. General Giulio Dohuet legte 1909 die ersten theoretischen Grundlagen für diesen neuen Einsatz des Flugzeugs:»Zur Zeit gehen wir davon aus, daß wir die Meere beherrschen müssen. Bald werden wir auch den Himmel erobern müssen«. Dohuet erkannte als erster den strategischen Wert der neuen Waffe. Sein Konzept sollte in den folgenden Jahren weiterentwickelt werden und erst im II. Weltkrieg voll zur Anwendung kommen. Dabei war es nur ein kleiner Sprung von der Theorie zur Praxis, und der libysche Krieg von 1911 sollte diesen Sprung erleichtern.

Im Spätsommer dieses Jahres hatten nämlich die großen Manöver des italienischen Heeres (22.–29. August) und der erste italienisch-französische Rundflug (Bologna-Venedig-Rimini-Bologna, 17.–20. September) gezeigt, daß das Flugzeug als Kriegsmaschine zu gebrauchen war und, daß die Militärpiloten für diese Aufgabe bestens vorbereitet waren. Als einige Tage später der Krieg in Libyen ausbrach, wurden die Piloten mit ihren Flugzeugen sofort nach Tripolis verlegt. Es waren 2 Blériot XI, 3 Nieuport Eindecker, 2 Farman Doppeldecker und 2 Etrich Taube Eindecker. Der Befehlshaber dieser Einheit war Hauptmann Carlo Piazza, der sich in den sportlichen Wettbewerben schon einen Namen gemacht hatte. Die ersten Aktionen begannen am 22. Oktober mit einigen Eingewöhnungsflügen. Einen Tag später flog Piazza den ersten Aufklärungsflug der Luftkriegsgeschichte. Am 1. November folgte der erste Bombenangriff: Leutnant Giulio Gavotti warf vier Bomben auf zwei feindliche Oasen. Im März 1912 flog Hauptmann Piazza den ersten Photo-Aufklärungsflug.

Diese Erstleistungen eröffneten eine neue Ära für die Luftfahrt. Der Krieg stand vor der Tür und die Industrie mußte sich auf die neue Situation einstellen. Dabei sollten für das Flugzeug nicht mehr ausschließlich die Geschwindigkeit und die Maximalflugzeit allein ausschlaggebend sein. Die neuen Maschinen mußten auch gewisse Zuladungsmöglichkeiten enthalten, schnell und wendig sein, große Höhen erreichen können und von robuster Bauweise sein. Italien hatte zwar als erstes Land die Flugzeuge für kriegerische Zwecke eingesetzt, doch die übrigen Nationen waren auch nicht untätig geblieben. Das französische Heer erhielt ab 1910 die ersten Flugzeuge und es hatte 60 Piloten ausbilden lassen. Außerdem waren seine Aufklärer schon 1911 bewaffnet worden. In den USA hatte der bekannte Sportflieger Glenn Curtiss im Juni 1911 die allerersten Bombenabwürfe vorgeführt. Ein Jahr später vollführte ein Curtiss-Doppeldecker die ersten Starts und Landungen auf der Brücke eines Kriegsschiffs. In Rußland hatte Igor Sikorsky den ersten »Riesen der Lüfte« gebaut, einen direkten Vorläufer der großen strategischen Bomber späterer Zeiten. In Großbritannien war am 13. April 1912 das Royal Flying Corps für das Heer und kurz danach der Royal Naval Air Service für die Marine gegründet worden. Man war somit nicht unvorbereitet, was sich später auszahlen sollte.

Wright Flyer I

Die Geburtsstunde der modernen Fliegerei schlug am 17. Dezember 1903 zwischen 10.30 und 12 Uhr in Kill Devil Hills (Nord-Karolina), unweit der Ortschaft Kitty Hawk. Zeugen dieser großartigen Erstaufführung waren fünf Personen aus der Gegend. Orville und Wilbur Wright, die sich am Steuer iher Flyer I abwechselten, brachten insgesamt vier Flüge hinter sich. Es waren die ersten Flüge der Geschichte, wobei die Maschine von einem Menschen gelenkt wurde, aus eigener Kraft abhob und an einem Punkt landete, der nicht unter der Starthöhe lag. Orville startete als erster um 10.35 Uhr gegen einen Wind von 40 km/h. Die Flyer blieb 12 Sekunden in der Luft und legte 36 m zurück. Beim zweiten und dritten Versuch kam man auf 53 und 61 m. Beim vierten und letzten Versuch blieb Wilbur 59 Sekunden in der Luft und schaffte 259 m.

Orville und Wilbur Wright hatten als Kinder ein Hubschraubermodell geschenkt bekommen, das ihr Interesse am Fliegen weckte. Als Erwachsene gingen sie dann streng wissenschaftlich vor, beobachteten den Flug der Vögel und befaßten sich mit den Arbeiten des deutschen Flugpioniers Otto Lilienthal. Mit der Zeit kamen sie zu dem Schluß, daß es keinen Sinn hatte, die fliegende Maschine durch eine Verlagerung des Körpergewichts lenken zu wollen. Hierzu war eine andere Technik nötig, die man den Vögeln abschauen konnte: um die Maschine zu steuern, brauchte man nur die Enden der Flügel zu verwinden.

Um diese Theorie auch in der Praxis erproben zu können, bauten sie 1899 ihren ersten Gleiter. Schon die beiden ersten Versuche bestätigten die These und im September 1900 flogen die Brüder Wright in Kitty Hawk einen größeren Gleiter. Ein Jahr später folgten in Kill Devil Hills weitere Versuche. Die Flugeigenschaften konnten aber immer noch nicht befriedigen. Erst der dritte Gleiter – der im September und Oktober 1902

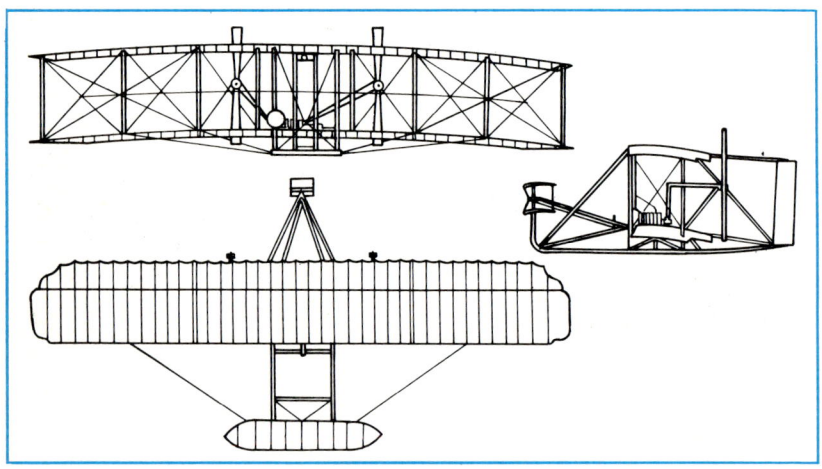

erprobt wurde – bestärkte die Brüder darin, sich an den Bau eines Motorflugzeuges zu wagen. Zuvor hatten einige aerodynamische Versuche zu einer wichtigen Änderung geführt: die zwei festen Seitenflossen der Gleiter mußten einem steuerbaren Seitenruder weichen.

Als sie sich im Sommer 1903 an den Bau der neuen Maschine machten, mußten sie zuerst zwei große Schwierigkeiten überwinden. Es fehlten sowohl ein geeigneter Motor, als auch die passenden Propeller. Orville und Wilbur bauten sich ihren Motor selbst (12 PS, 4 Zylinder) und entwickelten auch nach mehreren Anläufen sehr gute Luftschrauben.

Die erste Flyer – später sollten alle Wright Maschinen so heißen – war ein Doppeldecker mit Kufenfahrwerk. Sie hatte vorn ein doppeldeckiges Kopfhöhenruder und am Heck ein Doppelseitensteuer. Der Motor trieb über zwei Ketten, von denen eine über Kreuz lief,

Flugzeug: Wright Flyer I
Hersteller: Gebrüder Wright
Jahr: 1903
Motor: wassergekühlter 12-PS-Wright, 4-Zylinder-Reihenmotor
Spannweite: 12,29 m
Länge: 6,43 m
Höhe: 2,44 m
Flügelfläche: 47,38 m²
Leergewicht: 274 kg
Startgewicht: 340 kg
Geschwindigkeit: etwa 48 km/h
Rahmen: Fichten- und Eschenholz
Verkleidung: ungebleichter Musselin

zwei gegenläufige Schubpropeller an. Der Start geschah mit Hilfe einer 18 m langen Startschiene. Dabei wurde der Apparat auf der Schiene festgehalten, bis der Motor auf vollen Touren lief, und dann gegen den Wind losgelassen.

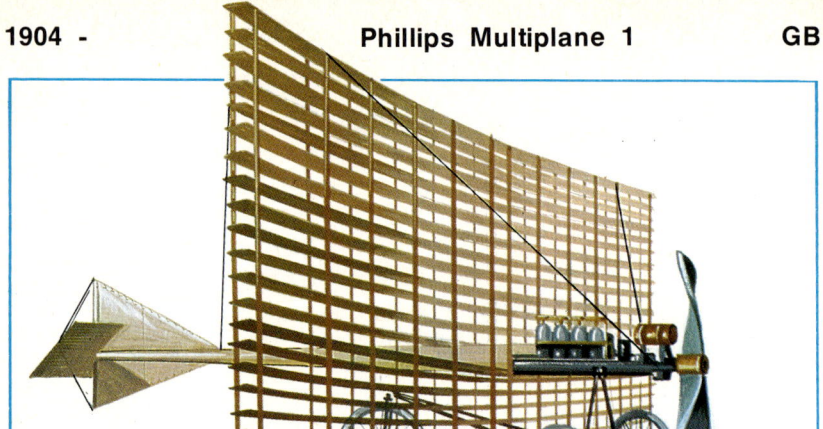

Phillips Multiplane 1

Mit seinem Multiplane von 1904 setzte Horatio F. Phillips seine Theorie über die Tragflächen in die Praxis um. Er hatte sie zwischen 1884 und 1891 entwickelt und erprobte sie 1893 mit einem kleinen Modell. Wie bei allen Projekten von Phillips, wurde auch beim Multiplane der Auftrieb von 20 übereinanderliegenden Flügeln erzeugt, die sehr stark an eine Jalousie erinnerten und die alle die gleiche Tiefe hatten. Das Leitwerk war kreuzförmig und das Modell ruhte auf einem dreirädrigen Karren. Der Motor, der ebenfalls von Phillips stammte, trieb einen Zugpropeller aus Holz an. Die Flugversuche in Streatham verliefen allerdings enttäuschend. Das Flugzeug besaß zwar eine gute Steigfähigkeit, hatte aber keine Längsstabilität und konnte nicht gelenkt werden. Erst 1907 schaffte Phillips mit einem anderen Modell einen Flug von 150 m.

Flugzeug: Phillips Multiplane 1
Hersteller: Horatio F. Phillips
Jahr: 1904
Motor: wassergekühlter 22-PS-Phillips, 4-Zylinder-Reihenmotor
Spannweite: 5,41 m
Länge: 4,19 m
Höhe: 3,05 m
Startgewicht: 272 kg
Geschwindigkeit: 55 km/h (errechnet)
Rahmen: Fichten- und Eschenholz, Stahlrohr
Verkleidung: Leinenstoff

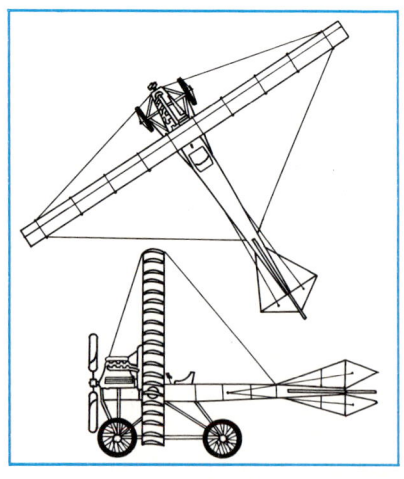

Wright Flyer III

Mit der dritten Flyer stellten die Brüder Wright das erste richtige Flugzeug der Geschichte vor. Mit dieser Maschine konnten schon einige Flugfiguren leicht und korrekt ausgeführt werden, und sie blieb länger als 30 Minuten in der Luft. Die Flyer III war gegenüber den vorangegangenen nur geringfügig verändert worden. Durch eine Vergrößerung des Fahrwerks, welches das Seiten- und Höhenruder trug, konnten die Leistungen allerdings erheblich verbessert werden. Die Maschine wurde in Huffman Prairie, 8 Meilen von Dayton entfernt, ausgiebig erprobt. Die Versuche gingen vom 23. Juni bis zum 16. Oktober 1905 und umfaßten ungefähr 40 Flüge. Der längste Flug (5. Oktober) dauerte 38 Minuten und 3 Sekunden. Danach boten die Brüder Wright ihre Maschine vergeblich den Militärbehörden zur Erprobung an.

Flugzeug: Wright Flyer III
Hersteller: Gebrüder Wright
Jahr: 1905
Motor: wassergekühlter 20-PS-Wright, 4-Zylinder-Reihenmotor
Spannweite: 12,34 m
Länge: 8,53 m
Höhe: 2,44 m
Flügelfläche: 46,73 m²
Startgewicht: 388 kg
Geschwindigkeit: etwa 56 km/h
Rahmen: Fichten- und Eschenholz
Verkleidung: Baumwollstoff

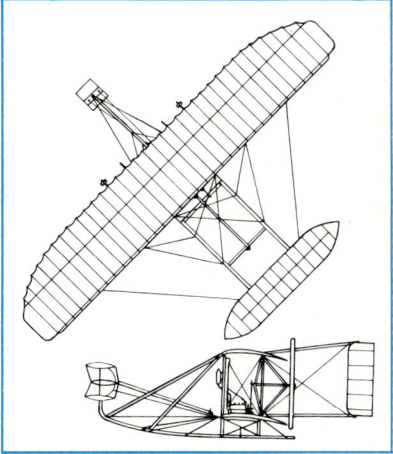

Santos-Dumont 14bis

Europa entdeckte die Fliegerei erst mit einiger Verspätung, nämlich drei Jahre nach dem historischen Ereignis von Kill Devil Hills und ein Jahr nach dem Rekordflug der Flyer III. Am 13. September 1906 vollbrachte die Santos-Dumont 14bis in Bagatelle bei Paris einen ersten »Sprung« von 7 m. Am 23. Oktober legte die Maschine schon 60 m zurück; am 12. November blieb sie 21 Sekunden in der Luft und schaffte dabei 220 m in 6 m Höhe.

Der Brasilianer Alberto Santos-Dumont hatte sich 1898 in Paris niedergelassen. Er entwarf in kürzester Zeit zwölf Luftschiffe. Am 7. Oktober 1901 sorgte er für einiges Aufsehen, als er mit seinem Luftschiff Nr. 6 den Eiffelturm umflog, was ihm einen Preis von 150.000 Franken einbrachte. In den folgenden Jahren konstruierte er noch einen Gleiter und eine Art Hubschrauber, mußte diese Pläne aber wegen des Fehlens einer geeigneten Antriebsquelle wieder aufgeben. Erst als die Erfolge der Brüder Wright bekannt wurden, machte Santos-Dumont sich an den Bau seines ersten motorisierten Flugzeugs, der 14bis. Die Maschine wurde in Neuilly-St.James bei Paris gebaut. Es war ein Doppeldekker, der den Rumpf und die Leitwerksflächen vor der eigentlichen Zelle hatte. Die Lenkflächen konnten nach links oder rechts, nach oben oder unten bewegt werden und wirkten somit gleichzeitig als Höhen- und Seitenruder. Der ursprünglich vorgesehene Antoinette-Motor von 24 PS, wurde durch ein 50-PS-Modell ersetzt, welches einen Metall-Propeller von 2,5 m Durchmesser direkt antrieb. Der Pilot stand vor dem Motor in einer Art Korb. Das Fahrwerk bestand aus zwei gummigedämpften Rädern, während der vordere Teil von einer Kufe abgestützt wurde. Um die Querstabilität zu verbessern, brachte Santos-Dumont an den Flügelenden noch zwei achteckige Verwindungsklappen an. Die Steuerkabel dieser

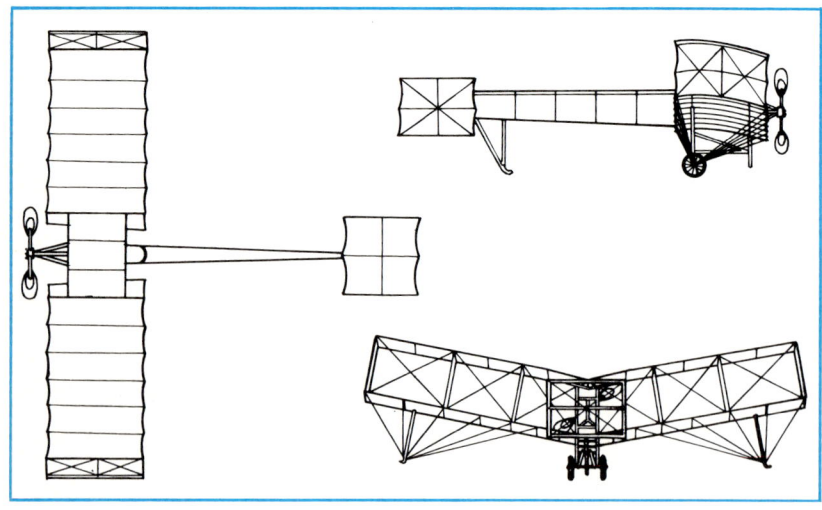

Klappen waren mit einem Gurt am Kör-
per des Piloten befestigt. Senkte sich
ein Flügel, so brauchte sich der Pilot nur
in die entgegengesetzte Richtung zu
neigen, um die gewünschte Horizontal-
lage wieder herzustellen.

Santos-Dumont erprobte seine 14bis
zuerst ohne Motor. Er begann mit stati-
schen Versuchen und wandte dann eine
Methode an, bei der der Apparat an einem Draht befestigt war und von einem
Esel gezogen wurde. Im Juli 1906 folgte
die letzte Versuchsreihe, bei der die
14bis am Luftschiff Nr. 14 von Santos-
Dumont aufgehängt wurde.

Beim ersten Versuch vom 13. September wurde das Flugzeug beschädigt.
Der Flug vom 23. Oktober (60 m)
brachte Santos-Dumont den mit
3.000 Franken dotierten Archdeacon-
Preis, für den ersten Flug in Europa über
mehr als 25 m, ein. Am 12. November sicherte sich der Brasilianer mit einem
Sprung von 220 m auch noch den Preis
von 1.500 Franken, den der Aéro Club

Flugzeug: Santos-Dumont 14bis
Hersteller: Alberto Santos-Dumont
Jahr: 1906
Motor: wassergekühlter 50-PS-Antoinette,
  8-Zylinder-V-Motor
Spannweite: 11,20 m
Länge: 9,70 m
Höhe: 3,40 m
Flügelfläche: 52 m²
Startgewicht: 300 kg
Geschwindigkeit: ungefähr 40 km/h
Rahmen: Bambus und Fichtenholz
Verkleidung: Baumwollstoff

de France für den ersten Flug über
100 m ausgesetzt hatte.

Auch wenn die Flüge der 14bis von der
Technik und den Flugeigenschaften
nichts Außergewöhnliches boten, so
begeisterten sie doch ganz Europa und
zeigten der Öffentlichkeit den Beginn
der Ära des Flugzeugs an.

Vuia N. 1

Obwohl diese ungewöhnliche Konstruktion mit einem Mißerfolg endete,
eröffnete sie die Ära der Eindecker mit
Zugpropeller. Nach dieser Formel waren später Blériot und andere erfolgreich. Der in Paris ansässige rumäni-
sche Advokat Trajan Vuia hatte die Vuia
N. 1 entworfen und gebaut. Sie besaß
ein Seiten-, aber kein Höhenruder und
konnte die Anstellwinkel der Flügel
während des Fluges verändern. Ihr
»Fledermaus«-Gestell nahm den Motor,
den Pilotensitz, das Seitenruder und die
vier Lauf räder auf. Die beiden Vorderräder wurden zusammen mit dem Seitenruder von dem Piloten gesteuert. Die
Vuia N. 1 führte am 3. März sowie am 12.
und 19. August einige Probeflüge
durch. Der längste der drei »Sprünge«
(24 m) endete mit einer Bruchlandung,
bei der die Maschine zerstört wurde.

Flugzeug: Vuia N. 1
Hersteller: Trajan Vuia
Jahr: 1906
Motor: 25-PS-Serpollet-Kohlensäuremotor
Spannweite: 8,68 m
Länge: 2,99 m
Höhe: 3,28 m
Flügelfläche: 20 m²
Startgewicht: 241 kg
Rahmen: Stahlrohr
Verkleidung: Baumwollstoff

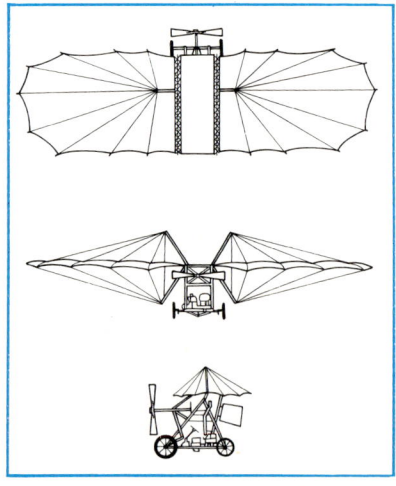

Blériot VII

Die von Vuia erprobte Formel beeinflußte die Arbeiten von Louis Blériot,
der es bis 1907 mit einigen, wenig originellen, Projekten versucht hatte. Sein
Typ VII kam 1907 heraus. Was die
Flugeigenschaften und die Aerodynamik
betraf, war es ein großer Fortschritt.
Diese Maschine – ein Eindecker mit
Zugpropeller – hatte tiefangebrachte
und freitragende Flügel, einen verkleideten Rumpf und bewegliche Leitwerksflächen. Der Antoinette-Motor war
völlig zugedeckt und trieb einen 4-
Blatt-Metallpropeller an. Im November
und Dezember wurden in Issy mit dieser
Maschine 6 Flüge durchgeführt. Zwei
dieser Flüge gingen mit ungefähr
80 km/h über mehr als 500 m. Am
18. Dezember ging die Maschine vollständig zu Bruch. Blériot setzte seine
Arbeiten an der Eindeckerformel, die
nunmehr als gesichert galt, fort.

Flugzeug: Blériot VII
Hersteller: Louis Blériot
Jahr: 1907
Motor: wassergekühlter 50-PS-Antoinette,
8-Zylinder-V-Motor
Spannweite: 11 m
Länge: 8 m
Höhe: 2,75 m
Flügelfläche: 25 m²
Startgewicht: 425 kg
Geschwindigkeit: 80 km/h
Rahmen: Fichten- und Eschenholz, Stahlrohr
Verkleidung: Aluminium, Sperrholz,
Baumwollstoff

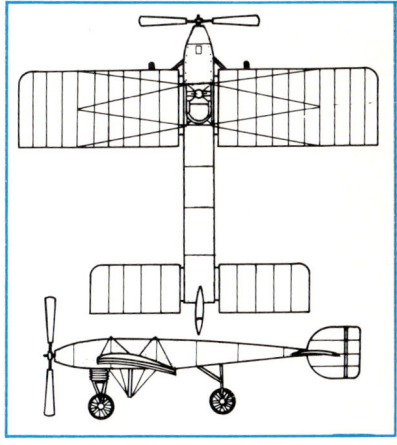

Voisin Farman Doppeldecker

Die Brüder Gabriel und Charles Voisin können ohne Zweifel das Verdienst beanspruchen, als erste Europäer eine Flugzeugfabrik nach kaufmännischen Gesichtspunkten betrieben zu haben. Dabei profitierten sie von den Änderungen, die ein anderer Pionier – Henri Farman – an ihren Maschinen anbrachte. Als Beispiel hierfür kann der Doppeldecker gelten, den Farman am 1. Juni 1907 bei der Fabrik der Voisins in Billancourt bestellt hatte. Das Flugzeug unterschied sich unwesentlich von der Maschine, die zu Beginn des Jahres für Léon Delagrange gebaut worden war. Nachdem Farman sie in einigen Punkten verändert hatte, wurde es nach der Wright die erste Maschine, die länger als eine Minute in der Luft blieb und die als erste einen Rundflug vollendete. Dieser Rekord wurde am 9. November 1907 in Issy aufgestellt: 1.030 m in einer Minute und 14 Sekunden.

Gabriel und Charles Voisin begannen ihre Karriere mit dem Bau von doppeldeckigen Gleitern. Danach stellten sie im März 1907 ihr erstes Motorflugzeug vor. Die Maschine, die von dem Ingenieur Henry Kapferer bestellt worden war, hielt sich weitgehend an die Konstruktionsprinzipien der Brüder Wright. Da sie aber ohne Quersteuerung vorgesehen und mit einem 20-PS-Buchet-Motor völlig untermotorisiert war, endete dieser erste Auftrag mit einem glatten Mißerfolg.

Das nächste, von Léon Delagrange bestellte Flugzeug war die Voisin Delagrange; die beiden Konstrukteure setzten den Namen des Kunden immer hinter den eigenen. Es hatte ein kastenförmiges Leitwerk, ein doppeldeckiges Höhenruder vorne und vor allem einen 50-PS-Antoinette-Motor, der einen Schubpropeller aus Metall antrieb. Die Versuchsflüge fanden vom 16. März bis zum 13. April in Bagatelle statt. Unter den 6 »Sprüngen« war einer von 60 m, den Charles Voisin in sechs Sekunden schaffte. Der Versuch, die Maschine in ein Wasserflugzeug umzuwandeln, mißlang. Ein Flug im November von 500 m endete mit einer totalen Bruchlandung.

Der Erfolg sollte sich erst mit dem dritten Doppeldecker, der Voisin Farman, einstellen. Sie unterschied sich von der Delagrange Maschine durch die Leitwerksfläche – mit einem zentralen Ruder – durch eine 20 cm größere Spannweite und durch das Gewicht, das von 450 auf 522 kg gestiegen war. Nach den ersten Versuchsflügen ließ Farman einige wichtige Änderungen anbringen: das Doppel-Höhenruder wurde durch ein einflächiges ersetzt, die Tragflächen erhielten eine leichte V-Stellung und die Spannweite des Leitwerks wurde von 6 m auf 2,10 m zurückgenommen.

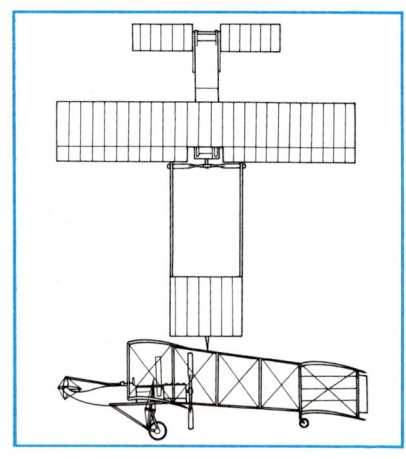

Das Flugzeug unternahm in Issy vom 30. September bis 23. November 1907 ungefähr 20 Versuchsflüge und konnte seine Vorgänger entscheidend übertrumpfen. Am 26. Oktober schaffte es 771 m in 52 Sekunden. Am 8. November flog es seine erste Kurve und am 9. November gewann es mit 1.030 m in 1 Minute und 14 Sekunden den Archdeacon-Preis für den ersten Flug von mehr als 150 m.

Nach diesen Erfolgen bauten die Voisins einen zweiten Doppeldecker für Léon Delagrange, wobei sie alle Änderungen von Farman berücksichtigten. Mit dieser Maschine begaben sie sich auf eine Demonstrations-Reise durch mehrere europäische Länder. So gelang ihnen am 23. Juni 1908 in Mailand ein Flug von 14 km; das beste Resultat, das diese Maschine je erzielte. Diese Werbung machte sich für die beiden französischen Konstrukteure bezahlt. Bei ihnen wurden innerhalb eines Jahres mehr als 20 Flugzeuge bestellt.

Flugzeug: Voisin Farman Doppeldecker
Hersteller: Voisin Frères
Jahr: 1907
Motor: wassergekühlter 50-PS-Antoinette, 8-Zylinder-V-Motor
Spannweite: 10,20 m
Länge: 10,50 m
Höhe: 3,35 m
Startgewicht: 522 kg
Geschwindigkeit: 55 km/h
Rahmen: Eschenholz und Stahlrohr
Verkleidung: Baumwollstoff

Henri Farman hatte seine Maschine noch weiter verbessert. Mit dem Deutsch-Archdeacon-Preis von 50.000 Franken (erster Kreisflug von 1 km), den er am 13. Januar 1908 in Issy gewonnen hatte, erneuerte er die Verkleidung des Doppeldeckers. Um die Stabilität zu verbessern, brachte er an den Flügeln seitliche Senkrechtflächen und zwei Querruder an. Danach gelang ihm der erste »Überlandflug« in Europa: 27 km von Bouvy nach Reims, am 30. Oktober 1908.

Esnault-Pelterie Rep. 1

Flugzeug: Esnault-Pelterie Rep. 1
Hersteller: Robert Esnault-Pelterie
Jahr: 1907
Motor: luftgekühlter 30-PS-R.E.P.,
   7-Zylinder-Fächermotor
Spannweite: 9,60 m
Flügelfläche: 18 m²
Rahmen: Holz und Stahlrohr
Verkleidung: Leinenstoff

Die Rep. 1 war der erste Versuch von Robert Esnault-Pelterie, ein Motorflugzeug zu bauen. Es wurde ein Mißerfolg, ebenso wie die beiden folgenden Modelle Rep. 2 (1908) und Rep. 2bis (1909). Diese Flugzeuge zeugten zwar von den soliden technischen Kenntnissen ihres Konstrukteurs, der aber von falschen Grundüberlegungen ausging. Dieser französische Techniker bleibt vor allem mit der Lösung einzelner »Randprobleme« verbunden, wie z. B. der Sicherheitsgurte, erster Belastungsversuche zur Bestimmung der Festigkeit des Materials und der Einführung von hydraulischen Radbremsen. 1907 baute er einen ausgezeichneten Fächermotor mit 7 Zylindern (30 PS), den er in seinen unkonventionellen Eindecker mit Zugpropeller, die Rep. 1, einbaute. Diese Maschine hatte leicht nach unten gerichtete V-Flügel, einen sehr kurzen Rumpf,

eine Höhenflosse mit Ruder, aber keine Vertikalflosse. Die Steuerung erfolgte mit Hilfe eines einzigen Steuerknüppels über die verwindbaren Flügel – die aber nur nach unten gebogen werden konnten – und über das Höhenruder. Der Motor trieb einen 4-Blatt-Metallpropeller an.

Bei den Versuchsflügen im November und Dezember 1907 stellte sich heraus, daß die Maschine eine schlechte Längs- und Seitenstabilität besaß. Der Motor war nicht ganz ausgereift und hatte vor allem Kühlprobleme. Bei ihren fünf Versuchen gelangen der Rep. 1 nur einige Sprünge, von denen der längste am 16. November über 600 m ging.

De Pischoff-Koechlin Doppeldecker

Der von De Pischoff entworfene Doppeldecker erwies sich als ein Mißerfolg. Er eröffnete jedoch die Ära der Doppeldecker mit Zugpropeller; eine Formel die erst 1910/11 zur vollen Blüte gelangen sollte. Bis zu dieser Zeit hielt man sich immer noch an die Doppeldecker-Formel der Brüder Wright, mit dem Höhenruder vorne und den »schachtelförmigen« Tragflächen. Der Doppeldecker von De Pischoff, der in der Fabrik von Lucien Chauvière gebaut wurde, nahm die »klassische« Form der zukünftigen Doppeldecker vorweg: Propeller und Motor vorn, Anderthalbdecker, Steuerung mit dem hinteren Leitwerk. Die Leitwerksfläche setzte sich kreuzförmig aus Höhenflosse und Höhenruder zusammen. Es fehlte allerdings die Quersteuerung. Das Fahrwerk wurde auf Fahrrädrädern getragen, um

Flugzeug: De Pischoff-Koechlin Doppeldecker
Hersteller: Lucien Chauvière
Jahr: 1907
Motor: luftgekühlter 25-PS-Anzani, 3-Zylinder-Motor
Spannweite: 6,50 m
Flügelfläche: 25 m²
Leergewicht: 54,5 kg
Rahmen: Holz und Bambus
Verkleidung: Leinenstoff

eine bessere Stabilität auf dem Boden zu haben.

Der Anzani-Motor und die Chauvière-Luftschraube sollten 1909 durch den Flug der Blériot XI weltberühmt werden. De Pischoff baute 1908 ein weiteres Flugzeug: dieser ungewöhnliche Eindecker hatte 3 Tandem-Flügel, eine Flügelfläche von 25 m², einen Zugpropeller und einen 2-Zylinder-Dutheil-Chalmers-Motor von 20 PS. Bei ihrem größten Sprung schaffte diese Maschine am 29. Oktober 1908 in Villacoublay 500 m.

Wright A

Nach dem letzten Flug der Flyer III am 16. Oktober 1905 vergingen zweieinhalb Jahre, bis Orville und Wilbur Wright sich wieder in ein Flugzeug setzten. Sie nutzten diese Zeit, um die Flyer III technisch zu verbessern. Neben dem Piloten sollte auch ein Passagier Platz haben. Sie arbeiteten auch am Motor, um seine Leistung zu steigern. Die neue Maschine – die später in mehreren Ländern in Lizenz gebaut wurde – nannte man »Typ 1907–1909«, genauer bezeichnet: Flyer Typ A. Diese Maschine bildete den Höhepunkt der Arbeiten der Brüder Wright.

Das Flugzeug ähnelte weitgehend der Flyer III; es war aber zweisitzig, hatte ein besseres Lenksystem und einen viel stärkeren Motor. Für den Start behielt man das System mit dem Gegengewicht anfänglich bei. Die Maschine konnte auch mit ihrer Motorkraft allein von der Schiene aus starten. Die amerikanische Regierung interessierte sich und bestellte im Februar 1908 eine Maschine zur Erprobung. Im März war eine französische Firma an die Wrights herangetreten. Orville übernahm die Erprobungsflüge für das Heer und Wilbur ging nach Frankreich. Vom 6. bis 14. Mai 1908 hielten sie sich wieder in Kill Devil Hills auf, um ihre Flugpraxis aufzufrischen. Wilbur begab sich danach nach Frankreich und überwachte bis Ende August in Le Mans den Zusammenbau seiner Maschine. Am 8. August 1908 konnte er endlich auf dem Rennplatz von Hunaudières bei Le Mans den Europäern seine Maschine vorführen.

Der Erfolg war überwältigend. Wilbur setzte seine Flüge fort und als er ab 21. August den Militärflugplatz von Camp d'Auvours benutzen durfte, rissen seine Demonstrationsflüge nicht mehr ab. Neben seinen Flügen mit Passagieren stellte er noch einen Dauer- (31. Dezember; 2 Stunden, 20 Minuten und 23 Sekunden) und einen Höhenrekord (18. Dezember; ungefähr 110 m)

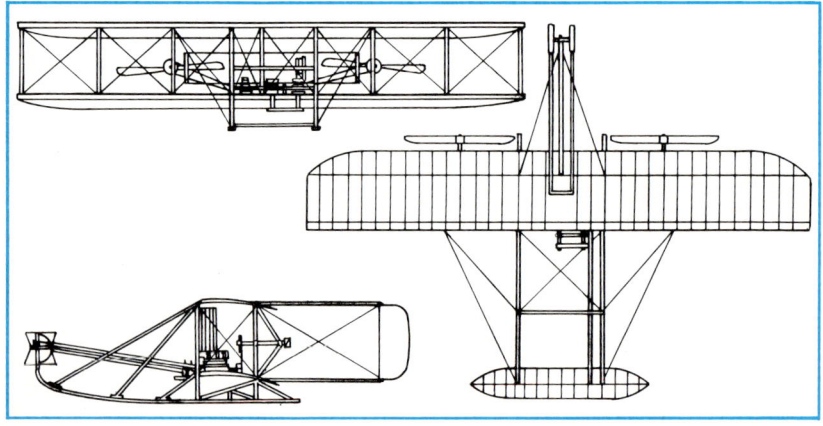

auf. Lizenzen für den Bau der Flyer wurden nach Großbritannien, Frankreich und Deutschland vergeben.
In der Zwischenzeit hatte Orville in Fort Myer mit den Erprobungsflügen für das amerikanische Heer begonnen. Am 17. September stürzte gegen 17 Uhr die von Orville gesteuerte Maschine wegen eines Propellerbruchs ab; an Bord befand sich noch Leutnant Selfridge als offizieller Beobachter, der den Absturz nicht überlebte. Orville wurde schwer verletzt. Die Erprobungsflüge wurden jedoch im folgenden Jahr mit einer leicht veränderten Maschine wieder aufgenommen. Danach kaufte die amerikanische Armee die Flyer A und gab ihr die Bezeichnung: Signal Corps N. 1.

Flugzeug: Wright A
Hersteller: Gebrüder Wright
Jahr: 1908
Motor: wassergekühlter 30-PS-Wright, 4-Zylinder-Reihenmotor
Spannweite: 11,13 m
Länge: 8,81 m
Höhe: 2,46 m
Flügelfläche: 38,55 m²
Startgewicht: 544 kg
Geschwindigkeit: 71 km/h
Rahmen: Fichten- und Eschenholz
Verkleidung: Baumwollstoff
(Alle Angaben beziehen sich auf die in Fort Myer erprobte Wright A)

Roe Biplane I

Alliott Verdon Roe war der Gründer und bedeutendste Konstrukteur der späteren A. V. Roe and Co. Ltd. (Avro). Er gewann im März 1907 mit einem seiner Flugzeugmodelle einen Preis von 75 Pfund, den der »Daily Mail« ausgesetzt hatte. Er verwendete das Geld für den Bau eines ähnlichen Flugzeugs. Es handelte sich um einen »Enten«-Doppeldecker mit Schubpropeller. Roe wollte damit den Preis von 2.500 Pfund gewinnen, der für das Flugzeug ausgesetzt worden war, das bis zum Ende des Jahres als erstes in Brooklands fliegen würde. Seine Maschine war jedoch zu schwach motorisiert und sie kam über einen Rollversuch nicht hinaus. Als sie von einem Automobil angeschleppt wurde, kam sie einige Meter in die Höhe, weil auf diese Weise die ungenügende Schubkraft des 9-PS-J.A.P.-Motors kompensiert wurde. Roe gab nicht auf

Flugzeug: Roe Biplane I
Hersteller: A. V. Roe
Jahr: 1908
Motor: wassergekühlter 24-PS-Antoinette, 8-Zylinder-V-Motor
Spannweite: 10,14 m
Länge: 7 m
Gewicht: ungefähr 272 kg
Rahmen: Holz
Verkleidung: Baumwollstoff

und faßte eine Reihe von Änderungen ins Auge. Er lieh sich einen stärkeren Antoinette 24-PS-Motor. Um das erhöhte Gewicht auszugleichen, brachte er zwischen den Tragflächen zusätzliche Flügelchen an; außerdem ersetzte er den Propeller durch ein stärkeres Modell. Am 8. Juni 1908 hob das Flugzeug aus eigener Kraft vom Boden ab und schaffte einige kleine »Sprünge«. Dies galt lange als der erste gelungene Flug eines Engländers in England. 1928 wurde diese Ehre an J. T. C. Moore-Brabazon übertragen, der ein Jahr nach Roe mit einem Voisin-Doppeldecker richtig geflogen war.

Ellehammer IV

Der Däne Jacob Christian Hansen Ellehammer, war ein vielseitiger Konstrukteur, der sich auch für die Luftfahrt interessierte. Seine Leistungen sind be-
achtenswert, weil er sie ohne Kenntnis
der Arbeiten der übrigen Pioniere erzielte. Sein erstes Flugzeug stammte aus
dem Jahre 1905. Der 9-PS-Motor war
ebenfalls von Ellehammer. Die Maschine blieb an einen zentralen Pflock
angebunden und sollte mit Hilfe eines
halbautomatischen Lenksystems nur
Kreisflüge vollbringen. Der weiteste
Sprung (42 m) gelang am 12. September 1906. Nach mehreren Versuchen mit
einem »Halbdoppeldecker« und einem
Dreidecker, die stärker motorisiert waren, brachte Ellehammer 1908 sein Modell IV heraus. Dieser Doppeldecker mit
Zugpropeller wurde in Deutschland erprobt und schaffte im Juni die ersten –
sehr kurzen – Flüge, die in Deutschland

Flugzeug: Ellehammer IV
Hersteller: Jacob C. H. Ellehammer
Jahr: 1908
Motor: luftgekühlter 35-PS-Ellehammer,
    5-Zylinder-Fächermotor
Spannweite: 12 m
Flügelfläche: 37 m²
Gewicht: 130 kg
Geschwindigkeit: 67,5 km/h
Rahmen: Mahagoni und Stahlrohr
Verkleidung: Leinenstoff

mit einem Motorflugzeug stattfanden.
Am 28. Juni bekam der Konstrukteur in
Kiel für einen Flug von 11 Sekunden ei-
nen Preis von 5.000 Mark. Der längste
Flug fand am 14. Januar 1909 statt.

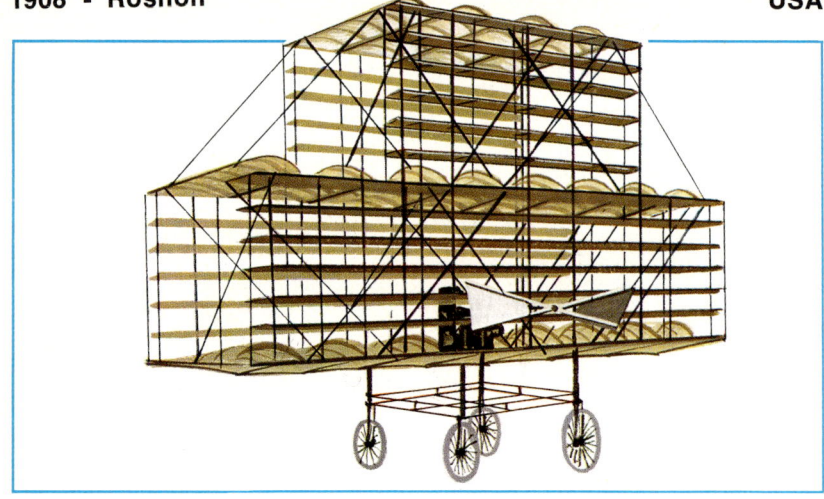

Roshon

Ein Foto, ein Datum ist alles, was von dieser wirren, fliegenden Maschine mit ihrem schmächtigen Rahmen blieb. Vier Fahrradräder an den Ecken eines dünnen Gestänges, auf dem ein undurchsichtiges Gewirr von Tragflächen ruht. Ein großer 2-Blatt-Propeller und der Schatten eines Motors. Neben der Maschine steht ein Mann, der Konstrukteur. Von ihm und seiner Erfindung existiert jedoch keine Spur mehr.

Das Bild des Roshon Multiplane erscheint zweimal in dem zuverlässigen Flugzeugjahrbuch »Jane's All the World's Aircraft«, und zwar in den Ausgaben von 1909 und 1913 ohne Kommentar und Beschreibung. In der Einleitung zu dem geschichtlichen Teil der Ausgabe von 1913 steht: »Während viele dieser Maschinen reine Gebilde der Phantasie sind und nach dem heutigen Stand lächerlich wirken, so enthält

Flugzeug: Mehrdecker Roshon
Hersteller: Roshon
Jahr: 1908
Motor: –
Spannweite: –
Länge: –
Flügelfläche: –
Startgewicht: –
Rahmen: Holz und Metall
Verkleidung: Leinenstoff

dieser Friedhof von totgeborenen Maschinen doch den Keim für die modernen Versuche unserer Zeit«: Roshon kannte ohne Zweifel die wichtigsten Prinzipien der Aerodynamik. Er wußte wohl auch, was bis 1908 auf diesem Gebiet geleistet worden war. So hatte er auch bestimmt davon gehört, daß der Brite Phillips versucht hatte, eine Zelle mit übereinander gelagerten Tragflächen zu starten. Aber leider hatte auch Roshon die falsche Richtung eingeschlagen.

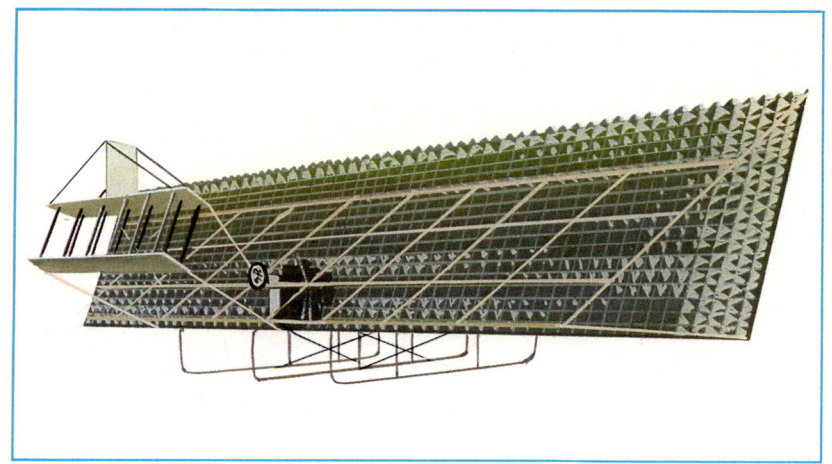

Cygnet II

Eine Zelle wie eine Bienenwabe, bestehend aus 3.610 Tetraedern. Ende 1908 wurde die Cygnet II von Alexander Graham Bell entworfen und von der Aerial Experiment Association gebaut. Diese Flugzeugfirma war im September 1907 von Bell gegründet worden. Die Maschine, die einen Curtiss Motor von 50 PS, einen Schubpropeller und 3 Kufen hatte, wurde 1909 auf dem gefrorenen Keuka-See bei New York mit negativem Ausgang erprobt. Dies war das letzte Experiment der Aerial Experiment Association. Es war auch der letzte Versuch von Bell, eine fliegende Maschine mit mehrzelligen Tragflächen zu bauen. Zusammen mit Glenn Curtiss, Leutnant Thomas Selfridge, John Douglas McCurdy und Frederick Baldwin hatte er die Aerial Experiment Association gegründet, welche ihm bei seinen zahlreichen Versuchen den Rücken stützen

Flugzeug: Cygnet II
Hersteller: Aerial Experiment Association
Jahr: 1908
Motor: wassergekühlter 50-PS-Curtiss, 8-Zylinder-V-Motor
Spannweite: 16 m
Länge: 4 m
Höhe: –
Flügelfläche: –
Startgewicht: 431 kg
Rahmen: Holz und Metall

sollte. Das erste Resultat dieser Zusammenarbeit war die Cygnet I, die von Selfridge erprobt worden war. Die Cygnet II mußte für Bell und seine Theorien wie eine Ernüchterung wirken. 1909 hatte das »schwerer als Luft« die reine Experimentierphase schon hinter sich und befand sich auf dem richtigen Weg in die Zukunft.

Aeroplane

1908 entstand in Frankreich das erste
rein militärische Flugzeug der Welt.
Hauptmann Dorand, der Konstrukteur,
wollte mit dieser Maschine das befriedigen, was damals für die wichtigsten Be-
dürfnisse des Heeres gehalten wurde.
Die Aeroplane hob jedoch trotz zahlreicher Versuche nie vom Boden ab.
Dorand befestigte die Tragflächen
oberhalb eines Gerüstes, welches das
Fahrwerk, den Motor und den Piloten
aufnahm. Diese Plattform war dreieckig,
wobei die Vorderräder den Rahmen und
den Motor trugen. Die Hinterräder stützten die beiden Ecken des Dreiecks ab.
Die eigentliche Zelle war doppeldeckig
und hatte zwei breite Tragflächen, die in
der Mitte von einer dreieckigen
»Schachtel« zusammengehalten wurden. Ein ähnliches Gebilde sollte im
rückwärtigen Teil die Stabilität sichern.
Die Zelle hatte gegenüber der Plattform

Flugzeug: Aeroplane
Hersteller: Dorand
Jahr: 1908
Motor: luftgekühlter 43-PS-Anzani,
    6-Zylinder-Fächermotor
Spannweite: 11,50 m
Länge: –
Höhe: –
Flügelfläche: 90 m²
Startgewicht: 300 kg
Rahmen: Holz und Metall
Verkleidung: Leinenstoff

einen positiven Einstellwinkel, um beim
Start den Auftrieb zu erhöhen. Die Idee
von Hauptmann Dorand war jedoch
allzu weltfremd und nicht zu verwirklichen gewesen.

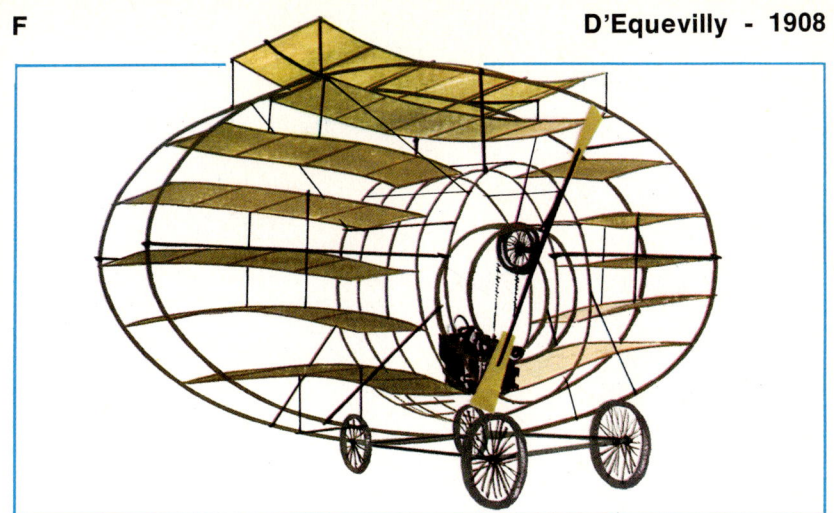

D'Equevilly

Den ersten Erfolgen der europäischen Pioniere folgten vor allem in Frankreich, dem Heimatland der europäischen Luftfahrt, eine Reihe von Experimenten und Versuchen. Die meisten Produkte ihrer Erfinder hielten sich nicht an die gesicherten Theorien und Prinzipien, die ihnen zum Erfolg verholfen hätten. In diese Folge gehört auch der Mehrdekker des Marquis d'Equevilly, der unbedingt eine Maschine »schwerer als Luft« bauen wollte.

Man muß dieser seltsamen Maschine allerdings Originalität und viel Einfallsreichtum bescheinigen. Bilder zeigen einen elliptischen Rahmen auf vier Fahrrädrädern, mit einem schmalen Metallpropeller vorne und einem luftgekühlten 3-Zylinder-Motor. Der Pilot stand in einem zweiten ovalen Rahmen, der konzentrisch zu dem ersten, größeren verlief. Der Marquis d'Equevilly war

Flugzeug: D'Equevilly
Hersteller: D'Equevilly
Jahr: 1908
Motor: luftgekühlter 7-8-PS-3-Zylinder-Halbfächermotor
Spannweite: 5 m
Länge: 2 m
Höhe: −
Flügelfläche: 25 m²
Startgewicht: 140 kg
Rahmen: Holz und Metall
Verkleidung: Leinenstoff

eindeutig von dem Prinzip mehrerer, übereinander gelagerten Tragflächen ausgegangen. Die Zelle setzte sich nämlich aus 12 Elementen zusammen – fünf auf jeder Seite – die sich auf die konzentrischen Ellipsen abstützten und aus zwei weiteren, die das Ganze überlagerten. Auf Berechnungen von Motor und Propeller wurde anscheinend weitgehend verzichtet, denn der Treibriemen, der sie miteinander verband, ließ die 1.500 Umdrehungen/Min. des Motors auf 500 Umdrehungen/Min. für den Propeller absinken.

Blériot XI

Lous Blériot gelang die erste Überquerung des Ärmelkanals mit einem Motorflugzeug. Der französische Pionier war mit seinem Eindecker vom veränderten Typ XI um 4.41 Uhr in Les Baraques bei Calais gestartet und um 5.17 Uhr in Northfall Meadow bei Dover gelandet. Er hatte dabei 38 km über dem Meer zurückgelegt. Louis Blériot genoß einen soliden Ruf als Flugzeugkonstrukteur und sein Typ XI bestätigte die klassische Formel des Eindeckers mit Zugpropeller, die bis zum I. Weltkrieg unverändert bestehen bleiben sollte. Die Blériot XI wurde 1908 beim Salon de l'Automobile in der Abteilung für Flugzeuge, zusammen mit zwei anderen Maschinen von Blériot, ausgestellt. Es war der Typ IX (Eindecker mit Zugpropeller) und der Typ X (Doppeldecker mit Schubpropeller). Diese beiden Maschinen kamen nie in die Luft. Erst die dritte Maschine wurde ein voller Erfolg: bei dem Erstflug am 23. Januar 1909 in Issy sah man bereits ihre guten Qualitäten.

Das Flugzeug, an dessen Entwurf Raymond Saulnier maßgeblich beteiligt war, verfügte anfänglich über einen R.E.P.-Motor von 30 PS, der einen 4-Blatt-Metallpropeller antrieb. Der REP wurde während der Erprobung durch einen 22-25-PS-Anzani-Motor mit Chauvière (2-Blatt) Holzpropeller ersetzt. Außerdem wurde das Ruder vergrößert und die Querruder an den Flügelenden nur noch für den Auftrieb genutzt. Die ursprüngliche Funktion wurde von einem neuartigen Verwindungssystem übernommen. In dieser Bauform sollte sich die veränderte Blériot dann bestens bewähren. Vom 27. Mai bis zu der historischen Kanalüberquerung führte Louis Blériot noch einige Flüge in Issy und Toury durch, von denen der beste am 4. Juli über 50 Minuten und 8 Sekunden ging. Die englische Tageszeitung »Daily Mirror« hatte im Oktober 1908 1.000 Pfund für den Piloten ausgesetzt, der als erster den Ärmelkanal überqueren sollte. Vor Blériot war Hubert Latham bei dem gleichen Unternehmen gescheitert. Das

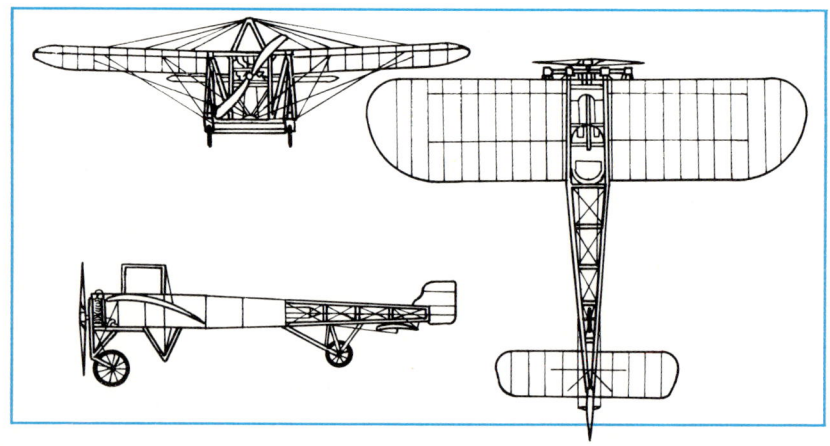

Flugzeug hatte angeblich den besten Motor seiner Zeit (50 PS). Latham startete am 19. Juli mit seinem Antoinette IV Eindecker von Sangatte (Calais) aus und mußte schon nach 12 km wegen Motorschadens wassern. Pilot und Maschine konnten jedoch von der französischen Marine geborgen werden.

Die Blériot XI machte zahlreiche Sportflüge und wurde als erstes Flugzeug an das französische Heer verkauft. Als erste Maschine war sie an einer Kriegshandlung beteiligt: am 23. Oktober 1911 startete der italienische Hauptmann Carlo Piazza im libysch-italienischen Krieg mit einer Blériot zu einem Erkundungsflug über die feindlichen Linien.

Flugzeug: Blériot XI
Hersteller: Louis Blériot
Jahr: 1909
Motor: luftgekühlter 22-25-PS-Anzani, 3-Zylinder-Fächermotor
Spannweite: 7,80 m
Länge: 8 m
Höhe: 2,59 m
Flügelfläche: 13,93 m²
Startgewicht: 300 kg
Geschwindigkeit: 58 km/h
Rahmen: Eschenholz, Bambus und Stahlrohr
Verkleidung: gummierter Leinenstoff

Curtiss Golden Flyer

Mit zwei Erfolgen bei der großen Flugwoche von Reims festigte die Golden Flyer von Glenn Hammond Curtiss ihren Ruf als eines der besten Flugzeuge ihrer Zeit. Den größten Erfolg erreichte die Maschine erst ein Jahr nach ihrem Erstflug, als sie von einem Kriegsschiff aus startete und einige Monate später sogar auf dem Deck eines Schiffes landete. Das eröffnete die Ära der Flugzeugträger: der Pilot Eugen Ely startete am 14. November 1910 in Hampton Roads, Virginia, von dem Deck der Birmingham aus; er landete am 18. Januar 1911 auf dem Kreuzer Pennsylvania, in der Bucht von San Francisco. Glenn Hammond Curtiss beschloß 1907 sich der Aerial Experiment Association von Graham Bell anzuschließen. Curtiss baute zuerst einen Flugzeugmotor, ehe er sich an seine June Bug machte, mit der er am 4. Juli 1908 den Scientific-American-Preis für den ersten Flug in den USA über 1 km gewann. Danach verließ Curtiss die A.E.A., um sich dem kommerziellen Bau von Flugzeugen zu widmen.

Er entwarf zusammen mit Augustus M. Herring die Gold Bug, aus der später die Golden Flyer hervorgehen sollte. Die robuste und schnelle Gold Bug wurde von Anfang an ein großer Erfolg. Die Wendigkeit der Maschine war auf die zwischen den Tragflächen angebrachten Querruder zurückzuführen, die Glenn Curtiss einem Flügelverwindungssystem vorgezogen hatte. Als Curtiss seinen neuen 8-Zylinder-V-Motor (50 PS) fertig hatte, baute er die Bug um, damit sie diesen stärkeren Antrieb aufnehmen konnte und gab ihr den Namen Golden Flyer. Sie wurde Sieger des Gordon-Bennett-Rennens am 28. August 1909 und gewann den Geschwindigkeitspreis bei der großen Flugwoche von Reims im August 1909.

Danach begab sich Curtiss auf eine lange Tournee von Demonstrationsflügen und suchte vor allem die Militärbehörden von dem Wert der Flugzeuge als Kriegsinstrument der Zukunft zu überzeugen. 1910 führte eine Golden Flyer die ersten Bombenangriffe auf Seeziele vor. Im gleichen Jahr wurde zum ersten Mal Funkverbindung mit einer Bodenstelle aufgenommen. Glenn Curtiss

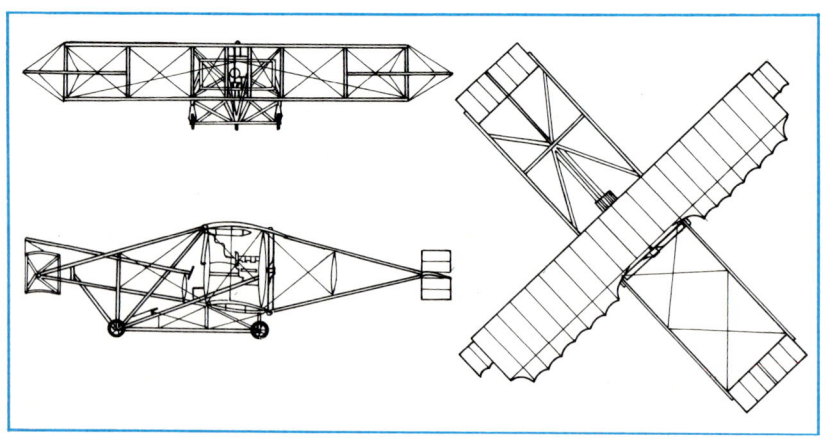

brachte 1911 seinen Doppeldecker als Wasserflugzeug heraus. Die »Marine-version« der Golden Flyer – mit Schwimmrumpf und kleinen Stabilisie-rungskufen an den Flügeln – bewies, daß eine Verbindung Schiff/Flugzeug möglich war. Die Marine bestellte ein Exemplar der Golden Flyer, das später die offizielle Bezeichnung A.1 – das er-ste Flugzeug der Marine – erhielt. Die Wright A mit der Bezeichnung Signal Corps N.1 war das erste Flugzeug des Heeres gewesen.

Flugzeug: Curtiss Golden Flyer
Hersteller: Herring-Curtiss Co.
Jahr: 1909
Motor: wassergekühlter 50-PS-Curtiss, 8-Zylinder-V-Motor
Spannweite: 8,76 m
Länge: 8,66 m
Höhe: 2,74 m
Flügelfläche: 23,79 m²
Leergewicht: 249 kg
Startgewicht: 376 kg
Geschwindigkeit: 72 km/h
Rahmen: Fichtenholz und Bambus
Verkleidung: gummierte Seide

Antoinette IV

So wie die Blériot XI stand die Antoinette IV ebenfalls an der Spitze einer ganzen Reihe von Eindeckern, die alle sehr berühmt werden sollten. Die Firma Antoinette verdankte ihren Ruf vor allem dem Wirken ihres Konstrukteurs Léon Levavasseur. Der Beitrag dieses Ingenieurs zur Entwicklung der Fliegerei in Europa beschränkte sich nicht nur auf den Erfolg seines Eindeckers. Er war auch eng mit einigen hervorragenden Flugzeugmotoren verbunden. Der Antoinette-V-Motor mit 8 Zylindern trieb praktisch alle Maschinen an, die bis 1909 in Europa gebaut wurden; angefangen mit der Santos-Dumont 14bis von 1906. Außerdem trug er dazu bei, daß sich der Vorsprung zwischen den Amerikanern und den Europäern verkürzte.

Der Erstflug der Antoinette IV war am 9. Oktober 1908 in Issy. Levavasseur ließ aber noch einige Monate verstreichen, bis er die endgültige Bauform der Maschine festlegte. Die Flügelfläche wurde von 30 m² auf 50 m² vergrößert. Diese Maßnahme sollte sich bewähren, denn in den vier folgenden Versionen der Antoinette behielt Levavasseur für alle Flügel die gleichen Ausmaße bei.

Die Maschinen von Levavasseur sahen von Beginn an besonders elegant aus: ein schlanker Rumpf, trapezförmige Flügel in leichter V-Stellung und ein schnittiges, kreuzförmiges Ruder. Ab Nr. 6 wurde ein ästhetisches (und funktionelles) Detail geändert: die trapezförmigen Querruder an den Flügelenden wurden durch ein Verwindungssystem der Flügel-Hinterkanten ersetzt. Die Maschine konnte am 19. Februar 1909 in ihrer neuen Bauform gleich fünf Kilometer zurücklegen. Danach holte Hubert Latham das Äußerste aus ihr heraus. Latham begründete mit seinen beiden verunglückten Versuchen, den Ärmelkanal zu überqueren, den Ruhm der Antoinette. Der erste Versuch fand am 19. Juli 1909 statt, sechs Tage vor dem – erfolgreichen – Versuch Blériots. Latham mußte wegen eines Motorschadens auf dem Wasser landen und die Maschine stellte ihre Robustheit unter Beweis: sie schwamm sehr lange auf dem Meer, bis sie mit ihrem Piloten von dem Kriegsschiff »Harpon« geborgen wurde. Auf der Flugwoche von Reims

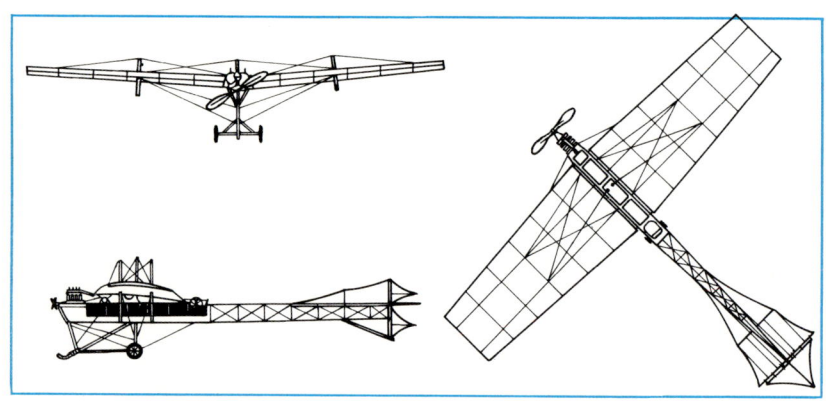

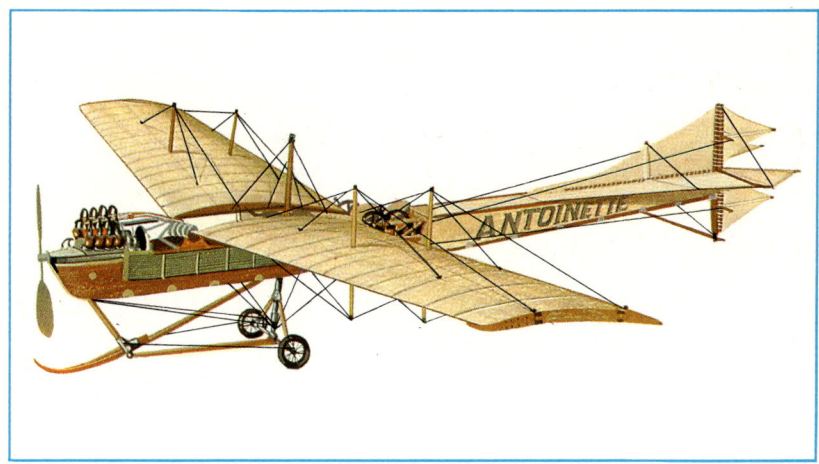

belegte die Maschine im Grand Prix den zweiten Platz. Bei seinem zweiten Versuch am 27. Juli flog Latham die Version VII des Eindeckers. Sie unterschied sich vom Typ IV dadurch, daß sie das Flügel-Verwindungssystem hatte und speziell für Latham angefertigt worden war. Diese Maschine stürzte auch ins Meer, wurde geborgen und nahm erneut an den Wettbewerben in Reims teil. Am 29. August gewann sie den Höhenpreis (155 m) und wurde zweite im Geschwindigkeitspreis.

Die Antoinette-Eindecker wurden noch in mehreren Versionen gebaut, bis die Produktion 1910 eingestellt wurde.

Flugzeug: Antoinette IV
Hersteller: Société Antoinette
Jahr: 1909
Motor: wassergekühlter 50-PS-Antoinette, 8-Zylinder-V-Motor
Spannweite: 12,80 m
Länge: 11,46 m
Höhe: 2,99 m
Flügelfläche: 50 m²
Leergewicht: 450 kg
Startgewicht: 590 kg
Geschwindigkeit: 70 km/h
Rahmen: Eschen- und Fichtenholz
Verkleidung: Holzbeplankung und gummierter Leinenstoff

Demoiselle 20 (Santos-Dumont)

Das erste Leichtflugzeug der Welt war gleichzeitig das letzte, was Alberto Santos-Dumont zur Geschichte der Luftfahrt beitrug. Der kleine Eindecker mit Zugpropeller, Demoiselle genannt, war trotz ihrer Grenzen – die vor allem im direkten Vergleich mit ihren stärkeren und besseren Zeitgenossen deutlich wurden – das einzige gelungene Flugzeug des brasilianischen Pioniers.

Die Demoiselle ging auf das Projekt Nr. 19 zurück, das im November 1907 seinen Erstflug hatte. Die Demoiselle 19 hatte einen 20-PS-Motor, einen Rumpf aus Bambusstäben und ein kreuzförmiges Leitwerk. Unter der Tragfläche war ein Rahmen befestigt, der den Piloten und das Fahrwerk aufnahm. Die Maschine hatte ein Leergewicht von nur 107 kg. Dafür waren die Flüge auch nicht gerade überragend (200 m am 17. November 1907 in Issy, 150 m am 21. November in Buc). Später ging die Maschine bei einer verunglückten Landung zu Bruch. Nach der – erfolglosen –

Demoiselle 19bis (mit dem stärkeren Antoinette 24-PS-Motor) hatte das Modell 20 am 6. März 1909 in Issy seinen Erstflug.

Diese Version konnte mit verschiedenen Neuerungen aufwarten. Der Motor war durch einen wassergekühlten 35-PS-Dutheil-Chalmers 2-Zylinder ersetzt worden, der einen Chauvière Propeller aus Mahagoni antrieb. Außerdem war der Rahmen verbessert worden. Die Fläche der Flügel war leicht vergrößert worden, und der verstärkte Bambusrumpf hatte jetzt eine Dreiecksform. Bei der Verwindung der Flügel liefen die Kabel an einem senkrechten Stab zusammen, der mit dem Sitzgurt des Piloten verbunden war. Dieser brauchte sich nur von einer Seite zur anderen zu bewegen, um die gewünschte Korrektur zu erzielen. Dieses System war jedoch sehr windempfindlich, und zahlreiche Piloten klagten darüber, daß die Demoiselle nur bei absolut ruhigem Wetter gut zu fliegen war. Nach dem Erstflug setzte Santos-Dumont die Erprobung der Demoiselle 20 fort: im April schaffte er 2 km; im September blieb er 16 Minuten

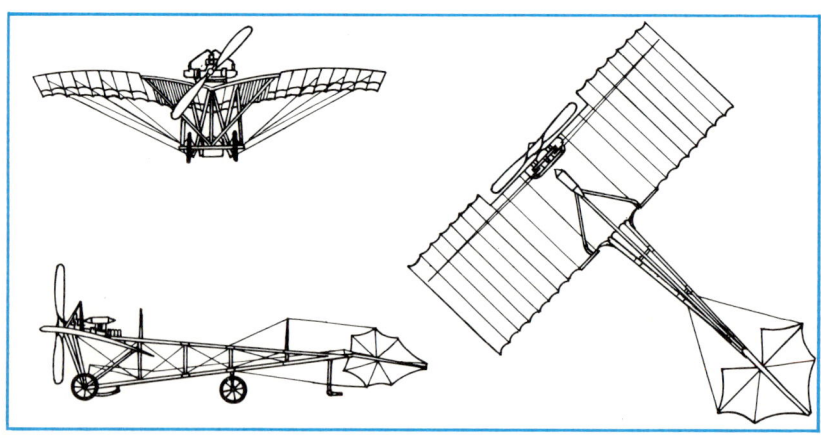

in der Luft und legte dabei 18 km zurück. Im gleichen Monat wurde das Flugzeug in Paris im Grand Palais im Stand der Firma Clément Bayard ausgestellt und errang einen großen Erfolg. Es fand zahlreiche Interessenten und bis 1910 wurden ungefähr 10 Maschinen gebaut.

Alberto Santos-Dumont setzte sich im November 1909 zum letzten Mal an den Steuerknüppel eines Flugzeugs und zog sich danach wegen einer schweren Sklerose von der aktiven Fliegerei zurück. Santos-Dumont starb 1932 durch Selbstmord. Er konnte einen einmaligen Rekord aufweisen, denn er war der einzige Pilot, der vier Flugscheine für »fliegende« Maschinen hatte: Eindekker, Doppeldecker, Ballon und Luftschiff.

Flugzeug: Demoiselle 20
Hersteller: Alberto Santos-Dumont
Jahr: 1909
Motor: wassergekühlter 35-PS-Dutheil-Chalmers (Darracq), mit 2 gegenüberliegenden Zylindern
Spannweite: 5,10 m
Länge: 8 m
Höhe: 2,40 m
Flügelfläche: 10,20 m²
Startgewicht: 143 kg
Geschwindigkeit: 90 km/h
Rahmen: Bambus und Stahlrohr
Verkleidung: Seide

Henri Farman III

Charles und Gabriel Voisin verkauften den Doppeldecker von Farman an J.T.C. Moore-Brabazon. Farman war darüber derart verärgert, daß er die Bestellung sofort annullierte. Er gründete eine eigene kleine Flugzeugfabrik und ging an den Bau eines von ihm entworfenen Flugzeugs. Dieser Entschluß sollte einen der Klassiker der Luftfahrtgeschichte hervorbringen, einen Doppeldecker, der zwischen 1909 und 1911 uneingeschränkte Popularität genoß. Die Henri Farman III gewann bei der Flugwoche von Reims im August 1909 den Grand Prix (mit einer Distanz von 180 km, die er in 3 Stunden, 4 Minuten und 56 Sekunden zurücklegte), den Prix des Passagers (mit 2 Passagieren an Bord) und wurde im Prix de l'Altitude hinter der Antoinette VII von Hubert Latham mit 110 m Höhe Zweite. Farman hatte bei diesem Flugzeug einige Züge der Voisin-Bauart beibehalten, außer einer wichtigen Neuerung bei der Quersteuerung. Farman entschloß sich für eine Querrudersteuerung, die er mit einem ziemlich modernen und wirkungsvollen System verwirklichte. Die Maschine hatte einen 4-Zylinder-Vivinus-Motor von 50 PS. Der Erstflug war am 6. April 1909 in Châlons. In den folgenden Monaten wurden noch einige technische Änderungen, die vor allem die Querruder und das Leitwerk betrafen, angebracht. Beim Leitwerk mußte die ursprüngliche »Schachtel«-Form einer Doppeldecker-Konstruktion mit zwei herausragenden Seitenrudern weichen.

In dieser Bauform — und nach einigen berühmten Flügen, wie z. B. am 19. Juli, als die Maschine eine Stunde und 23 Minuten in der Luft blieb — kam die Henri Farman III nach Reims. Bei den ersten Probeflügen zeigte der Vivinus-Motor einige Schwächen und Farman beantragte am 23. August ihn durch einen anderen Typ ersetzen zu dürfen. Er entschloß sich für den Gnôme Rotationsmotor von 50 PS, was sich auszahlen sollte. Neben dem von Farman selbst gesteuerten Flugzeug, waren noch zwei weitere Maschinen vom gleichen Typ in Reims. Die erste war für Roger Sommer, die zweite für den Engländer George

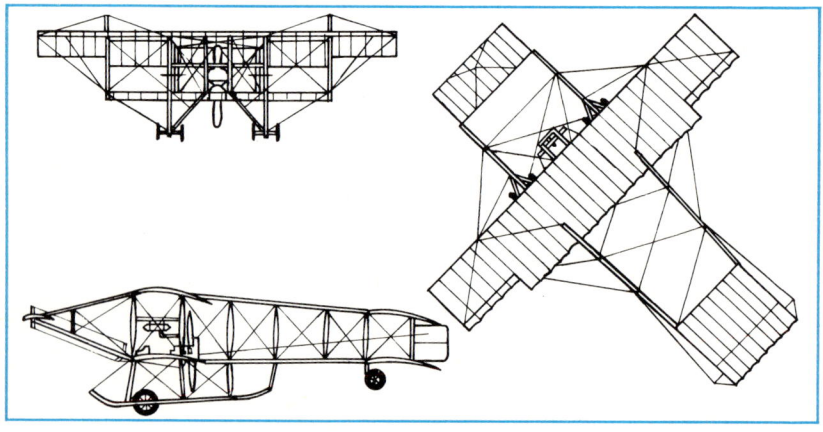

Cockburn gebaut worden. Die beiden Flugzeuge, von denen das erste noch den Vivinus- und das zweite schon den Gnôme-Motor hatte, flogen am 4. und 20. Juli ihre jeweiligen Erstflüge in Châlons. Sie konnten jedoch mit ihren Besitzern am Steuer keine herausragenden Resultate erzielen. Der beste Flug von Cockburn ging über 10 km (in 11 Minuten und 28 Sekunden), während Sommer bei seinen 10 Flügen einmal über 60 km kam.

Nach Reims verbesserte Farman seinen Doppeldecker, indem er die Dimensionen und die Flügelfläche vergrößerte. In dieser endgültigen Form wurde das Flugzeug in der ganzen Welt bekannt, und es war in den Jahren vor dem Ausbruch des I. Weltkriegs der am stärksten verbreitete Flugzeugtyp.

Flugzeug: Henri Farman III
Hersteller: Henri Farman
Jahr: 1909
Motor: 50-PS-Gnôme,
   7-Zylinder-Rotationsmotor
Spannweite: 9,95 m
Länge: 11,97 m
Höhe: 3,50 m
Flügelfläche: 40 m²
Leergewicht: 449 kg
Startgewicht: 550 kg
Geschwindigkeit: 60 km/h
Rahmen: Mahagoni und Eschenholz
Verkleidung: Baumwollstoff

Goupy II

Ambroise Goupy lag 1909 mit seinem
Modell II auf der gleichen Linie wie De
Pischoff, der schon 1907 einen Doppeldecker mit Zugpropeller herausgebracht hatte. Im Gegensatz zu dem
Doppeldecker von De Pischoff – der ein
absoluter Mißerfolg war – war die Goupy II gelungen und sie trug erheblich zur
weiteren Entwicklung der Doppeldekker mit Zugpropeller bei. An den Ent-
wicklungsarbeiten war auch der italienische Leutnant Mario Calderara beteiligt, einer der ersten europäischen
Schüler von Wilbur Wright. Die Goupy II
wurde in den Blériot-Werkstätten in Buc
gebaut und sie wies eine Ähnlichkeit mit
den Blériot-Maschinen auf. So war z. B.
am Rumpf, Leitwerk und Fahrwerk der
Einfluß des Eindeckers Blériot XI wie-
derzuerkennen. Bevor die Goupy II 1909
umgebaut wurde, waren zwei Flüge –
davon einer mit Calderara am Steuer –
gelungen.

Flugzeug: Goupy II
Hersteller: Louis Blériot
Jahr: 1909
Motor: luftgekühlter 24-PS-R.E.P.,
  7-Zylinder-Fächermotor
Spannweite: 6,10 m
Länge: 7,01 m
Höhe: 2,44 m
Flügelfläche: 22 m²
Leergewicht: 209 kg
Geschwindigkeit: 97 km/h
Rahmen: Fichten- und Eschenholz
Verkleidung: Baumwollstoff

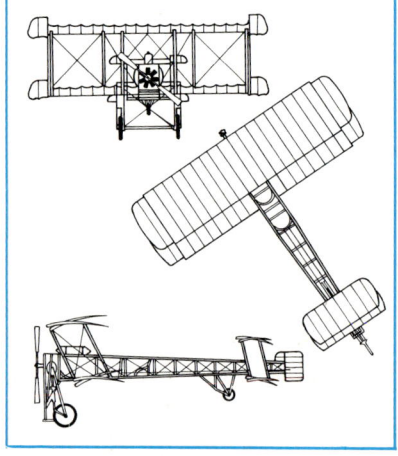

Roe Triplane I

Alliott Verdon Roe gelang am 23. Juli 1909 in Großbritannien der Erstflug eines in Großbritannien entworfenen und gebauten Flugzeugs, das auch einen englischen Motor hatte. Es handelte sich um einen Dreidecker, der den Auftakt zu einer Serie von vier Maschinen bildete, die Roe in diesen Jahren baute. Danach wandte er sich mit größerem Erfolg den Doppeldeckern zu. Das Flugzeug war jedoch zu schwach motorisiert: Der größte Sprung seines J.A.P.-Motors von 9 PS war 270 m weit. A. V. Roe brachte danach ein zweites Modell mit einem 20-PS-Motor heraus. Er stellte die Maschine am 18. Oktober 1909 bei der Luftfahrtschau von Blackpool vor, wo sie wegen ihres gelben Anstrichs vom Publikum die Bezeichnung »Gelbe Gefahr« erhielt. Wegen des starken Regens kam sie nur auf einen Sprung von 40 m.

Flugzeug: Roe Triplane I
Hersteller: A. V. Roe
Jahr: 1909
Motor: 20-PS-luftgekühlter J.A.P., 4-Zylinder-V-Motor
Spannweite: 6,10 m
Länge: 7,01 m
Höhe: 3,35 m
Flügelfläche: 20,21 m²
Leergewicht: 136 kg
Startgewicht: 204 kg
Geschwindigkeit: 40 km/h
Rahmen: Pinien-, Eschen- und Fichtenholz, Stahlrohr
Verkleidung: Baumwollstoff

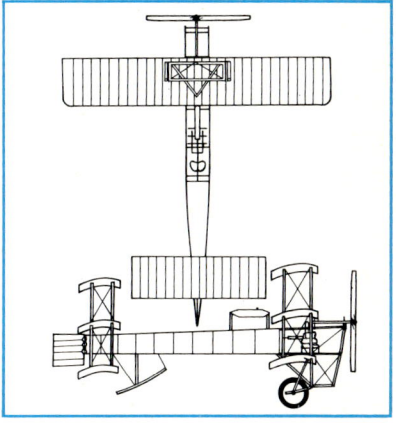

Aerocurvo Ponzelli-Miller

Flugzeug: Aerocurvo Ponzelli-Miller
Hersteller: Franz Miller – Turin
Jahr: 1909
Motor: luftgekühlter 50-PS-Miller,
   4-Zylinder-Reihenmotor
Spannweite: 7 m
Länge: 7 m
Flügelfläche: 22 m²
Startgewicht: 250 kg

Obwohl es in Italien schon seit Beginn des Jahrhunderts die Società Aeronautica Italiana gab, mußte man bis 1908 warten, bevor der erste Flug einer Maschine »schwerer als Luft« in Italien stattfand (Voisin und Léon Delagrange im Juli in Turin). Ein Jahr später kamen die ersten in Italien entworfenen und gebauten Maschinen heraus.

So führte am 13. Januar 1909 der Ingenieur Aristide Faccioli mit seinem Dreidecker in Turin seinen Erstflug durch. Die Maschine machte jedoch nur einige Sprünge und der Flug endete mit einer Bruchlandung. Größere Beachtung erwarb sich der Ingenieur Franz Miller aus Messina, der in Turin die erste Flugzeug-Fabrik Italiens aufmachte und sie denjenigen, die eine fliegende Maschine bauen wollten, zur Verfügung stellte. Eines der ersten Produkte dieser Initiative war die Aerocurvo, ein ungewöhnliches Gebilde mit gewölbten V-Flügeln.

Miller hatte dieses Flugzeug zusammen mit Riccardo Ponzelli entworfen und es zu Beginn des Jahres 1909 herausgebracht. Nach einer Reihe von Versuchen in Turin brachte man es nach Brescia, wo es an der Internationalen Flugschau teilnehmen sollte. Leonino Da Zara, der Pilot, schaffte es jedoch nicht, die Maschine in die Luft zu bringen. 1910 gelangen dann in Mirafiori einige Sprünge, nachdem man die Maschine in einigen Punkten geändert hatte.

Edwards Rhomboidal

Flugzeug: Edwards Rhomboidal
Hersteller: Edwards
Jahr: 1909
Motor: wassergekühlter 50-PS-Humber,
  4-Zylinder-Motor
Spannweite: 11,58 m
Länge: 14,62 m
Flügelfläche: ungefähr 112 m²
Leergewicht: 725 kg

Der Name Rhomboidal ist auf den ungewöhnlichen Rahmen der beiden Tragflächen zurückzuführen, welcher die Form eines Rhombus hatte. Sie waren doppeldeckig angelegt, mit dem Piloten, dem Motor und zwei Propellern in ihrer Mitte. Die Maschine hob zwar nie vom Boden ab, sie war aber charakteristisch für eine in Großbritannien in den Jahren 1909 und 1910 festzustellende Tendenz. In dieser Zeit tauchten auf allen Flugplätzen seltsame Gebilde auf, die irgendwie zwischen dem Phantastischen und dem Grotesken anzusiedeln waren und die all die Prinzipien nicht beachteten, welche gerade den beginnenden Erfolg der »klassischen« Flugzeuge und deren vielversprechende Entwicklung begründeten. Der Rahmen der Rhomboidal, die in Brooklands ohne Erfolg erprobt wurde, setzte sich aus zwei dreieckigen Gerüsten zusammen, welche die Tragflächen, den Motor und den Piloten aufnahmen. Die beiden Tragflächen waren durch vertikale Streben miteinander verbunden und mit Metallkabeln verspannt. Spannkabel bildeten ebenfalls den Rahmen der Tragflächen, die nur auf einer Seite mit Leinwand bespannt waren und von eingeschobenen Holzlatten gehalten wurden. Der Motor befand sich in der Mitte vor dem Piloten und trieb über einen Riemen zwei Propeller an. Das Ruder befand sich über dem oberen Flügel, wo es kaum etwas nutzen konnte.

Givaudan

Flugzeug: Givaudan
Hersteller: Vermorel Cie.
Jahr: 1909
Motor: luftgekühlter 40-PS-Vermorel,
   8-Zylinder-V-Motor
Länge: 5,79 m
Rahmen: Metallröhren und Holz
Verkleidung: Leinenstoff

Von den zahlreichen Projekten, die 1909 in Frankreich entstanden, ist die Givaudan wohl das originellste. Das Flugzeug gelangte zwar nie in die Luft, war aber wegen seiner originellen dynamischen und strukturellen Lösungen von einigem Interesse. Die Maschine, die im Mai 1909 in den Vermorel-Werkstätten von Villefranche (Rhône) gebaut wurde, hatte eine zylindrische Zelle und Flügelprofile, die in eine verschachtelte Trommel eingelassen waren. Die beiden Zylinder – die sich aus je zwei konzentrischen Profilen zusammensetzten – befanden sich an den beiden Enden des Flugzeugs. Sie wurden von einem Metallgerüst, das den Rumpf bildete, zusammengehalten. Das Lenksystem war auch eigenartig: die vordere Trommel konnte sich in jeder Richtung frei drehen und war durch ein Universalgelenk mit dem Rumpf verbunden. Der Motor befand sich gleich hinter dieser Trommel und trieb einen Propeller von 2,40 m Durchmesser an, der aus der Zelle herausragte. Der Pilotensitz war hinter dem Motor. Das Fahrwerk bestand aus vier Rädern; die hinteren waren an der Trommel selbst und die vorderen am Rumpf befestigt. Die Givaudan war einer jener zahlreichen Versuche, die außerhalb der »offiziellen« Doktrin lagen und deshalb auch zum Mißerfolg verurteilt waren.

Blackburn Monoplane

Flugzeug: Blackburn Monoplane
Hersteller: Blackburn Aeroplane Co.
Jahr: 1909
Motor: wassergekühlter 35-PS-Green,
　　4-Zylinder-Reihenmotor
Spannweite: 9,14 m
Länge: 7,92 m
Höhe: 2,90 m
Flügelfläche: 15,79 m²
Leergewicht: 363 kg
Geschwindigkeit: 97 km/h
Rahmen: Fichten- und Eschenholz,
　　Stahlrohr
Verkleidung: Baumwollstoff

Die Pläne für das erste Flugzeug des englischen Ingenieurs Robert Blackburn entstanden in Paris, während der Bau selbst in einer Werkstätte in Leeds durchgeführt wurde. Es handelte sich um einen Hochdecker, dessen Rahmen derart robust war, daß die Bezeichnung »schwerer Eindecker« gerechtfertigt erschien. Der vordere Teil des Flugzeugs war sehr massiv geraten: unter der rechteckigen Tragfläche hing ein Metallrahmen, der den Motor, das dreirädrige Fahrwerk und den Pilotensitz aufnahm. Der Flechtkorb des Piloten war ein Gleitsitz zur Regulierung der Stabilität um die Längsachse. Der Motor trieb den höher gelegenen Propeller über eine Kette an und der Treibstofftank befand sich direkt über dem Kopf des Piloten. Das kreuzförmige Leitwerk übte die Funktion des Seiten- und Höhenruders aus, während die Querlenkung über ein Verwindungssystem der Flügelhinterkanten erreicht wurde. Die Probeflüge fanden 1909 am Strand von Marske in Yorkshire statt. Nach einigen Rollversuchen gelang auch ein Start. Als Blackburn dann seine erste Kurve fliegen wollte, stürzte der »schwere Eindecker« ab und wurde nicht mehr repariert.

Safety

Flugzeug: Safety
Hersteller: Mortimer und Vaughan
Jahr: 1910
Motor: –
Spannweite: –
Länge: –
Höhe: –
Flügelfläche: –
Startgewicht: –
Rahmen: Holz und Metall
Verkleidung: Leinenstoff

Hätte dieses Gebilde fliegen können, so wäre es bestimmt die erste Fliegende Untertasse gewesen. Die Räder des Doppeldeckers Safety haben jedoch die Erde nie verlassen. Diese phantastische Maschine war von Mortimer und Vaughan entworfen worden, zwei passionierten Engländern aus Edgware in Middlessex. Sie lieferten nur einen Beitrag zu jener Unzahl von »Flugzeugen«, die eher an Einbildungen erinnerten.
Die Safety fiel durch ihre zwei halbkreisförmigen Tragflächen auf, die ihr das Aussehen einer Untertasse gaben. Die doppelten Tragflächen waren durch vertikale Streben miteinander verbunden und stützten sich auf einen viereckigen Rumpfquerschnitt ab, der fast ganz verkleidet und nach vorne hin stark verjüngt war. Das Fahrwerk hatte vier Räder, die unter dem Rumpf befestigt waren. Der Antrieb erfolgte über drei 4-Blatt-Propeller, von denen einer ganz vorne und zwei an den Vorderkanten der hinteren Flügel angebracht waren. Die Safety wurde bei einem Probelauf durch ein Feuer zerstört. Mortimer und Vaughan brachten 1911 ein zweites Modell heraus, das ebenso sinnlos war.

De Havilland Doppeldecker (Nr. 1)

Geoffrey de Havilland, der später einer der berühmtesten Flugzeugkonstrukteure der Welt werden sollte, entwarf 1908 sein erstes Flugzeug. Zusammen mit F. T. Hearle brachte er einen originell aussehenden Doppeldecker heraus. Der 4-Zylinder-»Seezungen«-Motor stammte ebenfalls von de Havilland. Der Doppeldecker, der 1910 fertig wurde, sollte in Crux Easton erprobt werden. Der erste – und auch letzte – Flug fand im April statt. Nach dem gelungenen Start riß in der Luft plötzlich der linke Flügel ab und die Maschine stürzte ab. Der Motor konnte geborgen werden und fand bei dem zweiten Doppeldecker von de Havilland Verwendung. Dieser fiel derart gut aus, daß er im Dezember 1910 von dem britischen Kriegsministerium gekauft wurde.

Flugzeug: De Havilland Doppeldecker (Nr. 1)
Hersteller: De Havilland-Hearle
Jahr: 1910
Motor: wassergekühlter 45-PS-de-Havilland, mit vier gegenüberliegenden Zylindern
Spannweite: 10,97 m
Länge: 8,84 m
Höhe: 3 m
Flügelfläche: 37,90 m²
Leergewicht: 386 kg
Rahmen: Pinien-, Eschen- und Fichtenholz
Verkleidung: Baumwollstoff

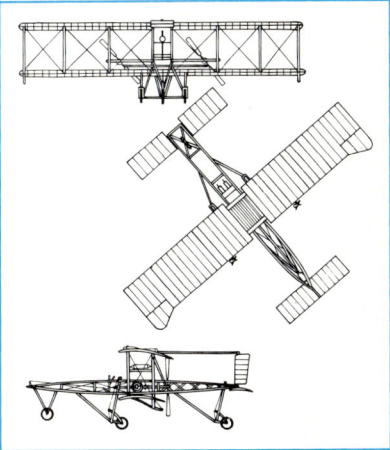

Wright B

Nach dem überwältigenden Erfolg ihres Doppeldeckers Typ A konnten sich Orville und Wilbur Wright erst 1910 dazu entschließen, ihren ursprünglichen Entwurf zu ändern. Das neue Flugzeug, Typ B genannt, war der erste Wright Doppeldecker. Das Höhen- und Seitenruder war nicht mehr vorne, sondern – wie damals schon üblich – am Schwanzende. Die Kufen des Fahrwerks waren durch vier Räder ersetzt worden. Das Flugzeug wurde auch ein großer Erfolg und das US-Heer bestellte zwei Exemplare. Außerdem wurde noch eine einsitzige, kleinere Version, EX genannt, entwickelt. Weitere Versionen waren der Typ R und die Rennmaschine »Baby Grand«. Mit dieser Version nahm Orville 1910 an der Rennwoche von Belmont Park teil und erreichte Geschwindigkeiten zwischen 115 und 120 km/h. Es war einer der letzten Beiträge der Brüder Wright zur Geschichte der Luftfahrt.

Flugzeug: Wright B
Hersteller: Gebrüder Wright
Jahr: 1910
Motor: wassergekühlter 30-PS-Wright, 4-Zylinder-Reihenmotor
Spannweite: 11,90 m
Länge: 9,45 m
Flügelfläche: 47 m²
Startgewicht: 567 kg
Geschwindigkeit: 75 km/h
Rahmen: Fichten- und Eschenholz
Verkleidung: Baumwollstoff

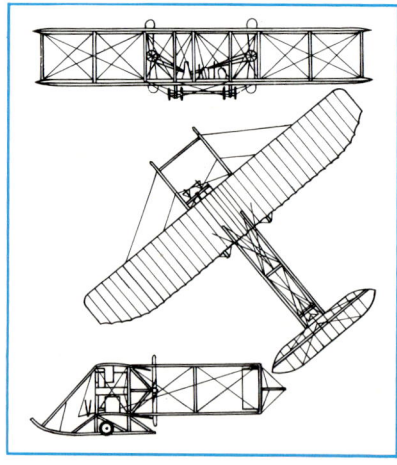

Coanda

Flugzeug: Coanda
Hersteller: Henri Coanda
Jahr: 1910
Motor: wassergekühlter 50-PS-Clerget,
    4-Zylinder-Reihenmotor
Spannweite: 10,08 m
Länge: 12,70 m
Höhe: 2,74 m
Flügelfläche: 32 m²
Startgewicht: 420 kg
Rahmen: Stahlrohr
Verkleidung: Sperrholz

Die Maschine von Coanda war praktisch
ein Vorbote des Düsenzeitalters, denn
es war das erste Strahlflugzeug der Geschichte. Obwohl die Maschine nie
geflogen ist, war sie ein Beweis für das
Talent ihres jungen Konstrukteurs, des
Rumänen Henri Coanda, der die Maschine im Alter von 24 Jahren baute.
Das Flugzeug wurde im Oktober 1910
beim Salon de l'Aéronautique in Paris
ausgestellt. Sein Kolbenmotor war über
ein Übersetzungsgetriebe mit einem
Zentrifugalkompressor verbunden, der
sich in der Rumpfspitze befand. Die
Stangen und Streben waren auf ein Mi-
nimum reduziert und es war das erste
Flugzeug, das ganz mit Holz verkleidet
war. Die schwache Leistung des Kom-
pressors (220 kg) war ohne Zweifel der
Grund für den Mißerfolg von Coanda.

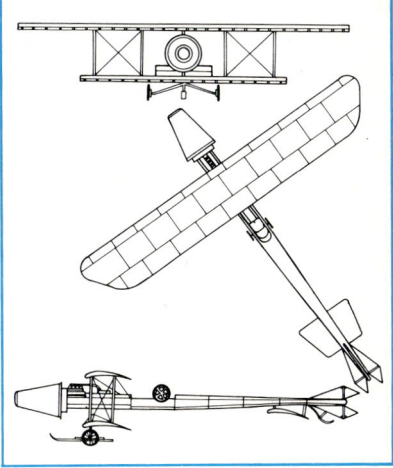

Hydravion Fabre

Der französische Ingenieur Henri Fabre war der Vater der Wasserflugzeuge. Während in Europa und Amerika alle bemüht waren, ihre Flugzeuge vom Boden aus zu starten und sie dort auch wieder landen zu lassen, versuchte Fabre schon 1909 ein Wasserflugzeug zu entwickeln. Sein erstes Modell hob nicht vom Meer ab. Mit dem zweiten gelang am 28. März 1910 im Hafen von La Mède ein Flug von 500 m in 2 m Höhe, der mit einer einwandfreien Wasserung abgeschlossen wurde. Die zerbrechlich und plump aussehende Maschine von Fabre war das erste Wasserflugzeug der Geschichte. Es kam der Maschine des Amerikaners Glenn Curtiss um ein Jahr zuvor. Fabre setzte seine Versuche fort, bis im März 1911 sein Flugzeug bei einer Wasserung vollständig zerstört wurde. Da Fabre die notwendigen finanziellen Mittel fehlten, befaßte er sich von nun an mit dem Entwurf und der Herstellung von Schwimmern für Wasserflugzeuge.

Flugzeug: Hydravion Fabre
Hersteller: Henri Fabre
Jahr: 1910
Motor: 50-PS-Gnôme,
   7-Zylinder-Rotationsmotor
Spannweite: 14 m
Länge: 8,50 m
Höhe: 3,66 m
Flügelfläche: 17 m²
Startgewicht: 475 kg
Geschwindigkeit: 89 km/h
Rahmen: Eschenholz
Verkleidung: Baumwollstoff und Sperrholz
   (für die Schwimmer)

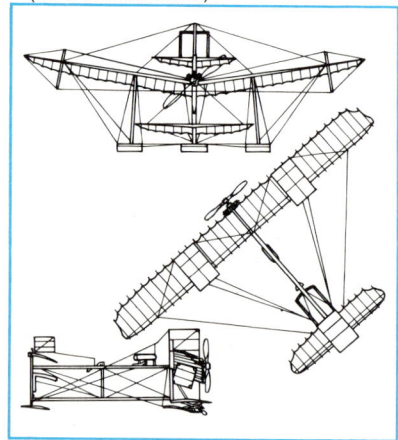

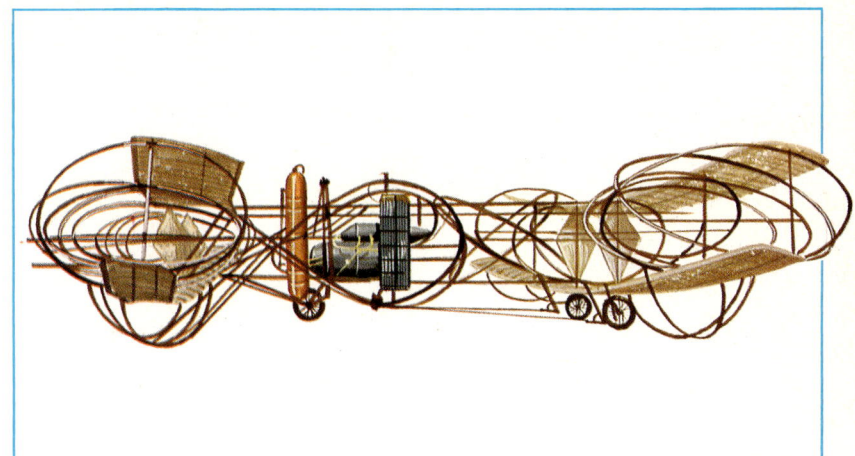

Seddon

Diese komplizierte Konstruktion aus
Stahlröhren war von dem Marineleut-
nant J. W. Seddon und von A. G. Hackett
entworfen und 1910 in deren Auftrag
von der Firma Accles und Pollock in
Oldbury gebaut worden. Das Flugzeug
war eigentlich ein Doppeldecker. Die
vorderen Tragflächen sollten die Stabi-
lisierung um die Längsachse, die hinteren den Auftrieb sicherstellen. Zwischen den Tragflächen waren insgesamt vier Ruder montiert. Der Rumpf,
welcher die Flügel miteinander verband, und die Motoren, die Propeller,
die Passagiere und das Fahrwerk trug,
war ein Gewirr von Stahlröhren, die sich
kreisförmig und geodätisch überschnit-
ten. Insgesamt waren mehr als 600 m
Stahlröhren verarbeitet worden. Zwei
N.E.C.-Motoren von je 65 PS trieben
ein Paar große Zugpropeller vom Typ
Beedle an. Das Flugzeug sollte neben

Flugzeug: Seddon
Hersteller: Accles und Pollock
Jahr: 1910
Motor: zwei 65-PS-N.E.C.
Flügelfläche: 93 m²
Leergewicht: 1.178 kg
Rahmen: Stahlröhren
Verkleidung: Leinenstoff

dem Piloten noch 5 Passagiere aufnehmen können.
Die Maschine wurde Ende 1910 in Dun-
stall Park Wolverhampton, dem Flugplatz des Midland Aero Club, erprobt.
Sie blieb natürlich am Boden und wurde
wieder abgebaut. Für einige Zeit galt sie
als das größte Flugzeug der Welt.

Dunne D.5

John William Dunne, ein ehemaliger britischer Heeresoffizier, interessierte sich
bei seinen aeronautischen Studien vor
allem für das Problem der Stabilität der
Flugzeuge. Während seiner Tätigkeit
bei den Ballon-Werken in Farnborough
verbesserte er an verschiedenen Gleitern und Motorflugzeugen die von ihm
erdachte Formel. Diese lief auf eine
pfeilförmige Tragfläche ohne Leitwerk
hinaus. Der erste »Ganzflügler« der Geschichte, der auch fliegen konnte, war
die Dunne D.5. Sie wurde 1910 von
Short gebaut und im März des gleichen
Jahres in Eastchurch erprobt. Im Mai
legte die D.5 3,5 km zurück und bewies
dabei eine gute Stabilität. Die Fluglage
konnte auch ohne Berühren des Steuerknüppels beibehalten werden.
Die Maschine bewies ihre Flugtauglich-
keit bei weiteren Versuchen, bis sie bei
einem Unfall zerstört wurde. 1912 wurde
sie als D.8 noch einmal nachgebaut.

Flugzeug: Dunne D.5
Hersteller: Gebrüder Short
Jahr: 1910
Motor: wassergekühlter 60-PS-Green,
   4-Zylinder-Reihenmotor
Spannweite: 14,02 m
Länge: 6,21 m
Höhe: 3,50 m
Flügelfläche: 48,96 m²
Startgewicht: 703 kg
Geschwindigkeit: 72 km/h
Rahmen: Eschen-, Fichten- und
   Pinienholz, Stahlrohr
Verkleidung: Leinenstoff

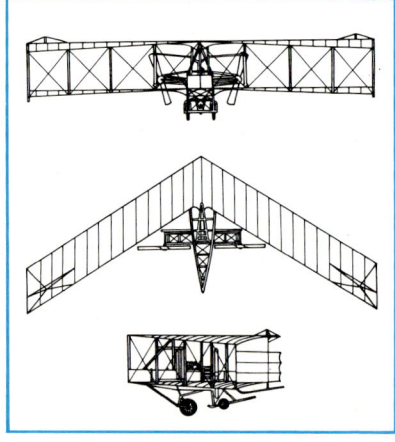

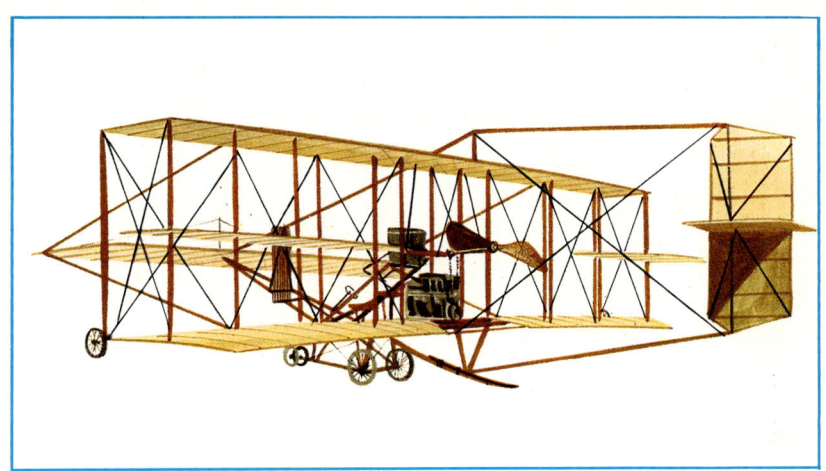

Cody Michelin Cup

Samuel Franklin Cody – ein in England ansässiger Amerikaner – vollführte am 16. Oktober 1908 in Farnborough den ersten motorisierten Flug in England. Das Flugzeug war ein Doppeldecker vom Typ Wright, den Cody für die Ballonabteilung der Pioniertruppen gebaut hatte. Der Doppeldecker wurde das erste offizielle Flugzeug des britischen Heeres. Cody baute ein Jahr später einen weiteren Doppeldecker, um an dem ersten Michelin-Rennen teilzunehmen. Er war erneut vom Typ Wright und hatte eine verbesserte Steuerung und Querruder erhalten. Der Green Motor war durch einen gleichstarken E.N.V. ersetzt worden. Noch vor dem Rennen stellte Cody zwei englische Rekorde für Flugdauer und Entfernung auf: 152 km in 2 Stunden und 24 Minuten. Am 31. Dezember 1910 gewann er das Rennen und überbot dabei seine erste Leistung: 298,47 km in 4 Stunden und 47 Minuten.

Flugzeug: Cody Michelin Cup
Hersteller: Cody
Jahr: 1910
Motor: wassergekühlter 60-PS-E.N.V., 8-Zylinder-V-Motor
Spannweite: 14,02 m
Länge: 11,73 m
Höhe: 3,96 m
Flügelfläche: 59,46 m²
Leergewicht: 996 kg
Startgewicht: 1.138 kg
Geschwindigkeit: 105 km/h
Rahmen: Fichtenholz, Bambus
Verkleidung: Leinenstoff

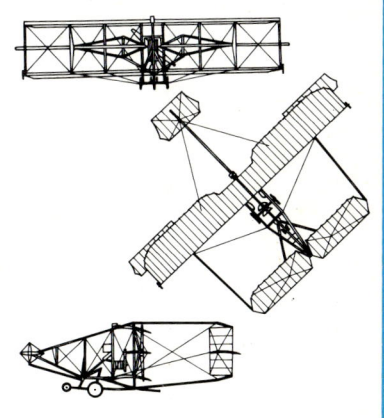

Etrich Taube

Der Eindecker Taube war schon 1910 von dem österreichischen Ingenieur Igor Etrich entworfen worden. Nach eingehenden aerodynamischen Studien hatte er ein Flugzeug herausgebracht, das äußerlich stark an einen Vogel erinnerte. Der Eindecker mit Zugpropeller ging eindeutig auf die Formel von Vuia und Blériot zurück. Etrich vergab zuerst eine Fertigungslizenz an die Rumpler-Werke in Johannisthal, verzichtete später jedoch ganz auf seine Urheberrechte. Daraufhin bauten ungefähr 10 Fabriken die Maschine nach und zwar in den verschiedensten Bauformen, je nach dem Wunsch des Kunden. Der Erfolg der Taube zeigt sich auch an der für jene Zeit enormen Zahl von 500 gefertigten Maschinen.

Flugzeug: Etrich Taube
Hersteller: Verschiedene
Jahr: 1910
Motor: wassergekühlter 100-PS-Mercedes, 6-Zylinder-Reihenmotor
Spannweite: 14,35 m
Länge: 9,85 m
Höhe: 3,15 m
Flügelfläche: 38,84 m²
Startgewicht: 870 kg
Geschwindigkeit: 115 km/h
Rahmen: Fichtenholz und Stahlrohr
Verkleidung: Aluminium, Sperrholz, Baumwollstoff
Besatzung: 2 Personen

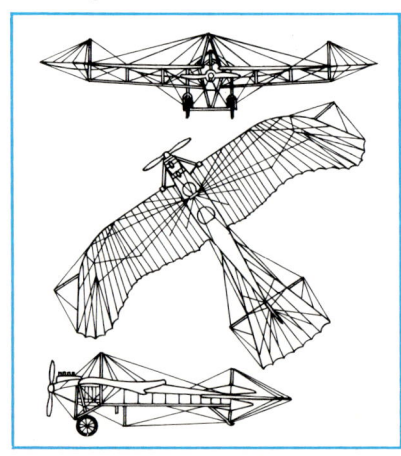

Short N.3

Flugzeug: Short N.3
Hersteller: Gebrüder Short
Jahr: 1910
Motor: wassergekühlter 35-PS-Green,
4-Zylinder-Reihenmotor
Spannweite: 9,65 m
Länge: 9,45 m
Höhe: 2,64 m
Flügelfläche: 26,20 m²
Leergewicht: 297 kg
Startgewicht: 389 kg
Rahmen: Fichtenholz
Verkleidung: gummierter Baumwollstoff

Die N.3, die eigentlich die verbesserte
Version eines Erfolgsflugzeugs werden
sollte, endete mit einem Mißerfolg. Das
dritte Flugzeug der Brüder Horace, Eu-
stace und Oswald Short bot somit das
ungewohnte Bild eines technischen
Rückschritts. Mit dem Vorgänger, der
Short N.2, hatte JTC Moore-Brabazon
am 30. Oktober 1909 einen Preis von
1.000 Pfund gewonnen. Dieser war von
der »Daily Mail« für den ersten Rundflug
über 1 Meile in Großbritannien ausgeschrieben worden. Die Short N.3 entstand auf dieser Erfolgswelle und wurde
1910 bei der Olympia Aero Show vorgestellt. Der 35-PS-Motor trieb diesmal
statt zwei, nur einen Propeller an. Das
Fahrwerk war sogar einziehbar. Die Maschine zeigte nicht einmal den Ansatz
eines Fluges und die fünf Exemplare,
die »blind« gekauft worden waren, wurden nie gebaut.

Fokker Spin

Spin, auf niederländisch Spinne, hießen alle Flugzeuge, die der holländische Konstrukteur Anthony Fokker zwischen 1910 und 1913 herausbrachte. Fokker behielt während dieser Zeit die allgemeine Bauform seiner Maschinen bei, verbesserte sie aber ständig im Detail. Sie wurden vor allem von den zivilen und militärischen Flugschulen bevorzugt. Fokker machte im Frühjahr 1911 mit dem zweiten Exemplar seiner Spin die Flugprüfung. Der Ruhm Fokkers wurde erst durch die außergewöhnlichen Leistungen seiner Kampfflugzeuge begründet. Die Geschichte der Spin hängt eng mit dem Aufstieg des »fliegenden Holländers« zusammen. Es war die Zeit der ersten Versuche und risikoreichen Experimente.

Anthony Fokker hatte seine Liebe für die Fliegerei entdeckt, als er 1908 in Frankreich Wilbur Wright und seine Flugkünste erlebte. Zusammen mit Franz von Daum entwickelte er 2 Jahre später in Wiesbaden die erste Fokker-Maschine, die Spin I. Es war ein Eindecker mit einem 50-PS-Motor, mit dem im Dezember dem jungen Fokker einige Sprünge gelangen. Als Fokker über Weihnachten zu Hause weilte, ließ von Daum bei einem Versuch das Flugzeug an einem Baum zerschellen. Anthony Fokker entwickelte zusammen mit Jacob Goedecker eine zweite, stark verbesserte Maschine. Die Spin II hatte Querruder, ein dreieckiges Höhen- und Seitenruder und sie bot Platz für 2 Personen. Fokker machte am 16. Mai 1911 auf dieser Maschine seine Flugprüfung. Von Daum schaffte es, auch die Spin II zu zerstören.

Fokker trennte sich jetzt von Franz von Daum und band sich enger an Jacob Goedecker. Im August 1911 brachten sie gemeinsam die dritte »Spinne« heraus. Obwohl die Ausmaße der Maschine diesmal kleiner waren, galt sie als überlegene Nachfolgerin. Fokker begab sich mit der Spin III nach Haarlem, wo ihm eine Reihe von erfolgreichen Demonstrationsflügen gelang.

Diesen Erfolg konnte er kurz danach in Deutschland wiederholen. Er machte

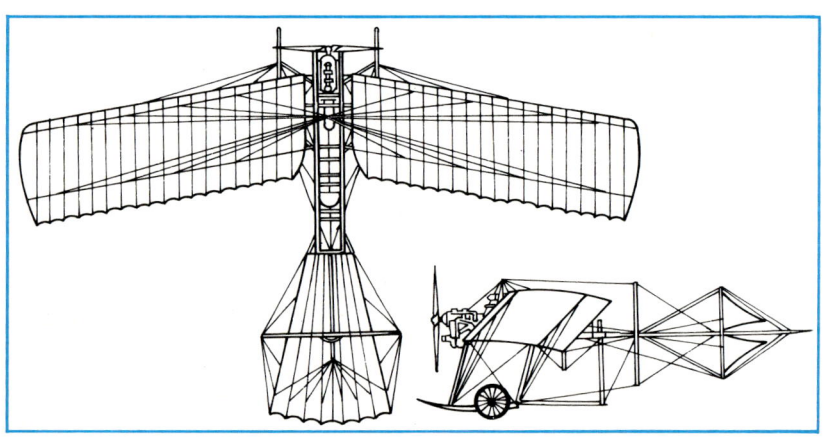

aus der Fliegerei ein Geschäft und gründete 1912 – ohne Goedecker – die Fokker Aeroplanbau mit Sitz in Johannisthal bei Berlin.

In dieser Zeit baute er mehrere Versionen der Spin, bei denen verschiedene Motoren und unterschiedliche Bauformen erprobt wurden. Von der zweiten Variante aus dem Jahre 1913 – die einen verkleideten Rumpf hatte – kauften die deutschen Militärbehörden zwei Exemplare, und gaben ihnen die Bezeichnung M.1. Die Fokker-Maschinen wurden vor allem in der Flugausbildung eingesetzt. In Fokkers eigener Flugschule in Schwerin absolvierten zahlreiche Deutsche mit einer Spin ihre ersten Flugstunden. Ein großer Teil von ihnen sollte später auf die berühmten Jagdflugzeuge von Fokker umsteigen.

Flugzeug: Fokker Spin
Hersteller: Anthony Fokker
Jahr: 1911
Motor: wassergekühlter 50-PS-Argus, 4-Zylinder-Reihenmotor
Spannweite: 11 m
Länge: 7,75 m
Höhe: 3 m
Flügelfläche: 22 m²
Startgewicht: 400 kg
Höchstgeschwindigkeit: 90 km/h
Rahmen: Bambus, Eschenholz, Stahlrohr
Verkleidung: Baumwollstoff

Curtiss Hydro A.1

Nachdem Glenn Hammond Curtiss schon 1909 mit seiner Golden Flyer Erfolg hatte, wandte er sich in den darauffolgenden Jahren verstärkt den Wasserflugzeugen zu. Seine bahnbrechenden Arbeiten auf diesem Gebiet waren sehr erfolgreich. Curtiss kann ohne Zweifel als der beste Konstrukteur und Pilot von Wasserflugzeugen in der Geschichte der Luftfahrt angesehen werden.

Glenn Curtiss hatte schon 1908 mit einer Wasserflugzeug-Version, seiner June Bug, experimentiert. Erst zwei Jahre später gelang ihm ein Start von der Wasserfläche aus. Es war am 26. Januar 1911 in San Diego, Kalifornien mit einer Golden Flyer, welche einen zentralen Schwimmer und zwei Stabilisierungskufen erhalten hatte. Nach diesen ersten Flügen wurde die Maschine ständig bis zu einer optimalen Form verbessert und im Juli von der US-Marine bestellt, die ihr die Bezeichnung A.1 gab. Der Grund für diese Entscheidung war ein Flug von Curtiss am 17. Februar 1911 von der Küste aus zu dem Kriegsschiff Pennsylvania vor San Diego. Danach führte Curtiss noch mehrere Male vor, wie man ein Wasserflugzeug von einem Kriegsschiff aus einsetzen kann. Die Beschaffung der Curtiss A.1 durch die Marine war der Auftakt für eine lange Reihe von Versuchen. Leutnant Theodor G. Ellyson war der erste Marineflieger, der in der Curtiss Flugschule in Hammondsport ausgebildet wurde. Mit verschiedenen Systemen wurde versucht die Starttechnik zu verbessern; z. B. mit einem Katapultstart von der Torpedoplattform der Schiffe aus. Ellyson stellte im Verlauf dieser Versuchsreihe zahlreiche Rekorde auf, u. a. ein Flug von 180 km zwischen Annapolis (Maryland) und Milford Haven (Virginia), den er mit einem Passagier an Bord in zwei Stunden und zwei Minuten schaffte.

Aus der Curtiss A.1 machte man später durch Hinzufügung von einziehbaren Rädern ein Amphibien-Flugzeug. Es folgten noch drei weitere Maschinen, die A.2, A.3 und A.4, die sich nur in eini-

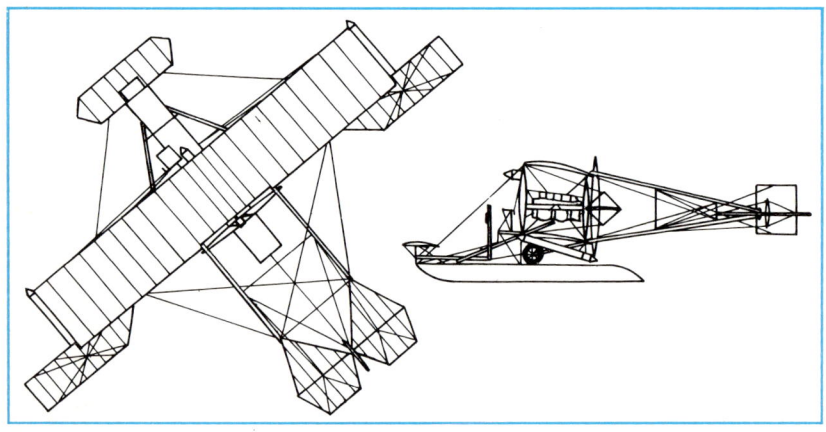

gen Details voneinander unterschieden. So war die A.2 ursprünglich ein Landflugzeug, das im Oktober 1912 verändert wurde. Der zentrale Schwimmer wurde durch Verkleidung zu einem Rumpf, in dem der Pilot Platz und Schutz fand. Die A.3 stellte am 13. Juni 1913 mit 1.890 m einen amerikanischen Höhenrekord für Wasserflugzeuge auf. Glenn Curtiss hatte in der Zwischenzeit die Schwimmer-Formel fallengelassen und experimentierte mit einem zentralen Schwimm-Rumpf. Dieser sollte die Grundlage für seine zukünftigen Arbeiten bilden.

Europa hatte schon vor dem Erstflug von Curtiss am 26. Januar 1911 eine Reihe ähnlicher Versuche erlebt. So fand am 6. Juni 1905 in Paris ein erster Start auf der Seine statt. Gabriel Voisin startete bei dieser Gelegenheit in einem Gleiter, der von einem Motorboot gezogen wurde. Am 28. März 1910 gelang dann Henri Fabre der erste motorisierte Flug dieser Art.

Flugzeug: Curtiss Hydro A.1
Hersteller: Glenn Curtiss
Jahr: 1911
Motor: wassergekühlter 75-PS-Curtiss,
8-Zylinder-V-Motor
Spannweite: 11,28 m
Länge: 8,43 m
Höhe: 2,84 m
Flügelfläche: 30,75 m²
Startgewicht: 714 kg
Geschwindigkeit: ungefähr 105 km/h
Rahmen: Fichtenholz, Bambus, Stahlrohr
Verkleidung: gummierter Leinenstoff und Holz

Asteria N.3

Die Asteria N.3 wurde im Oktober 1911 von der italienischen Regierung gekauft und nach Bengasi geschickt. Das Flugzeug war von dem Ingenieur Francesco Darbesio entworfen und gebaut worden, der 1909 zusammen mit Origoni die Gesellschaft Asteria gegründet hatte. Diese Maschine war ein Doppeldecker vom Typ Farman. Es gab auch eine größere Version, bei der Pilot und Passagier in einer Art Gondel saßen. Die Asteria N.3 wurde vor allem in der Flugschule von Darbesio in Mirafiori (Turin) eingesetzt. Sie stellte am 20. September 1911 einen neuen italienischen Dauerrekord auf: bei nicht gerade idealen Wetterbedingungen blieben Pilot und Passagier zwei Stunden, zwei Minuten und 29 Sekunden in der Luft.

Flugzeug: Asteria N.3
Hersteller: Soc. Aeronautica Asteria
Jahr: 1911
Motor: 50-PS-Gnôme,
  7-Zylinder-Rotationsmotor
Spannweite: 15 m
Länge: 10,50 m
Flügelfläche: 48 m²
Rahmen: Holz und Stahlrohr
Verkleidung: Leinenstoff

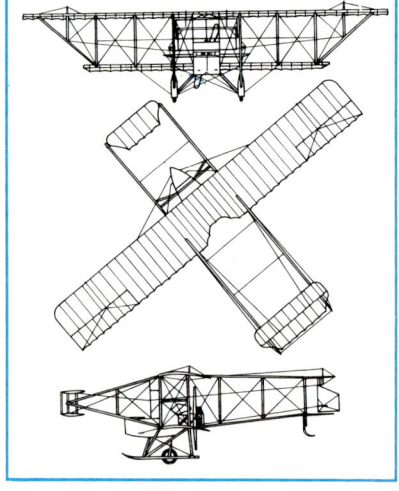

Antoinette Latham (Monobloc)

Der von der Société Antoinette für Latham gebaute Eindecker war ein Mißerfolg. Einige technische und konstruktive Lösungen waren jedoch ihrer Zeit weit voraus. Latham wollte mit der sogenannten Monobloc 1911 am Concours Militaire von Reims teilnehmen. Bei diesem dreisitzigen Eindecker saß die Besatzung in einem voll verkleideten Rumpf. Um die aerodynamische Wirkung zu verbessern, hatte man mehrere Neuerungen eingeführt: die Flügel waren in Relief gearbeitet, die Verwindungskabel befanden sich im Innern der Flügel und das Fahrwerk war ebenfalls voll verkleidet. Mit ihrem 50-PS-Motor gelangen ihr nur Sprünge von einigen Metern, und nach Änderungsversuchen wurde das Projekt wieder fallengelassen.

Flugzeug: Antoinette Latham (Monobloc)
Hersteller: Société Antoinette
Jahr: 1911
Motor: wassergekühlter 50-PS-Antoinette, 8-Zylinder-V-Motor
Spannweite: 15,90 m
Länge: 11,50 m
Höhe: 2,50 m
Flügelfläche: 56 m²
Startgewicht: 1.350 kg
Rahmen: Eschenholz und Stahlrohr
Verkleidung: Aluminium und Leinenstoff

Chiribiri N.5

Zu den ersten in Italien entworfenen und
gebauten Eindeckern gehörten auch
die Projekte, die Antonio Chiribiri von
1911 bis 1913 in Turin verwirklichte. Die
N.5 bildete den Abschluß der Serie und
wurde im Juli von Maurizio Ramasotto
erprobt. Die Chiribiri N.5 war ein Mittel-
decker, ihr Rumpf war ganz mit Leinenstoff verkleidet und konnte zwei Personen aufnehmen. Der Motor war ebenfalls von Chiribiri entworfen und gebaut
worden. Die Maschine kam vor allem
während der Werbekampagne »Pro
flotta aerea« und in der Flugschule von
Mirafiori zum Einsatz. Trotz guter Leistungen wurde sie 1913 von den Militärbehörden abgelehnt und der mittellose
Antonio Chiribiri mußte seine Leiden-
schaft für den Flugzeugbau wieder aufgeben.

Flugzeug: Chiribiri N.5
Hersteller: A. Chiribiri e C.
Jahr: 1912
Motor: wassergekühlter 50-PS-Chiribiri,
   4-Zylinder-Reihenmotor
Spannweite: 9,45 m
Länge: 7,32 m
Flügelfläche: 21 m²
Leergewicht: 350 kg
Geschwindigkeit: ungefähr 90 km/h
Rahmen: Holz und Stahlrohr
Verkleidung: Leinenstoff

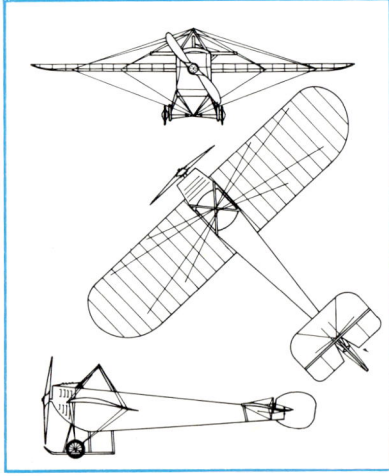

Avro F

Flugzeug: Avro F
Hersteller: A. V. Roe und Co.
Jahr: 1912
Motor: 35-PS-5-Zylinder-Fächermotor
Spannweite: 8,53 m
Länge: 7,01 m
Höhe: 2,31 m
Flügelfläche: 14,68 m²
Leergewicht: 249 kg
Startgewicht: 363 kg
Geschwindigkeit: 105 km/h
Rahmen: Fichten- und Eschenholz, Stahlrohr
Verkleidung: Aluminium und Leinenstoff

Alliott Verdon Roe hatte schon 1910 eine eigene Flugzeuggesellschaft, die A. V. Roe und Co. gegründet. Er wollte ein Flugzeug bauen, in dem die Insassen vor dem Wetter geschützt waren. Nach diesem Konzept baute er dann je einen Eindecker und einen Doppeldecker. Der Rumpf war vollständig geschlossen und eine Reihe von Zelluloidfenstern ermöglichten dem Piloten die Sicht. Der Eindecker Avro F wurde das erste Kabinenflugzeug der Welt, das auch fliegen konnte. Am 1. Mai 1912 gelang in Brooklands ein einwandfreier Flug. Die pessimistische Voraussage, dem Piloten würde durch das Öl und das Schmierfett des Motors die Sicht genommen, hatte sich nicht bewahrheitet. Die Maschine erlitt am 13. September bei einem Unfall derart schwere Schäden, daß sie nicht mehr repariert werden konnte.

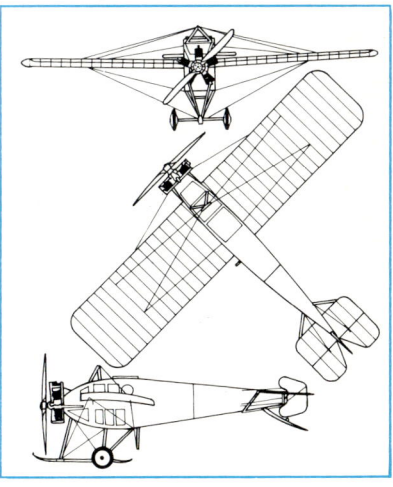

Breguet III

Mit der Breguet III erreichte die Doppeldecker-Formel mit Zugpropeller eine Standardform. Bis 1914 blieben alle Flugzeuge von Louis Breguet Weiterentwicklungen dieses Grundtyps. Die Maschine bot sich vor allem für den militärischen Einsatz an: 1912 bestellte das französische Heer 32 Maschinen, das englische fünf, das italienische drei und Schweden eine vom Typ Breguet III. Frankreich und Großbritannien setzten ihre Maschinen sehr intensiv in den Jahren vor dem I. Weltkrieg und während der ersten Kriegsmonate ein.

Bereits 1907 brachte Louis Breguet zusammen mit seinem Bruder Jacques und dem Ingenieur Charles Richet einen sogenannten »gyroplane« heraus. Es handelte sich um eine Art Hubschrauber, dessen vier senkrechte Rotorblätter von einem Antoinette-Motor angetrieben wurden. Am 24. August hob er einige Zentimeter vom Boden ab. Nach weiteren Versuchen mit dem »gyroplane« (das Modell 2 bis gelangte am 22. Juli 1908 sogar auf 4 m Höhe), gründete Louis Breguet seine Société des Ateliers d'Aviation Breguet-Richet und wandte sich den Starrflüglern zu. 1909 kam sein erster Doppeldecker heraus. Die Breguet I wartete mit einigen originellen technischen Neuerungen auf, so z. B. der reiche Gebrauch von Metallteilen. Der Rahmen der Tragflächen und die Verstrebung waren ganz aus Stahlrohr. Das Lenksystem konnte gleichzeitig als Höhen- und als Querruder dienen. Die Maschine wurde bei der dritten Landung in Reims schwer beschädigt. Sie hatte Louis Breguet wertvolle Erkenntnisse geliefert, die er bei der Breguet III verwenden sollte.

Bei diesem neuen Doppeldecker wurden noch mehr Metallteile verwendet. Der Rahmen war ganz aus Stahlrohr und Breguet verkleidete den vorderen Rumpf ganz mit Aluminiumblech. Dadurch erhielt die Maschine ein ungewohntes Äußeres, was ihr bei den britischen Marinefliegern den Namen »Blechpfeife« einbrachte. Die Maschine wurde mit unterschiedlichen Antriebssystemen ausgestattet, unter denen der 60-PS-Renault (luftgekühlter 8-Zylinder-V-Motor), der Rotations-Gnôme mit

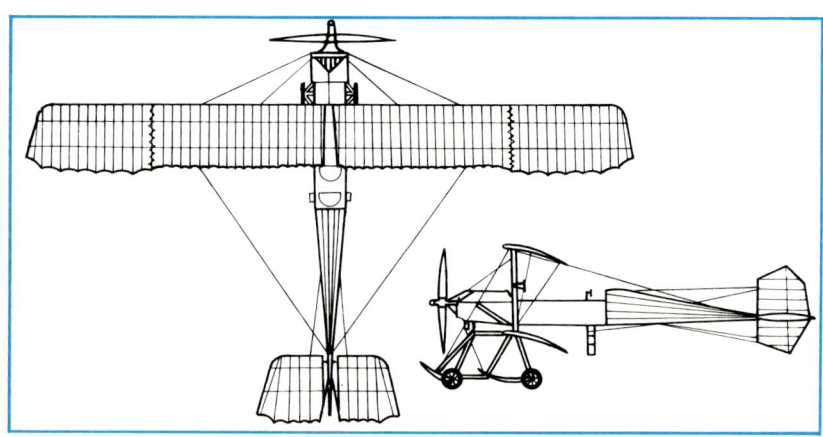

50 PS oder 80 PS und der luftgekühlte 7-Zylinder-Sternmotor Canton-Unné mit 80 oder 110 PS am stärksten vertreten waren. Im August 1914 waren bei den französischen Heeresfliegern noch einige Breguets mit dem letzgenannten Motor im Einsatz.

1914 kam der letzte Doppeldecker Typ X dieser Serie heraus. Er war viel stärker als seine Vorgänger und kam in den ersten Kriegsmonaten zum Einsatz. Mit einer Maschine dieses Typs führte Louis Breguet im September 1914 kurz vor der Marneschlacht einen Erkundungsflug aus. Dieser brachte wertvolle Ergebnisse und er wurde dafür mit der »Croix de Guerre« ausgezeichnet.

Flugzeug: Breguet III
Hersteller: Louis Breguet
Jahr: 1912
Motor: wassergekühlter 80-PS-Canton-Unné, 7-Zylinder-Fächermotor
Spannweite: 13,61 m
Länge: 8,84 m
Höhe: 2,99 m
Flügelfläche: 36 m²
Startgewicht: 949 kg
Geschwindigkeit: 100 km/h
Max. Flugzeit: 7 Stunden
Besatzung: 2 oder 3 Personen
Rahmen: Eschenholz und Stahlrohr

Deperdussin Rennflugzeug
Deperdussin Wasserflugzeug

Eine Deperdussin durchbrach als erstes Flugzeug die »Mauer« der 200 km/h und gewann den berühmten Schneider-Pokal. Diese beiden Auszeichnungen reichen aus, um den Eindecker von Armand Deperdussin als das Geschwindigkeits-»Ungeheuer« seiner Zeit darzustellen. Das Flugzeug wurde 1912 von Louis Bécherau, dem Chefkonstrukteur der Société pour les Appareils Deperdussin, entworfen. Bécherau griff dabei auf eine Idee des schwedischen Ingenieurs Ruchonnet zurück. Er baute einen Schalenrumpf aus Sperrholz, dessen aerodynamisch günstige Form in einer Art Spitzbogen endete. Um die Antriebskraft zu erhöhen, ließ man zwei Gnôme-Rotationsmotoren auf eine einzige Welle wirken. Das erste herausragende Resultat des Eindeckers war ein Sieg im Gordon-Bennett-Rennen von 1912 mit einer Geschwindigkeit von

Flugzeug: Deperdussin Rennflugzeug
Hersteller: Deperdussin Cie.
Jahr: 1912
Motor: 160-PS-Gnôme,
   14-Zylinder-Rotationsmotor
Spannweite: 6,60 m
Länge: 6,10 m
Höhe: 2,28 m
Flügelfläche: 9,66 m²
Startgewicht: 612 kg
Geschwindigkeit: 209 km/h
Rahmen: Eschenholz
Verkleidung: Sperrholz und Leinenstoff

174,01 km/h. Maurice Prévost gewann am 29. September 1913 mit 200,5 km/h den Geschwindigkeitswettbewerb in Reims. Im Verlauf der verschiedenen Rennen brach er gleich dreimal den Geschwindigkeitsweltrekord und schraubte ihn auf 203,85 km/h.

Im April 1913 hatte Prévost einen großartigen Sieg mit einer Wasserflugzeug-Version des Deperdussin-Eindeckers errungen. Er ging nämlich mit einer Durchschnittsgeschwindigkeit von 73,63 km/h als Sieger aus dem ersten Rennen um den Schneider-Pokal her-

vor. Die niedrige Geschwindigkeit war auf die Wiederholung der letzten 10 km zurückzuführen. Es sollte der erste und zugleich auch der letzte französische Sieg im Schneider-Pokal sein, der bis 1931 ausgetragen wurde.

Flugzeug: Deperdussin Wasserflugzeug
Hersteller: Deperdussin Cie.
Jahr: 1913
Motor: 160-PS-Gnôme,
   14-Zylinder-Rotationsmotor
Spannweite: 13,49 m
Länge: 9,98 m
Leergewicht: 950 kg
Startgewicht: 1.200 kg
Geschwindigkeit: 210 km/h
Rahmen: Eschenholz
Verkleidung: Sperrholz und Leinenstoff
Besatzung: 2 Personen

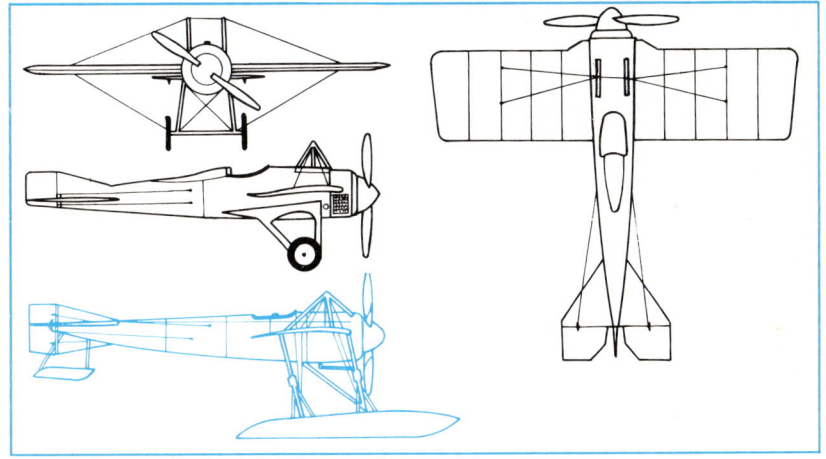

Sopwith Tabloid

Mit einer Sopwith Tabloid erreichte der Pilot Howard Pixton am 20. April 1914 in Monaco den ersten Platz mit 139,60 km/h. Bei zwei zusätzlichen Flugrunden stellte er mit 148 km/h sogar einen neuen Weltrekord für Wasserflugzeuge auf. Dies war der erste internationale Sieg einer englischen Maschine und gleichzeitig eine Bestätigung für die guten Flugleistungen des Sopwith Doppeldeckers.

Diese besondere Version unterschied sich nur unerheblich von der Maschine, die schon im Herbst des vorhergehenden Jahres herausgekommen war. Die Landversion der Tabloid war von T.O.M. Sopwith und F. Sigrist entworfen worden, die einen schnellen Doppeldecker mit Zugpropeller im Sinn hatten. Sie wollten ihn den Militärbehörden als Aufklärungsflugzeug anbieten. Die Maschine wurde unter großer Geheimhaltung gebaut und im Herbst 1913 in Brooklands erprobt. Danach folgte die offizielle Erprobung, und die Sopwith stellte sofort ihre große Geschwindigkeit und ihre Wendigkeit unter Beweis. In Farnborough, dem Sitz der Royal Aircraft Factory wurde die offizielle Erprobung vorgenommen. Die Sopwith erreichte eine Geschwindigkeit von 148 km/h und sie stieg in 60 Sekunden auf 336 m. Am gleichen Tag, dem 29. November, flog der Abnahmepilot Harry Hawker gleich weiter nach Hendon, wo mehr als 50.000 Personen zu einem der populären Wochenend-Flugtreffen zusammengeströmt waren. Sie konnten erleben, wie die neue Sopwith zwei schnelle Rundflüge mit 140 km/h absolvierte. Kurz danach wurde der Doppeldecker als einsitziger Aufklärer für die Flugabteilungen der Marine und des Heeres bestellt.

Angesichts dieser Erfolge beschloß Sopwith, Großbritannien mit dem Eindecker bei der bevorstehenden Ausgabe des Schneider-Pokals zu vertreten. Da dieses Rennen nur für Wasserflugzeuge ausgeschrieben war, ersetzte er das Fahrwerk durch einen brei-

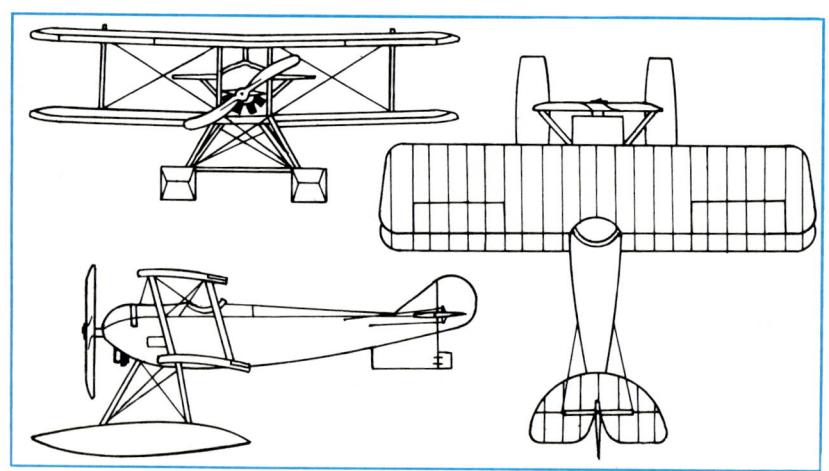

ten Schwimmer. Der 100-PS-Gnôme-Motor wurde auch eigens für dieses Rennen hergerichtet. Bei den ersten Versuchen konnte der zentrale Schwimmer nicht befriedigen. Um keine Zeit zu verlieren, wurden aus dem breiten Schwimmer einfach zwei Teile gemacht. Nachdem die Schwimm- und Flugversuche auf der Themse positiv verlaufen waren, wurde die Tabloid am 8. April 1914 direkt nach Monaco geschickt. Dort wurde der Propeller noch durch ein leistungsstärkeres Fabrikat ersetzt und der Erringung der Schneider-Trophäe stand nichts mehr im Wege.

Nach seiner Rückkehr nach England wurde der Doppeldecker in den Sopwith-Werkstätten von Kingston erneut auf die Landversion umgerüstet und erhielt ein V-förmiges Fahrwerk. Danach übernahm der Pilot R. H. Barnwell die Maschine, um mit ihr am Luft-Derby von 1914 teilzunehmen. Wegen der schlechten Sichtverhältnisse konnte er das

Flugzeug: Sopwith Tabloid
Hersteller: Sopwith Aviation Co. Ltd.
Jahr: 1914
Motor: 100-PS-Gnôme,
    Monosoupape-Rotationsmotor
Spannweite: 7,77 m
Länge: 7,32 m
Höhe: 2,57 m
Flügelfläche: 22,30 m²
Leergewicht: 450 kg
Startgewicht: 650 kg
Geschwindigkeit: 148 km/h
Rahmen: Eschen- und Pinienholz
Verkleidung: Aluminium, Leinenstoff

Rennen aber nicht beenden. Es war auch der letzte zivile Einsatz der Tabloid, denn danach folgte in der Militärversion die lange Serie von Aufklärungsflügen der ersten Kriegsmonate.

1908 A.E.A. Red Wing (USA). Spannweite: 13,10 m. Flügelfläche: 36 m². Leergewicht: 174,5 kg. Motor: 30-PS-8-Zylinder Curtiss. Sie war die erste Maschine der American Experiment Association. Der Entwurf stammte von T. E. Selfridge und die Maschine wurde am 12. März 1908 zweimal auf dem Keuka-See (bei Hammondsport, N.Y.) erprobt. Bevor sie bei der Landung zu Bruch ging, gelang ihr ein »Sprung« von 97 m.

1908 A.E.A. Silver Dart (USA). Spannweite: 14,96 m. Flügelfläche: 39,02 m². Startgewicht: 390 kg. Motor: 50 PS 8-Zylinder Curtiss. Viertes Flugzeug der A.E.A. Der Erstflug war im Dezember 1908. Bei dem ersten Flug in Kanada legte sie am 23. Februar 1909 in Baddeck Bay, Neu-Schottland, 800 m zurück. Konstrukteur und Pilot war der Kanadier J. A. D. McCurdy.

1909 Curtiss Gold Bug (USA). Spannweite: 8,76 m. Flügelfläche: 23,96 m². Leergewicht: 250 kg. Motor: 30 PS 4-Zylinder Curtiss. Die Maschine wurde im Frühjahr 1909 für die Aeronautic Society von New York gebaut. Es war das erste selbständige Projekt von Glenn Curtiss. Am 17. Juli gelang ihr ein ununterbrochener Flug von 40 km und sie wurde in den USA der direkte Gegenspieler der Wright-Maschinen.

1909 Blériot XII (F). Spannweite: 10 m. Flügelfläche: 22 m². Startgewicht: 620 kg. Motor: 35 PS 8-Zylinder E.N.V. Louis Blériot entwarf diese Maschine, um neben dem Piloten noch einen Passagier aufnehmen zu können. Der Erstflug war am 21. Mai 1909 in Issy und am 12. Juni waren mit Blériot, Santos-Dumont und Fournier sogar 3 Personen an Bord. Die Maschine ging am 29. August in Reims zu Bruch.

1909 Bréguet I (F). Spannweite: 12 m. Flügelfläche: 50 m². Startgewicht: 600 kg. Motor: 50 PS 8-Zylinder Renault. Es war das erste Projekt von Bréguet. In Reims gelangen drei Flüge (von 100, 500 und 300 m), bevor die Maschine zu Bruch ging. Sie hatte dennoch große Beachtung gefunden und beeinflußte nachhaltig die Entwicklung der Doppeldecker-Formel.

1910 A.S.L. Valkyrie A (GB). Spannweite: 10,36 m. Flügelfläche: 17,65 m². Leergewicht: 236 kg. Motor: 35 PS 4-Zylinder Green. Horatio Barber, der Begründer der Aeronautical Syndicate Limited, hatte diese Maschine entworfen. Sie galt als sicheres Flugzeug bis Ende 1912 in Großbritannien, denn sie transportiere Hunderte von Passagieren und hatte nur zwei Unfälle.

1911 Bristol Boxkite (GB). Spannweite: 14,17 m. Flügelfläche: 48,03 m². Startgewicht: 522 kg. Motor: 50-PS-Gnôme-Rotationsmotor. Diese erste Eigenkonstruktion der British & Colonial Aeroplane Co. wurde ein großer kommerzieller Erfolg. Der Erstflug des Prototypen fand am 29. Juli 1910 statt. Bis 1914 wurden 66 Exemplare gebaut.

1911 Vickers N.1 (GB). Spannweite: 14,48 m. Flügelfläche: 26,94 m². Startgewicht: 522 kg. Motor: 60-PS-Halb-Fächer R.E.P. Es war eine veränderte Version des R.E.P.-Eindeckers, von dem Vickers die Konstruktionsrechte besaß. Mit ihr wagte sich die Vickers an den Bau ihres ersten Flugzeuges. Die Änderungen betrafen vor allem den vorderen Teil des Rumpfes und das Fahrwerk.

1911 Nieuport IVG (F). Spannweite: 11,60 m. Flügelfläche: 17,50 m². Leergewicht: 350 kg. Motor: 50-PS-Gnôme-Rotationsmotor. Eine Weiterentwicklung des Eindeckers von 1910. Die Italiener setzten diese Maschine im italienisch-türkischen Krieg ein. Sie stellte mehrere Rekorde auf und wurde auch von der französischen und britischen Armee eingesetzt.

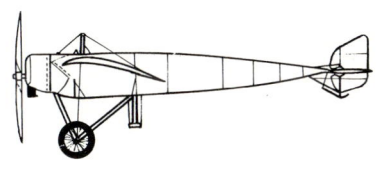

1912 Morane-Saulnier G (F). Spannweite: 9,30 m. Flügelfläche: 14,86 m². Startgewicht: 370 kg. Motor: 80-PS-Gnôme-Rotationsmotor. Weiterentwicklung des hervorragenden Eindeckers von Léon und Robert Morane und Raymond Saulnier. Die französischen Luftstreitkräfte besaßen in den Vorkriegsjahren 120 Maschinen dieses Typs. Dieser zeichnete sich auch durch große sportliche Leistungen aus.

1913 Borel Eindecker (F). Spannweite: 11,20 m. Flügelfläche: 19 m². Startgewicht: 420 kg. Motor: 80-PS-Gnôme-Rotationsmotor. Der Entwurf stammte von Gabriel Borel, der ab 1911 mehrere Land- und Wasserflugzeuge herausgebracht hatte. Dieser zweisitzige Eindecker mit Schubpropeller war vorne gepanzert und konnte bewaffnet werden.

1913 Sopwith Bat Boat (GB). Spannweite: 12,50 m. Flügelfläche: 39,76 m². Startgewicht: 771 kg. Motor: 90-PS-Austro-Daimler. Es war das erste Wasserflugzeug mit zentralem Schwimmer, das in Großbritannien gebaut wurde. Es wurde 1913 bei der Olympia Air Show vorgestellt. Mit Rädern versehen, gewann es den Mortimer-Singer-Preis für Amphibien-Flugzeuge. Die Bat Boat wurde auch von der Admiralität erworben.

1914 Idro Pateras-Guidoni (I). Spannweite: 19 m. Länge: 15 m. Motor: Zwei Gnôme-Rotationsmotoren mit 18 Zylindern und 200 PS. Der Entwurf stammte von Pateras Pescara, während der Bau von dem Marineoffizier Alessandro Guidoni durchgeführt wurde. Mit der ersten Version als Wasserflugzeug, die zwei Propeller hatte, versuchte man die Technik für einen Torpedoangriff von einem Flugzeug aus zu entwickeln.

1914 Benoist Wasserflugzeug (USA). Spannweite: 13,72 m. Flügelfläche: 37,16 m². Startgewicht: 680 kg. Motor: 75-PS-6-Zylinder Roberts. Dieses kleine Wasserflugzeug eröffnete am 1. Januar 1914 zwischen Tampa und St. Petersburg, Florida, den ersten regelmäßigen Linienverkehr. Die Strecke war 35,4 km lang, der Preis lag bei 5 Dollar, und es gab zwei Flüge am Tag. Sie wurden nach einigen Monaten eingestellt.

MILANO
CIRCUITO AEREO
INTERNAZIONALE
24 SETT.bre – 3 OTT.bre 1910
PREMI L.300.000

Die Rekorde von 1906 bis 1914

Der Drang, der den Menschen zur Eroberung des Himmels trieb, ließ ihn nachdem er sein Ziel einmal erreicht hatte, nicht mehr ruhen. Jetzt lag ihm daran, seine Leistungen ständig zu verbessern. Dies hatte sich seit 1783, dem Jahr des ersten Ballonflugs, nicht geändert. Der Durchbruch des Flugzeugs im Jahre 1903 und die Fortschritte, die seither auf dem Gebiet des Flugzeugbaus erzielt wurden, beschleunigten diesen Prozeß nur noch. Die Pioniere und die Liebhaber von Flugzeugen erkannten nämlich, daß das Aufstellen von neuen Rekorden zwei große Vorteile für die Entwicklung des Flugzeugs mit sich brachte. An erster Stelle kam das Interesse der Öffentlichkeit, das ständig wachgehalten werden mußte. Es bedeutete auch einen direkten Ansporn für den technischen Fortschritt, indem es die Konstrukteure dazu antrieb, ständig nach neuen technischen Lösungen zu suchen. Dies bezog sich nicht nur auf die Form und die Konstruktion der Flugzeuge, sondern betraf auch die Motoren und das Zubehör.

Neben dem großen Publikumserfolg war die »Grande Semaine d'Aviation de la Champagne« auch der Prüfstand für die besten Flugprojekte jener Zeit. Sie stellte aber auch eine unerbittliche Auslese dar. Für die guten Maschinen wurden Ehren- und Förderpreise bereitgehalten und es kam zur endgültigen Verbannung der Produkte aus der »phantastischen« Epoche. Der Weg für die zukünftige Entwicklung der Luftfahrt war ab 1909 klar vorgezeichnet.

Die Rekorde konnten allerdings nicht ohne feste Kriterien und Regeln aufgestellt werden. Zu diesem Zweck wurde am 12. Oktober 1905 in Paris der Internationale Luftfahrtverband gegründet. Er sollte die Normen für die Rekordflüge aufstellen und die Gültigkeit der angemeldeten Höchstleistungen überprüfen und bestätigen. Folgende Länder hatten Vertreter ihrer Aero Clubs nach Paris geschickt, um den Verband zu gründen: Belgien, Frankreich, Großbritannien, Italien, Spanien, die Schweiz und die USA. Ab 1910 vergab der Verband auch Pilotenscheine und er bereitete 1912 die Grundlagen für eine erste Reglementierung der internationalen Luftfahrt vor.

Höhe, Geschwindigkeit, Dauer und Entfernung waren von Anfang an die vier wichtigsten Richtlinien. In den ersten Jahren der Luftfahrt kam den beiden letzten Kriterien eine entscheidende Bedeutung zu. Aus ihnen konnte man die Güte des Flugzeugs, seine Sicherheit und die Zuverlässigkeit der Motoren sehen. Die ersten Flüge wurden deshalb nur in Minuten und Sekunden und in Metern registriert.

Die beste Übersicht über die Entwicklung der ersten Jahre geben die Rekorde in den verschiedenen Tabellen. So die 25 m Höhe von Farman 1908 und die 7.850 m von Oelerich 1914. 1908 schaffte Wilbur Wright 44 km/h, während Prévost es 1914 auf 204 km/h brachte. Santos-Dumont begann 1906 mit 21 Sekunden Flugzeit, Bohem blieb 1914 24 Stunden in der Luft. Zwischen dem Sprung von 8 m des ersten Fluges von Santos-Dumont und den 1.900 km die Landmann 1914 zurücklegte, lagen ebenfalls nur 8 Jahre. Es waren die ersten 8 Jahre der modernen Fliegerei.

Höhe

Der Voisin Doppeldecker von Henri Farman stellte am 13. November 1908 den ersten offiziellen Höhenrekord auf.

	Datum		Ort
1908	13	XI	Issy (F)
1908	13	XI	Auvours (F)
1908	18	XII	Auvours (F)
1909	18	VII	Douai (F)
1909	29	VIII	Reims (F)
1909	20	IX	Brescia (I)
1909	18	X	Juvisy (F)
1909	1	XII	Chalons (F)
1910	7	I	Chalons (F)
1910	12	I	Los Angeles (USA)
1910	14	VI	Indianapolis (USA)
1910	7	VII	Reims (F)
1910	10	VII	Atlantic City (USA)
1910	11	VIII	Lanark (USA)
1910	29	VIII	Le Havre (F)
1910	3	IX	Deauville (F)
1910	8	IX	Issy (F)
1910	1	X	Mourmelon (F)
1910	31	X	Belmont Park (USA)
1910	9	XII	Pau (F)
1911	9	VII	Buc (F)
1911	5	VIII	Étampes (F)
			Chicago (USA)
1911	4	IX	St-Malo (F)
1911	6	IX	Dinard (F)
1912	17	IX	Issy, Villalonblay (F)
1912	11	XII	Tunisi (TN)
1913	11	III	Buc (F)
1913	29	XII	St-Raphaël (F)
1914	9	VII	Johannisthal (D)
1914	14	VII	Lipsia (D)

...t	Flugzeug	Motor	Höhe (Meter)	(Fuß)
...ri Farman	Voisin	40 PS Vivinus	25	82
...ur Wright	Wright	24 PS Wright	25	82
...ur Wright	Wright	24 PS Wright	110	360
...is Paulhan	Voisin	50 PS Gnôme	150	492
...ert Latham	Antoinette	50 PS Antoinette	155	508
...gier	Voisin	50 PS E.N.V.	193	633
...Lambert	Wright	24 PS Wright	300	984
...erth Latham	Antoinette	50 PS Antoinette	453	1.436
...erth Latham	Antoinette	50 PS Antoinette	1.050	3.444
...is Paulhan	H. Farman	50 PS Gnôme	1.269	4.110
...lter Brookins	Wright	40 PS Wright	1.335	4.379
...ert Latham	Antoinette	50 PS Antoinette	1.384	4.539
...lter Brookins	Wright	40 PS Wright	1.900	6.237
...nstrong Drexel	Blériot	50 PS Gnôme	2.013	6.603
...on Morane	Blériot	50 PS Gnôme	2.150	7.042
...on Morane	Blériot	50 PS Gnôme	2.582	8.469
...o Chavez	Blériot	50 PS Gnôme	2.587	8.484
...n Wijnmalen	H. Farman	50 PS Gnôme	2.780	9.118
...ph Johnstone	Wright	60 PS Wright	2.960	9.600
...o Legagneux	Blériot	50 PS Gnôme	3.100	10.168
...ridan	H. Farman	70 PS Gnôme	3.200	10.496
...p. Félix	Blériot	70 PS Gnôme	3.350	10.988
...coln Beachey	Curtiss	60 PS Curtiss	3.527	11.578
...land Garros	Blériot	70 PS Gnôme	3.950	12.824
...land Garros	Blériot	70 PS Gnôme	4.960	16.269
...o Legagneux	Morane	80 PS Gnôme	5.450	18.050
...land Garros	Morane	80 PS Gnôme	5.610	18.400
...ouard Perreyon	Blériot	80 PS Gnôme	5.880	19.290
...o Legagneux	Nieuport	60 PS Le Rhône	6.120	20.060
...no Linnekogel	Rumpler	100 PS Mercedes	6.600	21.653
...rry Oelerich	D.F.W.	100 PS Mercedes	7.850	25.725

Geschwindigkeit	*Datum*	*Ort*
	1908 21 IX	Auvours (F)
	1909 31 V	Juvisy (F)
	1909 3 IX	Juvisy (F)
	1909 28 VIII	Reims (F)
	1910 29 X	Belmont Park (USA)
	1911 1 VII	Eastchurch (GB)
	1912 9 IX	Chicago (USA)
	1913 29 IX	Reims (F)

Als Wilbur Wright mit der Wright A 44 km/h erreichte, konnte man erstmals von einem Fortschritt bei der Geschwindigkeit der Flugzeuge sprechen. Diese Maschine der amerikanischen Brüder stellt den Höhepunkt ihrer fliegerischen Leistungen dar.

t	Flugzeug	Motor	Geschwindigkeit (km/h)	(mph)
ur Wright	Wright	24 PS Wright	44	27.2
n Delagrange	Voisin	45 PS Antoinette	45	27.9
. Ferber	Voisin	45 PS Antoinette	48	29.7
is Blériot	Blériot	60 PS E.N.V.	77	47.7
ed Lèblanc	Blériot	100 PS Gnôme	109	67.5
Weymann	Nieuport	100 PS Gnôme	125	70.5
es Védrines	Deperdussin	100 PS Gnôme	170	105
rcel Prévost	Deperdussin	160 PS Rhône	204	124.5

Dauer

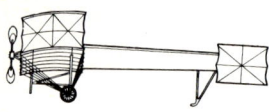

Der Brasilianer Alberto Santos-Dumont blieb als erster so lange an Bord eines Flugzeugs in der Luft, daß die Zeit auch registriert werden konnte.

Datum		Ort
1906	12 XI	Bagatelle (F)
1907	26 X	Issy (F)
1908	13 I	Issy (F)
1908	21 III	Issy (F)
1908	11 IV	Issy (F)
1908	30 V	Roma (I)
1908	6 VII	Issy (F)
1908	6 IX	Issy (F)
1908	21 IX	Auvours (F)
1908	18 XII	Auvours (F)
1908	31 XII	Auvours (F)
1909	27 VIII	Béthény (F)
1909	27 VIII	Béthény (F)
1909	3 XII	Mourmelon (F)
1910	9 VII	Reims (F)
1910	10 VII	Reims (F)
1910	28 X	Étampes (F)
1910	18 XII	Étampes (F)
1911	1 IX	Buc (F)
1912	11 IX	Buc (F)
1914	4 II	Johannisthal (D)
1914	24 IV	Étampes (F)
1914	24 VI	Johannisthal (D)
1914	28 VI	Johannisthal (D)
1914	10 VII	Johannisthal (D)

	Flugzeug	Motor	Zeit (h m' m'')
tos-Dumont	Santos-Dumont	50 PS Antoinette	00 00 21
ri Farman	Voisin	40 PS Vivinus	00 00 52
ri Farman	Voisin	50 PS Antoinette	00 01 28
ri Farman	Voisin	50 PS Antoinette	00 03 39
n Delagrange	Voisin	40 PS Vivinus	00 06 39
n Delagrange	Voisin	50 PS E.N.V.	00 15 26
ri Farman	Voisin	50 PS Antoinette	00 20 19
n Delagrange	Voisin	40 PS Vivinus	00 29 53
our Wright	Wright	24 PS Wright	01 31 25
our Wright	Wright	24 PS Wright	01 54 53
our Wright	Wright	24 PS Wright	02 20 23
is Paulhan	Voisin	50 PS Gnôme	02 43 24
ri Farman	H. Farman	50 PS Gnôme	03 04 56
ri Farman	H. Farman	50 PS Gnôme	04 17 53
ouchere	Antoinette	50 PS Antoinette	04 19 00
Olieslaegers	Biériot	50 PS Gnôme	05 03 05
urice Tabuteau	M. Farman	70 PS Renault	06 00 00
ri Farman	H. Farman	50 PS Gnôme	08 12 23
urny	M. Farman	70 PS Renault	11 01 20
urny	M. Farman	70 PS Renault	13 17 57
nger	L.F.G. Roland	100 PS Mercedes	14 07 00
ulet	Caudron	50 PS Gnôme	16 28 56
sser	Rumpler	100 PS Mercedes	18 10 00
dmann	Albatros	100 PS Mercedes	21 50 00
ehm	Albatros	100 PS Mercedes	24 12 00

Entfernung

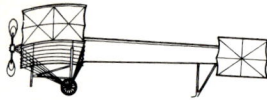

Die Santos-Dumont stellte bei ihren Flügen in Bagatelle auch den ersten offiziellen Entfernungsrekord auf: einen Sprung von knapp 8 m.

Datum		Ort
1906	14 IX	Bagatelle (F)
1906	12 XI	Bagatelle (F)
1907	26 X	Issy (F)
1908	13 I	Issy (F)
1908	21 III	Issy (F)
1908	11 IV	Issy (F)
1908	30 V	Roma (I)
1908	6 IX	Issy (F)
1908	17 IX	Issy (F)
1908	21 IX	Auvours (F)
1908	18 XII	Auvours (F)
1908	31 XII	Auvours (F)
1909	26 VIII	Reims (F)
1909	3 XI	Mourmelon (F)
1910	10 VIII	Reims (F)
		Reims (F)
1910	28 X	Étampes (F)
1910	30 XII	Étampes (F)
1911	16 VII	Kiewitt (D)
1911	1 IX	Buc (F)
1911	24 XII	Pau (F)
1912	11 IX	Étampes (F)
1914	28 VI	Johannisthal (D)

t	Flugzeug	Motor	Entfernung	
tos-Dumont	Santos-Dumont	50 PS Antoinette	7,8 m	8.6 yd
tos-Dumont	Santos-Dumont	50 PS Antoinette	220	244.4 yd
ri Farman	Voisin	40 PS Vivinus	770	855.5 yd
ri Farman	Voisin	50 PS Antoinette	1 km	0.625 mi
ri Farman	Voisin	50 PS Antoinette	2	1.25
n Delagrange	Voisin	40 PS Vivinus	4	2.50
n Delagrange	Voisin	50 PS E.N.V.	13	7.7
n Delagrange	Voisin	40 PS Vivinus	24	15.3
n Delagrange	Voisin	40 PS Vivinus	67	41.5
ur Wright	Voisin	24 PS Wright	97	60.9
ur Wright	Wright	24 PS Wright	100	62
ur Wright	Wright	24 PS Wright	125	77.5
ri Farman	H. Farman	50 PS Gnôme	180	112
ri Farman	H. Farman	50 PS Gnôme	210	150
Olieslaegers	Blériot	50 PS Gnôme	225	139.5
Olieslaegers	Blériot	50 PS Gnôme	393	245
urice Tabuteau	M. Farman	70 PS Renault	465	290
urice Tabuteau	M. Farman	70 PS Renault	585	362.7
Olieslaegers	Blériot	50 PS Gnôme	635	393.7
urny	M. Farman	70 PS Renault	723	448.3
oé	Nieuport	70 PS Gnôme	740	460
urny	M. Farman	70 PS Renault	1.017	633
idmann	Albatros	100 PS Mercedes	1.900	1178

Großbritannien

Italien

Frankreich

USA

Belgien

Rußland

Deutschland 1914–15

Deutschland 1915–17

Deutschland 1917–18

Deutschland 1918

Bulgarien

Türkei

Von 1914 bis zum Ende des Krieges

Das Flugzeug befand sich bei Ausbruch der Feindseligkeiten im August 1914 noch in einer Übergangsphase. Obwohl sein Einsatz schon in Erwägung gezogen – und auch ausprobiert – worden war, so herrschte doch noch Unsicherheit über die tatsächlichen Aufgaben, die diese neue Waffe übernehmen könnte. Die militärischen Befehlshaber waren noch allzusehr ihren traditionellen Konzepten verhaftet, als daß sie die Flugzeuge ohne Vorbehalte übernommen hätten. So erhielten diese eine bescheidene Rolle als Beobachter der Land- und Seestreitkräfte zugewiesen. Die Leistungen der damaligen Flugzeuge ließen allerdings auch kaum einen anderen Einsatz als den langsamen und bedächtigen Beobachtungsflug zu. Denn die Maschinen stammten meistens noch aus der Vorkriegszeit, waren ohne Bewaffnung, ausgesprochen langsam und nicht sehr robust. Außerdem waren ihre Möglichkeiten in bezug auf Entfernung und Höhe ebenfalls beschränkt.

Die Aufklärer, die bei ihren täglichen Flügen die gegnerischen Bewegungen oder das eigene Artilleriefeuer beobachteten, trafen bald auf die entsprechenden Maschinen der Gegenseite. Als Bewaffnung hatten sie nur die persönlichen Waffen der Besatzung an Bord: Pistolen und Karabiner. Bevor das Maschinengewehr das Flugzeug zu einer echten Kampfmaschine machte, behalfen sich die Piloten und Beobachter mit einem ganzen Arsenal an tragbaren Waffen. Militärgewehre, Jagdkarabiner in großer Zahl und Pistolen, deren Kolben zur besseren Abstützung verlängert worden waren. Einige Erfindungsreiche hatten sogar einen Metallbehälter für die leeren Patronenhülsen angebracht, damit sie sich nicht zwischen die Propellerblätter verirrten. Wer mit Feuerwaffen nicht zufrieden war, dachte sich manchmal reichlich Seltsames und auch Naives aus: Enterhaken, den z. B. der russische Hauptmann Kasakoff an einem langen Seil hinter sich herschleppte, um damit die gegnerischen Flugzeuge auseinanderzureißen. Oder Stahlpfeile, welche die französischen und britischen Besatzungen gegen die Tragflächen und die Verkleidung der feindlichen Maschinen schleuderten, die unter ihnen flogen.

Ende 1914 kam das Maschinengewehr auf und der bewaffnete Aufklärer ließ nicht mehr lange auf sich warten. Der Beobachter konnte die neue Waffe, welche über seinem Sitz mit einem Gelenk befestigt war, nach Belieben bedienen. Allerdings konnte man auf diese Weise einem Angriff von vorne nicht begegnen. Da noch keine Anlage zur Verfügung stand, die das Schießen durch die Propellerblätter ermöglicht hätte – 1915 war man dann soweit – probierte man mehrere Möglichkeiten aus. Dabei fanden zwei Lösungen die größte Verbreitung: auf dem oberen Teil der Tragfläche wurde eine neue Waffe montiert, die über den Propeller hinwegschießen konnte oder man entschloß sich für eine Maschine mit Schubpropeller, montierte das MG im vorderen Bug und hatte so ein unbeschränktes Schußfeld vor sich.

Unter dem Druck der Kriegsereignisse war inzwischen ein neuer Flugzeugtyp entstanden: der Bomber. Die ersten Bomber waren allerdings nur vergrößerte Aufklärungsflugzeuge. Die Zuladung war derart erweitert worden, daß sie mehrere kleine Bomben von einigen Kilo mit sich führen konnten.

Um die Palette der Militärflugzeuge zu vervollständigen, fehlte noch das reine Jagdflugzeug, d. h. eine schnelle und gut bewaffnete Maschine. Die Aufgaben der Fluglenkung und des Kampfes konnten von einem einzigen Mann übernommen werden. Sobald das Problem des ungehinderten Schießens nach vorne gelöst war, kam der erste Jäger auf. Es war die französische Morane-Saulnier L, die 1915 ein starres MG erhielt. Man hatte an der rückwärtigen Seite der Propellerblätter stählerne Ablenkflächen angebracht, welche die Geschosse ablenken sollten. Mit dem ersten Synchrongetriebe war auch die endgültige Form des Jägers gefunden. Es war der deutsche Eindecker Fokker vom Sommer 1915.

Die Experten erkannten zu dieser Zeit, welche taktischen und strategischen Vorteile sie erringen konnten, wenn sie die Luftüberlegenheit besaßen. Das Jagdflugzeug war mit seinen besonderen Eigenschaften zu einer der entscheidenden Waffen geworden. Somit wurde es zu einer der vordringlichsten Aufgaben der Kriegsparteien, Kampfflugzeuge zu bauen, die denjenigen des Gegners überlegen waren.

Das Auftauchen der Fokker-Eindecker war für die Alliierten eine böse Überraschung. Am 1. August 1915 stießen zwei deutsche Piloten, die später sehr berühmt werden sollten – Oswald Boelcke und Max Immelmann – mit ihren Fokker E.II auf neun britische Maschinen, die den Flughafen von Douai angegriffen

hatten. Boelcke konnte wegen eines Schadens an seinem MG nicht in den Kampf eingreifen. Immelmann hatte im Handumdrehen ein gegnerisches Flugzeug abgeschossen. Danach sollten die Fokker keine Ruhe mehr geben. Ihre Stützpunkte waren in direkter Nähe der Aufklärungseinheiten die ganze Front entlang verstreut. Den langsamen und schlecht bewaffneten Maschinen der Alliierten waren sie absolut überlegen. Die britische B.E.2c konnte mit ihrem nach vorne schießenden MG den rückwärtigen Bereich nicht verteidigen und war in ihrer Wendigkeit dem agilen Eindecker sowieso unterlegen. Die Deutschen sahen, daß die Bekanntmachung und die Verherrlichung der Luftsiege einen starken psychologischen Effekt hatte und sie begründeten ihre große Tradition der »Flieger-Asse«. Die Alliierten wehrten sich verzweifelt gegen die deutsche Überlegenheit. Sie hofften darauf, daß ihre Industrie bald eine Maschine herausbringen würde, die derjenigen der Deutschen ebenbürtig wäre. In der Zeit ihrer größten Überlegenheit entwickelten die deutschen Flieger auch die ersten Taktiken für den Luftkampf. Max Immelmann hatte die schwachen Punkte der Fokker, die von hinten ebenfalls verletzlich war, sehr sorgfältig beobachtet. Er entwickelte ein besonderes Flugmanöver, das ihn aus dieser für ihn negativen Fluglage in eine überlegene Position brachte. Außerdem wurden die Merkmale der gegnerischen Flugzeuge sorgfältig registriert, so z. B. der tote Winkel ihrer Waffen, ihre Wendigkeit und ihre Fähigkeit, enge Kurven zu fliegen.

Die Überlegenheit der Fokker erreichte im Februar 1916 mit der letzten Version E.IV, welche einen äußerst starken

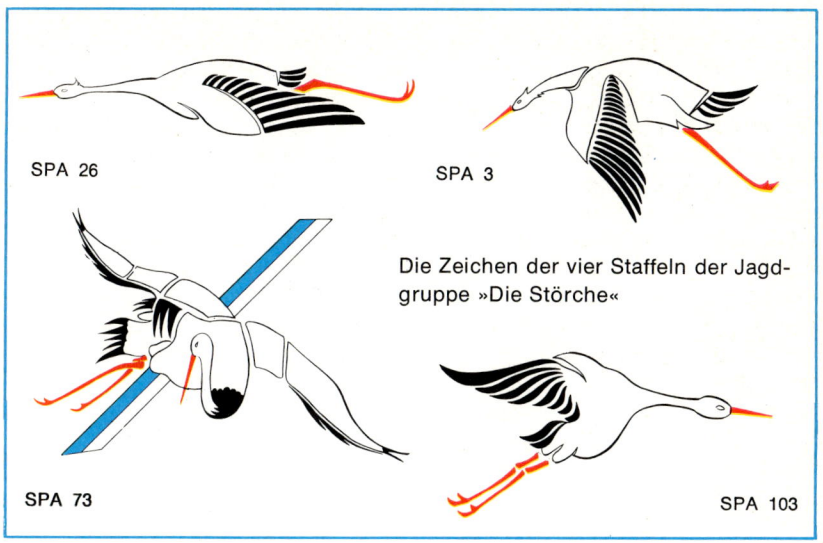

SPA 26

SPA 3

Die Zeichen der vier Staffeln der Jagdgruppe »Die Störche«

SPA 73

SPA 103

Oberursel-Doppelsternmotor hatte, ihren Höhepunkt.

Mit dem Beginn des neuen Jahres
wurde das Kriegsgeschehen in der Luft
wieder ausgeglichener. Dabei gaben
zwei britische Flugzeuge den Ausschlag, die F.E.2b und die D.H.2. Es waren Doppeldecker mit Schubpropeller,
die der Fokker an Geschwindigkeit,
Wendigkeit und Steigfähigkeit überlegen waren. Endgültig ausgelöscht
wurde die deutsche Überlegenheit
durch zwei neue französische Jäger, die
Nieuport 11 und 17. Im März bei der
Schlacht um Verdun stellten sie ihre
hervorragenden Eigenschaften unter
Beweis. Von da an erkämpften sich die
Alliierten wieder eine gewisse Überlegenheit, welche durch ihre ersten Maschinen mit Synchrongetriebe endgültig sichergestellt werden sollte.

Die Antwort der Deutschen erfolgte sofort an zwei Fronten. Die technische
Antwort wurde mit den Maschinen der
Albatros-Reihe D.I, D.II und D.III sowie
mit den Halberstadt D.II und D.III gegeben. Die Oberste Heeresleitung faßte
nach den Plänen von Oswald Boelcke
alle Front-Jagdflugzeuge in unabhängigen Einheiten zusammen, Jagdstaffeln oder Jasta genannt, die jeweils
mit 14 Maschinen der D-Klasse ausgestattet waren. Am 1. Oktober 1916 waren schon acht dieser Einheiten einsatzfähig. In diesen Eliteeinheiten wußten
die Piloten die technischen Möglichkeiten ihrer Maschinen voll zu nutzen.

Neben der uneingeschränkten Überlegenheit der deutschen Flugzeuge fiel
noch ein zweiter Faktor entscheidend
ins Gewicht: die beiden synchronisierten MGs, die mittlerweile als Standard-
Bewaffnung eingeführt waren, entwik-
kelten eine verheerende Feuerkraft von

1914–1918 Franz. Zeichen

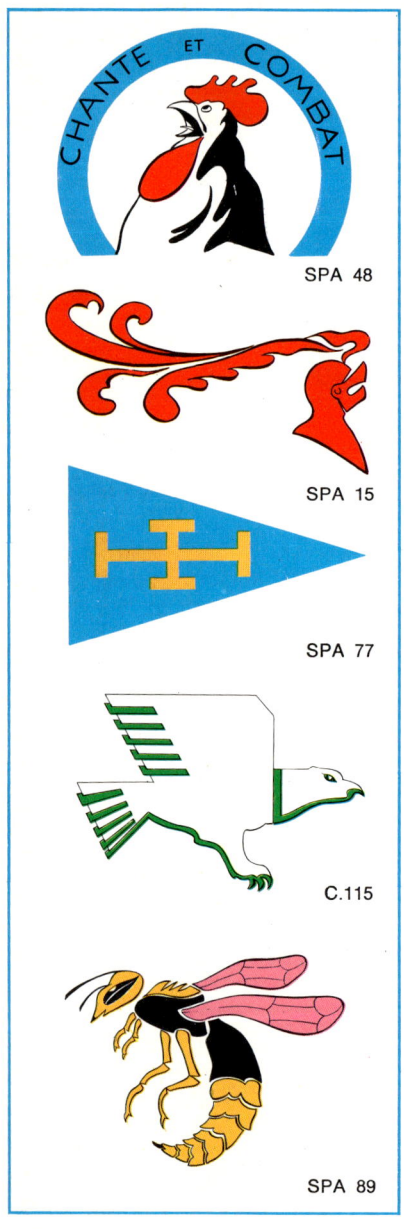

SPA 48

SPA 15

SPA 77

C.115

SPA 89

1.000 Schuß in der Minute. Erst im Sommer 1917 konnten die Alliierten mit Hilfe der britischen Jäger Sopwith, Camel und Triplane, S.E.5 und Bristol Fighter und der französischen Spad S.XIII wieder gleichziehen. Nun waren die Alliierten bis Kriegsende überlegen. Die Deutschen brachten noch so hervorragende Maschinen wie die Fokker D.VII und D.VIII, die Roland D.VI und die Pfalz D.XII heraus, welche sich aber nur vorübergehend an einzelnen Kriegsschauplätzen die Luftüberlegenheit erkämpfen konnten. Denn mittlerweile war es nicht mehr die Qualität, sondern die Quantität, welche den Ausschlag gab: den 2.390 Kampfflugzeugen der Deutschen im Sommer 1918, stand eine alliierte Übermacht von 10.000 Maschinen gegenüber. Das Ende des Konflikts war nur noch eine Frage der Zeit.

Die Geschichte des Luftkriegs wurde aber nicht nur von den Flugzeugen, sondern auch von ihren Piloten geprägt. Jedes Land stellte strenge Kriterien für die Bestätigung der geltend gemachten Luftsiege auf und jeder Abschuß wurde ganz genau in persönlichen Tabellen registriert. Bei Kriegsende machten sich Sieger und Besiegte eine Ehre daraus, die Zahl der Siege ihrer besten Flieger-Asse zu veröffentlichen: 80 in Deutschland für Manfred von Richthofen; 75 in Frankreich für René Paul Fonck; 73 in Großbritannien für Edward Mannock; 40 in Österreich für Godwin Brumowski; 37 in Belgien für Willy Coppens de Houthulst; 34 in Italien für Francesco Baracca; 26 in den USA für Eduard Rickenbacker und 17 in Rußland für Alexander Alexandrowitsch Kasakoff.

Der Ruhm dieser Männer blieb meistens mit dem Namen des Flugzeugs verbunden, mit dem sie ihre größten Taten vollbracht hatten. So wurde Manfred von Richthofen, der auf verschiedenen Typen gekämpft hatte, fast nur in Zusammenhang mit dem Fokker Dreidekker genannt. Willy Coppens de Houthulst oder Francesco Baracca wurden immer in Verbindung mit ihrer Hanriot oder Spad dargestellt.

Alle Regeln der Tarnung wurden nun mißachtet und die Piloten schmückten ihre Flugzeuge mit Zeichen, farbigen Bildern oder geometrischen Figuren. Diese Zeichen sollten die eigene Moral stärken und den Gegner abschrecken. Das »sichtbarste« Beispiel hierfür lieferte der »Fliegende Zirkus« von Manfred von Richthofen. In dieser Einheit waren die Flugzeuge grell angemalt und dekoriert, um das Selbstbewußtsein der Piloten zu unterstreichen. Das Gleiche konnte man auch im II. Weltkrieg erleben. Sobald die Amerikaner die Luftüberlegenheit errungen hatten, verwandelten sie ihre Maschinen in weithin sichtbare fliegende Gemälde.

Die Notwendigkeit, das Flugzeug zu tarnen, war schon früh erkannt worden. Dem Erdboden gegenüber, um der gegnerischen Beobachtung zu entgehen, und in der Luft, um sich besser an die feindlichen Maschinen heranmanövrieren zu können. Als die Industrie die geeigneten Lackqualitäten produzieren konnte, wandte man sich dem Problem verstärkt zu, und jede Nation brachte eigene Lösungen heraus. Die Farben für den Anstrich der Flugzeuge wurden standardisiert. Man nahm – mit einigen Ausnahmen – für die obere Seite dunkles Grün oder Braun und für den unteren Teil helles Beige oder Blau. Man fand auch heraus, daß ein mehrfarbiger Anstrich in Streifen einen optischen Effekt hervorrief und die Umrisse des

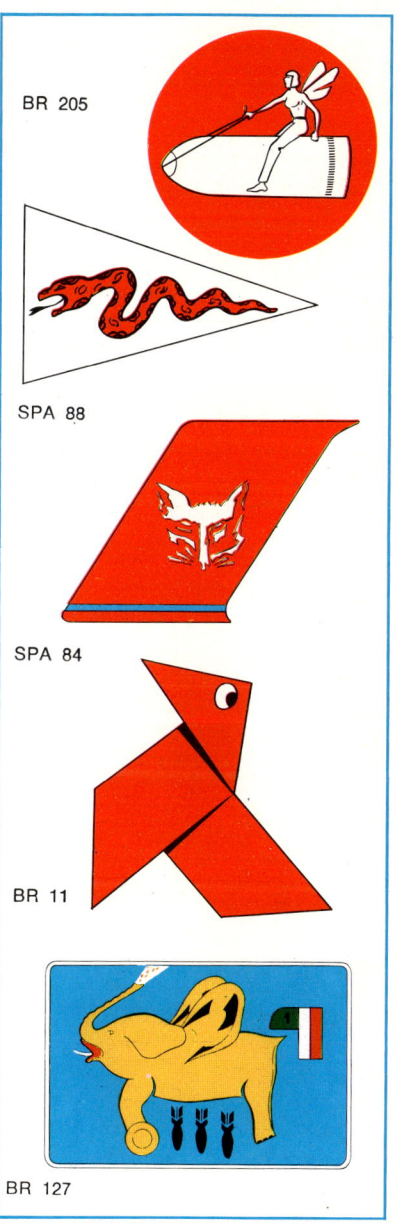

Franz. Zeichen 1914–1918

BR 205

SPA 88

SPA 84

BR 11

BR 127

Flugzeugs »brach«. Diese Methode wurde vor allem von den Franzosen und Deutschen angewandt. Die Deutschen erdachten ein kompliziertes System von mehrfarbigen Rauten, die, je nach Ober- oder Unterseite der Maschine, in einer festgesetzten Reihenfolge angeordnet waren. Bei ihren Forschungsarbeiten setzten sie sogar auf eine Art durchsichtige Verkleidung, um so ein »unsichtbares« Flugzeug vortäuschen zu können. Von dieser Lösung waren allerdings keine praktischen Resultate zu erwarten.

Die einzigen Ausnahmen waren die Hoheitszeichen und die Insignien der Einheiten. Die Hoheitszeichen hoben sich meistens ganz klar von der getarnten Fläche ab, und sie wurden auch schnell zum Bezugspunkt für das gegnerische Feuer. Um ihre Maschinen schneller identifizieren zu können, hatten die Alliierten sich für einen kreisförmigen Grund entschieden. Die Deutschen wählten ein Rechteck, in das sie das schwarze Kreuz der Deutschherren einsetzten, das im Verlauf des Krieges immer stärker stilisiert wurde. Die Zeichen der Einheiten setzten sich meistens aus Buchstaben und Zahlen zusammen. Manchmal genügte auch schon das Wappen der Einheit.

Der Krieg hatte den taktischen und strategischen Wert der Bombenangriffe gezeigt. Neben der Entwicklung des reinen Kampfflugzeugs hatte auch der Bau der Bomber einige wichtige Etappen durchlaufen. Zu Beginn des Krieges waren vor allem Aufklärer zum Einsatz gekommen, die eine kleine Zuladung an leichten Bomben tragen konnten. Unter den wenigen Typen galten vor allem die französischen Voisins als richtige Bomber. Frankreich war auch die erste Nation, welche reine Bombereinheiten aufstellte. Diesem Beispiel folgte 1915 Rußland, das damals über den einzigen »Giganten des Himmels«, die viermotorige Ilja Mouromez, verfügte. Die Angriffe des Geschwaders Vosduschnik Korab auf Deutschland gaben die entscheidende Anregung für den Bau von schweren Bombern. Italien setzte seine Caproni nach Kriegseintritt auch intensiv ein. Großbritannien hatte in der Zwischenzeit die Handley-Page herausgebracht. Deutschland hatte sich anfänglich auf die Zeppeline verlassen. Es wechselte dann schnell auf Flugzeuge, wie die zweimotorigen A.E.G., Gotha und Friedrichshafen um und brachte zum Schluß sogar noch die riesige Zeppelin-Staaken heraus. Die Deutschen führten eine Kriegsform ein, welche später besonders mörderische Züge annehmen sollte: die strategischen Bombenangriffe auf ein einziges Ziel, die sie 1917 mit ihren Nachtangriffen auf London und Südengland aufnahmen. In den letzten Kriegsjahren waren die Bomber in der Lage, verschiedene Bombentypen, wie Brand- oder Splitterbomben abzuwerfen, deren Gewicht zwischen 100 kg und einer Tonne lag. Die Handley-Page V/1500 von 1918 konnte im Fluge zwei Bomben von je 1.497 kg mit sich führen. Dies waren die Vorläufer der Riesenbomben des II. Weltkriegs. Gleichzeitig mit den Maschinen waren auch die Transport-, Ziel- und Abwurfeinrichtungen verbessert worden. Die ersten primitiven Befestigungen unter den Flügeln oder dem Rumpf wurden schnell von automatischen Trägervorrichtungen abgelöst. Michelin entwickelte ein System, mit dem die Bomben in regelmäßigen Abständen abgeworfen wurden und das in

32. Staffel

70. Jagdstaffel

1. Aufklärerabteilung

76. Staffel

81. Jagdstaffel

80. Jagdstaffel

seiner letzten Version auch Bomben verschiedener Größe aufnehmen konnte. Die Flugzeuge waren bald groß genug, um die Bomben in ihrem Innern aufzunehmen und zwar in einer für den jeweiligen Abwurf am geeignetsten Stellung. Die Zieleinrichtungen wurden ebenfalls verfeinert. Mußte der Pilot zu Beginn des Krieges noch komplizierte Geschwindigkeits- und Winkelberechnungen anstellen, so verfügte er bei Kriegsende schon über eine Fern-Ziel-einrichtung.

Bei der Bewaffnung der Flugzeuge spielte das Maschinengewehr, das für offensive und defensive Zwecke eingesetzt werden konnte, eine wichtige Rolle. Die ersten MGs waren meistens Weiterentwicklungen der schon eingeführten Infanteriewaffen.

Hotchkiss, Lewis, Spandau, Schwarzlose, Revelli, Vickers; all diese Namen sind in die Geschichte des Krieges eingegangen und sie entschieden über Sieg oder Niederlage. Das Hotchkiss-MG wurde zu Beginn des Krieges vor allem von den Franzosen auf den Voisin und Farman eingesetzt. Es war eine 8-mm-Waffe, die aus einem Metallmagazin mit 25 Schuß oder aus Munitionsgurten geladen wurde. Der amerikanische Oberst Isaac Newton Lewis hatte das Lewis-MG entworfen. Es wurde in Belgien gebaut und sollte bald zur Standardwaffe der Alliierten werden. Mit einem Kaliber von 7,69 mm war diese Waffe sehr leicht; sie hatte eine doppelte Trommel mit 97 Schuß und eine Feuergeschwindigkeit von 850 Schuß/Minute. Die letzten Versionen verfügten über einen Schußzähler und ein elektrisches Abkühlsystem. Die Spandau – sie hieß wie der Ort, an dem sie gebaut wurde – war die Standard-

Waffe der deutschen Flugzeuge. Sie hatte ein Kaliber von 7,62 mm und eine Feuergeschwindigkeit von 550 Schuß/Minute. Als sie später eine Synchronvorrichtung erhielt, waren die Deutschen im Luftkampf überlegen. Die Schwarzlose war mit ihren 8 mm die Standardwaffe der Österreicher, während die italienischen Aufklärer vor allem über die 6,5 mm Revelli verfügten. Die Vickers – Kaliber 7,69 mm bekam 1917 als erstes MG einen hydraulischen Synchronisator vom Typ Constantinesco, was ihre Feuerkraft erheblich verstärkte.

Die Flugzeugmotoren nahmen die interessanteste Entwicklung. 1914 standen Frankreich und Deutschland praktisch allein auf diesem Gebiet. Bei Ausbruch der Feindseligkeiten verfügte Großbritannien über keinen nationalen Flugzeugmotor. Es mußte seine Flugzeuge entweder mit importierten Motoren oder mit Lizenzfertigungen ausrüsten. Frankreich und Deutschland hatten absolut unterschiedliche Richtungen eingeschlagen. Frankreich hatte aus dem Rotationsmotor beachtliche Leistungen herausgeholt. Der technische Entwurf dieses Motors galt allgemein als revolutionär. Zylinder und Motorblock drehten sich um eine feste Welle und trieben auf diese Weise den Propeller an. Dies ergab eine ziemlich leichte und kompakte Motoreinheit. In ihrem Verhältnis Gewicht/Leistung übertraf sie alle übrigen Motoren für leichte und schnelle Flugzeuge. Deutschland hatte sich für feste Motoren entschieden, die wassergekühlt und deren Zylinder in einer Reihe angeordnet waren. Firmen wie Mercedes, Benz und Austro-Daimler bauten derartig robuste, starke und zuverlässige Typen. Dabei hatten die Deutschen aber auch ein Auge auf die Rotationsmotoren geworfen. Der Oberursel war ganz schlicht eine Kopie des französischen Le Rhône. Der Rotationsmotor vermittelte dem Flugzeug wegen seines hohen Dreh-

1914–1918 Zeichen der US Staffeln

27 Squadron

94 Squadron

213 Squadron

25 Squadron

50 Squadron

moments eine ausgezeichnete Wendigkeit, welche mit einem festen Motor nicht gegeben war. Die Fokker E z. B. hatte einen Rotations-Oberursel.

Großbritannien baute seinen ersten Motor zwar mit einer geringen Verspätung, dafür war er aber von Anfang an hervorragend gelungen. Henry Royce brachte 1915 seinen ersten V-Motor mit 12 Zylindern heraus, den er Eagle nannte. Ihm sollte noch eine ganze Reihe von guten Produkten folgen. Gegen Ende des Krieges erreichten die Sternmotoren die Grenzen ihrer Möglichkeiten. Das Problem der Kühlung war nicht mehr zu lösen und es wurden durch Einsatz moderner Technologie, leichterer Metalle und Legierungen neue Möglichkeiten geschaffen. So hatte z. B. der Hispano-Suiza V-8 einen mit Stahl verkleideten Zylinderblock aus Aluminium, der ein bis dahin noch nicht erreichtes Verhältnis Gewicht/Leistung ermöglichte. Von den 140 PS des Prototypen war man schnell bei 200 PS angelangt. Bei 300 PS war die Leistungsfähigkeit dieses Motors ausgeschöpft. Diese Größenordnung wurde dann von den letzten Rolls-Royce Versionen übertroffen. 1917 brachte die amerikanische Packard Motor Company ihren V-12 Liberty heraus, der mit 400 PS der stärkste Flugzeugmotor des Krieges war.

Die immer stärkeren Motoren blieben nicht ohne Einfluß auf den gesamten Flugzeugbau. Holz für den Rahmen und Leinenstoff für die Verkleidung genügten den wachsenden Anforderungen nicht mehr. Die Verkleidung bestand jetzt zum Teil oder ganz aus Sperrholz oder man wandte die Schalenbauweise an. Außerdem wurde eine Konstruktion aus Stahlrohren mit Leinwand oder Aluminium verkleidet. Die Deutschen bauten 1915 das erste Ganzmetall-Flugzeug der Welt. Es war die Junkers J.1, deren Rahmen aus Stahlrohren ganz mit Folien aus Duraluminium verkleidet war. Aus dieser Maschine wurde ein zweisitziger Eindecker entwickelt, der

Zeichen der US Staffeln 1914–1918

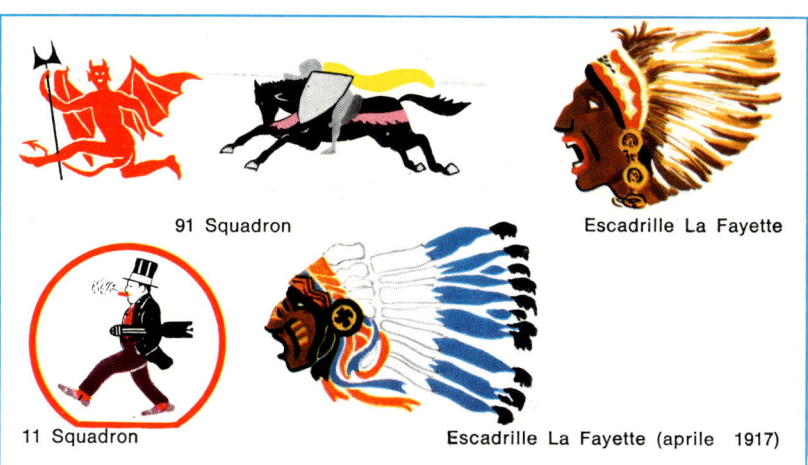

91 Squadron

Escadrille La Fayette

11 Squadron

Escadrille La Fayette (aprile 1917)

1914–1918 Zeichen deutscher Piloten

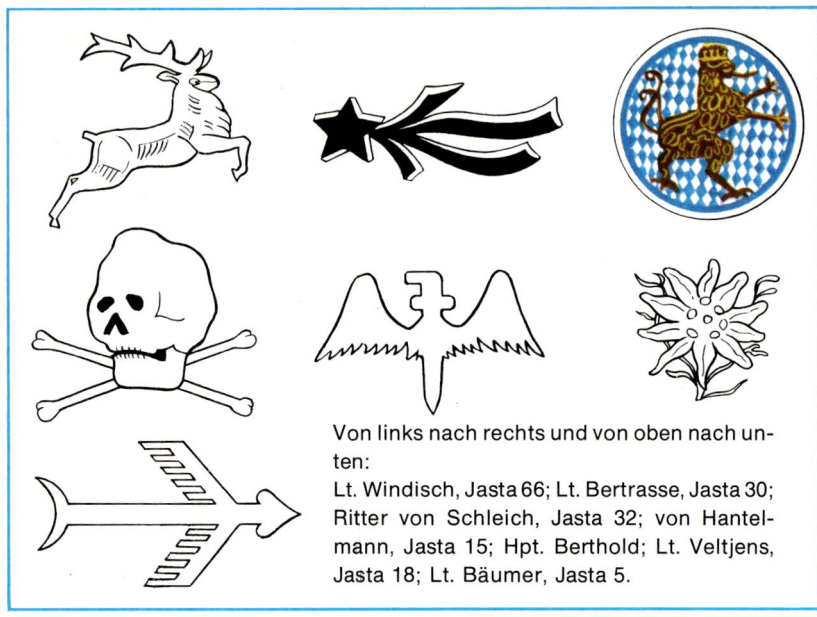

Von links nach rechts und von oben nach unten:
Lt. Windisch, Jasta 66; Lt. Bertrasse, Jasta 30; Ritter von Schleich, Jasta 32; von Hantelmann, Jasta 15; Hpt. Berthold; Lt. Veltjens, Jasta 18; Lt. Bäumer, Jasta 5.

zu den besten Flugzeugen des Krieges gehörte. Die Eindecker-Formel konnte sich allerdings nicht entscheidend durchsetzen, was die Robustheit ihrer Zelle und ihre hohe Landegeschwindigkeit anging. Bis zum Kriegsende dominierten die Doppeldecker, die das eigentliche Produkt dieses Krieges waren. Bei den Jagdflugzeugen existierte ein Standard-Typ, der bis in die 30er Jahre nicht mehr geändert wurde. Es war ein Doppeldecker mit Zugpropeller, offener Pilotenkanzel, starrem Fahrwerk und mit einem nach vorne schießenden, synchronisierten MG. Die Leistungen wurden natürlich ständig verbessert. Bei Kriegsende hatte der durchschnittliche Jäger einen Motor von 220 PS, erreichte 200–210 km/h und war in 6.000 m Höhe noch einsatzfähig. Die vier Kriegsjahre hatten der Entwicklung der Luftfahrt einen entscheidenden Impuls vermittelt. Das ständige Bemühen, dem Gegner überlegen zu sein, hatte in Europa ein großes industrielles Potential entstehen lassen. Bei Ausbruch des Krieges traten nicht mehr als 400 Flugzeuge an (63 englische, 34 belgische, 138 französische und ungefähr 180 deutsche); beim Waffenstillstand waren es dann ungefähr 13.000. Die Gesamtproduktion aller Länder belief sich zwischen 1914 und 1918 auf 177.000 Maschinen, d. h. achtzehn Mal mehr, als von 1903 bis 1914 insgesamt gebaut worden waren. In Großbritannien wurden 55.000 Flugzeuge gebaut und die englische Luftfahrtindustrie beschäftigte bis zu 350.000 Personen. Der Krieg hatte den technischen Fortschritt stark gefördert und das Flugzeug zu einem ausgereiften und zuverlässigen Luftfahrzeug gemacht.

Zeichen österreichischer und russischer Piloten 1914–1918

Das rote Herz, Zeichen des Phönix D.II von Feldwebel Sandor Kaszka der Flik 55 j. Der Kopf des Ritters befand sich auf der Nieuport 17 des russischen Asses Hpt. Kruten. Das makabre Zeichen der Spad von Hauptmann Kasakoff. Der gleiche Totenkopf, weiß auf schwarzem Grund, auf einer Nieuport der 1. Jagdgruppe des XIX russischen Geschwaders.

Die besten Kampfflugzeuge von 1914 bis 1918

Der I. Weltkrieg zeigte die Möglichkeiten und die Bedeutung des Flugzeugs als Kampfmittel. Die Theoretiker und Strategen machten sich an die Ausarbeitung von Einsatzdoktrinen und Flugtaktiken. Die Konstrukteure und Techniker bauten Maschinen, die genau auf den Kriegseinsatz zugeschnitten waren. Mit Angriffs- und Verteidigungsmaschinen wollte man den Gegner immer wieder übertrumpfen. Der Beherrschung des Luftraums kam eine große taktische und strategische Bedeutung zu. Vor allem die Jagdflugzeuge entwickelten sich zu einer ausschlaggebenden Waffe, die das Kriegsgeschehen entscheidend mitbestimmte. Auf den folgenden Seiten wird dieses Auf und Ab grafisch dargestellt. Auch die verstärkten Anstrengungen der Nationen sind zu erkennen, welche durch eine vorübergehende Überlegenheit des Gegners in Schwierigkeiten geraten waren. Von den hunderten von Flugzeugtypen, welche die einzelnen Länder herausbrachten, gingen nur die besten in die Geschichte ein. Es war das Ergebnis zahlloser Versuche und Experimente, der Industriezweige und das Talent genialer Erfinder. Bei den Jagdflugzeugen brachten Großbritannien, Frankreich und Deutschland die besten Maschinen heraus. Den Nieuport, Spad, Sopwith Camel, RAF S.E.5, Bristol F.2A und F.2B der Alliierten, standen die hervorragenden Produkte der deutschen Industrie gegenüber: Fokker E, Dr. I, D.VII, Albatros D.II, D.III, D.V, Halberstadt D.II. Die übrigen Nationen bezogen ihre Kampfflugzeuge aus diesen beiden Blöcken und brachten selbst keine großen Jäger heraus. Die einzige Ausnahme bildete die österreichische Aviatik-Berg D.I, die vor allem in Italien eingesetzt wurde und die ihren direkten Gegnern gleichwertig war. Bei den Bombern war die Lage ausgeglichener, denn fast alle Länder bauten gute Bomber. Auf diesem Gebiet gesellten sich zu Großbritannien, Frankreich und Deutschland vor allem noch Italien und Rußland. Sie hatten nämlich als erste Nationen die Bedeutung der taktischen und strategischen Bombenflüge erkannt und die verschiedenen Sikorsky und Caproni-Typen herausgebracht. Die Russen flogen die ersten strategischen Bombereinsätze mit einer Spezialeinheit von viermotorigen Ilja Mourometz gegen Ziele in Deutschland.

Als einzige Nation mußten die USA ohne eigene Kriegsflugzeuge auskommen, obwohl ihr ein großes Industriepotential zur Verfügung stand. Dieser Zustand sollte sich aber in einigen Jahren sehr schnell geändert haben.

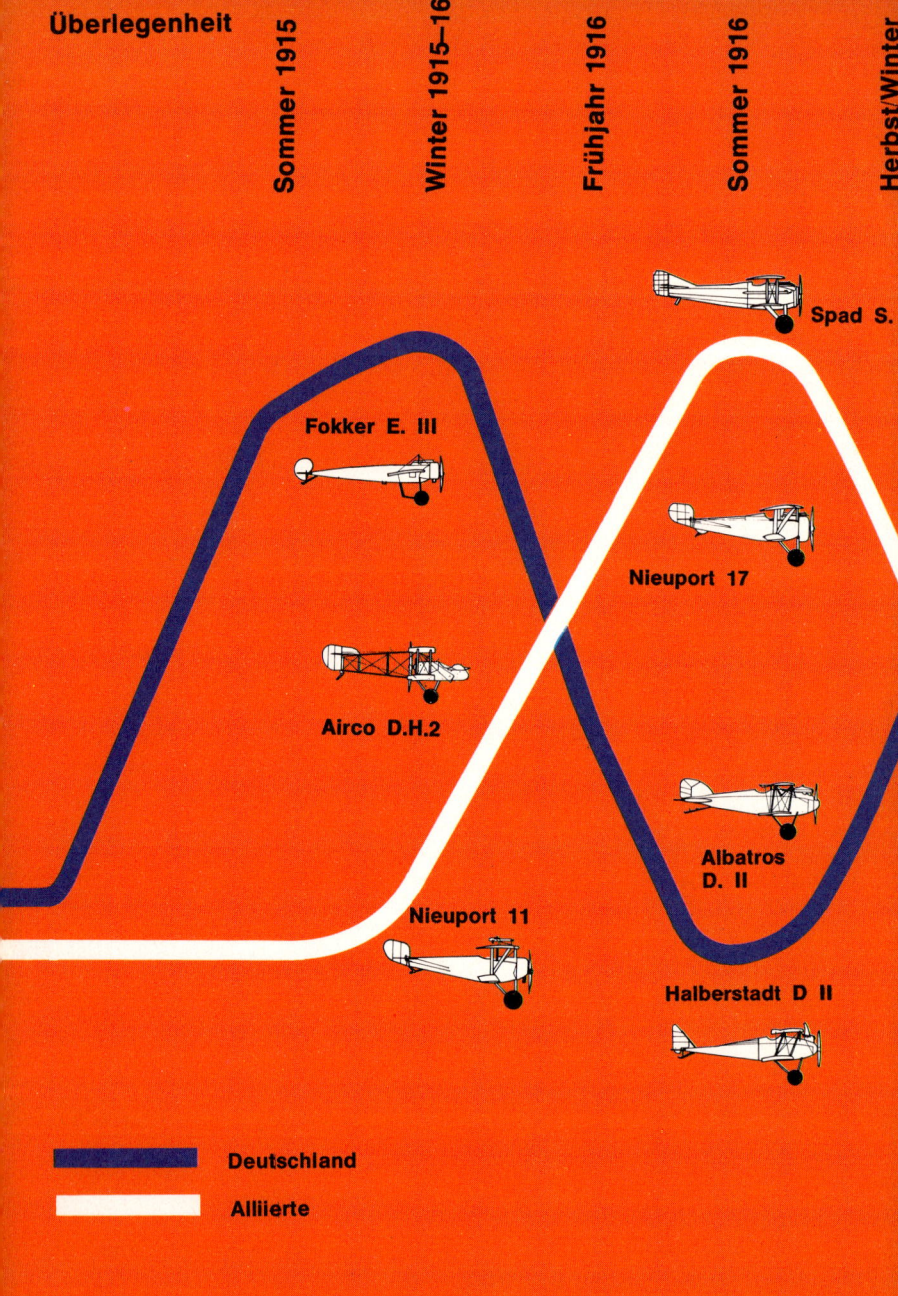

Überlegenheit

Sommer 1915

Winter 1915–16

Frühjahr 1916

Sommer 1916

Herbst/Winter

Spad S.

Fokker E. III

Nieuport 17

Airco D.H.2

Albatros D. II

Nieuport 11

Halberstadt D II

Deutschland

Alliierte

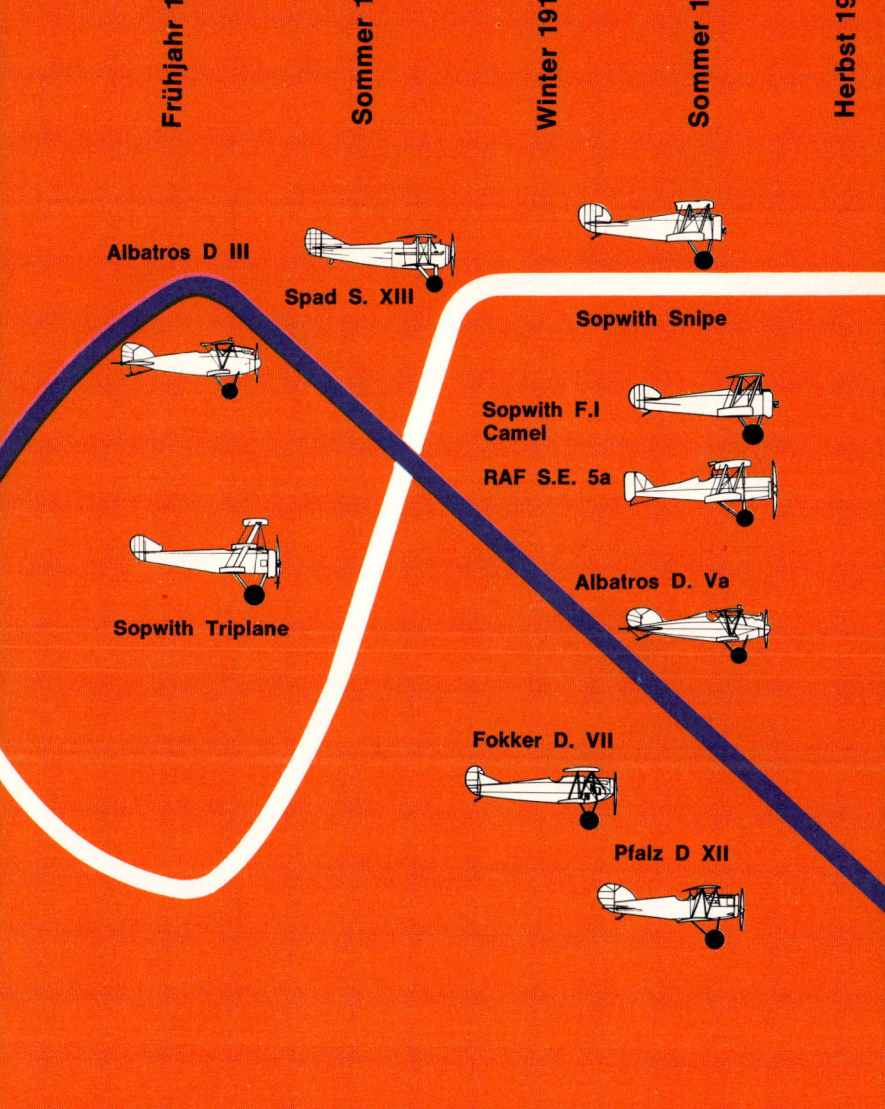

Frühjahr 1917 Sommer 1917 Winter 1917–18 Sommer 1918 Herbst 1918

Albatros D III

Spad S. XIII

Sopwith Snipe

Sopwith F.I
Camel

RAF S.E. 5a

Albatros D. Va

Sopwith Triplane

Fokker D. VII

Pfalz D XII

Aufklärer und Jäger

Im I. Weltkrieg wurden
zahlreiche Aufklärer
und Jäger eingesetzt.
Die Geschichte des
Luftkriegs wird vor al-
lem von den britischen,
französischen und
deutschen Maschinen
beherrscht. Die Tabelle
zeigt die interessante-
sten Aufklärer und Jä-
ger in chronologischer
Reihenfolge von 1914
bis Kriegsende.

1914

1915

Bristol Scout D - GB

Vickers F.B.5 - GB

RAF F.E. 2b - GB

Nieuport 11 - F

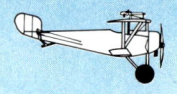

Fokker E. III - D

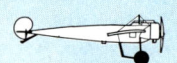

1916

Sopwith Pup - GB

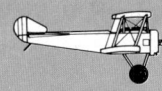

Nieuport 17 - F

Halberstadt D. II - D

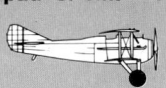

1917

Sopwith F.I Camel - GB

Spad S. XIII - F

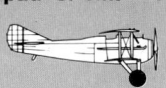

RAF S.E. 5a - GB

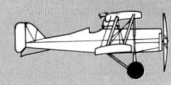

Sopwith Triplane - GB

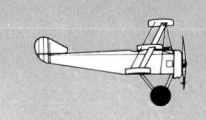

Albatros D. Va - D

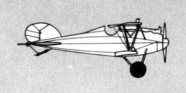

1918

Fokker D. VII - D

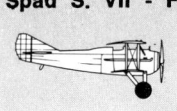

Spad S. VII - F

Albatros D. II - D

Fokker Dr. I Triplano - D

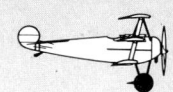

Hanriot HD I - F

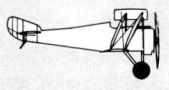

Bomber

Bei den Bombern brachten fast alle Länder ziemlich gleichwertige Maschinen heraus. Sie hatten alle die Bedeutung der taktischen und strategischen Bombenangriffe erkannt.

1914

1915

Caudron G.4 - F

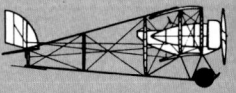

Sikorsky Ilya
Mourometz - R

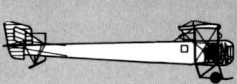

Voisin 5 - F

Caproni Ca.3 - I

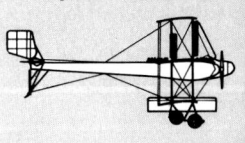

Breguet Br.M5 - F

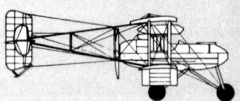

1916

Short 184 - GB

A.E.G. G. IV - D

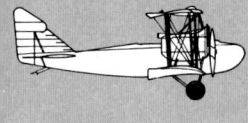

Farman F.40 - F

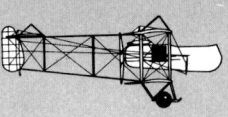

Voisin 8 - F

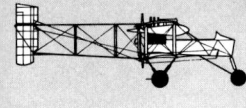

1917

Airco D.H.4 - GB

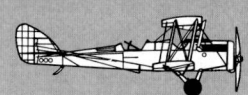

Friedrichshafen G.III - D

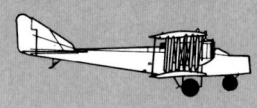

Handley-Page 0/400 - GB

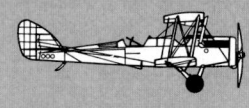

Breguet Br. 14B2 - F

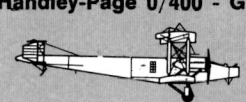

Gotha G.V - D

**Zeppelin Staaken
R.VI - D**

Airco D.H.9 - GB

1918

Caproni Ca 4 - I

Caudron R.11 - F

Caproni Ca.5 - I

**Handley-Page
V/1500 - GB**

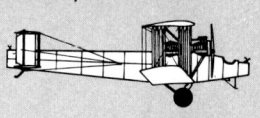

Frankreich

Die Geburtsstätte der Luftfahrt in Europa – Frankreich – war in gewisser Hinsicht das Rückgrat des ganzen Luftkriegs. Seine Flugzeugindustrie war 1914 schon sehr stark entwickelt und die Hauptstütze der gesamten alliierten Luftmacht. In den ersten Kriegsjahren versorgte Frankreich seine Verbündeten mit Flugzeugen und vor allem mit Motoren. Gegen Ende des Krieges brachte es auch noch einige Spitzenprodukte der Kampfmaschinen heraus. Die American Expeditionary Force, die belgische Luftwaffe und die Russen flogen französische Maschinen. Die Frontflugzeuge der Italiener kamen ebenfalls aus Frankreich. Sogar Großbritannien, das ja über eine eigene Flugzeugproduktion verfügte, flog die französischen Maschinen.

Die französischen Militärbehörden hatten sich der Entwicklung der europäischen Luftfahrt von Anfang an angenommen. Stellvertretend für alle sei an Hauptmann Ferber erinnert, der entscheidend zum Druchbruch des Flugzeugs beigetragen hatte. Das französische Kriegsministerium hatte mit seiner Entscheidung vom 12. Juli 1909, einen Wright-Doppeldecker zu kaufen, den kriegerischen Wert des Flugzeugs offiziell anerkannt. Im Oktober 1910 verfügten die Streitkräfte bereits über 30 verschiedene Maschinen und hatten weitere 60 bestellt. Die Militärpiloten beteiligten sich ebenfalls an den sportlichen Wettbewerben und Schauflügen dieser Zeit. Die allgemeine Begeisterung war so groß, daß 1911 bei einer öffentlichen Zeichnung vier Millionen Franken für den Kauf von neuen Flugzeugen zusammenkamen. 1911 wurde auch der erste öffentliche Wettbewerb für Militärflugzeuge mit äußerst harten Forderungen ausgeschrieben: es sollten Zweisitzer sein, die mindestens 300 km zurücklegen konnten und eine Nutzlast von 300 kg mit einer Geschwindigkeit von mindestens 60 km/h befördern sollten. Von den 110 gemeldeten Prototypen kamen 32 in die engere Auswahl. Das Rennen machten dann drei Maschinen: der Eindecker Nieuport, der Doppeldecker Bréguet und der Eindecker Deperdussin. Von dem ersten Typ wurden 10, von dem zweiten 6 und dem dritten 4 Maschinen bestellt.

Diese öffentlichen Wettbewerbe für Militärflugzeuge wurden bald auch von anderen Nationen durchgeführt. Sie wirkten auf die Flugzeugindustrie anregend, deren Entwicklung sich vor allem an den Produktionszahlen ablesen läßt: 1911 waren es 1.350 Maschinen, 1912 schon 1.425 und 1913 dann 1.294. Die entsprechenden Zahlen für die Motoren lagen 1911 bei 1.400, um dann innerhalb von zwei Jahren auf 2.217 und 2.440 anzusteigen. Das Spitzenprodukt dieser Zeit war ohne Zweifel der Gnôme-Rotationsmotor, der Frankreich auf diesem Gebiet einen technischen Vorsprung sicherte. Am 28. August 1912 wurden die französischen Luftstreitkräfte in drei Einheiten gegliedert, die in Versailles, Lyon und Reims stationiert waren. Im Februar 1914 wurden die Flugzeuge und die Ballons organisatorisch voneinander getrennt. Bei Ausbruch des Krieges bestanden 25 Staffeln, von denen 21 über je sechs Doppeldecker und 4 über je drei Eindecker verfügten. Die 138 Frontmaschinen umfaßten verschiedene Typen, darunter die Blériot, Deperdussin und Nieuport Eindecker, sowie die Doppeldecker von Henri und Maurice Farman, von Bréguet und Voisin. Diese Mischung wurde bald straff nach Funktion gegliedert: einsitzige und zweisitzige Jagdmaschinen, Tages- und Nachtbomber, Maschinen mit großer Reichweite.

Neben den ausgezeichneten Bombern, brachte Frankreich auch einige der besten Jagdflugzeuge heraus: die Morane-Saulnier, Nieuport 11, 17 und 28, Spad S.VII und S.XIII, Hanriot H.D.1. Es waren die Maschinen der großen französischen und auch einiger ausländischer Flieger-Asse. In Frankreich allein gab es 144 Flieger-Asse. René Paul Fonck mit 74 Siegen, Georges Marie Guynemer mit 54, Charles Eugène Nungesser mit 45. Dann kamen elf weitere mit 20 bis 41 Siegen und 39 mit 10 bis

20 Abschüssen. Von den ausländischen Flieger-Assen zeichneten sich vor allem der Italiener Francesco Baracca, der Belgier Willy Coppens de Houthulst und der Amerikaner Rickenbacker auf französischen Maschinen aus. War René Paul Fonck das absolute Flieger-As der Alliierten, so war Georges Marie Guynemer ohne Zweifel der populärste. Seine kriegerischen Leistungen waren von großer Entschlußkraft und starkem Kampfeswillen geprägt. Er wurde erst nach mehreren Versuchen zu einem Pilotenlehrgang zugelassen. Am 19. Juli 1915 errang er seinen ersten Luftsieg. Von da an folgten fast ununterbrochen heftige Kämpfe, und Guynemer – der in der Escadrille 3 der berühmten »Störche« flog – erzielte am 6. September 1917 seinen 54. Luftsieg. Bis dahin war er bei mehr als 600 Einsätzen 660 Stunden in der Luft gewesen. Fünf Tage später wurde er bei Poelcapelle in Belgien von Leutnant Wissemann abgeschossen und starb beim Absturz.

Das makabre Zeichen von Charles Nungesser, dem dritten der französischen Flieger-Asse mit 45 Siegen. Das Zeichen erschien zum erstenmal im November 1915 auf einer Nieuport der Escadrille 65. Der Pilot war davon so begeistert, daß er sofort losflog, um über einem deutschen Flugplatz dem staunenden Feind einige Kunststückchen vorzufliegen.

Morane-Saulnier N
Morane-Saulnier L
Morane-Saulnier LA/P

Die Morane-Saulnier L erhielt Anfang 1915 als erstes Flugzeug ein fest aufmontiertes MG, eine 8-mm-Hotchkiss. Die Waffe befand sich direkt hinter der Motorhaube und schoß, mit Hilfe einer besonderen Vorrichtung, durch die Propellerebene. Die Blätter wurden mit zwei Stahlblechen verstärkt, welche die Geschosse ablenkten, die nicht »durchgekommen« waren. Dieses System der »Ablenkbleche« war zwar recht primitiv, machte aber aus der Morane-Saulnier L den ersten richtigen »Jäger« der Fluggeschichte. Der Erbauer dieser Vorrichtung war der französische Pilot Roland Garros. Er konnte in den ersten Aprilwochen 1915 mit seiner neuen Waffe fünf feindliche Flugzeuge abschießen.

Die Morane-Saulnier L war der erste in einer langen Reihe von Jagd-Eindeckern. Robert und Léon Morane brachten diese zusammen mit ihrem Partner Raymond Saulnier heraus. Der Entwurf stammte von 1913. Das Flugzeug wurde zu Beginn des Krieges in einer größeren Stückzahl als Aufklärer bestellt. Es war den zweisitzigen Aviatik und Albatros überlegen. Die Piloten nahmen kleinkalibrige Waffen mit an Bord, um sich ihren Gegnern zur Wehr zu setzen. Unter den Piloten, die ihre Feuertaufe auf einem Eindecker vom Typ L erlebten, war auch Caporal Guynemer. Am 19. Juli 1915 schoß er mit seinem MG einen deutschen Zweisitzer ab.

Von der Morane-Saulnier L wurden ungefähr 600 Maschinen gebaut. Es folg-

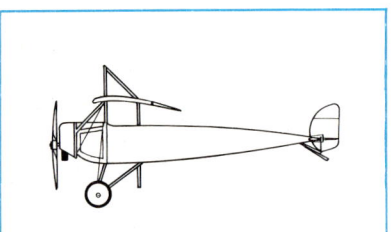

Flugzeug: Morane-Saulnier L
Hersteller: Morane-Saulnier
Typ: Jäger
Jahr: 1913
Motor: 80-PS-Gnôme-Rotationsmotor
Spannweite: 10,30 m
Länge: 6,32 m
Höhe: 3,15 m
Startgewicht: 680 kg
Höchstgeschwindigkeit: 115 km/h
    in Meereshöhe
Dienstgipfelhöhe: 4.000 m
Reichweite: 450 km
Bewaffnung: 1 MG
Besatzung: 2 Mann

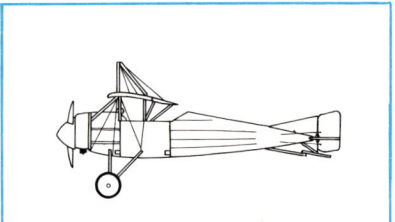

Flugzeug: Morane-Saulnier P
Hersteller: Morane-Saulnier
Typ: Aufklärer
Jahr: 1914
Motor: 110-PS-Le Rhône-Rotationsmotor
Spannweite: 11,20 m
Länge: 7,18 m
Höhe: 3,48 m
Startgewicht: 730 kg
Höchstgeschwindigkeit: 156 km/h
    in 1.981 m Höhe
Dienstgipfelhöhe: 4.876 m
Max. Flugzeit: 2 Stunden und 30 Minuten
Bewaffnung: 1 oder 2 MGs
Besatzung: 1 Mann

ten 1914 die Typen LA und P, die größer, stärker und besser bewaffnet waren. Dabei konnte sich vor allem der Typ P durchsetzen, den Franzosen und Engländer bis 1917 als Aufklärer einsetzten und von dem 565 Maschinen gebaut wurden.

Die Morane-Saulnier N, die 1914 herauskam, unterschied sich ganz erheblich von ihren Vorgängerinnen. Dieses schnelle und wendige Flugzeug hatte eine aerodynamisch fortschrittliche Konzeption. Es konnte jedoch nicht an die Erfolge der übrigen Morane-Saulnier-Modelle anknüpfen. Der Grund hierfür lag in der hohen Landegeschwindigkeit und in der sehr empfindlichen Lenkung, die nur von erfahrenen Piloten sicher beherrscht werden konnte. Es wurden insgesamt nur 49 Maschinen gebaut. Die Morane-Saulnier N wurde auch von vier Staffeln des Royal Flying Corps geflogen. Die verbesserte Version AC von 1916 war etwas größer und verfügte über einen stärkeren Le Rhône-Motor.

Flugzeug: Morane-Saulnier N
Hersteller: Morane-Saulnier
Typ: Jäger
Jahr: 1914
Motor: 110-PS-Le Rhône-9J-Rotationsmotor
Spannweite: 8,30 m
Länge: 6,70 m
Höhe: 2,50 m
Startgewicht: 510 kg
Höchstgeschwindigkeit: 165 km/h in 2.000 m Höhe
Dienstgipfelhöhe: 4.000 m
Max. Flugzeit: 1 Stunde und 30 Minuten
Bewaffnung: 1 MG
Besatzung: 1 Mann

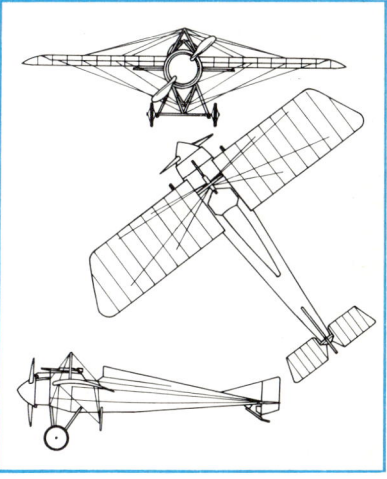

Maurice Farman M.F.7
Maurice Farman M.F.11

In den beiden ersten Kriegsjahren waren die französischen, britischen, belgischen und italienischen Aufklärungsstaffeln fast ausschließlich mit den Typen Maurice Farman M.F.7 und M.F.11 ausgerüstet. Als die Maschinen dann aus dem Frontgeschehen abgezogen wurden, setzte man sie noch lange und erfolgreich als Schulflugzeuge ein.

Der große französische Pionier Henri Farman hatte 1909 mit seinem Doppeldecker große Erfolge erzielt. 1912 gründete er zusammen mit seinem Bruder Maurice, einem ebenfalls sehr tüchtigen Konstrukteur, die Société Henri et Maurice Farman in Billancourt. Kurz vor Ausbruch des Krieges stellten sie ihre Fabrik auf Massenproduktion um, was

sich schon bald auszahlen sollte. Im August 1914 war die Gesellschaft der Gebrüder Farman als einzige in der Lage, Großaufträge durchzuführen, ohne vorher ihre Werkstätten und Hallen vergrößern zu müssen. Die Farman-Typen waren den ganzen Krieg über an allen Fronten recht zahlreich vertreten. Die Typen M.F.7 und M.F.11 kamen gleichzeitig mit der F.20 Serie von Henri Farman heraus. Die M.F.7, auch »Typ 1913« genannt, konnte ihre Vorkriegsherkunft nicht verleugnen. Das Höhenruder befand sich nämlich vorne und es wurde von langen, gekrümmten Auslegern gehalten. Diese dienten auch als Fahrwerkskufen. Die Maschine brachte recht gute Fluglei-

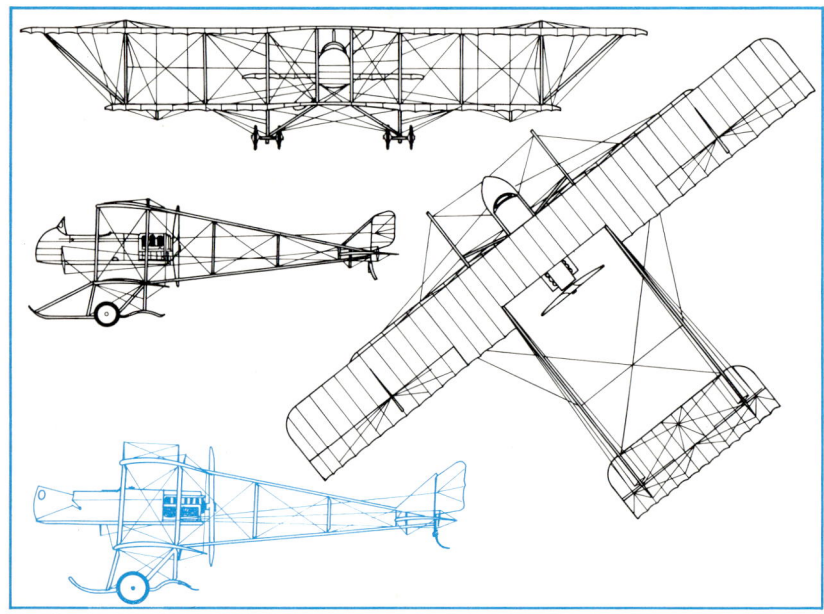

stungen, die den ganzen Krieg über durch die verbesserten Motoren noch gesteigert werden konnten. Die französischen und britischen Streitkräfte hatten die M.F.7 schon 1913 eingeführt und setzten sie bis zum Mai 1915 als Aufklärer ein. Dann wurde sie von der M.F.11 abgelöst.

Die M.F.11 übertraf ihre Vorgängerin in mancher Hinsicht. Neben den Verbesserungen der aerodynamischen Eigenschaften und des ·Rahmens, hatte sie auch noch eine Bewaffnung erhalten: ein MG für den Beobachter und kleinkalibrige Bomben. Es war eine M.F.11 der britischen Marineflieger, die den ersten nächtlichen Bombenangriff des Krieges durchführte: am 21. Dezember 1914 gegen deutsche Feuerstellungen bei Ostende. In Italien wurde die Maurice Farman M.F.11 von der S.I.A. in Lizenz gebaut. 24 Staffeln waren mit diesem Typ ausgerüstet.

Flugzeug: Maurice Farman M.F.11
Hersteller: Farman Frères
Typ: Aufklärer/leichter Bomber
Jahr: 1914
Motor: luftgekühlter 100-PS-Renault, 8-Zylinder-V-Motor
Spannweite: 16,15 m
Länge: 9,45 m
Höhe: 3,18 m
Startgewicht: 928 kg
Höchstgeschwindigkeit: 106 km/h
Dienstgipfelhöhe: 3.800 m
Max. Flugzeit: 3 Stunden und 45 Minuten
Bewaffnung: 1 MG; 130 kg Bomben
Besatzung: 2 Mann

Flugzeug: Maurice Farman M.F.7
Hersteller: Farman Frères
Typ: Aufklärer
Jahr: 1913
Motor: luftgekühlter 70-PS-Renault, 8-Zylinder-V-Motor
Spannweite: 15,54 m
Länge: 11,35 m
Höhe: 3,45 m
Startgewicht: 855 kg
Höchstgeschwindigkeit: 95 km/h in Meereshöhe
Dienstgipfelhöhe: ungefähr 4.000 m
Max. Flugzeit: 3 Stunden und 30 Minuten
Bewaffnung: keine
Besatzung: 2 Mann

Henri Farman Serie 20

Neben den M.F.7 und M.F.11 von Maurice Farman waren die Flugzeuge der Serie 20 seines Bruders Henri ebenfalls sehr stark bei den alliierten Luftstreitkräften verbreitet. Ihr Erfolg war allerdings nicht so groß. Die vier ersten Versionen waren untermotorisiert und konnten nur bei Beobachtungsflügen eingesetzt werden. Die Flugzeuge führten ein MG (vom Typ Vickers, Lewis oder Colt) und einige kleine Bomben mit sich. Ihre Flugleistungen wurden jedoch dadurch so beeinträchtigt, daß sie kaum noch für einen Einsatz geeignet waren. Die Serie 20 stand von Anfang an in großer Stückzahl zur Verfügung und kam auch sofort zum Einsatz. Nachdem im Sommer 1915 dann stärkere und bessere Maschinen bereitstanden, wurde sie aus dem Frontgeschehen abgezogen und als Schulflugzeug genutzt. Die ganze Serie wurde von der F.20 angeführt, die Henri Farman 1913 entworfen hatte und die auf seine F.16 zurück-

ging. Von dieser Maschine wurden noch drei weitere Varianten entwickelt, die F.21, F.22 und F.23. Diese Maschinen waren alle nach dem gleichen Grundkonzept gebaut: zweisitzige Doppeldecker mit Schubpropeller, die Besatzung saß in einer kleinen Gondel zwischen den Flügeln und das Leitwerk wurde von einem Fachwerk aus Holz gehalten. Die vier Versionen unterschieden sich nur durch die Ausmaße der Flügel und des Rumpfes: die F.21 hatte im Vergleich zur F.20 eine größere Spannweite, aber einen kürzeren Rumpf; die F.22 und F.23 hatten zwar eine kleinere Spannweite als die F.20, dafür aber einen größeren Rumpf.

Bei Ausbruch der Feindseligkeiten war die Serie 20 schon in 5 französischen, 2 belgischen und 7 britischen Staffeln vertreten. Außerdem wurde sie noch von den russischen und den rumänischen Streitkräften geflogen. Mit dem weiteren Fortschreiten des Krieges ver-

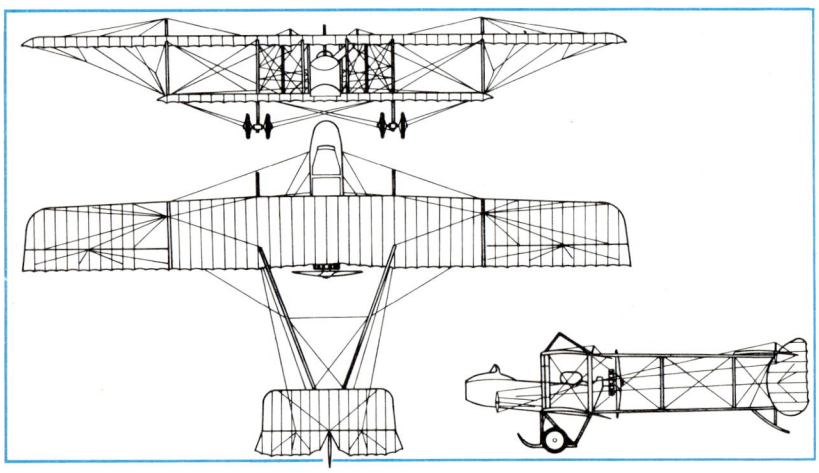

gaben die Gebrüder Farman Fertigungslizenzen an verschiedene Länder,
so nach Belgien, Großbritannien, Italien
und in die Niederlande. In Italien baute
die Savoia von der F.22 sogar eine Version als Wasserflugzeug. Die italienischen Versionen der Farman-Flugzeuge wurden meistens mit dem 100-
PS-Fiat A.10 oder dem 100-PS-Colom-
bo-Motor ausgerüstet.

Erst die letzte Variante der Serie 20, die
Version F.27, brachte eine spürbare
Verbesserung der Gesamtleistung. Sie
war etwas größer als die vorangegangenen Typen von Henri Farman. Bei
dem Rahmen (Stahlrohre), dem Fahrwerk (vier Räder ohne Schwanzkufe)
und den Flügeln brach diese Version
radikal mit der Farman-Tradition. Der
Rumpf war kleiner geworden. Durch einen Canton-Unné-Motor von 140 oder
160 PS wurde die Motorleistung fast
verdoppelt. In dieser neuen Bauform
konnte das Flugzeug eine Bombenzuladung von 250 kg aufnehmen und es
hatte eine maximale Flugzeit von
4 Stunden. Die F.27 kam an der Westfront, über den Dardanellen, in Afrika

Flugzeug: Henri Farman Serie 20
Hersteller: Farman Frères
Typ: Aufklärer
Jahr: 1914
Motor: 80-PS-7A-Gnôme-Rotationsmotor
Spannweite: 15,54 m
Länge: 8,79 m
Höhe: 3,10 m
Startgewicht: 710 kg
Höchstgeschwindigkeit: 100 km/h
   in Meereshöhe
Dienstgipfelhöhe: 2.750 m
Max. Flugzeit: 3 Stunden und 30 Minuten
Bewaffnung: 1 MG
Besatzung: 2 Mann

und in Mesopotamien – wo sie sich bei
der Belagerung von Kut-el-Amara aus-
zeichnen konnte –, zum Einsatz. Die britischen Marineflieger rüsteten zwei
Staffeln mit diesem Typ aus. Rumänien
erhielt 7 F.27, die aus Großbritannien
stammten.

Die Flugzeuge der Serie 20 brachten jedoch, alles in allem, keine herausragenden Leistungen. 1915 entwarfen die
Brüder Farman dann ihre Serie 40, welche den Ruf der Maschinen aus Billancourt wieder etwas aufpolieren sollte.

Voisin 3
Voisin 5

Am 5. Oktober 1914 wurde bei Reims eine deutsche Aviatik von einer französischen Voisin 3 abgeschossen. Diese Voisin 3 hatte Gabriel Voisin als Doppeldecker entworfen und sie griff in immer stärkeren Versionen massiv in das Kriegsgeschehen ein. Sie war in den ersten Kriegsjahren der Standard-Bomber der Alliierten. Die Voisin-Serie brachte einige hervorragende Vorzüge mit sich: da der Rahmen ganz aus Stahlrohren bestand, konnten die Maschinen, dank ihrer Robustheit, so manchen Treffer heil überstehen. Die Voisin-Typen hatten in einigen Versionen eine Kanone anstelle des MG an Bord. Die Hotchkiss von 37 oder 47 mm war im

Luftkampf zwar kaum von Nutzen, leistete aber bei der Erdkampfunterstützung hervorragende Dienste.

Die Version 3 erreichte die größte Stückzahl. Die Voisin 3 (auch noch Typ LA genannt) war noch vor dem Krieg entworfen worden. Der Erstflug fand im Februar 1914 statt. Nach anfänglichen Einsätzen bei Tage, nutzte man die Zuladungsmöglichkeiten bald für nächtliche Bombenangriffe. In dieser Rolle kam sie bei allen alliierten Luftstreitkräften zum Einsatz. Die Franzosen flogen über 800 Maschinen dieses Typs, die Belgier 30 und Rußland erhielt ebenfalls eine größere Anzahl. Großbritannien setzte zuerst ungefähr 50 Voisin 3 beim

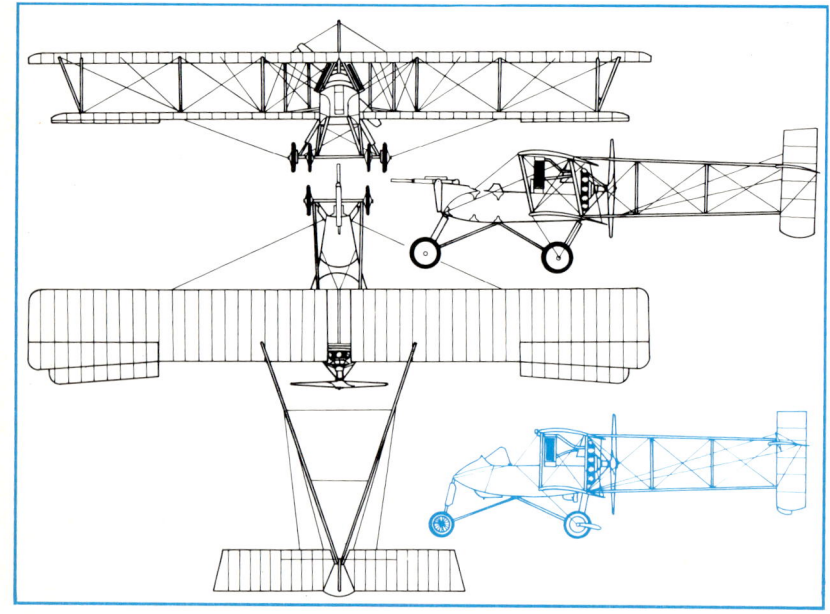

RFC (Royal Flying Corps) und beim
RNAS (Royal Naval Air Service) ein, um
dann nochmal 50 in Lizenz nachzubau-
en. In Italien baute die Società Italiana
Transaerea 112 Maschinen in Lizenz.
Anstelle des Canton-Unné-Sternmotors
hatten sie Antriebe von Fiat, Isotta Fraschini oder Renault mit den Zylindern in
Reihen- oder V-Anordnung. Diese Flugzeuge wurden 1915–16 von vier Staffeln
der italienischen Luftstreitkräfte geflogen.

1915 kamen die Versionen 4 und 5 heraus, die vor allem leichte Änderungen
am Rahmen aufwiesen, einen stärkeren
Motor hatten und die wahlweise eine 37-
oder 47-mm-Kanone erhalten konnten.
Von diesen Versionen kamen ebenfalls
große Stückzahlen heraus. Von der Voisin 4 (mit den Typen LB und LB.S, wobei das S die leicht nach oben geneigte
Position des Motors anzeigte) wurden
200 Maschinen gebaut; von der Voisin 5
350. Die letzte Variante, die Voisin 6, unterschied sich von der 5 nur durch einen
stärkeren Motor.

Flugzeug: Voisin 5
Hersteller: Gabriel Voisin
Typ: leichter Bomber
Jahr: 1915
Motor: flüssigkeitsgekühlter 150-PS-
   Salmson-(Canton-Unné)-Fächermotor
Spannweite: 14,75 m
Länge: 9,53 m
Höhe: 3,63 m
Startgewicht: 1.140 kg
Höchstgeschwindigkeit: 105 km/h
   in Meereshöhe
Dienstgipfelhöhe: 3.500 m
Max. Flugzeit: 3 Stunden und 30 Minuten
Bewaffnung: 1 MG oder eine 37-mm-Kanone;
   60 kg Bomben
Besatzung: 2 Mann

Flugzeug: Voisin 3
Hersteller: Gabriel Voisin
Typ: leichter Bomber
Jahr: 1914
Motor: flüssigkeitsgekühlter 120-PS-
   Canton-Unné-Fächermotor
Spannweite: 14,75 m
Länge: 9,50 m
Höhe: 3,80 m
Startgewicht: 1.370 kg
Höchstgeschwindigkeit: 120 km/h
   in Meereshöhe
Dienstgipfelhöhe: ungefähr 3.500 m
Reichweite: ungefähr 500 km
Bewaffnung: 1 MG
Besatzung: 2 Mann

Caudron G.4

Die Caudron G.4 war eine bessere und stärkere (2 Motoren) Version des Typs G.3. Im ersten Kriegsjahr war sie von Frankreich, Großbritannien, Belgien, Italien und Rußland zu Hunderten eingesetzt worden. Sie kam 1915 heraus und errang schnell den Ruf einer guten Maschine (mit einer hervorragenden Steiggeschwindigkeit), nachdem sie Ende des Jahres von den französischen Luftstreitkräften eingeführt worden war. Großbritannien und Italien führten sie ebenfalls ein. In Italien baute die Gesellschaft A.E.R. 51 Maschinen in Lizenz. Die britischen Caudron flogen 1916/17 zahllose Tages- und Nachtangriffe gegen die deutschen Zeppelin-Basen in Belgien. 1916 wurde die Version G.4 von der G.6 abgelöst. Danach traten mit den neuen Caudron Bombern der Serie R völlig neuartige Flugzeuge auf den Plan.

Flugzeug: Caudron G.4
Hersteller: Caudron Frères
Typ: Bomber
Jahr: 1915
Motor: zwei 80-PS-Le Rhône-Rotationsmotoren
    oder zwei 100-PS-Anzani-Sternmotoren
Spannweite: 17,20 m
Länge: 7,16 m
Höhe: 2,60 m
Startgewicht: 1.330 kg
Höchstgeschwindigkeit: 132 km/h
    in Meereshöhe
Dienstgipfelhöhe: 4.300 m
Max. Flugzeit: 3 Stunden und 30 Minuten
Bewaffnung: 1 MG; 113 kg Bomben
Besatzung: 2 Mann

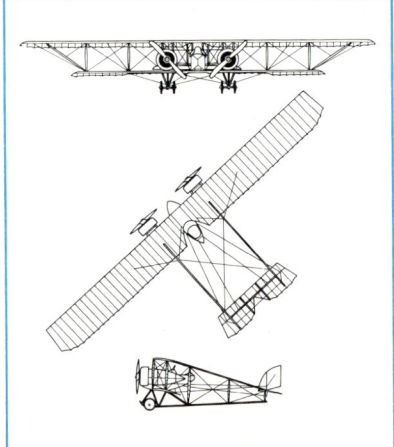

F.B.A. C

Die Franco-British Aviation (F.B.A.)
Typ C war die zweite Maschine in einer
langen Reihe von guten Flugbooten, die
ihren Höhepunkt mit dem Typ H erlebte.
Dieses Flugzeug brachte derart hervorragende Leistungen, daß allein in Italien
982 Maschinen gebaut wurden. Dies
trotz stärkster nationaler Konkurrenz
durch die Macchi Flugboote. Die F.B.A.
C enthielt schon im Ansatz gute Eigenschaften, die später nur noch verbessert
werden mußten. Sie hatte die Form und
die Konstruktion vom Typ B übernommen; der Clerget-Motor war jedoch
stärker als der 100-PS-Gnôme des
Typs B. Der Typ C wurde von Frankreich, Italien und Rußland eingesetzt.
Seine See-Erkundungsflüge waren
hauptsächlich gegen U-Boote gerich-
tet, wobei sich allerdings die fehlende
Offensivbewaffnung nachteilig bemerkbar machte.

Flugzeug: F.B.A. C
Hersteller: Franco-British Aviation
Typ: Aufklärer
Jahr: 1915
Motor: 130-PS-Clerget-Rotationsmotor
Spannweite: 13,70 m
Länge: 8,79 m
Höhe: 3,40 m
Startgewicht: 940 kg
Höchstgeschwindigkeit: 110 km/h
  in Meereshöhe
Dienstgipfelhöhe: 3.500 m
Reichweite: 300 km
Bewaffnung: 1 MG
Besatzung: 2 Mann

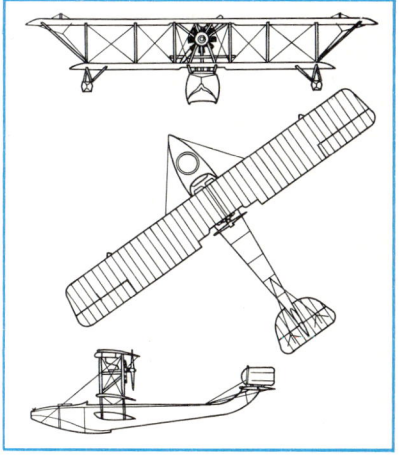

Nieuport 11/16
Nieuport 10/12

Aus einem ursprünglich für Geschwindigkeitswettbewerbe gedachten Entwurf wurde einer der erfolgreichsten Jäger des ganzen Krieges. An allen Fronten kam er zum Einsatz und die besten alliierten Flieger-Asse zeichneten sich in ihm aus. Die Nieuport 11, die wegen ihrer geringen Ausmaße schon bald den Namen »Bébé« erhielt, war 1914 von Gustave Delage für das Gordon-Bennett-Rennen entworfen worden. Das Rennen fand nicht mehr statt, doch die guten Flugeigenschaften der Maschine waren aufgefallen. England und Frankreich bestellten sie sofort als Jagdflugzeug. Die Militärversion kam im Sommer 1915 zu den Einheiten. Mit ih-

rer Schnelligkeit und Wendigkeit war die »Bébé« endlich das geeignete Gegenmittel für die bedrohlichen Fokker-Eindecker. Während der Schlacht von Verdun (Februar 1916), fügten die besten französischen Jagdpiloten wie Guynemer, De Rose und Nungesser mit der Nieuport 11 den Deutschen schwere Verluste zu. In Italien blieb die »Bébé« bis zum Sommer 1917 der Standard-Jäger; Macchi hatte 646 Maschinen in Lizenz gebaut. Die Nieuport 11 war eine direkte Weiterentwicklung des Modells 10, das Gustave Delage sofort nach seinem Eintritt in die Nieuport-Werke entworfen hatte. Der zweisitzige Doppeldecker mit Zugpropeller kam in zwei Versionen heraus: die Nie. 10 AV (mit dem Beobachter vor dem Piloten) und die Nie. 10 AR (mit dem Beobachter hinten). Die Nieuport 10 wurde 1915 in

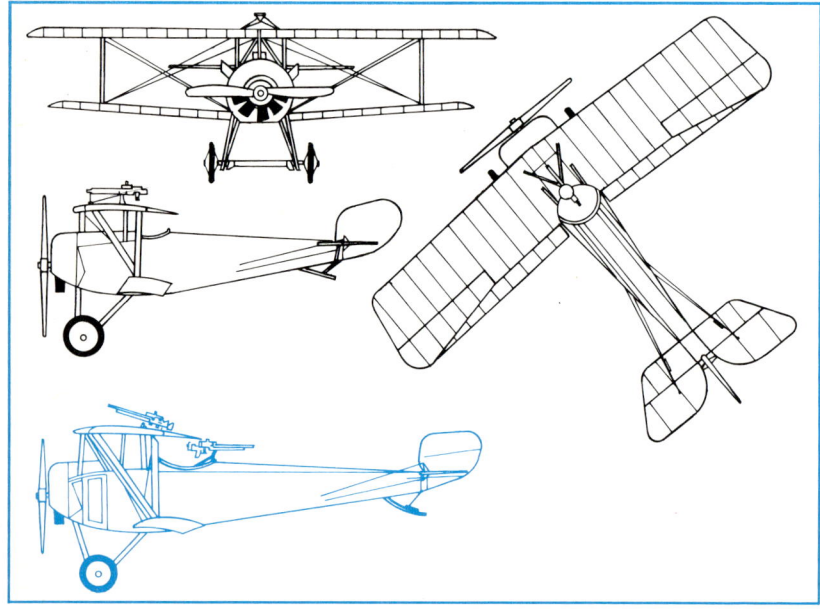

einen Einsitzer umgewandelt, indem
man den Vordersitz überdeckte und auf
dem oberen Flügel ein MG anbrachte. In
dieser Bauform wurde sie von Großbritannien, Belgien und Italien übernommen. Zusammen mit dem Typ 12 (der als
Aufklärer gedacht war) wurde sie in Not-
fällen als Jäger eingesetzt. Dann war
das einsitzige Modell 11, der erste »reine« Jäger von Delage, einsatzfähig.
Die Nieuport 11 war von den französischen, britischen, italienischen, belgischen, holländischen und russischen
Einheiten und auch von den ersten amerikanischen Freiwilligen mit großem Erfolg geflogen worden. 1916 wurde sie
von dem stärkeren Typ 16 abgelöst. Die
Nieuport 16 besaß einen 110-PS-Motor
und ein synchronisiertes MG, mit dem
durch den Propellerkreis geschossen
werden konnte. Diese neue Version, die
man zwischen den Flügeln auch mit Raketen vom Typ Le Prieur beladen konnte, blieb bis 1917 im Einsatz. In der Zwischenzeit wurde die »Bébé« erfolgreich
als Schulflugzeug eingesetzt.

Flugzeug: Nieuport 11 »Bébé«
Hersteller: Société Anonyme des
   Etablissements Nieuport
Typ: Jäger
Jahr: 1915
Motor: 80-PS-Le Rhône-9C
   Rotationsmotor
Spannweite: 7,55 m
Länge: 5,80 m
Höhe: 2,45 m
Startgewicht: 480 kg
Höchstgeschwindigkeit: 156 km/h
   in Meereshöhe
Dienstgipfelhöhe: 4.600 m
Max. Flugzeit: 2 Stunden und 30 Minuten
Bewaffnung: 1 MG
Besatzung: 1 Mann

Flugzeug: Nieuport 12
Hersteller: Société Anonyme des
   Etablissements Nieuport
Typ: Jäger
Jahr: 1915
Motor: 130-PS-Clerget-PB,
   Rotationsmotor
Spannweite: 9,03 m
Länge: 7,30 m
Höhe: 2,67 m
Startgewicht: 920 kg
Höchstgeschwindigkeit: 155 km/h
   in Meereshöhe
Dienstgipfelhöhe: 4.700 m
Max. Flugzeit: 2 Stunden und 45 Minuten
Bewaffnung: 1 oder 2 MGs
Besatzung: 1 oder 2 Mann

Bréguet Br.M5

Aus dem Wettbewerb vom Sommer 1915 der französischen Regierung ging im Oktober ein Doppeldecker mit Schubpropeller hervor, der eine eher konventionelle Konstruktion hatte. Dieses Projekt von Louis Bréguet war kein Neuentwurf, sondern eine Überarbeitung des Modells BU-3, das die französischen Luftstreitkräfte schon recht zahlreich eingeführt hatten. Bréguet hatte die Spannweite der Flügel erweitert, das Fahrwerk verstärkt und einige Details der Konstruktion verändert. Die französischen Behörden rüsteten fünf Bomberstaffeln mit dieser Maschine aus, die bis Anfang 1918 im Einsatz blieb. Die britischen Marineflieger setzten ungefähr 40 Maschinen dieses Typs ein, die von der Firma Graham-White in Lizenz gebaut worden waren.

Von der Bréguet Br.M5 existierten zwei Versionen, die 4B.2 und die 5Ca.2. Sie unterschieden sich vor allem durch die Bewaffnung, welche auf den jeweiligen Einsatz zugeschnitten war. Die erste war als reine Bomberversion gedacht, während die zweite den Begleitschutz übernehmen sollte. Die Bréguet 4B.2 hatte vorne im Rumpf ein MG, vom Typ Lewis oder Hotchkiss. Es wurde vom Beobachter bedient und hatte an den unteren Flügeln Bombenaufhängungen vom Typ Michelin. Die maximale Bombenzuladung lag bei 40 Bomben von je 7 kg. Die Bréguet 5Ca.2, als Begleitflugzeug, erhielt ursprünglich eine Hotchkiss-Kanone von 37 mm, die wie beim Voisin Doppeldecker am Rande der Gondel angebracht wurde; außerdem hatte sie noch ein nach hinten schießendes MG. Die Kanone erwies sich auch hier – wie schon bei den Voisin 4 und 5 – als völlig unzureichend für den Luftkampf und wurde wieder durch ein MG ersetzt. Die schweren Waffen waren einfach nicht präzise genug.

Die Bréguet wurde anfänglich als Tagesbomber eingesetzt. Obwohl die Zuladung und die Reichweite voll befriedigten, war die Maschine für einen Ta-

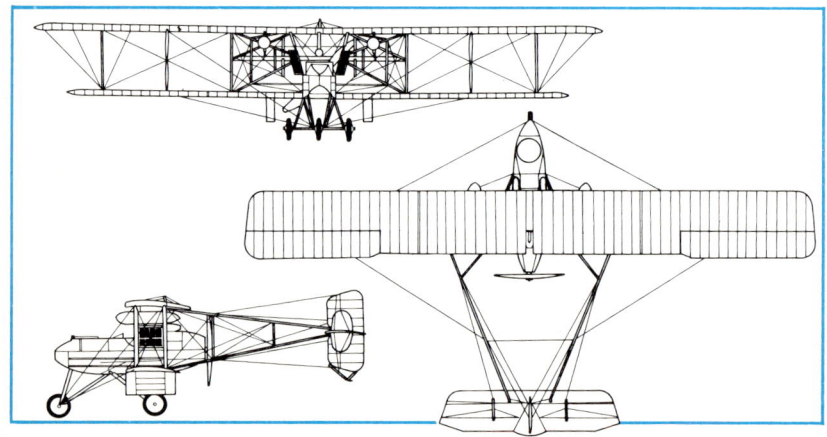

gesangriff zu langsam und zu schwerfällig. Bei voller Zuladung war auch der
Start oft mühsam. Nachdem im Oktober
1916 ein Angriff auf Oberndorf mit ver-
heerenden Verlusten für die Bomber
geendet hatte, wurde die Bréguet nur
noch für Nachtflüge eingesetzt. Aber
auch in dieser Funktion war die Maschine nur ein Notbehelf. Durch die un-
günstige Position des Beobachters war
die Sicht nach vorne praktisch ganz ver-
sperrt. Meistens mußte der Beobachter
den Piloten wie bei einem Blindflug lenken und einweisen. Trotz dieser Nachteile konnte die Bréguet zahlreiche Einsätze mit Erfolg beenden, wobei sie aber
meistens bis an die Grenze ihrer Reichweite gehen mußte.

Flugzeug: Bréguet Br.M5
Hersteller: Louis Bréguet
Typ: Bomber
Jahr: 1915
Motor: flüssigkeitsgekühlter 220-PS-
   Renault-V-Motor
Spannweite: 17,60 m
Länge: 9,90 m
Höhe: 3,89 m
Startgewicht: 1.921 kg
Höchstgeschwindigkeit: 142 km/h
   in Meereshöhe
Dienstgipfelhöhe: 4.300 m
Reichweite: 700 km
Bewaffnung: 1oder 2 MGs;
   ungefähr 300 kg Bomben
Besatzung: 2 Mann

Farman F.40

Die Farman-Bomber der Serie 40 blieben ein Jahr lang im Fronteinsatz, bevor sie als Nachtbomber eingesetzt wurden. Im letzten Kriegsjahr wurden sie ganz zurückgezogen und als Schulflugzeuge genutzt. Es waren die ersten Maschinen, die Henri und Maurice Farman gemeinsam entworfen hatten. Das Resultat fiel nicht gerade überzeugend aus. Mit einem einzigen Lewis-MG war es allzu schwach bewaffnet und die Zuladung war auch sehr gering. Von dem Grundmodell F.40 wurden fünf weitere Versionen entwickelt: die F.41, F.46, F.56, F.60 und F.61. Sie hatten zwar verschiedene Ausmaße und Motore, entsprachen aber alle der Grundform des Doppeldeckers mit Schubpropeller. Die französischen und belgischen Luftstreitkräfte setzten die Farman F.40 als Aufklärer und leichte Bomber ein.

Flugzeug: Farman F.40
Hersteller: Farman Frères
Typ: Aufklärer/leichter Bomber
Jahr: 1915
Motor: flüssigkeitsgekühlter 160-PS-Renault-V-Motor
Spannweite: 17,62 m
Länge: 9,24 m
Höhe: 3,89 m
Startgewicht: 1.120 kg
Höchstgeschwindigkeit: 135 km/h in 2.000 m Höhe
Dienstgipfelhöhe: 4.900 m
Max. Flugzeit: 2 Stunden und 20 Minuten
Bewaffnung: 1 MG; 50 kg Bomben
Besatzung: 2 Mann

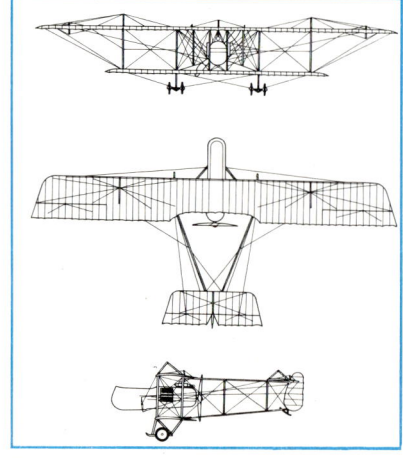

Voisin 8

Mit dem Modell 8 wollte Gabriel Voisin
an seine Erfolge von 1914 und 1915 anknüpfen. Von dieser Maschine wurden
immerhin 1.100 Stück gebaut und deren
Leistung ständig verbessert. Sie kam
Ende 1916 als Nachtbomber zu den Einheiten. Von Anfang an hatte die Voisin 8
einen schlechten Peugeot-Motor, der
einige Fehler aufwies. Schließlich griff
man zu einem 300-PS-Renault-Motor.
Der Typ 10 wurde entwickelt, welcher
neben mehreren Verbesserungen in der
Konstruktion eine größere Geschwindigkeit und die doppelte Zuladung hatte. Von der Voisin 8 existierte auch noch
eine Version mit Kanone. Man hatte hier
dem Beispiel der Bréguet und der Voisin 4 und 5 folgen wollen; die Maschine
konnte jedoch nur als Erdkampfflugzeug eingesetzt werden.

Flugzeug: Voisin 8
Hersteller: Gabriel Voisin
Typ: Bomber
Jahr: 1916
Motor: flüssigkeitsgekühlter 220-PS-
  Peugeot, 8-Zylinder-Reihenmotor
Spannweite: 18,80 m
Länge: 11,02 m
Höhe: 3,50 m
Startgewicht: 1.860 kg
Höchstgeschwindigkeit: 132 km/h
  in Meereshöhe
Dienstgipfelhöhe: 4.300 m
Max. Flugzeit: 4 Stunden
Bewaffnung: 1 oder 2 MGs; 180 kg Bomben
Besatzung: 2 Mann

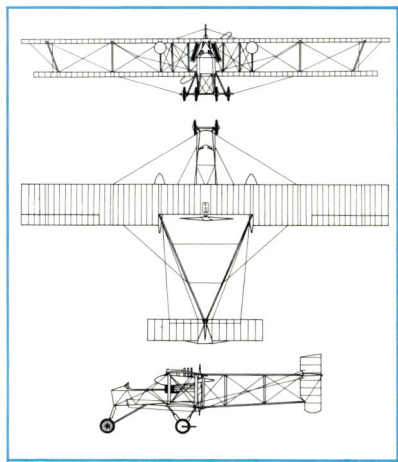

Spad S.VII

Mit der Spad Serie erreichten die Maschinen des I. Weltkriegs einen ersten technischen Höhepunkt. Die Typen S.VII und S.XIII galten als die besten Jagdflugzeuge des Krieges. Auf ihnen vollbrachten Baracca, Ruffo, Fonck, Guynemer, Rickenbacker u. a. ihre fliegerischen Glanztaten. Der Erfolg der Spad war aber nicht nur dem Können des Konstrukteurs – jenes Louis Béchéreau, der 1912/13 die äußerst schnellen Deperdussin Eindecker gebaut hatte – zu verdanken. Der Schweizer Chefingenieur der Gesellschaft Hispano-Suiza, Marc Birkigt, schuf das »Herz« des neuen Jägers: er baute einen neuen 8-Zylinder-V-Motor, der die Leistungen der bis dahin üblichen Rotationsmotoren übertraf. Damit endete die Ära der Rotationsmotoren, welche an die Grenzen ihrer Entwicklungsmöglichkeiten gestoßen waren.

Louis Béchéreau hatte bei seiner Neukonstruktion immer die Leistung des »V-8« von Hispano-Suiza vor Augen.

Der Motor wurde von einer Haube aus Metall geschützt, die vorne von einem runden Frontkühler abgeschlossen wurde. Der Rahmen war aus Holz; der Rumpf war hinten mit Leinenstoff und vorne mit Aluminiumplatten verkleidet. Die Bewaffnung bestand aus einem Vikkers-MG, dessen Synchrongetriebe ebenfalls von Birkigt stammte. Die Spad S.VII hatte im April 1916 in Villacoublay ihren Erstflug und wurde von Béquet geflogen. Obwohl der 140-PS-Motor damals noch nicht leistungsgesteigert war, erreichte die Maschine schon eine Geschwindigkeit von 196 km/h und stieg in 15 Minuten auf 3.000 m. Die französischen Behörden bestellten sofort 268 Exemplare; aus dem Ausland kamen ebenfalls umfangreiche Export- und Lizenzaufträge.

Die erste Maschine wurde am 2. September ausgeliefert. In Frankreich allein wurden 5.600 Maschinen gebaut. Die Spad waren für Frankreich, Großbritannien, Belgien, Rußland und die USA die

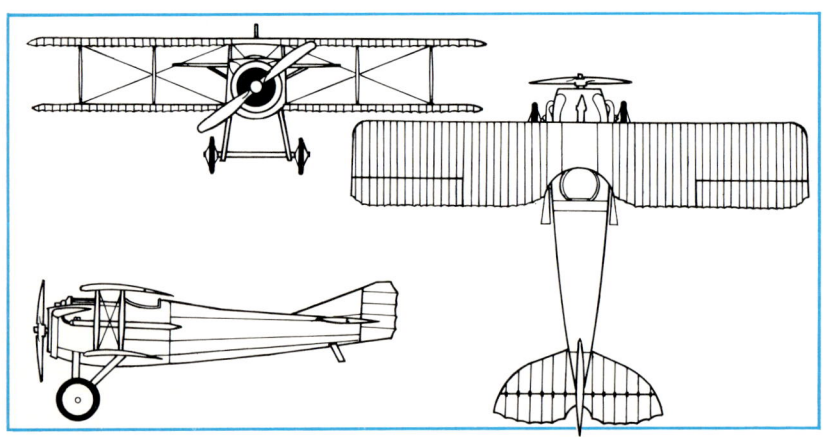

neue Kampfkraft, die sie gegen die übermächtigen deutschen Maschinen so dringend benötigten.

Die französischen Staffeln (darunter die berühmten »Störche«) behielten ihre S.VII bis Mitte 1917 im Einsatz. Danach wurden sie von den stärkeren und besser bewaffneten S.XIII abgelöst. Da die ersten S.VII in Italien erst im März 1917 eingetroffen waren, blieben sie auch noch nach Einführung der S.XIII im Einsatz. Frankreich lieferte 214 Maschinen, die vor allem in der Squadriglia 77 und in der Squadriglia 91 von Francesco Baracca eingesetzt wurden. Das große italienische Flieger-As errang am 13. Mai 1917 mit einer Spad seinen ersten Luftsieg über die österreichische Maschine Brandenburg. Am 21. Mai schoß Baracca erneut eine Brandenburg ab und erzielte damit seinen 12. Luftsieg. Die Spad S.VII war ohne Zweifel die Lieblingsmaschine von Baracca, der sie selbst der stärkeren S.XIII vorzog. Die Squadriglia 91 konnte mit dem französischen Jäger ihre größten Erfolge erringen. Sie schoß zu Beginn der österreichischen Offensive vom Oktober

Flugzeug: Spad S.VII
Hersteller: S.P.A.D.
Typ: Jäger
Jahr: 1916
Motor: flüssigkeitsgekühlter 150-PS-Hispa-no-Suiza 8 Aa, 8-Zylinder-V-Motor
Spannweite: 7,77 m
Länge: 6,13 m
Höhe: 2,33 m
Startgewicht: 703 kg
Höchstgeschwindigkeit: 191,5 km/h in 2.000 m Höhe
Dienstgipfelhöhe: 5.334 m
Max. Flugzeit: 2 Stunden und 15 Minuten
Bewaffnung: 1 MG
Besatzung: 1 Mann

1917, in nur 7 Tagen, 14 gegnerische Flugzeuge ab. Baracca siegte am 25. Oktober in fünf Luftkämpfen und brachte es bis zum 7. Dezember auf 30 Siege. Die Spad S.VII war den Brandenburg D.I und CC. insgesamt überlegen. Erst mit der Albatros D.III kam ein gleichwertiger Gegner auf.

Nieuport 17

Die Nieuport 17 war die Weiterentwicklung der »Bébé« von 1914. Sie war das am besten gelungene Projekt von Gustave Delage. Die Nieuport 17 war größer, stärker und besser bewaffnet als die »Bébé«. Bis zum Aufkommen der Spad S.VII war sie das eindeutig beste Jagdflugzeug der Alliierten. Da vor allem die Konstruktion des Modells 11 verbessert werden mußte, entwarf Delage eine neue Maschine. Bei der Zelle wurden vor allem Spannweite und Fläche vergrößert, sowie einige Änderungen in der Konstruktion vorgenommen. Der einholmige untere Flügel der »Bébé« war im Kurven- und Sturzflug sehr verwindungsanfällig gewesen. Delage verstärkte die gesamte Konstruktion und nahm einen größeren und widerstandsfähigeren Holm. Ursprünglich hatte die Nieuport 17 auf dem oberen Flügel ein Lewis-MG; diese Waffe wurde aber bald durch ein synchronisiertes Vickers MG ersetzt. Für den Luftkampf versuchte man mehrere Kombinationen: das Lewis-MG auf dem Flügel neben dem synchronisierten Vickers-MG oder sogar ein Zwillings-MG. Diese Variante kam aber nicht zum Erfolg, da sie die Flugleistungen allzu sehr belastete. Die Nieuport 17 kam im März 1916 zu den Fronteinheiten und löste dort schrittweise ihre Vorgängertypen ab. Die N.57 war die erste Staffel, die vollständig mit dem neuen Jäger ausgerüstet wurde. Danach folgten fünf weitere Staffeln, darunter auch die berühmten »Störche«. Großbritannien rüstete bis zum Frühjahr 1917 5 Staffeln des RFC und 8 des RNAS mit den neuen Maschinen aus. Die Nieuport 17 wurde außerdem noch von den Luftstreitkräften der Niederlande, Belgiens, Rußlands und Italiens geflogen. In Italien baute Macchi 150 Maschinen in Lizenz, von denen die ersten ab Oktober 1916 zu den Einheiten kamen. Im August 1917 waren noch 317 Jäger im Fronteinsatz.

Wegen der ausgezeichneten Flugleistungen wurde der Jäger Nieuport 17

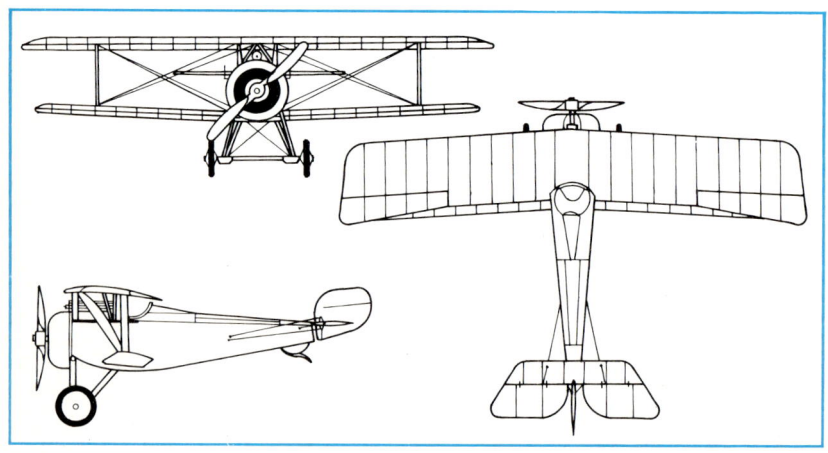

zum Lieblingsflugzeug der alliierten Flieger-Asse wie Ball und Bishop, Nungesser, Guynemer, Fonck und Navarre. Der Jäger stellte seine guten Eigenschaften während der heftigen Kämpfe an der Somme und am Isonzo unter Beweis. Hervorragend schlugen sie sich gegen die Fokker E, Halberstadt D.II und sogar gegen die Albatros D.I. Die Deutschen waren über diese Entwicklung besorgt. Sie wollten das Flugzeug von Delage mit Hilfe einiger Maschinen, die ihnen unversehrt in die Hände gefallen waren, kopieren. Diese deutsche Kopie wurde zwar gebaut (von Siemens-Schuckert), kam aber nicht mehr zum Einsatz, da in der Zwischenzeit die stärkeren Versionen der Albatros herausgekommen waren.

Italien erlebte seine härteste Kriegsphase im Herbst 1917. In dieser Zeit leisteten die Nieuport 17 – und die »Bébé« – hervorragende Dienste als Begleit- und Abfangmaschinen. Die »Superbébé«, wie die Nieuport 17 in Italien hieß, wurde dann von den neuen Hanriot, Spad S.VII und S.XIII abgelöst.

Flugzeug: Nieuport 17
Hersteller: Société Anonyme des Etablissements Nieuport
Typ: Jäger
Jahr: 1916
Motor: 110-PS-Le Rhône-9J, Rotationsmotor
Spannweite: 8,17 m
Länge: 5,77 m
Höhe: 2,44 m
Startgewicht: 565 kg
Höchstgeschwindigkeit: 177 km/h in 2.000 m Höhe
Dienstgipfelhöhe: 5.300 m
Max. Flugzeit: 2 Stunden
Bewaffnung: 1 MG
Besatzung: 1 Mann

Dorand AR.1

Mit diesem Aufklärer wurden in den letzten Kriegsmonaten 18 Beobachtungsstaffeln in Frankreich und Italien ausgerüstet. Oberst Dorand, der damalige Direktor der Section Technique de l'Aéronautique in Chalais-Meudon, hatte bereits 1914 einen Doppeldecker, die DO,1, entworfen. Das neue Flugzeug AR.1 behielt die ursprüngliche Form – mit einem langen Rumpf und mit nach hinten verschobenen Tragfiächen – bei, erhielt aber einen stärkeren Motor. Die Flugerprobung der Dorand AR.1 wurde im September 1916 abgeschlossen und kam ab April 1917 zu den Beobachtungsstaffeln. Die stärkere Version AR.2 besaß einen 200-PS-Renault-Motor und Tragflächenkühler.

Flugzeug: Dorand AR.1
Hersteller: Section Technique de l'Aéronautique
Typ: Aufklärer/Schulflugzeug
Jahr: 1917
Motor: flüssigkeitsgekühlter 190-PS-Renault, 8-Zylinder-V-Motor
Spannweite: 13,29 m
Länge: 9,14 m
Höhe: 3,30 m
Startgewicht: 1.247 kg
Höchstgeschwindigkeit: 152 km/h
Dienstgipfelhöhe: 5.500 m
Max. Flugzeit: 3 Stunden
Bewaffnung: 2–3 MGs; 82 kg Bomben
Besatzung: 2 Mann

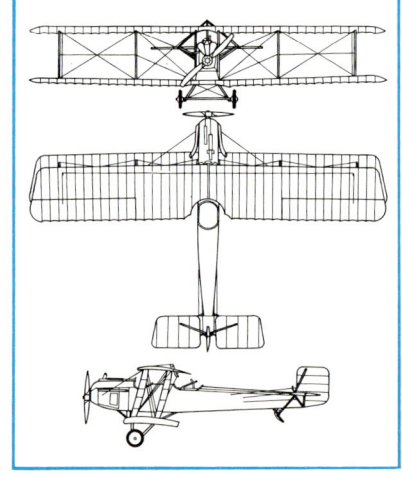

Morane-Saulnier Al

1917 brachten Robert und Léon Morane
zusammen mit Raymond Saulnier einen
Hochdecker mit rundlichem Rumpf
heraus, der aerodynamisch sehr mo-
dern ausgelegt war. Die Maschine war
im Kriegseinsatz nicht sehr erfolgreich.
Sie wurde aber in großer Stückzahl gefertigt (1.210) und bildete die Grundlage
für eine ganze Reihe von Jägern, die in
den Jahren 1918–1930 gebaut wurden.
Von dem Modell Al gab es drei Versionen: die MS.27C.1 mit einem MG, die
MS.29C.1 mit zwei MGs und die
MS.30E.1 für die Fortgeschrittenenaus-
bildung mit einem 120-PS-Motor. Die
Maschine kam im Januar 1918 an die
Front. Nach zwei Monaten wurde sie
wieder zurückgezogen und an die Flugschulen weitergegeben. Die Gründe für
diese Entscheidung sollen eine zu geringe Motorleistung und einige Schwächen der Konstruktion gewesen sein.

Flugzeug: Morane-Saulnier Al
Hersteller: Morane-Saulnier
Typ: Jäger
Jahr: 1917
Motor: 160-PS-Gnôme-Monosoupape-9N,
  Rotationsmotor
Spannweite: 8,50 m
Länge: 5,63 m
Höhe: 2,41 m
Startgewicht: 650 kg
Höchstgeschwindigkeit: 207,6 km/h
  in 2.000 m Höhe
Dienstgipfelhöhe: 7.000 m
Max. Flugzeit: 2 Stunden und 30 Minuten
Bewaffnung: 1–2 MGs
Besatzung: 1 Mann

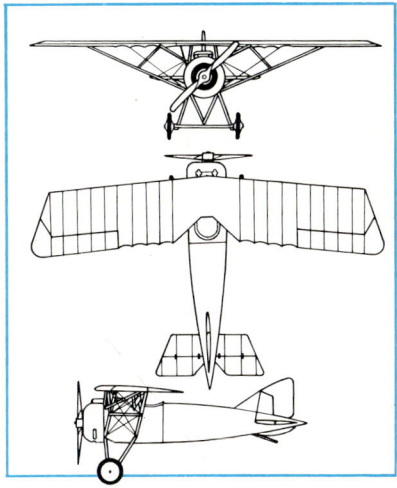

Hanriot HD.1

Pierre Dupont hatte die Hanriot HD.1 1916 entworfen. Zu dieser Zeit kamen jedoch in Frankreich so berühmte Jäger wie die verschiedenen Nieuport und Spad heraus. Die französischen Luftstreitkräfte wollten einheitliche Flugzeugtypen haben und lehnten deshalb den neuen Jäger ab. Die Maschine wurde aber von den Fronteinheiten zweier alliierter Nationen – Italien und Belgien – übernommen, welche sie mit großem Erfolg einsetzten.

Die HD.1 hatte eine sehr saubere Konstruktion. Die obere Tragfläche war V-förmig gebogen und leicht nach vorne verschoben. Der Rumpf war rechteckig, oben abgerundet und ging übergangslos in die Metall-Verschalung des Rotationsmotors über. Der Motor – ursprünglich ein Le-Rhône-9J von 110 PS – wurde ständig durch stärkere Typen ersetzt. Mit dem 170 PS starken Le-Rhône-9R hatte man eine endgültige Lösung gefunden. In der Zwischenzeit stagnierten die Standard-Motorstärken der Jäger bei 110–130 PS.

Die HD.1 war äußerst wendig und manövrierfähig. Diese Eigenschaften veranlaßten 1916 die italienischen Militärbehörden, diese Maschine als Standard-Flugzeug einzuführen. Die Macchi-Werke erhielten einen ersten Produktionsauftrag über 100 Maschinen. Die erste HD.1 kam im Sommer 1917 zu den Einheiten. Der sofortige Fronteinsatz bestätigte die hervorragenden Eigenschaften dieser Maschine. Sie war extrem robust und wendig, auch wenn sie den gegnerischen Brandenburg D.1 und Albatros an Schnelligkeit unterlegen blieb. Ihre Überlegenheit konnten die HD.1 in der Luftschlacht von Istrana am 26. Dezember 1917 beweisen, als die Hanriot der VI. Gruppe 11 deutsche Aufklärer abschossen, ohne einen einzigen Verlust zu erleiden. Macchi erhielt einen weiteren Auftrag über 1.700 Maschinen, von denen bis Kriegsende noch 831 gebaut wurden. Von den 18 Jagdstaffeln der italienischen Luftstreitkräfte waren 16 komplett mit HD.1 ausgerüstet. Von den Flieger-Assen

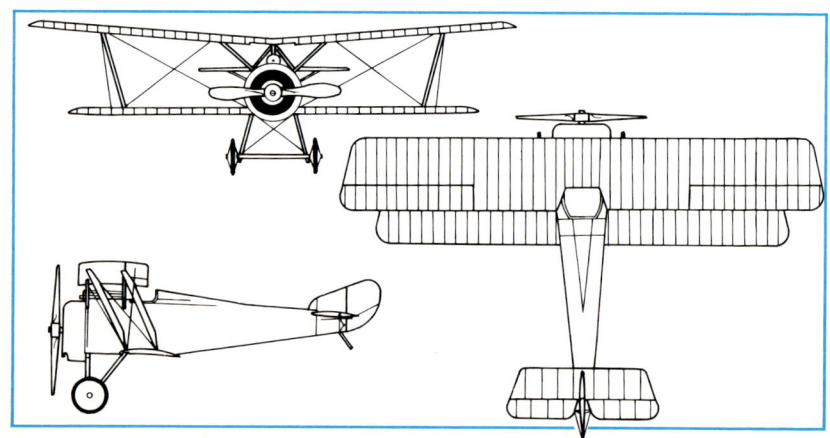

wurden vor allem Scaroni (26 Siege) und Baracchini (21 Siege) mit der HD.1 berühmt.

Mit der Hanriot HD.1 wurde auch eine neue Einheit der italienischen Marineflieger, die Squadriglia 241 ausgerüstet. Diese wurde Anfang 1918 aus gemischten Heeres- und Marineeinheiten gebildet, um den Marinestützpunkt Venedig gegen die häufigen österreichischen Angriffe zu verteidigen. Die zwölf Hanriot dieser Einheit flogen zahlreiche Geleitschutzeinsätze. Sie können als die ersten gemeinsamen Operationen zwischen Flotteneinheiten und Luftstreitkräften angesehen werden.

In Belgien wurde die Hanriot HD.1 ab August 1917 eingesetzt und blieb auch noch nach dem Kriege bis 1926 im Einsatz. Die belgischen Luftstreitkräfte waren von den Vorzügen der Maschine ebenfalls begeistert, und sie zogen sie sogar einem anderen berühmten Jäger vor: der britischen Sopwith Camel, die ihnen 1918 angeboten worden war. Das große belgische Flieger-As Willy Coppens de Houthulst errang die Mehrheit seiner 37 Siege mit einer HD.1.

Flugzeug: Hanriot HD.1
Hersteller: S.A. des Appareils d'Aviation Hanriot
Typ: Jäger
Jahr: 1917
Motor: 110-PS-Le Rhône-9J, Rotationsmotor
Spannweite: 8,68 m
Länge: 5,85 m
Höhe: 2,55 m
Startgewicht: 605 kg
Höchstgeschwindigkeit: 183 km/h in Meereshöhe
Dienstgipfelhöhe: 6.300 m
Max. Flugzeit: 2 Stunden und 30 Minuten
Bewaffnung: 1 MG
Besatzung: 1 Mann

Trotz der offiziellen Ablehnung wurde die HD.1 sogar von den französischen Streitkräften geflogen, und zwar als Bord-Jagdflugzeug bei einigen Einheiten der Kriegsmarine.

Bréguet Br.14

Das Modell 14 war eine der besten Maschinen von Louis Bréguet. Die Serienfertigung begann Anfang 1917. Bis zum Kriegsende wurden noch 5.500 Exemplare dieser Maschine gebaut. Nach dem Krieg ging die Fertigung bis 1926 weiter und erreichte die Rekordzahl von 8.000 Maschinen. Diese lange Einsatzdauer war auf die guten Leistungen der Maschine zurückzuführen. Louis Bréguet hatte mit zahlreichen technologischen Neuerungen — wie z. B. der ausgiebige Gebrauch von Duraluminium — aufgewartet. Da die Br.14 auch sehr vielseitig im Einsatz war, stellte sie in den beiden letzten Kriegsjahren eine echte Bereicherung des alliierten Waffenpotentials dar. Von den beiden Grundversionen — Br.14A2 als Aufklärer und Br.14B2 als Bomber — wurden mehrere Varianten als Nachtbomber, Ambulanzflugzeug und auch als Wasserflugzeug abgeleitet. Die außergewöhnliche Robustheit dieser Maschine ließ ihren Einsatz auch unter schwierigsten Bedingungen zu.

Der Prototyp der Bréguet 14 hatte am 21. November 1916 in Villacoublay mit Louis Bréguet am Steuerknüppel und seinem Mitarbeiter, Ingenieur Vuillerme auf dem Beobachtersitz, seinen Erstflug. Die Aufklärerversion ging zuerst in die Fertigung. Von ihr waren Anfang 1917 schon 508 Stück bestellt worden. Danach wurde der Bomberprototyp, Version Br.14B2, vorgestellt, von dem die französischen Behörden sofort eine größere Stückzahl bestellten. Bis zum Ende des Jahres hatten sich 2.000 Bestellungen angesammelt, die auf 6 Hersteller verteilt wurden. Die beiden Modelle unterschieden sich nur leicht voneinander. Bei der Bomberversion hatte die untere Tragfläche eine größere Spannweite, durchsichtige Seiten für den Beobachter, aerodynamische Bremsen auf den unteren Flügeln und Bombenhalterungen vom Typ Michelin. Die Bewaffnung war bei allen Varianten gleich: ein festes Vickers-MG für den Piloten und ein oder zwei bewegliche Lewis-MGs für den Beobachter. Die

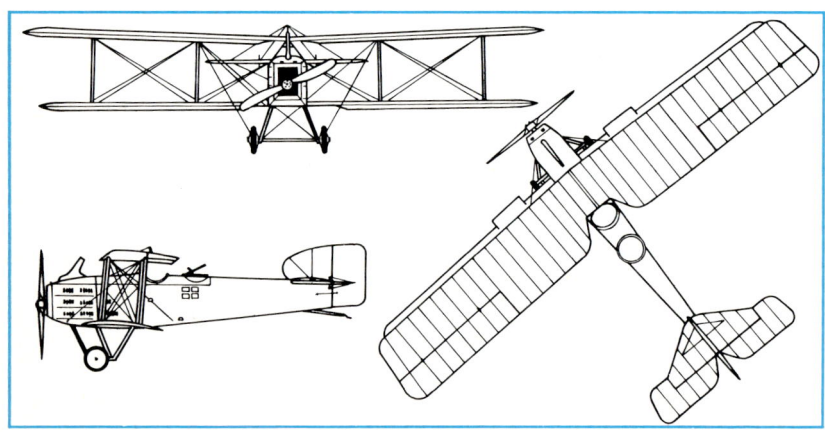

maximale Bombenzuladung konnte bis zu 300 kg betragen, lag aber gewöhnlich bei 32 Bomben von je 8 kg. Die beiden Versionen der Bréguet Br.14 kamen ab Sommer 1917 zum Einsatz. Bis zum Ende des Jahres waren 3 Aufklärer- und 6 Beobachterstaffeln der französischen Luftstreitkräfte damit ausgerüstet. Innerhalb eines Jahres wurden daraus 93 Einheiten, von denen 71 allein an der Westfront eingesetzt waren. Die übrigen flogen in Serbien, Griechenland, Marokko und Mazedonien. Das Flugzeug wurde auch von den belgischen Luftstreitkräften und der American Expeditionary Force übernommen, welche sich 1918 376 Maschinen beschafften. Während der langen Flugzeit wurde die Bréguet Br.14, neben ihrem Standardantrieb, dem 300-PS-Renault, mit verschiedenen Motoren ausgerüstet. Darunter waren der Renault 12K von 400 PS, die Fiat A.12 und A.12bis mit 300 und 400 PS, der Liberty 12 von 400 PS und der Lorraine-Dietrich von 370 PS. Eine der interessantesten Neuerungen war aber der 320 PS Spezial-Motor von Renault mit Vorverdichter. Dieser er-

Flugzeug: Bréguet Br.14B2
Hersteller: Louis Bréguet
Typ: Bomber
Jahr: 1917
Motor: flüssigkeitsgekühlter 300 -PS-
  Renault 12 FCX, 12-Zylinder-V-Motor
Spannweite: 14,36 m
Länge: 8,87 m
Höhe: 3,30 m
Startgewicht: 1.765 kg
Höchstgeschwindigkeit: 177 km/h
  in 2.000 m Höhe
Dienstgipfelhöhe: 5.800 m
Max. Flugzeit: 2 Stunden und 45 Minuten
Bewaffnung: 2–3 MGs; 300 kg Bomben
Besatzung: 2 Mann

hielt die Höchstleistung des Motors auch noch in 5.500 m Höhe aufrecht. Gegen Ende des Krieges erreichte die Maschine Geschwindigkeiten von 180 km/h in 7.000 m Höhe. Noch nach dem Kriege hatte die Bréguet 14 großen Anteil am Aufschwung der kommerziellen Luftfahrt. Die Br.14 führte in Europa die ersten Post- und Passagierflüge durch. Außerdem zeichnete sie sich noch bei einigen spektakulären Fernflügen aus. Hierunter sind vor allem die doppelte Überquerung des Mittelmeers (1.600 km) und der Flug von Paris nach Kenitra über 1.900 km zu nennen.

Spad S.XIII
Spad S.XI

Mit der Version XIII konnte Louis Béchéreau den Erfolg seiner Spad S.VII noch übertreffen. Das Flugzeug wurde 1916 entworfen, als stärkere Versionen des Hispano-Suiza-Motors auf den Markt kamen. Diese sollten mitentscheidend für den Erfolg der neuen Maschine werden. Die S.XIII hielt sich an die Formel ihrer Vorgängerin, war jedoch größer. Außerdem hatte sie noch verbesserte Quer- und Höhenruder und mit ihren beiden synchronisierten Vickers-MGs war sie auch sehr stark bewaffnet. Ihr Haupttrumpf war aber der 235-PS-Motor, der die guten Leistungen der S.VII noch zu steigern vermochte.

Der Erstflug des Prototypen fand am 4. April 1917 statt und die Maschine wurde sofort als Nachfolgerin für die Spad S.VII und die Nieuport der französischen Jägereinheiten angenommen. Die ersten Flugzeuge kamen Ende Mai zu den Einheiten und bald waren mehr als 80 Staffeln mit diesem Typ ausgerüstet. Er wurde von Flieger-Assen wie Fonck, Nungesser und Guynemer (der mit einer Spad S.XIII tödlich abstürzte) geflogen und trug maßgeblich zur endgültigen Luftüberlegenheit der Alliierten bei. Außerdem wurde die S.XIII noch von 16 amerikanischen, einer belgischen und einer britischen Staffel geflogen. Italien erhielt die neue Maschine im Verlaufe des Jahres 1918. Obwohl 11 Staffeln die S.XIII flogen, war man in Italien nicht sonderlich von ihr

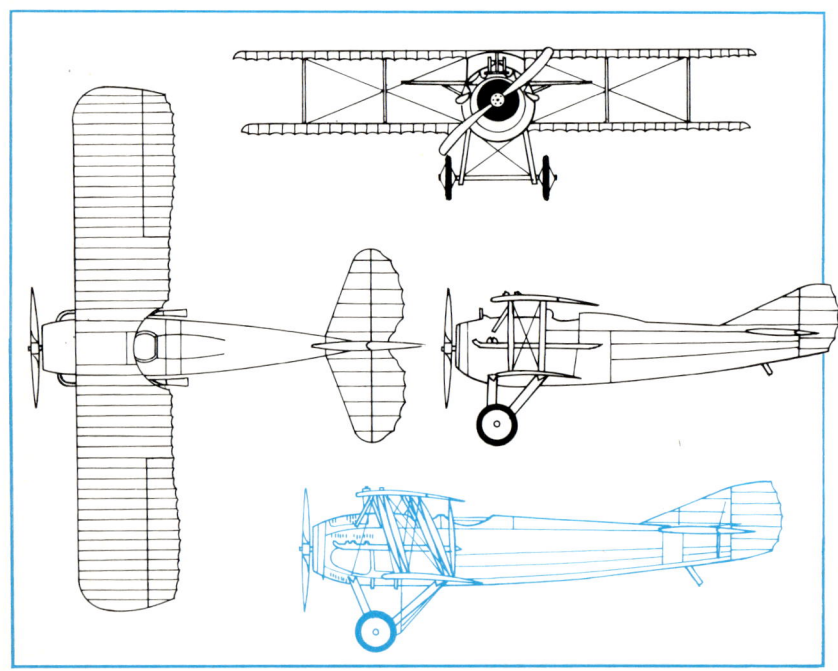

begeistert. Die italienischen Piloten gaben nämlich der wendigen Hanriot HD.1 den Vorzug. Die S.XIII bot zwar eine robuste Schießplattform, war aber dafür etwas schwerfällig und bei niedrigen Geschwindigkeiten schwer zu fliegen. Francesco Baracca blieb wohl aus diesen Gründen bei der S.VII. Von der S.XIII wurden insgesamt 8.472 Maschinen gebaut.

Louis Béchéreau hatte sich auch noch an einer zweisitzigen Version, der S.XI, versucht, die im September 1916 herauskam. Der Entwurf lehnte sich eng an die S.VII an, die zur gleichen Zeit vorgestellt wurde. Wegen des längeren Rumpfes waren die Tragflächen aber gepfeilt und gestaffelt. Die Spad S.XI wurde 1917 eingesetzt. Die Waffenzuladung mußte mit größter Umsicht verteilt werden und die Spad S.XI galt wegen des schlechten Motors und der ungünstigen Flugeigenschaften als schwer zu fliegende Maschine. Sie wurde im Juni 1918 aus den Fronteinheiten zurückgezogen.

Flugzeug: Spad S.XIII
Hersteller: S.P.A.D.
Typ: Jäger
Jahr: 1917
Motor: flüssigkeitsgekühlter 235-PS-Hispano-Suiza 8 Bec 8-Zylinder-V-Motor
Spannweite: 8,20 m
Länge: 6,30 m
Höhe: 2,42 m
Startgewicht: 820 kg
Höchstgeschwindigkeit: 222 km/h in 2.000 m Höhe
Dienstgipfelhöhe: 6.650 m
Max. Flugzeit: 2 Stunden
Bewaffnung: 2 MGs
Besatzung: 1 Mann

Flugzeug: Spad S.XI
Hersteller: S.P.A.D.
Typ: Aufklärer/leichter Bomber
Jahr: 1916
Motor: flüssigkeitsgekühlter 235-PS-Hispano-Suiza, 8-Zylinder-V-Motor
Spannweite: 11,23 m
Länge: 7,75 m
Höhe: 2,59 m
Startgewicht: 1.048 kg
Höchstgeschwindigkeit: 176 km/h in 2.000 m Höhe
Dienstgipfelhöhe: 7.000 m
Max. Flugzeit: 2 Stunden und 15 Minuten
Bewaffnung: 2–3 MGs; 70 kg Bomben
Besatzung: 2 Mann

Nieuport 28
Nieuport 27
Nieuport-Delage 29

Mit dem Typ 28 sagte Gustave Delage sich endgültig von der Formel los, die ihm mit den Typen 11 und 17 große Erfolge eingebracht hatte. Die großen Unterschiede lagen in der Tragfläche – der Anderthalb-Decker war verschwunden – und im Rumpf, der jetzt rund und ziemlich elegant war. Die Nieuport 28 hatte dafür einige Schwächen in der Konstruktion und einen absolut unzulänglichen Motor. Obwohl sie in Serie gegangen war, wurde sie von den französischen Luftstreitkräften nicht eingeführt. Die American Expeditionary Force suchte Ende 1917 verzweifelt nach Jägern, um ihre ersten Staffeln auszurüsten. Von den damaligen guten Typen konnte keiner in größeren Mengen geliefert werden, mit Ausnahme der Nieuport 28. Die Amerikaner bezogen 297 Maschinen, die sie noch während der letzten Kriegsmonate einsetzten.

Der Nieuport 28 waren noch die Typen 24 und 27 vorausgegangen, mit denen Delage das letzte aus der Formel herausholen wollte. Aber auch diese beiden Maschinen konnten zu dieser Zeit nicht mehr gegen die hervorragenden Spad, die gerade zu den Einheiten kamen, ankommen. Die Amerikaner beschafften auch davon 400 Maschinen als Schulflugzeuge.

Die Nieuport-Delage 29 kam für einen Kriegseinsatz zu spät. Der Jäger war wohl das eleganteste aller Delage-Produkte. Er stellte einen absoluten Bruch mit den übrigen Projekten des französischen Konstrukteurs dar. Delage ent-

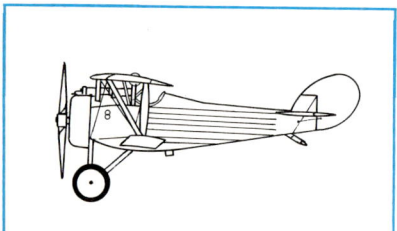

Flugzeug: Nieuport 27
Hersteller: Société Anonyme des Etablissements Nieuport
Typ: Jäger
Jahr: 1917
Motor: 120-PS-Le Rhône-9Jb, Rotationsmotor
Spannweite: 8,18 m
Länge: 6,35 m
Höhe: 2,43 m
Startgewicht: 585 kg
Höchstgeschwindigkeit: 187 km/h in Meereshöhe
Dienstgipfelhöhe: 5.550 m
Max. Flugzeit: 1 Stunden und 30 Minuten
Bewaffnung: 2 MGs
Besatzung: 1 Mann

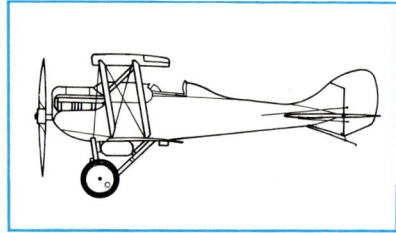

Flugzeug: Nieuport-Delage 29
Hersteller: Société Anonyme des Etablissements Nieuport
Typ: Jäger
Jahr: 1918
Motor: flüssigkeitsgekühlter 300-PS-Hispano-Suiza, 8-Zylinder-V-Motor
Spannweite: 9,75 m
Länge: 6,50 m
Höhe: 2,77 m
Startgewicht: 1.096 kg
Höchstgeschwindigkeit: 237 km/h in Meereshöhe
Dienstgipfelhöhe: 8.200 m
Reichweite: 480 km
Bewaffnung: 2 MGs
Besatzung: 1 Mann

schied sich für einen starken und »festen« Hispano-Suiza von 300 PS anstelle der damals üblichen Rotationsmotoren, was ihm den Bau eines ausgesprochen stromlinienförmigen Rumpfes ermöglichte. Das Flugzeug war sehr schnell und sehr wendig und einer der besten Jäger der 20er Jahre. Es würde von Frankreich, Belgien, Italien, der Schweiz und Japan eingeführt.

Flugzeug: Nieuport 28
Hersteller: Société Anonyme des Etablissements Nieuport
Typ: Jäger
Motor: 160-PS-Gnôme-Monosoupape-9N, Rotationsmotor
Spannweite: 8,15 m
Länge: 6,40 m
Höhe: 2,50 m
Startgewicht: 737 kg
Höchstgeschwindigkeit: 196,3 km/h in Meereshöhe
Dienstgipfelhöhe: 5.182 m
Max. Flugzeit: 1 Stunde und 30 Minuten
Bewaffnung: 2 MGs
Besatzung: 1 Mann

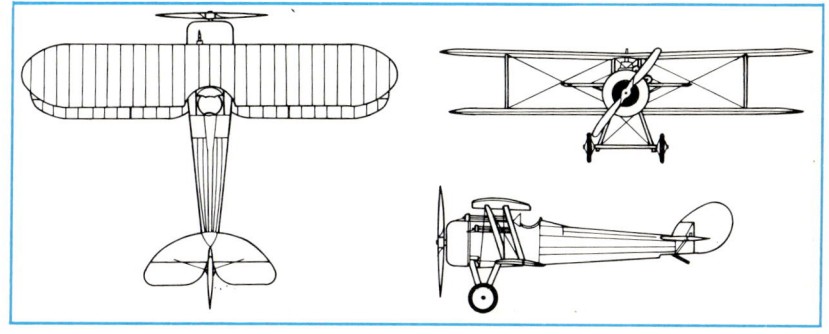

Salmson 2

Stark, vielseitig und gut bewaffnet; diese Eigenschaften machten aus der Salmson 2 einen der besten französischen Aufklärer der letzten Kriegsjahre. Die Société des Moteurs Salmson besaß die Fertigungsrechte für den neuen Sternmotor Canton-Unné, der 1917 in die Salmson 2 eingebaut wurde. Es war ein Flugzeug mit runden Formen und einer Metallverschalung für den Sternmotor. Die Salmson 2 wurde zusammen mit der Bréguet 14 und der Spad S.XI abgenommen, und sie kam Anfang 1918 zu den Einheiten. Sie wurde von 24 französischen und 11 amerikanischen Staffeln eingesetzt. Insgesamt wurden 3.200 Maschinen gebaut, von denen die Amerikaner 705 übernahmen. Wegen ihrer Vielseitigkeit konnte die Maschine auch als Tagbomber oder Erdkampfflugzeug eingesetzt werden. Leutnant W. P. Erwin von der 1. Staffel der A.E.F. schoß mit einer Salmson 2 bei einem Luftgefecht acht Gegner ab.

Flugzeug: Salmson 2
Hersteller: Société des Moteurs Salmson
Typ: Aufklärer
Jahr: 1918
Motor: flüssigkeitsgekühlter 260-PS-Salmson (Canton-Unné), 9-Zylinder-Sternmotor
Spannweite: 11,80 m
Länge: 8,50 m
Höhe: 2,90 m
Startgewicht: 1.269 kg
Höchstgeschwindigkeit: 185 km/h in 2.000 m Höhe
Dienstgipfelhöhe: 6.250 m
Max. Flugzeit: 3 Stunden
Bewaffnung: 2–3 MGs
Besatzung: 2 Mann

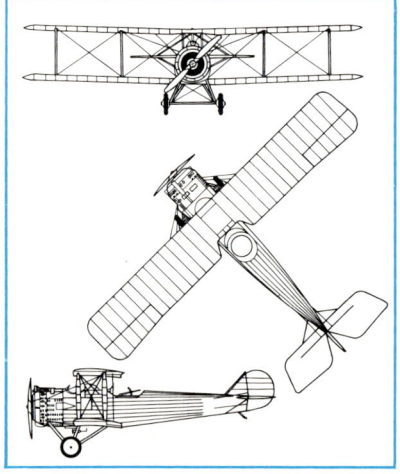

Caudron R.11

Die R.11 war das letzte Modell in der von
René Caudron entworfenen Bomber-
reihe. Die R.11 sollte das Modell R.4 ablösen, das wegen seiner schwachen
Flugleistungen und geringen Zula-
dungsmöglichkeit zurückgezogen werden mußte. Die R.11 war kleiner und
leichter als ihre Vorgängerin, dafür besaß sie zwei stärkere Motoren. Das
Flugzeug war ausdrücklich für nächtliche Bombenflüge konzipiert worden. Es
kam jedoch erst im April 1918 zum Einsatz. Weil es den Erfordernissen dieser
Kriegsphase nicht mehr gewachsen
war, wurde es als Begleitflugzeug eingesetzt. Die ohnehin schon beeindruk-
kende Bewaffnung wurde zu dieser Zeit
noch durch ein fünftes MG verstärkt.
Acht Staffeln flogen die Caudron R.11
bis zum Ende des Krieges und sie nahm
an allen Kämpfen dieser entscheidenden Phase teil.

Flugzeug: Caudron R.11
Hersteller: Caudron Frères
Typ: Bomber
Jahr: 1918
Motor: flüssigkeitsgekühlter 220-PS-
Hispano-Suiza-8B, V-Motor
Spannweite: 17,90 m
Länge: 11,25 m
Höhe: 3 m
Startgewicht: 2.165 kg
Höchstgeschwindigkeit: 183 km/h
in 2.000 m Höhe
Dienstgipfelhöhe: 5.950 m
Max. Flugzeit: 3 Stunden
Bewaffnung: 5 MGs; 120 kg Bomben
Besatzung: 3 Mann

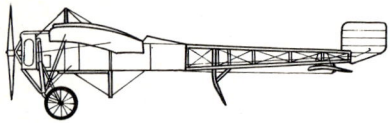

1914 Blériot XI. Spannweite: 10,35 m. Länge: 8,50 m. Höchstgeschwindigkeit: 106 km/h. Motor: 70-PS-Gnôme-7A, Rotationsmotor. Diese Weiterentwicklung des Eindeckers, mit dem Louis Blériot zum erstenmal den Ärmelkanal überquert hatte, war das erste Militärflugzeug der Welt. Die Blériot XI war während des ersten Kriegsjahres als Aufklärer stark verbreitet und wurde von 21 französischen, britischen und italienischen Staffeln geflogen. Von den fünf Versionen wurden insgesamt 132 Maschinen gebaut.

1914 Bréguet 1914. Spannweite: 13,51 m. Länge: 8,53 m. Höchstgeschwindigkeit: 109 km/h. Motor: 130-PS-Canton-Unné-Sternmotor. Eine Weiterentwicklung des von Louis Bréguet 1912 entwickelten Doppeldeckers, die in den ersten Kriegsmonaten bei der Escadrille BR.17 im Elsaß eingesetzt wurde. Die Maschine erwies sich jedoch trotz ihres Hotchkiss-MG als ungeeignet und wurde im Oktober 1914 zurückgezogen.

1914 Deperdussin TT. Spannweite: 10,97 m. Länge: 7,92 m. Höchstgeschwindigkeit: 114 km/h. Motor: 80-PS-Gnôme-Rotationsmotor. Militärversion eines Deperdussin-Eindeckers aus der Vorkriegszeit. Die TT wurde sofort nach Ausbruch der Feindseligkeiten von den Escadrilles D.4 und D.6 eingesetzt. Ihre veraltete Konstruktion und der Mangel an Ersatzteilen verhinderten jedoch einen längeren Fronteinsatz.

1914 R.E.P. N. Spannweite: 10,97 m. Länge: 7,92 m. Höchstgeschwindigkeit: 116 km/h. Motor: 80-PS-Gnôme-Rotationsmotor. Die R.E.P. N. war die Militärversion des berühmten Eindeckers von Robert Esnault-Pelterie aus dem Jahre 1909. Sie wurde von zwei französischen Staffeln bis Anfang 1915 eingesetzt. Am 2. März gelang es dem Beobachter einer R.E.P., bei Lanevin eine Aviatik mit seinem Karabiner in Brand zu schießen.

1915 Morane-Saulnier BB. Spannweite: 8,66 m. Länge: 7,01 m. Höchstgeschwindigkeit: 146 km/h. Motor: 80-PS-Le Rhône, Rotationsmotor. Dieser Doppeldecker wurde nur an Großbritannien geliefert. Vier Staffeln des RFC und eine des RNAS flogen einzelne dieser Maschinen als Aufklärer, ohne daß sie vollständig mit diesem Typ ausgerüstet gewesen wären. Da sie den Kriegsbedürfnissen von 1916 in keiner Weise gerecht wurde, blieb die Stückzahl recht beschränkt.

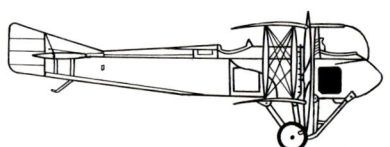

1915 Spad A.2. Spannweite: 9,55 m. Länge: 7,29 m. Höchstgeschwindigkeit: 130 km/h. Motor: 110-PS-Le Rhône, Rotationsmotor. Bevor man über die ersten Synchrongetriebe verfügte, versuchte man auf vielfältige Weise die Flugzeuge mit einem nach vorne schießenden MG auszurüsten. Der Beobachter saß, bei diesem Doppeldecker mit Zugpropeller, mit seiner Waffe in einer beweglichen Gondel vor dem Motor.

1916 Morane-Saulnier T. Spannweite: 17,65 m. Länge: 10,51 m. Höchstgeschwindigkeit: 137 km/h. Motor: zwei 80-PS-Le Rhône, Rotationsmotoren. Es war die erste zweimotorige Maschine von Morane-Saulnier. Dieses für 1914 sehr fortschrittliche Flugzeug ging erst 1916 in Serienfertigung, als es schon längst überholt war. Es wurden ungefähr hundert Maschinen gebaut, die als Aufklärer oder dreisitzige Beobachtungsmaschinen eingesetzt waren.

1916 Nieuport 14. Spannweite: 12,09 m. Länge: 7,87 m. Höchstgeschwindigkeit: 109 km/h. Motor: 150-PS-Hispano-Suiza. Dieser zweisitzige Doppeldecker kam 1916 in kleiner Stückzahl heraus und löste die Voisin-Typen ab, die für Tages-Bombenangriffe zu langsam waren. Der Einsatz dieser Maschine war jedoch von kurzer Dauer, denn sie wurde sofort nach dem Erscheinen der ersten Sopwith 1 1/2 Strutter abgelöst.

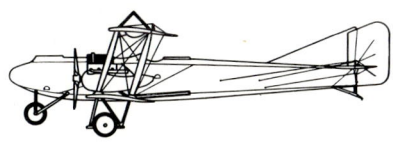

1917 Letord 4. Spannweite: 17,68 m. Länge: 11,30 m. Höchstgeschwindigkeit: 132 km/h. Motor: zwei 160-PS-Lorraine-Dietrich. Dieser Entwurf von Oberst Dorand aus dem Jahre 1917 sollte die Caudron R.4 ablösen und kam im April 1917 zu den Bombereinheiten. Die verschiedenen Versionen unterschieden sich vor allem durch ihre Motoren. Das Flugzeug bot jedoch keine außergewöhnlichen Leistungen und endete als Aufklärer.

1917 Salmson-Moineau SM.1. Spannweite: 17,47 m. Länge: 10,49 m. Höchstgeschwindigkeit: 130 km/h. Motor: 160-PS-Salmson-Fächermotor. Die Firma Salmson verwirklichte den Entwurf von Leutnant René Moineau. Dieser ungewöhnliche Aufklärer hatte einen Sternmotor, der über zwei Antriebswellen Propeller antrieb, die sich zwischen den Flügeln befanden. Von den insgesamt 10 Exemplaren wurden vier Ende 1917 kurzzeitig eingesetzt.

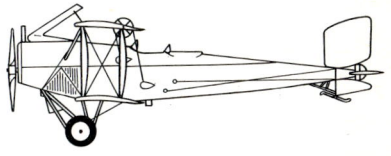

1917 Paul Schmitt 7. Spannweite: 17,65 m. Länge: 9,60 m. Höchstgeschwindigkeit: 135 km/h. Motor: 265-PS-Renault. Obwohl diese Maschine 1915 als Sieger aus einem militärischen Wettbewerb hervorgegangen war, kam sie erst Anfang 1917 zur Front. Der Fronteinsatz brachte aber sofort die Nachteile dieses veralteten Typs ans Licht: zu langsam, zu verletzlich und zu geringe Zuladung. Nach einigen Monaten wurden alle Maschinen zurückgezogen.

1918 Farman F.50. Spannweite: 22,86 m. Länge: 12,01 m. Höchstgeschwindigkeit: 151 km/h. Motor: zwei 250-PS-Lorraine-Dietrich. Von den in Frankreich im letzten Kriegsjahr entwickelten Bombern kam nur noch die Farman F.50 zum Einsatz. Sie hatte eine Bombenzuladung von 500 kg und löste in zwei Einheiten die Voisin-Nachtbomber ab. Der Waffenstillstand beendete ihren Einsatz.

Großbritannien

Fünf Tage nach der Kriegserklärung, am 9. August 1914, entsandte Großbritannien seine gesamten Luftstreitkräfte nach Frankreich: 63 Flugzeuge (B.E.2 und B.E.2a, Blériot XI, Henri Farman 20, B.E.8 und Avro 504), 105 Piloten und 755 Soldaten. Aus dieser Truppe sollte bald eine der größten Luftstreitmächte der Welt hervorgehen, die sich auf eine erstklassige Luftfahrtindustrie stützen konnte. Während der vier Kriegsjahre wurden in Großbritannien insgesamt 55.000 Flugzeuge gebaut, wobei man zeitweise bis zu 3.500 Maschinen im Monat fertigstellte. Hervorragende Konstrukteure wie Herbert Smith, Geoffrey de Havilland und Frank Barnwell entwarfen und bauten so berühmte Flugzeuge wie die D.H.2, S.E.5, Bristol Fighter, Sopwith Camel und Triplane und so starke Bomber wie die Handley-Page und Short Typen. Alle diese Maschinen brachten die Luftfahrttechnik entscheidend weiter und trugen maßgeblich zum Sieg der Alliierten bei. In Großbritannien hatte man schon während der Pionierzeit erkannt, daß die Flugzeuge auch militärisch genutzt werden konnten. Drei Artillerieoffiziere – L. D. L. Gibbs, J. D. B. Fulton und Bertram Dickson – versuchten als erste diese neue Anwendung des Flugzeugs. Sie waren an allen Versuchen und Experimenten ihrer Zeit beteiligt. 1910 wurde in Larkhill die erste Flugschule mit Hpt. Fulton als Fluglehrer gegründet. Am 28. Februar 1911 wurde das »Air Battalion of the Royal Engineers« gegründet, die erste Flugeinheit des Heeres. Zu dieser gehörten eine Ballonkompanie und fünf Flugzeugkompanien. Die Einheit sollte nur mit Aufklärungsaufgaben betraut werden.

Am 13. April 1912 wurde das Royal Flying Corps des Heeres gegründet. Es umfaßte Marineflieger (Naval Wing), Heeresflieger und eine Flugschule (Central Flying School). Zwei Jahre später entstand dann am 23. März 1914 der ebenfalls unabhängige Royal Naval Air Service der Marine. Höhepunkt dieser organisatorischen Entwicklung war der 1. April 1918, als R.F.C. und R.N.A.S. in der Royal Air Force (RAF) aufgingen. Der Gründung der RAF war am 17. August 1917 ein entsprechender Vorschlag von General Jan Christian Smuts an das Kriegskabinett vorausgegangen. Am 29. November wurde dieser durch königlichen Beschluß angenommen. Großbritannien war mit seinen Luftstreitkräften an allen Fronten vertreten.

Von der Westfront über Italien, Mazedonien und die Ägäis, bis hin zum Vorderen Orient. Die Erfahrungen des Krieges brachten auch starke Änderungen in der Kampftaktik mit sich. So kam man schon bald von den Einzelflügen der »Scouts« der Jahre 1914 und 1915 wieder ab. Es wurden Aufklärungseinheiten aufgestellt, die mit ihren Formationsflügen alle Aufklärungsaufgaben bei Tage wahrnahmen. Großbritannien hatte auch die erste Einheit, die ausschließlich mit einem Flugzeugtyp ausgerüstet war. Es war die Squadron N.11 des RFC mit ihren Vickers F.B.5, die am 25. Juli 1915 in Frankreich in Aktion trat.

Im Verlauf des Krieges wechselte die Luftherrschaft mehrere Male von einem Gegner zum anderen. Die britischen Luftstreitkräfte waren nicht immer in der Lage, dem feindlichen Druck standzuhalten, und sie mußten vorübergehend auf ausländische Maschinen zurückgreifen. So z. B. zur Zeit der Fokker-Maschinen, als die Nieuport 11 und 17 aus der Klemme halfen. Oder die Spad-Jäger, die kurz vor dem Erscheinen der besten britischen Kampfflugzeuge eingesetzt wurden. 1917 kamen dann die Sopwith Triplane und Camel sowie die S.E.5 heraus. Die beiden letztgenannten Typen waren die besten britischen Kampfflugzeuge des Krieges und sie trugen entscheidend zu dem Ruhm mehrerer Flieger-Asse bei. So wurden z. B. die Landflugzeuge Sopwith Triplane und Camel auch von den Luftstreitkräften der Marine eingesetzt. Zwischen dem RFC und dem RNAS bestand eine sehr starke Rivalität, der erst durch die Gründung der RAF ein Ende gesetzt wurde. Daneben setzte der RNAS noch zwei weitere gute Sopwith Jäger ein, die Pup und die 1$\frac{1}{2}$ Strutter.

Bei Kriegsende hatte Großbritannien 532 Flieger-Asse, die alle eine stattliche Abschußzahl vorzuweisen hatten. An der Spitze lag Edward Mannock mit 73 Abschüssen, gefolgt von William Bishop mit 72 Siegen. Danach kam der Kanadier Raymond Collishaw, der mit seiner Sopwith Triplane 60 Siege errang. James McCudden brachte es auf 57 Abschüsse. Albert Ball stürzte am 7. Mai 1917 mit seiner S.E.5 bei Lens tödlich ab, nachdem er es in seiner kurzen Karriere auf 44 Siege gebracht hatte. Danach folgten neun Piloten mit mehr als 40 Siegen, elf mit mehr als 30, vierzig mit 20 bis 30 Siegen und 103 Piloten mit 10 bis 20 Abschüssen.

Das Zeichen der Royal Air Force

Avro 504 A
Avro 504 K

Die Avro 504 wurde eines der bekanntesten englischen Flugzeuge. Sie wurde als Schulflugzeug, Jäger, Aufklärer, Bomber und Nachtjäger eingesetzt. Obwohl der Entwurf schon aus dem Jahre 1913 stammte, überstand die Maschine mit ihren verschiedenen Versionen den gesamten Krieg. Danach, als Schulflugzeug für Anfänger, war sie bis in die 30er Jahre erfolgreich. Es wurden mehr als 10.000 Maschinen gebaut, von denen einige noch bei Ausbruch des II. Weltkriegs im Einsatz waren.

Alliott Verdon Roe konstruierte die Avro 504 Anfang 1913. Sie schaffte auf Anhieb eine Geschwindigkeit von 130,2 km/h und stellte mit 4.395 m einen neuen Höhenrekord auf. Zu Beginn des Krieges setzten RFC und RNAS die ersten Maschinen als Aufklärer und als leichte Bomber ein. Eine dieser Maschinen wurde als erstes englisches Flugzeug abgeschossen. Die ständige Bedrohung durch die deutschen Zeppeline brachte zwei neue Versionen hervor, die 504 C und 504 D, wobei aus der 504 ein Jäger gemacht werden sollte.

Nach zahlreichen Umrüstungen, stellte man dann doch fest, daß die Avro 504 als Kampfflugzeug überholt war. Die Produktion wurde dennoch nicht eingestellt. 1916 kam eine besondere Version als Schulflugzeug heraus – die 504 J. Mit dieser neuen Version wurden die er-

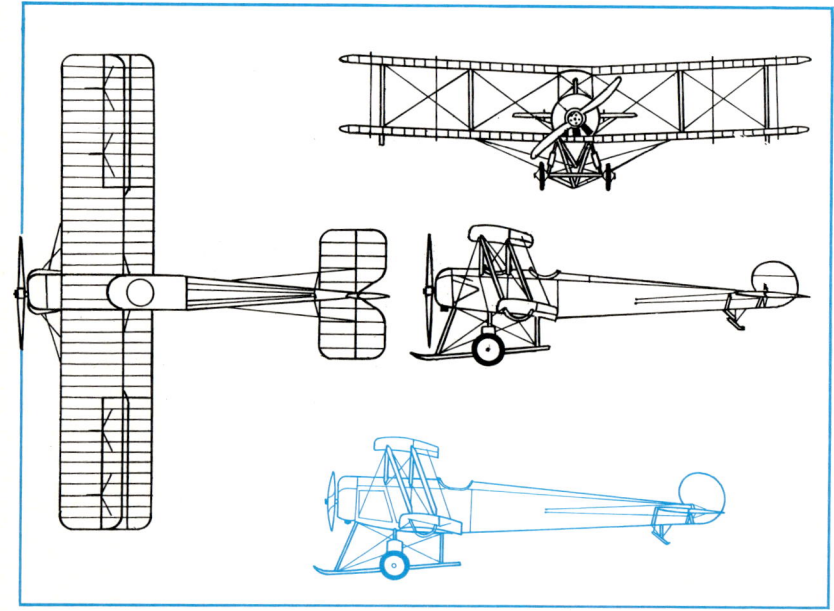

sten Flugschulen des RFC ausgerüstet.
Die 504 J wurde ein großer Erfolg. Da
während des Krieges immer neue Motoren herauskamen, brachte Roe die Version 504 K heraus. Sie verfügte über
eine Motorenbefestigung, welche alle
gängigen Rotationsmotoren aufnehmen konnte.

Die Avro 504 K wurde auch wieder als
Kampfflugzeug umgerüstet. Als Anfang
1918 die Zeppelin-Angriffe auf Großbritannien immer bedrohlicher wurden,
wandelte man das zweisitzige Schulflugzeug in einen einsitzigen Nachtjäger
um, wie bei den 504 C und 504 D: das
vordere Cockpit wurde überdeckt und
ein Lewis-MG auf der oberen Tragfläche
angebracht. 1918 wurden sechs Hei-
matverteidigungsstaffeln mit der Avro
504 K ausgerüstet. Beim Waffenstillstand flogen noch fünf Einheiten diese
Maschine.

Flugzeug: Avro 504 A
Hersteller: A. V. Roe und Co.
Typ: Aufklärer/leichter Bomber
Jahr: 1914
Motor: 80-PS-Gnôme-Rotationsmotor
Spannweite: 10,97 m
Länge: 8,97 m
Höhe: 3,18 m
Startgewicht: 713 kg
Höchstgeschwindigkeit: 132 km/h
Dienstgipfelhöhe: 3.950 m
Max. Flugzeit: 3 Stunden
Bewaffnung: 1 MG; 45 kg Bomben
Besatzung: 2 Mann

Flugzeug: Avro 504 K
Hersteller: A. V. Roe und Co.
Typ: Nachtjäger
Jahr: 1918
Motor: 110-PS-Le Rhône, Rotationsmotor
Spannweite: 10,97 m
Länge: 8,97 m
Höhe: 3,18 m
Startgewicht: 828 kg
Höchstgeschwindigkeit: 144,8 km/h
  in Meereshöhe
Dienstgipfelhöhe: 4.877 m
Max. Flugzeit: ungefähr 3 Stunden
Bewaffnung: 1 MG
Besatzung: 1 Mann

R.A.F. B.E.2a
R.A.F. B.E.2c

Die Doppeldecker der Serie B.E., die ab 1912 von der Royal Aircraft Factory gebaut wurden, waren langsam, schwach bewaffnet und nicht sonderlich wendig. In den ersten Kriegsjahren waren sie ihren direkten Gegnern meistens unterlegen. Das erste Victoria-Kreuz (der höchste britische Militärorden) der Luftstreitkräfte wurde 1915 an den Piloten einer B.E., Lt. W. B. Rhodes-Moorhouse, verliehen. Er hatte am 26. April, trotz schwerster Verwundungen, seine Maschine von einem Bombenangriff auf Courtrai nach Hause geflogen. Die B.E.2a kamen am 13. August 1914 auch als erste britische Maschinen nach Frankreich.

Die B.E.-Serie wurde von der B.E.1 von Geoffrey de Havilland und F. M. Green angeführt. Der Erstflug war am 1. Januar 1912. Einen Monat später kam schon die verbesserte Version B.E.2 heraus, die den direkten Konkurrenten überlegen war. Die Maschine stellte mit 3.218,7 m einen neuen britischen Höhenrekord auf. Zu Beginn des Krieges waren drei Staffeln schon einige Monate lang mit der Version B.E.2a ausgerüstet. Sie war vor allem in der Verkleidung und der Treibstoffzufuhr verbessert worden. Diese Maschine wurde für Aufklärungs- oder Bombenflüge genutzt, wobei eine 45 kg-Bombe oder drei kleinere Bomben mitgeführt werden konnten. Die B.E. hatten jedoch kein MG und sie waren in Frankreich den starken und wendigen deutschen Jägern unterlegen. Bei den schwachen Flugleistungen der Ma-

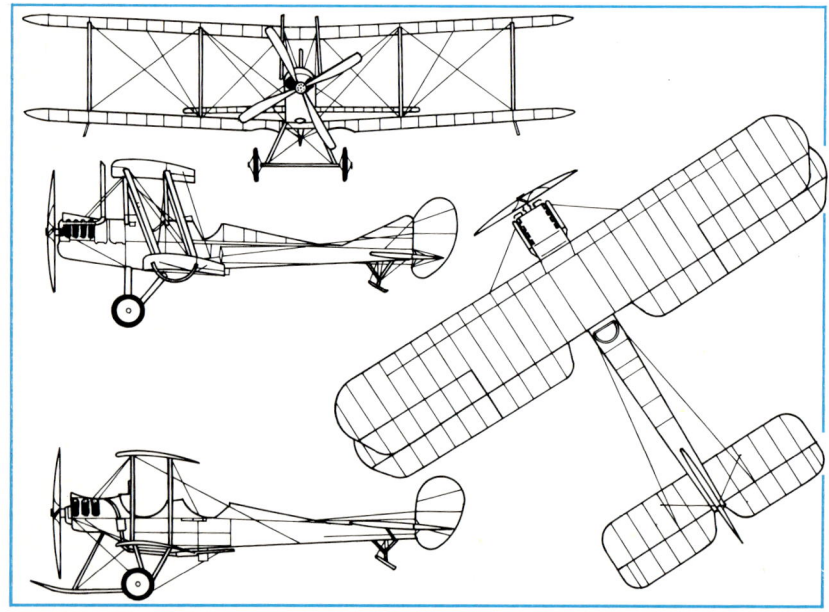

schinen und ihrer geringen Steiggeschwindigkeit galt sie von vornherein
meistens als Verlierer.

Diese Lage konnte erst 1914 mit der
Version B.E.c verbessert werden. Bei
dieser neuen Maschine waren die
Schwächen der Vorgängerinnen verschwunden; sie war wendiger und auch
stärker bewaffnet. Die Zuladung war erhöht worden, während die Geschwindigkeit erneut der wunde Punkt blieb.
Die Royal Aircraft Factory entwickelte
dann jedoch einen Motor, der stärker
war als die Renault-Triebwerke. Die
Zelle wurde neu konstruiert und mit
besseren Querrudern versehen. Die
B.E.2c kam Ende 1914 nach Frankreich
an die Front und wurde von einem Geschwader des RNAS und von 12 Staffeln
des RFC geflogen. Aber auch diese Version wurde bald wieder von ihren Gegnern übertrumpft. Sie blieb dennoch –
erstaunlicherweise – bis 1917 im Einsatz, bevor sie zu den Flugschulen und
den Heimatschutzverbänden kam.

Flugzeug: R.A.F. B.E.2c
Hersteller: Royal Aircraft Factory
Typ: Aufklärer/leichter Bomber
Jahr: 1914
Motor: luftgekühlter 90-PS-R.A.F.,
    8-Zylinder-V-Motor
Spannweite: 11,28 m
Länge: 8,31 m
Höhe: 3,38 m
Startgewicht: 972 kg
Höchstgeschwindigkeit: ungefähr 116 km/h
    in 1.980 m Höhe
Dienstgipfelhöhe: 3.048 m
Max. Flugzeit: 3 Stunden und 15 Minuten
Bewaffnung: 1 MG; 102 kg Bomben
Besatzung: 2 Mann

Flugzeug: R.A.F. B.E.2a
Hersteller: Royal Aircraft Factory
Typ: Aufklärer/leichter Bomber
Jahr: 1913
Motor: luftgekühlter 70-PS-Renault,
    8-Zylinder-V-Motor
Spannweite: 10,68 m
Länge: 9 m
Höhe: 3,10 m
Startgewicht: 726 kg
Höchstgeschwindigkeit: ungefähr 112 km/h
    in Meereshöhe
Dienstgipfelhöhe: 3.048 m
Max. Flugzeit: ungefähr 3 Stunden
Bewaffnung: 45 kg Bomben
Besatzung: 2 Mann

Vickers F.B.5

Die Vickers F.B.5, die wegen der vorge-schobenen Position ihres MG »Gun-bus« genannt wurde, war die Maschine, mit der die erste reine Jagdstaffel der Briten ausgerüstet wurde. Die Formel des Doppeldeckers mit Schubpropeller und der Besatzung in einer Art Gondel mit MG, war schon 1913 von Vickers entwickelt worden. Der Doppeldecker Typ 18 war bei der Olympia Air Show vorgestellt worden. Sie wurde dann mit Hilfe von zwei Versuchsversionen stän-dig verbessert und führte 1915 zur F.B.5. Die ersten Maschinen kamen gegen Ende des Jahres zu den Einheiten und wurden im Sommer 1915 an der West-front eingesetzt. Die F.B.5 war einige Monate lang hervorragend. Dann kam aber die wendige und besser bewaffnete Fokker heraus, die die Grenzen des bri-tischen Jägers zeigten: ungenügende Geschwindigkeit und Wendigkeit und eine allzu schwache Bewaffnung.

Flugzeug: Vickers F.B.5
Hersteller: Ltd. Vickers
Typ: Jäger
Jahr: 1914
Motor: 100-PS-Gnôme-Monosoupape, Rotationsmotor
Spannweite: 11,13 m
Länge: 8,28 m
Höhe: 3,50 m
Startgewicht: 930 kg
Höchstgeschwindigkeit: ungefähr 113 km/h in 1.524 m Höhe
Dienstgipfelhöhe: 2.743 m
Max. Flugzeit: 4 Stunden
Bewaffnung: 1–2 MGs
Besatzung: 2 Mann

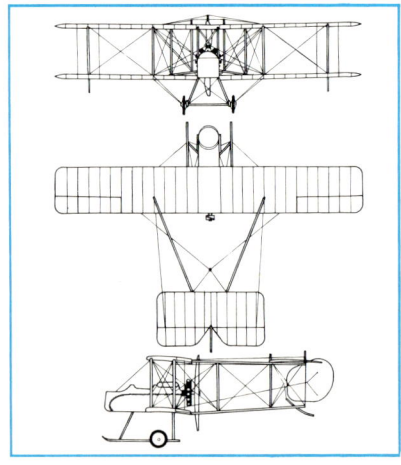

R.A.F. R.E.5

Die R.E.5 war der erste Aufklärer-Doppeldecker der Royal Aircraft Factory. Er kam 1914 heraus und wurde in Frankreich von zwei Staffeln des Royal Flying Corps geflogen. Diese Maschine war schwerfällig und hatte keine Waffen an Bord. Der Beobachter konnte nur mit seinen persönlichen Waffen eingreifen. Für einen Angriff waren nur einige Bomben von insgesamt 27 kg vorgesehen. Wegen ihrer großen Stabilität und Robustheit wurde die R.E.5 jedoch als Versuchsmaschine für Höhenflüge und Bombenangriffe genutzt. Eine Maschine, die in einen Einsitzer verwandelt worden war und eine größere Spannweite erhalten hatte, erreichte im Juli 1914 eine Höhe von 5.182 m. Eine andere R.E.5 übernahm die Flugerprobung der neuen 152,4 kg Bombe der Royal Aircraft Factory sowie der entsprechenden Transport- und Abwurfvorrichtungen.

Flugzeug: R.A.F. R.E.5
Hersteller: Royal Aircraft Factory
Typ: Bomber/Aufklärer
Jahr: 1914
Motor: flüssigkeitsgekühlter 120-PS-Beardmore (Austro Daimler), 6-Zylinder-Reihenmotor
Spannweite: 13,56 m
Länge: 7,98 m
Höhe: 2,94 m
Startgewicht: −
Höchstgeschwindigkeit: ungefähr 125 km/h in Meereshöhe
Dienstgipfelhöhe: −
Max. Flugzeit: −
Bewaffnung: 27 kg Bomben
Besatzung: 2 Mann

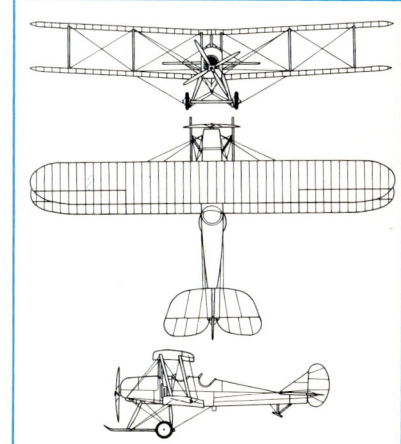

Bristol Scout D

Unter den Scout-Doppeldeckern, die Frank Barnwell ab 1914 für Bristol entwarf, waren einige Maschinen, die mit stärkerer Bewaffnung den Gang der Kriegsereignisse wohl entscheidend beeinflußt hätten. Das erste britische Flugzeug, das am 25. März 1916 mit einem synchronisierten MG kämpfte, war eine Scout D. Zu dieser Zeit kam die Neuerung jedoch zu spät, da der Jäger mittlerweile überholt war und moderneren Maschinen weichen mußte. Die Bristol Scout blieb noch bis zum Herbst 1916 ständig im Einsatz und war in fast allen britischen Staffeln mit einigen Maschinen vertreten. Außerdem war sie noch an einigen interessanten Experimenten beteiligt, wie z. B. den ersten Flügen vom Deck eines Flugzeugträgers aus und den ersten Versuchen mit einer Art »Mutterflugzeug«, um die Kampf-Reichweite zu vergrößern.

Frank Barnwell hatte sein neues Projekt Ende 1913 in Angriff genommen. Er wollte einen schnellen einsitzigen Doppeldecker bauen. Es gelang ihm, denn Frank Busteed schaffte am 23. Februar 1914 mit diesem Flugzeug auf Anhieb 153 km/h. Der Erfolg war so groß, daß der flugbegeisterte Lord Carbery den Prototypen kaufte und sich mit ihm an dem Rennen London–Paris–London beteiligte. Das Flugzeug mußte jedoch wegen Treibstoffmangels auf dem Ärmelkanal wassern und versank in den Fluten. Auf diese erste Version Scout A folgten zwei weitere Maschinen (Scout B), die den Militärbehörden im August in Farnborough übergeben wurden. Nach Frankreich verlegt, wurden sie von der 3. und 5. Staffel im Einsatz erprobt.

RFC und RNAS bestellten daraufhin eine größere Anzahl von Maschinen, welche die Serienbezeichnung Scout C erhielten. Die C, welche die Formel des Rotationsmotors beibehalten hatte, unterschied sich von ihren Vorgängerinnen nur durch ihre stärkeren Motoren. Im November 1915 brachte Barnwell die Version D heraus, welche eine geänderte Konstruktion und größere Ruder hatte. Bei diesem Typ wurden folgende Motoren verwendet: der 80-PS-Gnôme,

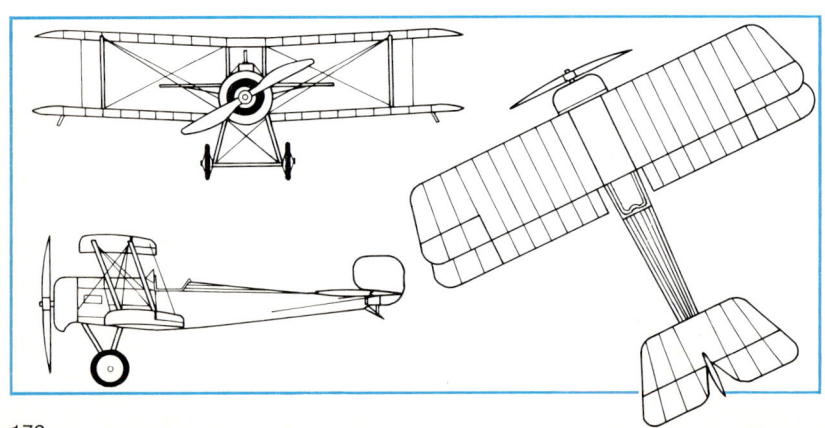

der 80- und 110-PS-Le Rhône, der 80-
und 110-PS-Clerget und der 100-PS-
Monosoupape. Die Bewaffnung war jedoch nicht standardisiert. Die Scouts
wurden meistens ohne Waffen ausgeliefert. Die ersten Typen erhielten tragbare
Waffen, Anti-Zeppelin Raketen und vier
kleine Bomben, die am Rumpf befestigt
waren. Danach rüstete man die Scout
zuerst mit einem normalen, dann mit einem synchronisierten Vickers-MG aus.
Die Maschine war in fast allen Einheiten
mit einigen Exemplaren vertreten, und
sie kam an allen Fronten zum Einsatz.
Die immer stärkere Bedrohung durch
die deutschen Zeppeline, ließ die britischen Behörden verstärkt nach Ge-
genmaßnahmen suchen. Dabei zeigten
die Konstrukteure der Bristol zwei Möglichkeiten: sie starteten von einem kleinen Flugzeugträger – der Vindex – aus
und die Maschine wurde von einem
Wasserflugzeug in die Luft getragen.
Die erste Methode brachte nicht direkt
positive Ergebnisse. Sie schuf aber die
Grundlagen für die Entwicklung der
Trägerflugzeuge und der ersten Start-
und Landetechniken auf einem Flug-

Flugzeug: Bristol Scout D
Hersteller: British & Colonial Aeroplane Co.
Ltd.
Typ: Jäger
Jahr: 1915
Motor: 80-PS-Gnôme-Rotationsmotor
Spannweite: 7,50 m
Länge: 6,30 m
Höhe: 2,59 m
Startgewicht: 567 kg
Höchstgeschwindigkeit: 161 km/h
   in Meereshöhe
Dienstgipfelhöhe: 4.900 m
Max. Flugzeit: 2 Stunden
Bewaffnung: 1 MG
Besatzung: 2 Mann

deck. Bei der zweiten Methode wurde
die Scout auf der oberen Tragfläche des
Flugbootes »Porte Baby« befestigt. Die
ersten erfolgreichen Versuche fanden
im Mai 1916 statt. Der Start der beiden
Maschinen gelang und der Jäger konnte
sich in 300 m Höhe auch lösen. Danach
beließ man es allerdings bei diesem ersten Versuch.

R.A.F. F.E.2a
R.A.F. F.E.2b
R.A.F. F.E.2c
R.A.F. F.E.2d

Die F.E.2-Reihe der Royal Aircraft Factory war im Krieg an allen Fronten vertreten. Die verschiedenen Versionen waren insgesamt sehr gut ausgefallen und wurden den Aufgaben im allgemeinen gerecht. So schossen Lt. McCubbin und Carporal Walker von der 25. Staffel, am 18. Juni 1916 bei Annay, mit ihrer F.E.2b, das große deutsche Flieger-As Max Immelmann (15 Siege), der eine Fokker Eindecker flog, ab. Immelmann starb beim Absturz.

Alle Versionen behielten die Doppeldecker-Formel mit Schubpropeller der ursprünglichen F.E.2a bei. Das Flugzeug hatte einen 100-PS-Green-Motor, der jedoch nicht befriedigen konnte. Bei der nächsten Version F.E.2b war ein neuer Motor vorgesehen, der dann zur Standard-Ausrüstung der ganzen Serie werden sollte: der 120- oder 160-PS-Beardsmore. Diese Version wurde in größerer Stückzahl gebaut und eingesetzt. Sie kam ab Sommer 1915 für mehr als ein Jahr als Jäger und Begleitmaschine zum Einsatz. Von den neuen Albatros-Doppeldeckern der Deutschen wurde sie dann übertroffen. Die F.E.2b wurden danach aus den Jägerstaffeln zurückgezogen und als Nachtbomber eingesetzt. Um die Schlagkraft der Maschine zu verbessern, und um sie als Nachtjäger bei den Heimatschutzstaffeln einsetzen zu können, brachte die Royal Aircraft Factory eine neue Version heraus. Es war die F.E.2c, bei der der Pilot vor dem Beobachter saß, um für Start und Landung in der Nacht eine bessere Sicht zu haben. Diese Version ging jedoch nicht in Serie.

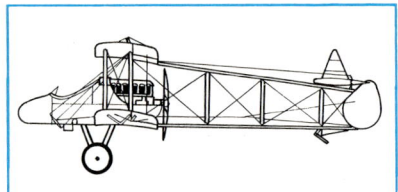

Flugzeug: R.A.F. F.E.2a
Hersteller: Royal Aircraft Factory
Typ: Jäger/Aufklärer
Jahr: 1915
Motor: 100-PS-Green oder 120-PS-Beardmore, beide wassergekühlte 6-Zylinder-Reihenmotore
Spannweite: 14,58 m
Länge: 9,83 m
Höhe: 3,85 m
Startgewicht: 1.214 kg
Höchstgeschwindigkeit: ungefähr 129 km/h in Meereshöhe
Dienstgipfelhöhe: –
Max. Flugweite: –
Bewaffnung: 1 MG
Besatzung: 2 Mann

Flugzeug: R.A.F. F.E.2c
Hersteller: Royal Aircraft Factory
Typ: Jäger/Aufklärer
Jahr: 1916
Motor: flüssigkeitsgekühlter 120-PS-Beardmore, 6-Zylinder-Reihenmotor
Spannweite: 14,56 m
Länge: 9,88 m
Höhe: 3,85 m
Startgewicht: 1.221 kg
Höchstgeschwindigkeit: ungefähr 129 km/h in Meereshöhe
Dienstgipfelhöhe: –
Max. Flugzeit: –
Bewaffnung: 2 MGs
Besatzung: 2 Mann

In Produktion ging noch die Version F.E.2d, welche durch ihren 250-PS-Rolls-Royce Eagle-Motor eine größere Geschwindigkeit und eine größere Zuladung erhielt. Sie kam im Juli 1916 heraus.

Flugzeug: R.A.F. F.E.2b
Hersteller: Royal Aircraft Factory
Typ: Jäger/Aufklärer
Jahr: 1915
Motor: flüssigkeitsgekühlter 160-PS-Beardmore, 6-Zylinder-Reihenmotor
Spannweite: 14,56 m
Länge: 9,83 m
Höhe: 3,85 m
Startgewicht: 1.378 kg
Höchstgeschwindigkeit: 146 km/h in Meereshöhe
Bewaffnung: 2 MGs
Besatzung: 2 Mann

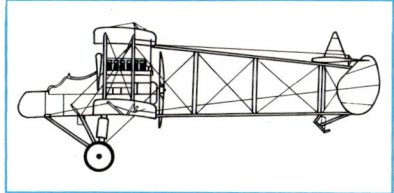

Flugzeug: R.A.F. F.E.2d
Hersteller: Royal Aircraft Factory
Typ: Jäger/Aufklärer
Jahr: 1916
Motor: flüssigkeitsgekühlter 250-PS-Rolls-Royce Eagle, 12-Zylinder-V-Motor
Spannweite: 14,56 m
Länge: 9,83 m
Höhe: 3,85 m
Startgewicht: 1.572 kg
Höchstgeschwindigkeit: ungefähr 151 km/h in 1.524 m Höhe
Dienstgipfelhöhe: 5.334 m
Max. Flugzeit: –
Bewaffnung: 2 MGs; 70 kg Bomben
Besatzung: 2 Mann

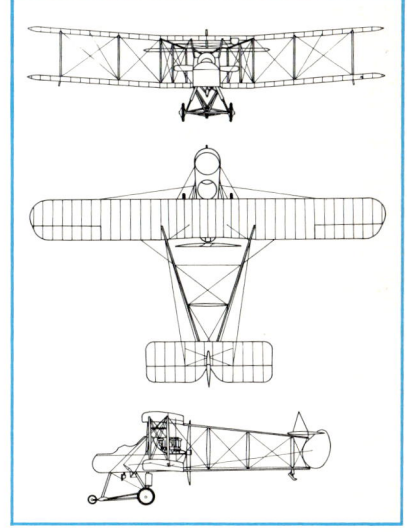

R.A.F. R.E.7

Die R.E.7 war eine Weiterentwicklung der R.A.F. R.E.5. Diese hatte die neue 152-kg-Bombe der Royal Aircraft Factory und die entsprechenden Transport- und Abwurfvorrichtungen erprobt. Das neue Flugzeug war ganz auf diese Waffe zugeschnitten und es unterschied sich von der Vorgängerin vor allem durch die Konstruktion und die größeren Flügelflächen. Die ersten Maschinen wurden Mitte 1915 ausgeliefert. Zu Beginn des folgenden Jahres kam die erste Einheit, die ausschließlich mit R.E.7 ausgerüstet war, nach Frankreich an die Front. Anfangs wurden sie nur als Aufklärer eingesetzt und so erfolgten die ersten Bombenflüge sechs Monate später. Im Spätsommer wurde die R.E.7 dann wieder zurückgezogen und durch die B.E.12 ersetzt. Inzwischen waren aber schon 250 Maschinen gebaut worden. Im Verlauf der kurzen Laufbahn hatte die R.E.7 verschiedene Motoren, darunter auch den 250-PS-Rolls-Royce Eagle, erhalten.

Flugzeug: R.A.F. R.E.7
Hersteller: Royal Aircraft Factory
Typ: Bomber
Jahr: 1915
Motor: luftgekühlter 150-PS-R.A.F., 12-Zylinder-V-Motor
Spannweite: 17,37 m
Länge: 9,72 m
Höhe: 3,84 m
Startgewicht: 1.564 kg
Höchstgeschwindigkeit: 136,6 km/h in Meereshöhe
Dienstgipfelhöhe: 1.981 m
Max. Flugzeit: 2 Stunden
Bewaffnung: 1 MG; 152,4 kg Bomben
Besatzung: 2 Mann

R.A.F. F.E.8

Mit diesem Projekt wollte J. Kenworth
von der Royal Aircraft Factory einen
einsitzigen Jäger herausbringen, der
auch ohne Synchronvorrichtung gute
Leistungen erbringen sollte. Er baute
nach dem Vorbild der F.E.2 einen Doppeldecker mit Schubpropeller, der das
Lewis-MG so weit vorne wie möglich
hatte. Der Erstflug der F.E.8 fand im Oktober 1915 statt. Die Produktion hatte
zwar schon Anfang 1916 eingesetzt,
wegen schwerwiegender Stabilitäts-
probleme und Schwierigkeiten mit dem
Motor, kam die Maschine aber erst im
August 1916 an die Front. Zu dieser Zeit
gaben die deutschen Albatros D.I und
D.II bereits den Ton an. Außerdem hatten die letzten britischen Kampfflugzeuge – wie die Sopwith Pup und Sopwith Triplane – klar gezeigt, daß die Zeit
des Doppeldeckers mit Schubpropeller
endgültig vorbei war. Die F.E.8, von der
295 Stück gebaut wurden, blieb bis
Mitte 1917 im Einsatz.

Flugzeug: R.A.F. F.E.8
Hersteller: Royal Aircraft Factory
Typ: Jäger
Jahr: 1916
Motor: 100-PS-Gnôme-Monosoupape,
　Rotationsmotor
Spannweite: 9,60 m
Länge: 7,21 m
Höhe: 2,79 m
Startgewicht: 611 kg
Höchstgeschwindigkeit: 151,3 km/h
　in Meereshöhe
Dienstgipfelhöhe: 4.420 m
Max. Flugzeit: 4 Stunden
Bewaffnung: 1 MG
Besatzung: 1 Mann

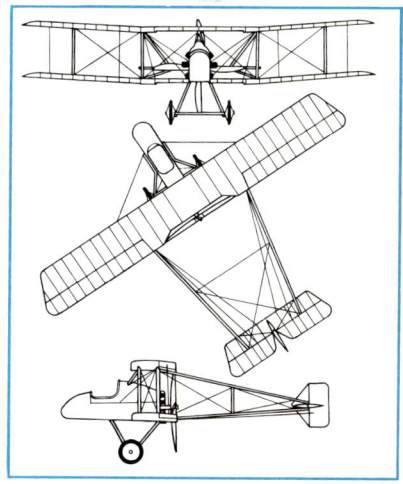

R.A.F. R.E.8

Der britische Doppeldecker R.E.8 war mit insgesamt 4.099 Exemplaren an der Westfront zahlenmäßig am stärksten vertreten. Wegen der schlechten Manövrierfähigkeit war die Maschine eine leichte Beute für die gegnerischen Jäger. Sie war jedoch robust und gut bewaffnet, so daß sie bis zum Waffenstillstand im Einsatz blieb. Die R.E.8 wurde nicht nur in ihrer ursprünglichen Funktion als Aufklärer eingesetzt, sondern auch als Tag- und Nachtbomber, als Verbindungs- und Erdkampfflugzeug.

Die R.E.8 sollte die B.E.2c ersetzen, die sich in der Praxis als reichlich schwerfällig erwiesen hatte. Der Erstflug des ersten der beiden Prototypen fand am 17. Juni 1916 statt. Im Herbst kamen die ersten Maschinen zu den Einheiten. Es fiel sofort die grundlegende Schwäche, die ungenügende Manövrierfähigkeit dieser Maschine auf, die ihren endgültigen Durchbruch verhinderte. Diesen

Fehler konnte man trotz aller Bemühungen bis Kriegsende nicht mehr beheben. Dafür war aber die Bewaffnung bestens. Die ersten Typen besaßen zwei Lewis-MG. Eines befand sich am Sitze des Beobachters, während das zweite durch den Propeller schoß, der mit Ablenkplatten bewehrt war. Später wurde diese Waffe durch eine Vickers mit Constantinesco-Synchrongetriebe ersetzt.

In den ersten Einsatzmonaten dieser Maschine wurden bei schweren Unfällen zahlreiche Flugzeuge zerstört. Sie wurden durch eine Unstabilität verursacht, welche durch eine Vergrößerung der Höhenflosse behoben werden konnte. Nach dieser Verzögerung stand einem erfolgreichen Einsatz nichts mehr im Wege. 16 Staffeln des RFC und der am 1. April 1918 neugegründeten RAF wurden mit dieser Maschine ausgerüstet. Von den R.E.8 hatte man insgesamt 4.099 Maschinen gebaut. Die belgischen Luftstreitkräfte flogen 22, bei de-

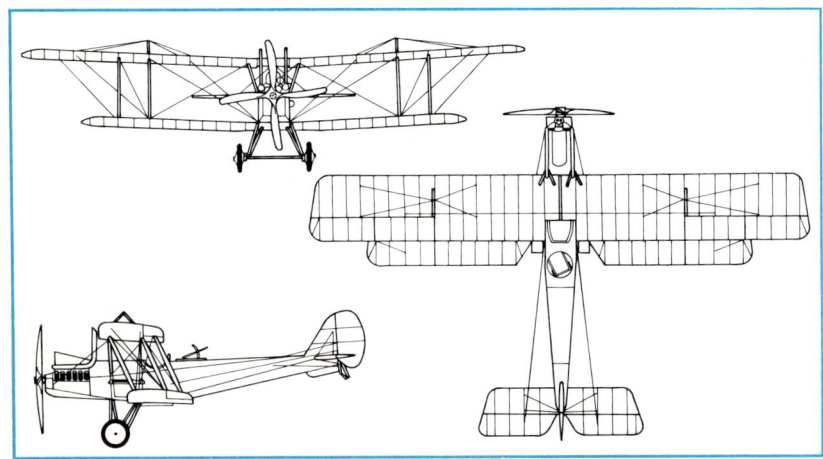

nen die R.A.F.-Motoren durch 150- oder 180-PS-Hispano-Suiza ersetzt worden waren. Neben der Westfront wurde der Aufklärer auch noch von zwei britischen Staffeln in Italien, zwei in Mesopotamien, zwei in Palästina und von drei Einheiten in den Heimatschutzkommandos geflogen.

Die R.F.8 diente noch als Artilleriebeobachtungs- und als Unterstützungsflugzeug, als Bomber (zwei 51 kg Bomben) und als Erdkampfflugzeug (vier 29,5 kg Bomben). Bei Kriegsende waren 15 Staffeln mit dieser Maschine ausgerüstet.

Um die Leistungen der Maschine weiter zu steigern, wurden noch einige Varianten herausgebracht. So hatte die R.E.8a einen 200-PS-Hispano-Suiza-Motor. Die beiden anderen Versionen, R.E.9 und R.T.1, verwendeten zwar viele Bauteile der R.E.8, unterschieden sich aber von ihr in der Konstruktion, der Flügelfläche und den Lenkeinrichtungen. Außerdem hatten sie andere und stärkere Motoren. Diese beiden Varianten waren nicht sonderlich erfolgreich. Bei der R.E.9 wurden allerdings zwei inter-

Flugzeug: R.A.F. R.E.8
Hersteller: Royal Aircraft Factory
Typ: Aufklärer/Bomber
Jahr: 1916
Motor: luftgekühlter 150-PS-R.A.F.4a, 12-Zylinder-V-Motor
Spannweite: 12,98 m
Länge: 8,48 m
Höhe: 3,45 m
Startgewicht: 1.215 kg
Höchstgeschwindigkeit: 164 km/h in 1.980 m Höhe
Dienstgipfelhöhe: 4.115 m
Max. Flugzeit: 4 Stunden und 15 Minuten
Bewaffnung: 2 MGs; 118 kg Bomben
Besatzung: 2 Mann

essante Neuerungen erprobt: eine geschlossene Kabine und eine verstellbare Luftschraube. Nach Kriegsende wurden die letzten R.E.8 noch bis Ende 1919 von Rußland und Irland geflogen.

179

Airco D.H.2

Es war die zweite Maschine, die Geoffrey de Havilland für die Aircraft Manufacturing Company gebaut hatte. Der Erstflug des Prototypen fand im Juli 1915 statt. Wegen des Fehlens eines Synchrongetriebes hatte sich de Havilland für die damals übliche Formel, Doppeldecker mit Schubpropeller und MG ganz vorne im Rumpf, entschieden. Im Februar 1916 wurde in Frankreich als erste Einheit die 24. Staffel einheitlich mit diesem einsitzigen Jäger ausgerüstet. Die Piloten beherrschten die neue Maschine ziemlich schnell und konnten am 2. April 1916 ihren ersten Luftsieg erringen. Am 25. April wurde die erste Fokker abgeschossen. Die D.H.2 mußte jedoch die Überlegenheit der neuen deutschen Jäger anerkennen, denen sie im Sommer 1917 nicht mehr gewachsen war. Insgesamt wurden 450 Maschinen gebaut.

Flugzeug: Airco D.H.2
Hersteller: Aircraft Manufacturing Co.
Typ: Jäger
Jahr: 1916
Motor: 100-PS-Gnôme-Monosoupape, Rotationsmotor
Spannweite: 8,61 m
Länge: 7,67 m
Höhe: 2,81 m
Startgewicht: 654 kg
Höchstgeschwindigkeit: ungefähr 150 km/h in Meereshöhe
Dienstgipfelhöhe: 4.420 m
Max. Flugzeit: 2 Stunden und 45 Minuten
Bewaffnung: 1 MG
Besatzung: 1 Mann

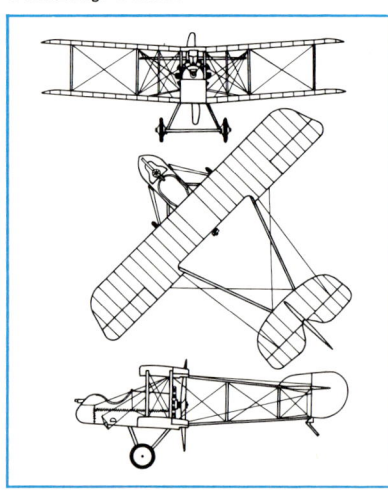

R.A.F. B.E.12

Die B.E.12 war nur eine Weiterentwicklung der B.E.2c, die schon seit einiger Zeit von den Aufklärer- und Bomberstaffeln geflogen wurde. Man hatte den Zweisitzer einfach in einen Einsitzer verwandelt und ihm einen stärkeren Motor gegeben. An den Flugeigenschaften des Vorbildes hatte sich somit auch nicht viel geändert. Die B.E.12 war, wie ihre Vorgängerin, eine leichte Beute für die feindlichen Jäger. Die übergroße Stabilität verhinderte jedes Ausweichmanöver. Die Maschine wurde nur einige Monate lang als Jäger eingesetzt, um ab September 1916 als Tagbomber geflogen zu werden. Von der B.E.12 entstanden zwei Versionen, die B.E.12a und die B.E.12b.

Flugzeug: R.A.F. B.E.12
Hersteller: Royal Aircraft Factory
Typ: Jäger/Bomber
Jahr: 1916
Motor: luftgekühlter 150-PS-R.A.F. 4a, 12-Zylinder-V-Motor
Spannweite: 11,28 m
Länge: 8,31 m
Höhe: 3,39 m
Startgewicht: 1.067 kg
Höchstgeschwindigkeit: 164 km/h in Meereshöhe
Dienstgipfelhöhe: 3.810 m
Max. Flugzeit: 2 Stunden und 30 Minuten
Bewaffnung: 1–2 MGs
Besatzung: 1 Mann

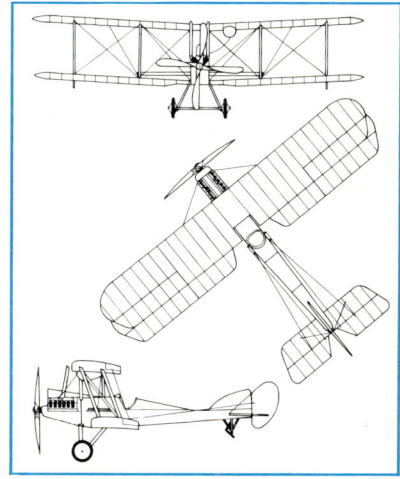

Sopwith 1¹/₂ Strutter

Die Sopwith 1¹/₂ Strutter war in mancher Hinsicht ein Allzweck-Flugzeug, das bis Anfang 1918 an allen Fronten eingesetzt wurde. Es wurde in einer großen Stückzahl von Großbritannien (1.520) und Frankreich (4.200) gebaut. Der Entwurf, der aus dem Jahre 1915 stammte, machte sofort durch einige Neuerungen auf sich aufmerksam. So z. B. durch aerodynamische Bremsen an der Hinterkante des unteren Flügels und durch die im Fluge trimmbaren Höhenruder. Für den Fronteinsatz besaß sie als erstes britisches Flugzeug ein zuverlässiges Synchrongetriebe, und sie wurde von der ersten strategischen Bomberflotte in der Geschichte der Luftfahrt geflogen. Die Bomberversion der 1¹/₂ Strutter war einsitzig.

Flugzeug: Sopwith 1¹/₂ Strutter
Hersteller: Sopwith Aviation Company
Typ: Jäger/Bomber
Jahr: 1916
Motor: 110-PS-Clerget 9Z, Rotationsmotor
Spannweite: 10,21 m
Länge: 7,70 m
Höhe: 3,12 m
Startgewicht: 1.062 kg
Höchstgeschwindigkeit: ungefähr 162 km/h in 1.981 m Höhe
Dienstgipfelhöhe: 3.962 m
Max. Flugzeit: ungefähr 4 Stunden
Bewaffnung: 2 MGs
Besatzung: 2 Mann

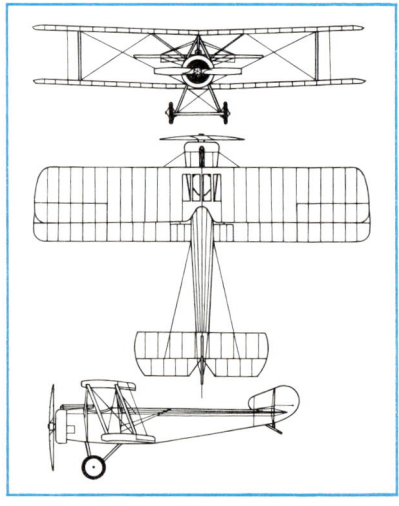

Sopwith Pup

Die »Pup« sah aus wie eine verkleinerte Ausgabe der 1½ Strutter. Sie wurde aus einem Privatflugzeug von Harry Hawker, dem Testpiloten der Sopwith Aviation Company, entwickelt und kam im Februar 1916 heraus. Das Flugzeug hatte eine saubere und klassische Linienführung: Es war sehr schnell und wendig und wurde sofort von dem RNAS in Auftrag gegeben. Es kam Ende 1916 an die Westfront, wo es auch von einigen Staffeln des RFC geflogen wurde. Die »Pup« war den damaligen deutschen Jägern, unter denen sich schon die Albatros D.III befand, überlegen und errang zahlreiche Luftsiege. Sie wurde 1917 aus den Fronteinheiten zurückgezogen und kam danach noch einige Male als Bordflugzeug bei der Marine zum Einsatz.

Flugzeug: Sopwith Pup
Hersteller: Sopwith Aviation Company
Typ: Jäger
Jahr: 1916
Motor: 90-PS-Le Rhône 9C, Rotationsmotor
Spannweite: 8,08 m
Länge: 5,89 m
Höhe: 2,87 m
Startgewicht: 556 kg
Höchstgeschwindigkeit: 179,4 km/h in
  Meereshöhe
Dienstgipfelhöhe: 5.334 m
Max. Flugzeit: 3 Stunden
Bewaffnung: 1 MG
Besatzung: 1 Mann

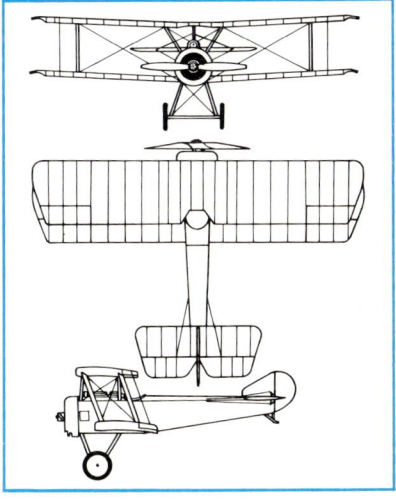

Handley-Page 0/100
Handley-Page 0/400

Der erste schwere Bomber des Krieges war speziell für einen direkten Angriff auf Deutschland bestellt, entworfen und gebaut worden. Die Handley-Page 0/100 entsprach den Forderungen der britischen Admiralität derart genau, daß sie schon vierzig Maschinen bestellte, bevor der Protoyp seinen Erstflug absolviert hatte. Auf das Modell 0/100 folgte eine verbesserte Version, von der im Verlauf des Krieges 550 Maschinen gebaut wurden. Beide Typen wurden für die systematische Bombardierung militärischer Ziele, in den von den Deutschen besetzten Gebieten, eingesetzt. Die Handley-Page 0/400 flogen im letzten Kriegsjahr ebenfalls Angriffe gegen

Deutschland und bombardierten u. a. Ziele im Saarland und im Ruhrgebiet. Die Version 0/100 kam im November 1916 an der Westfront zum Einsatz. Die 0/400 folgte erst einige Monate später. Die beiden Flugzeuge unterschieden sich nur durch den Typ und die Stärke ihrer Motoren. Bei der 0/400 hatte man außerdem die Treibstofftanks, von den Motorgondeln, in den Rumpf verlegt. Die Flügel konnten in Höhe der Gondeln umgeklappt werden, damit das Flugzeug in die damals üblichen Schuppen eingefahren werden konnte. Die ersten 0/100 wurden sofort für Aufklärungsflüge eingesetzt. Ab Frühjahr 1917 flogen sie eine Reihe von schweren

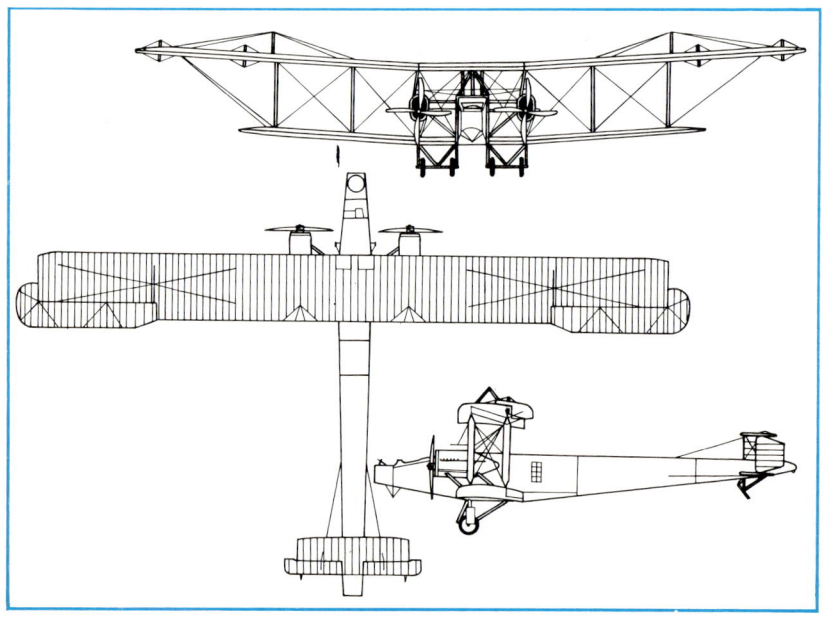

Bombenangriffen auf feindliche Militär-
anlagen, U-Boot-Stützpunkte und son-
stige strategische Ziele. Die Handley-
Page 0/400 war zuerst als Tagbomber
eingesetzt. Die 0/100 flog die Nachtangriffe. In den letzten Kriegsmonaten
wurden die 0/400 von 7 Bomberstaffeln
geflogen, die auch die neue »Riesen-
bombe« von 748 kg einsetzten. Bei
Kriegsende hatte die RAF 259 Handley-Page 0/400 im Einsatz.

Die Royal Air Force zog die 0/400 erst
1920 zurück, nachdem sie sie mit einigen Änderungen als Passagierflugzeug
für hochgestellte Persönlichkeiten be-
nutzt hatte. So waren auch vier 0/400 bei
der Erschließung der ersten Übersee-
Flugrouten beteiligt. Diese wurden danach von den zivilen Maschinen der Imperial Airways beflogen. Aus der Handley-Page 0/400 entwickelte man noch
eine Transportversion, die 0/700. Sie
wurde nur in geringer Stückzahl gebaut
und fand in China und Südafrika einige
Abnehmer.

Flugzeug: Handley-Page 0/100
Hersteller: Handley-Page Ltd.
Typ: schwerer Bomber
Jahr: 1916
Motor: zwei flüssigkeitsgekühlte 250-PS-
Rolls-Royce Eagle II, 12-Zylinder-V-
Motoren
Spannweite: 30,48 m
Länge: 19,15 m
Höhe: 6,71 m
Startgewicht: 6.352 kg
Höchstgeschwindigkeit: ungefähr 153 km/h
in Meereshöhe
Dienstgipfelhöhe: 2.134 m
Max. Flugzeit: 6 Stunden
Bewaffnung: 4–5 MGs; 700 kg Bomben
Besatzung: 4 Mann

Flugzeug: Handley-Page 0/400
Hersteller: Handley-Page Ltd.
Typ: schwerer Bomber
Jahr: 1917
Motor: zwei flüssigkeitsgekühlte 360-PS-
Rolls-Royce Eagle VIII, 12-Zylinder-V-
Motoren
Spannweite: 30,48 m
Länge: 19,15 m
Höhe: 6,71 m
Startgewicht: 6.060 kg
Höchstgeschwindigkeit: ungefähr 157 km/h
in Meereshöhe
Dienstgipfelhöhe: 2.591 m
Max. Flugzeit: 8 Stunden
Bewaffnung: 4–5 MGs; 710 kg Bomben
Besatzung: 4 Mann

Short Bomber
Short 184

Der Bomber der Gebrüder Short von 1915 sollte nicht in großer Zahl eingesetzt werden. Er diente nur zur Zeitüberbrückung, bis die Maschinen der Firma Handley-Page einsatzbereit waren. Der Short-Bomber ging auf ein berühmtes Flugzeug seiner Zeit, das Wasserflugzeug Short Modell 184, zurück. Dieses war nach einer Forderung der britischen Admiralität entstanden. Sie wollte ein Flugzeug haben, das Torpedos abwerfen konnte. Dem Modell 184 gelang dann auch am 12. August 1915 in den Dardanellen die erste Versenkung eines Schiffes mit dieser neuen Angriffswaffe. Der Pilot, der dabei ein türkisches Handelsschiff versenkte, war Commander C. H. K. Edmonds.

Von der Short 184 wurden ungefähr 900 Maschinen gebaut. Nach dem ersten Erfolg wurde sie nicht mehr als Torpedobomber, sondern als Aufklärer, Bomber und U-Boot-Aufklärer, eingesetzt. Das Flugzeug wurde von den britischen Küsteneinheiten und den »Wasserflugzeug-Trägern« geflogen, welche im Mittelmeer, im Vorderen Orient und in der Nordsee operierten.

Von der Short gab es mehrere Versionen, die sich vor allem durch die Stärke der Motoren und die Zuladung unterschieden: Bei der Version B waren außerdem die Ausmaße vergrößert und der Rahmen verstärkt worden. 1915 beteiligten sich die Gebrüder Short an einem Bomberwettbewerb und sie beschlos-

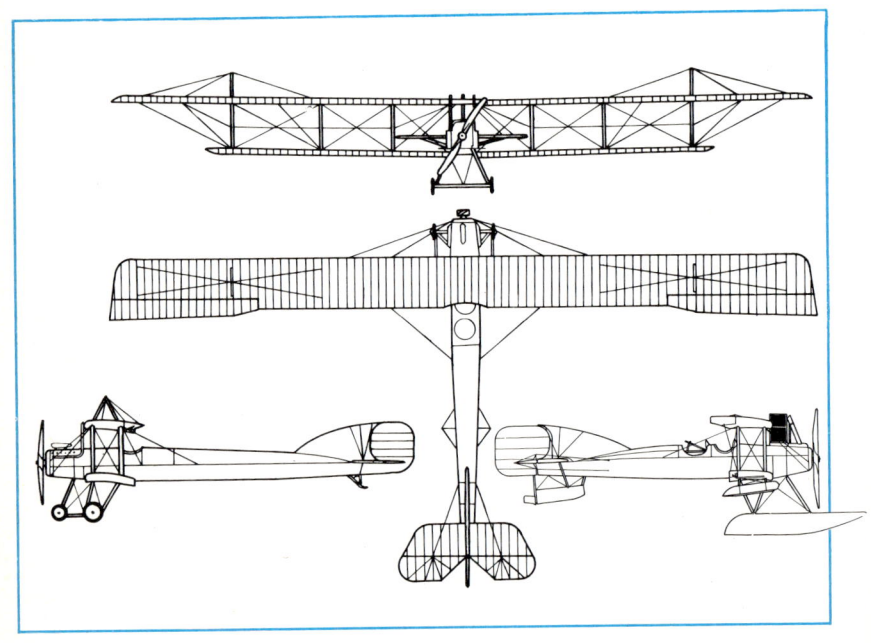

sen, auf der Grundlage ihres Modells 184, einen Bomber zu bauen. Die ersten Maschinen erinnerten noch stark an das Vorbild. Bei den nachfolgenden Typen wurde vor allem der hintere Teil des Rumpfes stark verlängert. Die Bombenzuladung bestand entweder aus vier 104-kg- oder acht 51-kg-Bomben, die alle an den unteren Tragflächen befestigt waren. Der hinten sitzende Beobachter verfügte außerdem über ein Lewis-MG auf Scarff-Ringlafette. Von dieser Maschine, Short 184, bauten die Gebrüder Short und vier Unterauftragnehmer 83 Exemplare, die ab Frühjahr 1916 zu den Einheiten kamen. Das Royal Flying Corps benötigte dringend 15 Bomber; daher mußte das 3. Geschwader des Royal Naval Air Service – dem die Bomber unterstanden – noch etwas warten. Der Short-Bomber eröffnete am 15. November 1916 eine lange Reihe von Nachtangriffen auf Ostende. Er blieb bis April 1917 im Einsatz.

Flugzeug: Short Bomber
Hersteller: Gebrüder Short
Typ: schwerer Bomber
Jahr: 1916
Motor: flüssigkeitsgekühlter 250-PS-Rolls-Royce Eagle III, 12-Zylinder-V-Motor
Spannweite: 25,91 m
Länge: 13,72 m
Höhe: 4,57 m
Startgewicht: 3.084 kg
Höchstgeschwindigkeit: ungefähr 125 km/h in 1.981 m Höhe
Dienstgipfelhöhe: 2.896 m
Max. Flugzeit: 6 Stunden
Bewaffnung: 1 MG; 410 kg Bomben
Besatzung: 2 Mann

Flugzeug: Short 184
Hersteller: Gebrüder Short
Typ: Aufklärer/Bomber
Jahr: 1915
Motor: flüssigkeitsgekühlter 240-PS-Sunbeam, 12-Zylinder-V-Motor
Spannweite: 19,40 m
Länge: 13,44 m
Höhe: 4,11 m
Startgewicht: 2.269 kg
Höchstgeschwindigkeit: 140 km/h in 610 m Höhe
Dienstgipfelhöhe: 2.743 m
Max. Flugzeit: –
Bewaffnung: 1 MG; 118 kg Bomben
Besatzung: 2 Mann

Martinsyde G.100 (Elephant)

Der Elefant, wie die Maschine G.100 wegen ihrer stattlichen Ausmaße genannt wurde, war 1915 von A. A. Fletcher als Fern-Geleitjäger entworfen worden. Die Maschine wurde als Jäger zum Mißerfolg, denn sie war zu groß und zu schwerfällig, um es mit den schnellen deutschen Jägern aufnehmen zu können. Außerdem wurde die Sicht des Piloten durch die allzu breiten Flügel eingeengt. Die Martinsyde G.100 wurde erst im Einsatz als Bomber und Erdkampfflugzeug ein Erfolg. Hier konnte sie ihre Stärke endlich nutzen und zwei 51 kg Bomben unter den Flügeln mit sich führen. In einer späteren Version – der G.102 – wurde die Bombenzuladung noch durch einen 160-PS-Beardmore-Motor gesteigert. Insgesamt wurden 100 Martinsyde G.100 und 171 G.102 gebaut.

Flugzeug: Martinsyde G.100 (Elephant)
Hersteller: Martinsyde Ltd.
Typ: Angriffsjäger
Jahr: 1916
Motor: flüssigkeitsgekühlter 120-PS-Beardmore, 6-Zylinder
Spannweite: 11,58 m
Länge: 8,08 m
Höhe: 2,94 m
Startgewicht: 1.099 kg
Höchstgeschwindigkeit: 152,9 km/h in 1.981 m Höhe
Dienstgipfelhöhe: 4.267 m
Max. Flugzeit: 5 Stunden und 30 Minuten
Bewaffnung: 1–2 MGs; 102 kg Bomben
Besatzung: 1 Mann

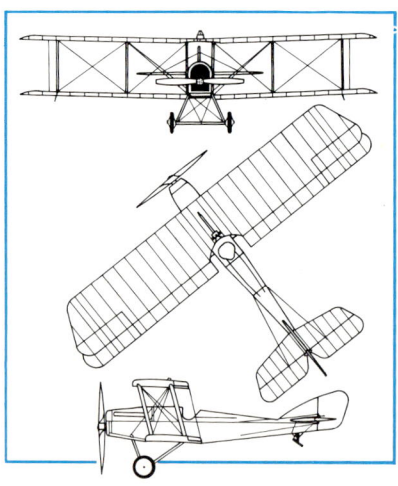

Bristol M.1C

Die Bristol M.1C war eine der brillantesten Konstruktionen ihrer Zeit. Ihr einziger Fehler bestand darin, daß sie zu einer Zeit als Eindecker herauskam, als diese Formel von offizieller Seite noch nicht anerkannt war. Der Konstrukteur der Bristol, F. S. Barnwell, war aber nach wie vor davon überzeugt, daß seine Maschine den Doppeldeckern überlegen war. Und er sollte auch recht behalten. Der äußerst wendige Prototyp (M.1A7) erreichte 212 km/h mit einem Motor von nur 110 PS. Die endgültige Version (M.1C) kam jedoch wegen »ihrer hohen Landegeschwindigkeit« nicht zum Einsatz.

Flugzeug: Bristol M.1C
Hersteller: British & Colonial Aeroplane Co. Ltd.
Typ: Jäger
Jahr: 1917
Motor: 110-PS-Le Rhône 9J, Rotationsmotor
Spannweite: 9,37 m
Länge: 6,24 m
Höhe: 2,37 m
Startgewicht: 611 kg
Höchstgeschwindigkeit: 209,2 km/h in Meereshöhe
Dienstgipfelhöhe: 6.096 m
Max. Flugzeit: 1 Stunde und 45 Minuten
Bewaffnung: 1 MG
Besatzung: 1 Mann

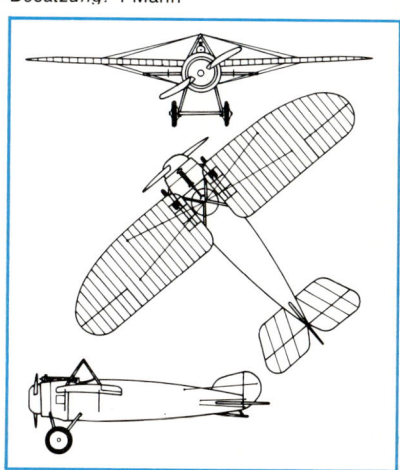

Bristol F.2A
Bristol F.2B

Die ursprünglich als Aufklärer geplanten F.2A und F.2B entwickelten sich im Laufe der Zeit zu einer der besten Jägerserien des Krieges. Bei ihrem ersten Einsatz am 5. April 1917 wurde eine Gruppe von 6 Bristol F.2A der 48. RFC-Staffel bei Douai von 6 Albatros D.III der Jagdstaffel 11 des berühmten »Roten Barons«, Manfred von Richthofen, angegriffen. Nach einem kurzen Gefecht wurden vier britische Maschinen abgeschossen. Diese schwere Niederlage wurde auf angebliche Konstruktionsschwächen der Maschine zurückgeführt. Es stellte sich heraus, daß sich die Taktik der Piloten an dem rückwärts schießenden MG des Beobachters ausrichtete und diese die Vorteile des synchronisierten MGs außer acht ließen. Daraufhin wurde die Kampftaktik entsprechend geändert. Die Besatzungen brauchten einige Zeit, bis sie sich mit dem neuen Einsatzkonzept vertraut gemacht hatten. Danach errang die Bristol Fighter einen Sieg nach dem anderen und wurde zu einem der berühmtesten Jäger ihrer Zeit.

Der Entwurf für die späteren F.2A und F.2B war im März 1916 von Frank S. Barnwell von der British & Colonial Aeroplane Company vorgestellt worden. Barnwell dachte dabei an einen zweisitzigen Aufklärer, der die Vorzüge der R.A.F. R.E.8 übernehmen sollte. Die beiden Prototypen (R.2A und R.2B) erhielten einen 120-PS-Beardmore- und einen 150-PS-Hispano-Suiza-Motor. Als aber der neue Rolls-Royce-Motor, der 190-PS-Falcon I, herauskam, erkannte Barnwell, daß dieser Antrieb für einen Jäger ideal war. Er ließ seine beiden Projekte fallen und entwickelte eine neue Maschine. Der Erstflug des Prototypen F.2A (F stand für fighter = Jäger) fand am 9. September 1916 statt. Am 25. Oktober kam eine zweite Maschine heraus. Nach einigen geringfügigen Änderungen wurden beide Typen zu einer offiziellen Erprobung zugelassen und 50 Maschinen bestellt. Ab Dezember 1916 wurde die 48. Staffel des RFC mit der neuen Maschine ausgerüstet. Diese Staffel kam dann im März 1917 in Frankreich zum Einsatz.

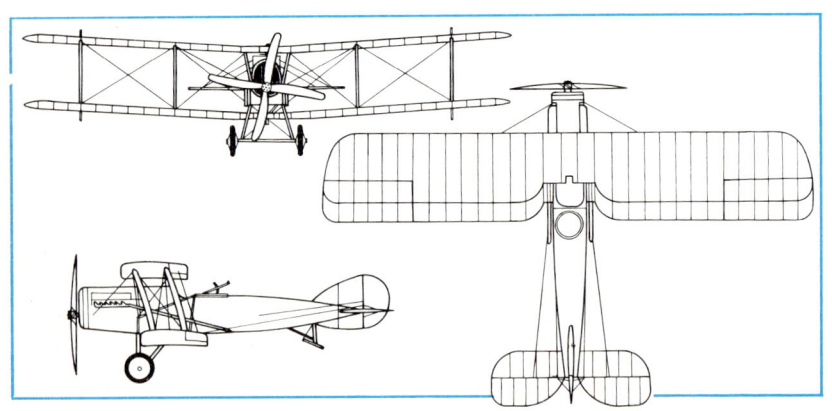

Der F.2A folgte bald eine verbesserte Version, die F.2B. Die neue Maschine hatte eine veränderte Konstruktion der Tragflächen und des Leitwerks. Die Reichweite, sowie die Sichtverhältnisse des Piloten waren verbessert worden. Als Antrieb kamen die neuen und stärkeren Rolls-Royce-Motoren zum Einsatz. Während die ersten 150 F.2B noch den Falcon I hatten, waren die nächsten 50 schon mit dem 220-PS-Falcon II ausgerüstet. Den Höhepunkt dieser Serie stellte der 275-PS-Falcon III dar. Da bei diesem Motor Lieferschwierigkeiten auftraten, mußte man eine Alternativlösung in Betracht ziehen, den 200-PS-Sunbeam-Arab. Die mit diesem Motor bestückten F.2B konnten aber wegen der insgesamt schwächeren Flugleistungen nur als Aufklärer eingesetzt werden. Die Bristol Fighter, von der im Verlauf des Krieges 3.101 Maschinen gebaut wurden, kam im Sommer 1917 zum Einsatz. Während der Nachkriegszeit stieg diese Zahl noch auf 5.500 und die Maschine blieb bis 1932 bei der RAF im Einsatz.

Flugzeug: Bristol F.2B
Hersteller: British & Colonial Aeroplane Co. Ltd.
Typ: Jäger
Jahr: 1917
Motor: flüssigkeitsgekühlter 275-PS-Rolls-Royce-Falcon III, 12-Zylinder-V-Motor
Spannweite: 11,97 m
Länge: 7,87 m
Höhe: 2,97 m
Startgewicht: 1.261 kg
Höchstgeschwindigkeit: ungefähr 196 km/h in 1.524 m Höhe
Dienstgipfelhöhe: 6.096 m
Max. Flugzeit: 3 Stunden
Bewaffnung: 3 MGs; 109 kg Bomben
Besatzung: 2 Mann

Flugzeug: Bristol F.2A
Hersteller: British & Colonial Aeroplane Co. Ltd.
Typ: Jäger
Jahr: 1916
Motor: flüssigkeitsgekühlter 190-PS-Rolls-Royce-Falcon I, 12-Zylinder-V-Motor
Spannweite: 11,97 m
Länge: 7,84 m
Höhe: 2,85 m
Startgewicht: 1.208 kg
Höchstgeschwindigkeit: 177 km/h in Meereshöhe
Dienstgipfelhöhe: 4.876 m
Max. Flugzeit: 2 Stunden und 30 Minuten
Bewaffnung: 2 MGs
Besatzung: 2 Mann

R.A.F. S.E.5
R.A.F. S.E.5a

Die Royal Aircraft Factory S.E.5 und S.E.5a waren mit der Sopwith Camel die besten britischen Jäger des Krieges. Äußerst robust, schnell und wendig waren sie ihren deutschen Gegenspielern, den Albatros D.III und D.V, den Pfalz D.III und den Fokker Dr.I überlegen. Flieger-Asse wie Mannock, Bishop und McCudden errangen mit ihnen einen großen Teil ihrer Siege. Der Erstflug des Prototyps fand am 22. November 1916 statt. Es wurden insgesamt 5.025 Maschinen gebaut, mit denen 24 englische, 2 amerikanische und 1 australische Staffel ausgerüstet waren.

Der Entwurf der S.E.5 stammte aus dem Jahre 1916. H. P. Folland, J. Kenworthy und F. W. Godden hatten sie um den Hispano-Suiza-Motor von 150 PS entworfen, der sich in Großbritannien ab Mitte 1915 durchgesetzt hatte. Nach dem Erstflug des Prototyps wurde die zweite Maschine, Ende 1916 nach Frankreich, zur taktischen Erprobung geschickt. Die Vorzüge der Maschine, wie ihre Schnelligkeit und Robustheit waren bald zu erkennen. Es zeigte sich, daß sie mit ihren beiden MGs (ein synchronisiertes und eins auf dem Flügel) sehr gut bewaffnet war. Die S.E.5 wurde zusammen mit der Nieuport 17 und der Spad S.VII erprobt, denen sie überlegen war (die Nieuport 17 war allerdings wendiger). Die Produktion wurde durch einen tragischen Unfall verzögert. Am 28. Januar 1917 brachen an einer S.E.5 über Farnborough beide Flügel, und der Testpilot Frank Godden stürzte mit der Maschine tödlich ab. Bei der nachfolgenden Untersuchung stellte man fest, daß die Maschine einige strukturelle Schwächen hatte. Man verstärkte die Verbindung zwischen dem Flügelholm und der Tragflächenverstrebung. Während der Serienfertigung wurden dann noch weitere Änderungen angebracht. Von der Version S.E.5 wurden nur 58 Maschinen gebaut, die drei Monate im Einsatz blieben. Im Juni 1917 kam schon die Version S.E5a heraus, welche

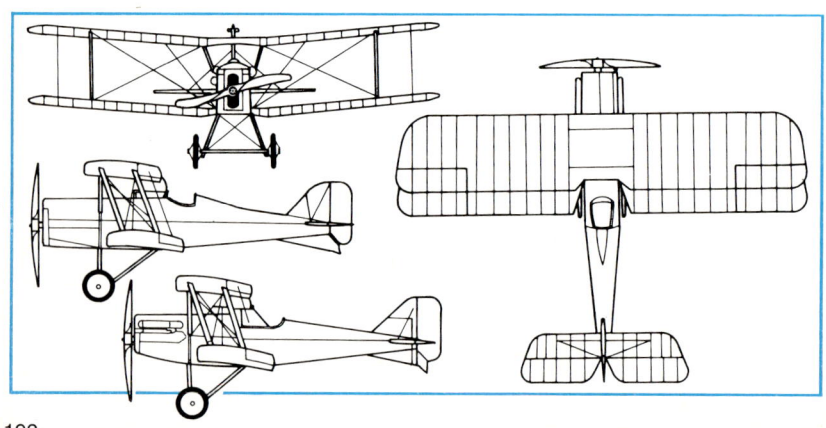

einen stärkeren (200 PS) Motor von Hispano-Suiza hatte. Diesmal hatte die Produktion unter einem Fehler im Untersetzungsgetriebe und unter allgemeinen Lieferschwierigkeiten beim Motor zu leiden. Nach zahlreichen Versuchen entschloß man sich für den Wolseley Viper ohne Untersetzung. Er gab dem vorderen Rumpf das für die S.E.5a typische rechtwinklige Aussehen.

Die Vorzüge dieses neuen Jägers trugen entscheidend dazu bei, daß die Alliierten im letzten Kriegsjahr die Luftherrschaft wieder erringen konnten. Bei Kriegsende verfügte die RAF über 2.700 S.E.5a, welche noch für einige Zeit im Einsatz blieben. Ein großer Teil dieser Maschinen wurde dann nach Australien, Kanada, Südafrika, Polen und in die USA geschickt. Die USA wollten ohnehin 1.000 Maschinen in Lizenz bauen lassen, was aber durch den Waffenstillstand scheiterte.

Flugzeug: R.A.F. S.E.5a
Hersteller: Royal Aircraft Factory
Typ: Jäger
Jahr: 1917
Motor: flüssigkeitsgekühlter 200-PS-Wolseley W.4a Viper, 8-Zylinder-V-Motor
Spannweite: 8,10 m
Länge: 6,38 m
Höhe: 2,89 m
Startgewicht: 902 kg
Höchstgeschwindigkeit: 222 km/h
Dienstgipfelhöhe: 5.944 m
Max. Flugzeit: 3 Stunden
Bewaffnung: 2 MGs
Besatzung: 2 Mann

Flugzeug: R.A.F. S.E.5
Hersteller: Royal Aircraft Factory
Typ: Jäger
Motor: flüssigkeitsgekühlter 150-PS-Hispano-Suiza, 8-Zylinder-V-Motor
Spannweite: 8,10 m
Länge: 6,38 m
Höhe: 2,87 m
Startgewicht: 877 kg
Höchstgeschwindigkeit: 196,3 km/h in 914 m Höhe
Dienstgipfelhöhe: 5.791 m
Max. Flugzeit: 2 Stunden und 30 Minuten
Bewaffnung: 2 MGs
Besatzung: 1 Mann

Sopwith Triplane

Der Sopwith-Dreidecker und seine Überlegenheit über die feindlichen Jäger war für die deutschen Piloten ein wahrer Alptraum. Gleich 14 deutsche Hersteller versuchten sich an der Dreidecker-Formel, um der britischen Maschine Herr zu werden. Die Vorzüge lagen vor allem in der Steiggeschwindigkeit und in der großen Manövrierfähigkeit. Die Sopwith Triplane wurde von ihrer berühmten Nachfolgerin, der Sopwith Camel noch übertroffen. Als die Camel herauskam, wurde die Produktion der Triplane sofort eingestellt, von der nur 144 Maschinen gebaut wurden. Ab Juli 1914 wurden sie aus den Einheiten zurückgezogen. Beide Maschinen stammten von dem gleichen Konstrukteur. Herbert Smith hatte sich für die ungewöhnliche Dreidecker-Formel entschlossen. Er wollte die Maschine manövrierfähiger als die Pup machen und dem Piloten ein besseres Sichtfeld bieten. Mit Harry Hawker am Steuer fand am 28. Mai 1916 der Erstflug des Prototyps statt. Die ersten Eindrücke waren derart positiv, daß die Maschine sofort nach Frankreich zur taktischen Erprobung geschickt wurde. Danach bestellten RFC und RNAS mehr als 400 Flugzeuge. Die Sopwith Triplane kam aber nur bei den Marinefliegern zum Einsatz, da das Royal Flying Corps alle Dreidecker gegen die Spad S.VII eintauschte, die ihrerseits für den RNAS gedacht waren. Durch diese Übereinkunft schmolz natürlich der ursprüngliche Auftrag wieder stark zusammen.

Die Einheiten des RNAS bekamen ab Februar 1917 den neuen Jäger. Die ersten Erfolge waren vielversprechend. Der Einsatz bei den Marinestaffeln trug erheblich zu dem Ruhm der Triplane bei, die sich vor allem in der Schlacht von Arras auszeichnete. Mit dem Sopwith-Jäger errang auch das kanadische Flieger-As Raymond Collishaw seine großen Erfolge. Ihm gelangen 1917 innerhalb von zwei Monaten sieben Abschüsse und er beschädigte 17 weitere gegnerische Maschinen.

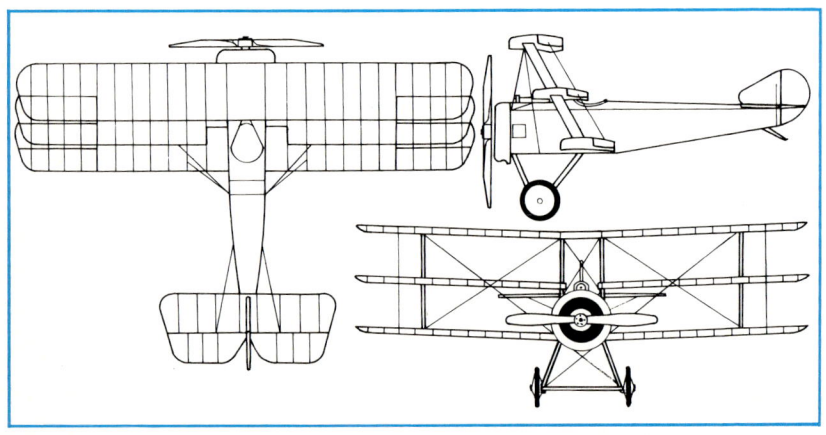

Im Oktober war nur noch eine Staffel mit Dreideckern ausgestattet, obwohl die Piloten ihre eleganten und wendigen Maschinen nur ungern gegen die »schwierigeren« Camel-Doppeldecker austauschten.

Von der Sopwith Triplane kamen nur einige Maschinen außerhalb Westeuropas zum Einsatz. So wurde 1917 eine Maschine zum 2. Geschwader des RNAS in die Ägäis geschickt. Die französische Regierung erhielt vier Flugzeuge, die Marine der Vereinigten Staaten eines und Rußland ein weiteres. Bei dieser Maschine waren im Winter 1917 die Räder durch Skier ersetzt worden. Während des letzten Kriegsjahres wurde die Triplane den Flugschulen zugeteilt oder zu Versuchsflügen eingesetzt.

Die Firma Sopwith setzte ihre Arbeiten an der Dreidecker-Formel fort. Sie baute zu Versuchszwecken zwei weitere Dreidecker, welche mit den neuen 150- und 200-PS-Hispano-Suiza-Motoren ausgerüstet waren. Diese lehnten sich an die Konstruktion der 1½ Strutter an. Beide Maschinen kamen aber nicht mehr über das Stadium des Prototyps.

Flugzeug: Sopwith Triplane
Hersteller: Sopwith Aviation Company
Typ: Jäger
Jahr: 1917
Motor: 130-PS-Clerget 9B, Rotationsmotor
Spannweite: 8,07 m
Länge: 5,89 m
Höhe: 3,20 m
Startgewicht: 699 kg
Höchstgeschwindigkeit: 181 km/h in 1.981 m Höhe
Dienstgipfelhöhe: 6.248 m
Max. Flugzeit: 2 Stunden und 45 Minuten
Bewaffnung: 1 MG
Besatung: 1 Mann

Sopwith F (Camel)

Der Spitzname Camel (Kamel) kam von der höckerartigen Verkleidung der beiden synchronisierten MGs. Dieses Kampfflugzeug war außergewöhnlich gut gelungen, und es schoß während des Krieges 1.294 gegnerische Flugzeuge ab. Der kleine Sopwith-Jäger unterschied sich erheblich von seinen beiden Vorgängern, der Sopwith Pup und der Sopwith Triplane. Das Flugzeug war ideal für den Kampf aus nächster Distanz und es war – bis auf die Fokker-Dreidecker – allen anderen Maschinen überlegen.

Herbert Smith von der Sopwith Aviation Company entwarf die Camel Ende 1916. Der Erstflug war am 22. Dezember. Man nahm sofort den Bau einer kleinen Serie in Angriff, um genügend Flugzeuge für die Bewertungs- und Abnahmeflüge zu haben. RFC und RNAS wollten diese Flüge mit verschiedenen Motoren durchgeführt haben. Außerdem wurde zum erstenmal bei einem britischen Flugzeug die Bewaffnung standardisiert. Sie bestand, wie bei den deutschen Jägern, aus zwei festen und synchronisierten MGs. Die Auslieferung begann im Mai 1917 und die ersten Camel kamen ab Juli zum Einsatz. Anfangs waren die Piloten von der neuen Maschine nicht sehr begeistert. Sie reagierte äußerst empfindlich auf die Kreiselwirkung des Rotationsmotors, was vor allem bei Kurvenflügen zu starken Trimmungsschwankungen führte. Außerdem häuften sich die Zwischenfälle beim Start, so daß man gezwungen war, eine zweisitzige Schulversion zu bauen. Es waren gerade diese negativen Merkmale, welche die Camel in den Händen von erfahrenen Piloten zu einem hervorragenden Kampfflugzeug werden ließen.

Die Camel wurden außerdem noch als Erdkampfflugzeug eingesetzt. Bei den Schlachten von Ypres und Cambrai flogen sie mit vier 9 kg Bomben unter dem Rumpf Angriffe gegen feindliche Schützengräben, Stellungen und Verkehrsknotenpunkte. Wegen der schweren Verluste, wurde eine besondere

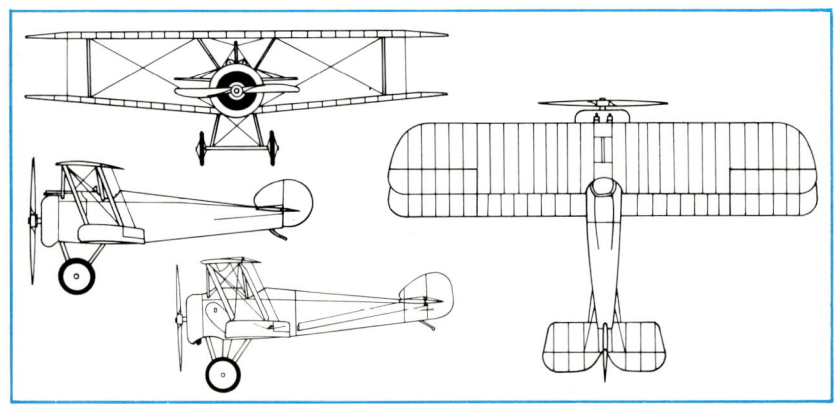

»Schützengraben-Version« entwickelt, die TF.1. Die Kabine war gepanzert und die beiden MGs schossen nach unten. Diese Version wurde zwar nicht mehr in Serie gefertigt, bildete aber die Grundlage für das nächste Projekt der Sopwith, die TF.2 Salamander.

Von der Camel gab es auch eine Bordflugzeug-Version, die 2F.1. Sie wurde im März 1917 offiziell erprobt und kam ab 1918 zum Einsatz. Die Unterschiede zur Landversion lagen in einer geringfügigen Verringerung der Spannweite und in der Anbringung eines Lewis-MGs. Mit diesem konnte durch eine Öffnung im Mittelteil des Oberflügels nach oben geschossen werden. Einige 2F.1 wurden auch als Sturzkampfbomber eingesetzt. Zu diesem Zweck hatten sie Rumpfaufhängungen für zwei 23 kg Bomben erhalten. Die Marineversion der Camel wurde auf 5 Flugzeugträgern, 9 Schlachtschiffen und 29 Kreuzern eingesetzt. Von ihr wurden 340 Stück gebaut. Es ist jedoch nicht klar, ob sie in den 5.490 Camel enthalten sind, welche von der Sopwith und acht Unterauftragnehmern insgesamt gebaut wurden.

Flugzeug: Sopwith F.1 Camel
Hersteller: Sopwith Aviation Company
Typ: Jäger
Jahr: 1917
Motor: 130-PS-Clerget 9B, Rotationsmotor
Spannweite: 8,53 m
Länge: 5,72 m
Höhe: 2,59 m
Startgewicht: 659 kg
Höchstgeschwindigkeit: 185 km/h in 1.981 m Höhe
Dienstgipfelhöhe: 5.791 m
Max. Flugzeit: 2 Stunden und 30 Minuten
Bewaffnung: 2 MGs
Besatzung: 1 Mann

Flugzeug: Sopwith 2F.1 Camel
Hersteller: Sopwith Aviation Company
Typ: Jäger
Jahr: 1918
Motor: 150-PS-BR.1, Rotationsmotor
Spannweite: 8,21 m
Länge: 5,72 m
Höhe: 2,77 m
Startgewicht: 693 kg
Höchstgeschwindigkeit: 199,5 km/h in 1.981 m Höhe
Dienstgipfelhöhe: 5.273 m
Max. Flugzeit: 2 Stunden und 30 Minuten
Bewaffnung: 2 MGs
Besatzung: 1 Mann

Armstrong-Whitworth F.K.8

In der Armstrong-Whitworth F.K.8 sah der Konstrukteur Frederick Koolhoven eine vergrößerte und stärkere Version des Vorgängermodells F.K.3 aus dem Jahre 1916. Sie wurde zum meist verbreiteten Aufklärer der letzten Kriegsjahre. Die Maschine war wegen ihrer Robustheit und ihrer schwachen Bewaffnung bei den Besatzungen sehr beliebt, welche sie der R.E.8 der Royal Aircraft Factory vorzogen. Bei einem Luftkampf am 27. März 1918 wurde über Frankreich eine F.K.8 von acht Fokker Dr.I angegriffen. Den beiden Besatzungsmitgliedern gelang es, trotz ihrer Verletzungen, vier Gegner abzuschießen und zu ihrem Stützpunkt zurückzufliegen. Die F.K.8 wurde erstmals von der 35. Staffel des RFC im Januar 1917 eingesetzt. Bald waren acht weitere Einheiten an der Westfront, in Mazedonien, in Palästina und in der Heimatverteidigung mit diesem Typ ausgerüstet.

Flugzeug: Armstrong-Whitworth F.K.8
Hersteller: Armstrong-Whitworth & Co. Ltd.
Typ: Aufklärer/Bomber
Jahr: 1917
Motor: flüssigkeitsgekühlter 160-PS-Beardmore, 6-Zylinder-Reihenmotor
Spannweite: 13,26 m
Länge: 9,45 m
Höhe: 3,35 m
Startgewicht: 1.345 kg
Höchstgeschwindigkeit: 158 km/h in Meereshöhe
Dienstgipfelhöhe: 3.962 m
Max. Flugzeit: 3 Stunden
Bewaffnung: 2 MGs; 72 kg Bomben
Besatzung: 2 Mann

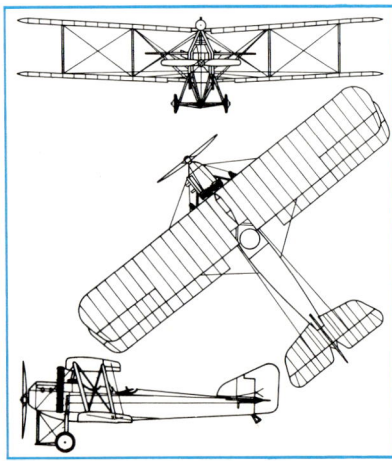

Sopwith Baby

Von dem Sopwith-Tabloid Wasserflugzeug, mit dem Howard Pixton 1914 die
Schneider-Trophäe gewonnen hatte,
waren von dem Royal Naval Air Service
136 Maschinen bestellt worden. Diese
waren für Beobachtungs- und Aufklärungsflüge zur See gedacht. 1916 entstand eine neue Version dieses Flugzeugs – Baby genannt. Sie hatte einen
stärkeren Motor, der von einer halbkreisförmigen Verschalung geschützt
wurde. Neben Sopwith waren noch drei
weitere Unterauftragnehmer mit dem
Bau der 457 Maschinen beschäftigt. Sie
kamen in den zwei letzten Kriegsjahren
bei den britischen Küsteneinheiten und
von Wasserflugzeug-Trägern aus zum
Einsatz. Dieser Einsatz beschränkte
sich nicht nur auf den Ärmelkanal und
die Nordsee, sondern erstreckte sich
auch auf das Mittelmeer, Ägypten, Palästina und Italien. Die Baby kam vor allem
als U-Boot-Aufklärer und als Beobachter zum Einsatz. In Italien wurde die
Sopwith Baby von der Firma Ansaldo in
Lizenz gebaut.

Flugzeug: Sopwith Baby
Hersteller: Sopwith Aviation Company
Typ: Aufklärer
Jahr: 1917
Motor: 110- oder 130-PS-Clerget, Rotations-
motor
Spannweite: 7,82 m
Länge: 7,01 m
Höhe: 3,05 m
Startgewicht: 778 kg
Höchstgeschwindigkeit: 157,6 km/h in Meeres-
höhe
Dienstgipfelhöhe: 2.316 m
Max. Flugzeit: 2 Stunden
Bewaffnung: 1 MG
Besatzung: 1 Mann

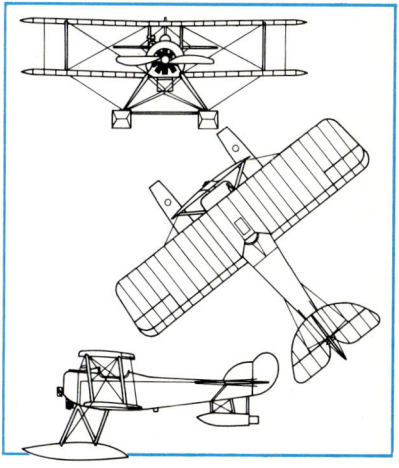

Airco D.H.4

Die D.H.4 galt als der beste einmotorige Bomber des Krieges. Außerdem war sie das einzige der in den USA gebauten britischen Flugzeuge, das auch noch zum Einsatz kam. Von den 6.295 Maschinen wurden mehr als zwei Drittel (genau 4.846) in den USA gebaut. Ohne den Waffenstillstand wäre es bestimmt nicht bei dieser Zahl geblieben, denn das sehr großzügig angelegte Fertigungsprogramm sah noch weitere 7.502 Maschinen vor. Die Amerikaner nannten die D.H.4 »Liberty Plane«, nach dem 400-PS-Liberty-Motor. Die Maschinen wurden so rechtzeitig fertig, daß sie in den letzten Kriegsmonaten noch in 13 Staffeln der American Expeditionary Force zum Einsatz kamen. Das Flugzeug war 1916 von Geoffrey de Havilland entworfen worden. Der richtete sich an dem 160-PS-B.H.P.-Motor aus, um einen schnellen Tagbomber zu bauen. Der Motor bereitete jedoch einige Sorgen und nach dem Erstflug des Prototyps – im April – folgte eine zweite Maschine, die über einen 250-PS-Eagle verfügte. Diese Maschine war schnell, manövrierfähig und robust, und sie wurde sofort in größerer Stückzahl in Auftrag gegeben. Wegen des Mangels an Rolls-Royce-Motoren kamen bei den einzelnen Serien verschiedene Motoren zum Einsatz, so der 220-PS-Siddeley-Puma, der 200-PS-R.A.F. 3a und der 260-PS-Fiat A-12. Die beste Version kam aber mit dem 375-PS-Rolls-Royce Eagle VIII heraus. Anfang 1917 wurden die ersten Maschinen ausgeliefert und die D.H.4 kam im März mit der 55. Staffel in Frankreich zum Einsatz. Kurze Zeit später waren neun weitere Bombereinheiten mit dieser Maschine ausgerüstet. Die Standard-Zuladung lag bei zwei 104 kg- oder bei vier 51 kg-Bomben. Die Bewaffnung bestand aus einem oder zwei festen, synchronisierten Vickers MGs oder aus einem oder zwei Lewis-MGs auf Scarff-Ringlafette am Beobachtersitz. Die D.H.4 wurde nicht nur für Bombenangriffe bei Tage genutzt. Die Marineeinheiten setzten die Maschine auch als Photoaufklärer, U-Boot-Aufklärer und Artilleriebeobachtungsflugzeug ein. Die D.H.4 blieb bis zum Ende des Krieges im Einsatz und flog an der Westfront, im Vorderen Orient, im Mit-

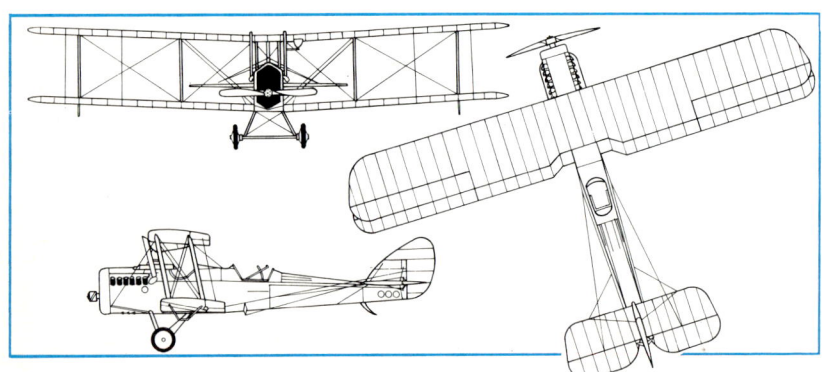

telmeerraum und in der Adria. Im Juli
1917 wurde eine D.H.4 in die Vereinigten
Staaten geschickt, um dort an Ver-
gleichsflügen mit US-Typen teilzunehmen. Sie erhielt einen 400-PS-Liberty-
Motor (ein wassergekühlter 12-Zylin-
der-V-Motor) und absolvierte am
29. Oktober ihren ersten Flug. Wegen
des neuen Motors wurden an der Maschine noch einige weitere Änderungen
vorgenommen, so daß nach geraumer
Zeit die ersten Flugzeuge von den Fließ-
bändern kamen. Die Einheiten der American Expeditionary Force waren im August 1918 einsatzbereit. Im Oktober kam
eine verbesserte Version, die D.H.4B
heraus, aber zu spät um noch an der
Front eingesetzt werden zu können. Die
Produktion lief nach dem Waffenstillstand noch für einige Zeit weiter und die
US-Luftstreitkräfte flogen die Maschine
bis 1932. Die RAF gab bei Kriegsende
zahlreiche Maschinen an Belgien, Kanada, Neuseeland, Südafrika, Spanien,
Chile und Griechenland weiter. Außerdem wurde die D.H.4 in Großbritannien
als Privat- und Rennflugzeug genutzt.

Flugzeug: Airco D.H.4
Hersteller: Aircraft Manufacturing Co.
Typ: Bomber
Jahr: 1917
Motor: flüssigkeitsgekühlter 375-PS-Rolls-
　Royce Eagle VIII, 12-Zylinder-V-Motor
Spannweite: 12,93 m
Länge: 9,34 m
Höhe: 3,55 m
Startgewicht: 1.575 kg
Höchstgeschwindigkeit: ungefähr 230 km/h
　in Meereshöhe
Dienstgipfelhöhe: 6.700 m
Max. Flugzeit: 3 Stunden und 30 Minuten
Bewaffnung: 2–4 MGs; 210 kg Bomben
Besatzung: 2 Mann

Airco D.H.5

Dieses Projekt von Geoffrey de Havilland wurde alles in allem zu einem Mißerfolg. Die D.H.5 blieb als Jäger nur 8 Monate im Einsatz – von Mai 1917 bis Januar 1918 – und wurde dann den Flugschulen zugewiesen. Der Grund dafür lag bei ihrer mittelmäßigen Flugleistung über 3.000 m Höhe und während des Luftkampfes verlor sie schnell an Höhe. Dabei hatte de Havilland versucht, ein Flugzeug herauszubringen, das die gute Sicht der D.H.2 mit den Vorzügen des Doppeldeckers mit Zugpropeller vereinen sollte. Er hatte die Flügel etwas rückwärts gestaffelt, so daß der Pilot etwas vor dem Oberflügel saß. Nach dem Mißerfolg als Jäger konnte die D.H.2 aber ihre Robustheit und ihre Schnelligkeit in geringer Höhe als Erdkampfflugzeug nutzen.

Flugzeug: Airco D.H.5
Hersteller: Aircraft Manufacturing Co.
Typ: Jäger
Jahr: 1917
Motor: 110-PS-Le Rhône 9J, Rotationsmotor
Spannweite: 7,82 m
Länge: 6,71 m
Höhe: 2,78 m
Startgewicht: 677 kg
Höchstgeschwindigkeit: 164,2 km/h in 3.048 m Höhe
Dienstgipfelhöhe: 4.877 m
Max. Flugzeit: 2 Stunden und 45 Minuten
Bewaffnung: 1 MG
Besatzung: 1 Mann

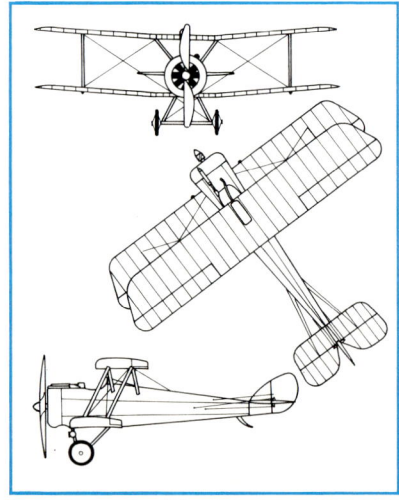

Blackburn Kangaroo

Die Kangaroo (Känguruh) ist ohne Zweifel eine der weniger bekannten Maschinen des Krieges. Sie war erst als Bomber-Wasserflugzeug und als Seeaufklärer entstanden und wurde später zu einer Landversion umgerüstet. Außerdem kam sie zu spät heraus. Bis zum Waffenstillstand kamen nur noch 16 Maschinen zum Einsatz. Mit der neugebildeten Staffel 246 der RAF gelangen dem Bomber ab April 1918 dennoch einige Erfolge. So konnte z. B. eine Kangaroo während eines Fernflugs, über der Nordsee ein U-Boot versenken. Bis zum Schluß des Krieges wurden noch vier weitere U-Boote beschädigt. Nach 1918 kaufte die Firma Blackburn die Kangaroo zurück und setzte sie noch mehrere Jahre als Passagier-, Schul- und Transportflugzeug ein.

Flugzeug: Blackburn Kangaroo
Hersteller: Blackburn Aeroplane & Motor Co.
Typ: Bomber
Jahr: 1918
Motor: flüssigkeitsgekühlter 255-PS-Rolls-Royce Falcon II, 12-Zylinder-V-Motor
Spannweite: 22,82 m
Länge: 14,02 m
Höhe: 5,13 m
Startgewicht: 3.636 kg
Höchstgeschwindigkeit: 160,8 km/h in Meereshöhe
Dienstgipfelhöhe: 3.200 m
Max. Flugzeit: 8 Stunden
Bewaffnung: 2 MGs; 416 kg Bomben
Besatzung: 4 Mann

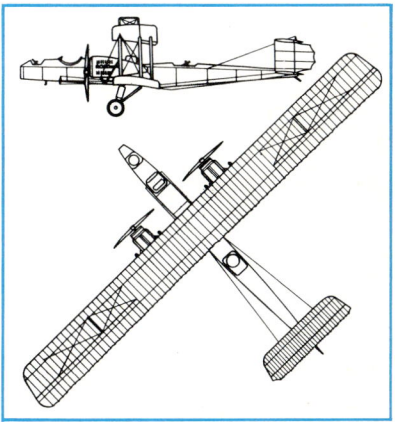

Airco D.H.9
Airco D.H.9A

Die deutschen Angriffe auf Großbritannien erlebten am 13. Juni 1917 mit einem Großangriff auf London einen ersten Höhepunkt. Die Briten beschlossen nun als Nachfolgemuster für die D.H.4 eine Maschine zu bauen, die sie ebenfalls in die Lage versetzen sollte, die deutschen Städte anzugreifen. Die D.H.9 kam im Spätsommer 1917 heraus und entsprach im wesentlichen der Konzeption ihrer Vorgängerin. Tragfläche und Leitwerk waren sogar identisch. Es gab einige Änderungen bei der Konstruktion. Der breite Zwischenraum, der bei der D.H.4 den Piloten vom Beobachter trennte, war bei der D.H.9 verschwunden. Die ständigen Formveränderungen und die Schwächen des Motors wirkten sich ungünstig auf die Flugleistungen dieser neuen Maschine aus. Diese waren derart schwach, daß sie der Maschine, die sie eigentlich ersetzen sollte, noch unterlegen war. Erst mit der Einführung eines neuen Motors, des amerikanischen 400-PS-Liberty, war die D.H.9 erfolgreicher. Die Version D.H.9A brachte dann auch die gewünschten Leistungen und Zuverlässigkeit. Bei Kriegsende wurde die Serienproduktion der Maschine gebremst: Bis dahin waren insgesamt 2.500 D.H.9A (und ungefähr 4.000 D.H.9) gebaut worden. Die Maschine wurde aber noch bis in die 30er Jahre genutzt.

Die ersten D.H.9 kamen im Dezember 1917 bei der 103. Staffel zum Einsatz.

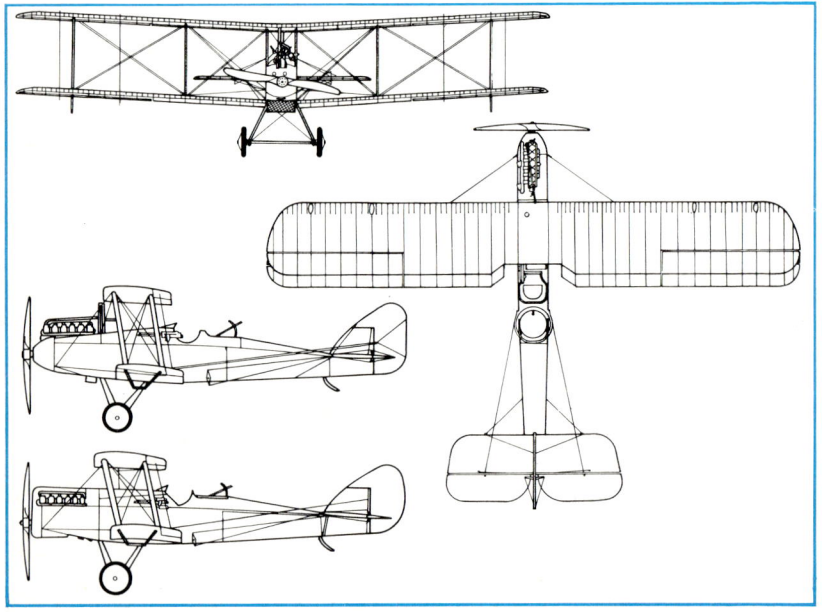

Schon nach einigen Monaten waren zahlreiche Einheiten mit der neuen Maschine ausgestattet. Der längst fällige Nachfolgetyp, die D.H.9A, kam so spät, daß er nicht mehr entscheidend in die Kämpfe eingreifen konnte. Die ersten D.H.9A kamen nämlich erst Ende August 1918 nach Frankreich an die Front. Diese Verzögerung war auch durch den Mangel an Liberty-Motoren entstanden. Großbritannien hatte nämlich nach der offiziellen Erprobung für die D.H.9A 3.000 Liberty-Motoren in den USA bestellt, wovon nur 1.050 geliefert wurden. Die D.H.9A hatte größere Tragflächen und einen stärkeren Rahmen erhalten. Der Rumpf war mit innenliegenden Verstrebungen aus Metallseilen verstärkt worden. Die Bewaffnung war allerdings nicht im gleichen Verhältnis wie die Flugleistungen gestiegen. Bombenzuladung und Defensivbewaffnung hatten sich seit der D.H.9 nicht verändert: ein nach vorne schießendes Vickers-MG mit Synchrongetriebe und 1 oder 2 Lewis-MGs beim Beobachter.

Flugzeug: Airco D.H.9A
Hersteller: Aircraft Manufacturing Co.
Typ: Bomber
Jahr: 1918
Motor: flüssigkeitsgekühlter 400-PS-Liberty, 12-Zylinder-V-Motor
Spannweite: 14 m
Länge: 9,22 m
Höhe: 3,45 m
Startgewicht: 2.107 kg
Höchstgeschwindigkeit: 198 km/ in Meereshöhe
Dienstgipfelhöhe: 5.105 m
Max. Flugzeit: 5 Stunden
Bewaffnung: 2–3 MGs; 210 kg Bomben
Besatzung: 2 Mann

Flugzeug: Airco D.H.9
Hersteller: Aircraft Manufacturing Co.
Typ: Bomber
Jahr: 1918
Motor: flüssigkeitsgekühlter 230-PS-B.H.P., 6-Zylinder-Reihenmotor
Spannweite: 12,92 m
Länge: 9,30 m
Höhe: 3,40 m
Startgewicht: 1.662 kg
Höchstgeschwindigkeit: 180 km/h in 3.048 m Höhe
Dienstgipfelhöhe: 4.724 m
Max. Flugzeit: 4 Stunden
Bewaffnung: 2–3 MGs; 210 kg Bomben
Besatzung: 2 Mann

Handley-Page V/1500

Die Handley-Page V/1500 konnte nicht mehr in das Kriegsgeschehen eingreifen und gehört dennoch zu den berühmten Maschinen dieser Zeit. Es war das größte englische Flugzeug des I. Weltkriegs und der erste strategische Bomber, der eigens für diesen Zweck gebaut worden war. Dieser erste viermotorige Bomber der Briten war der Vorläufer der B.17 und B.19, der Halifax und Lancaster des II. Weltkriegs. Bis zum Waffenstillstand waren nur drei Maschinen an die Einheiten geliefert worden. Da die Serie bei Kriegsende sofort gestoppt wurde, waren schließlich von den 255 bestellten Maschinen nur 35 gebaut worden.

Eine Forderung des englischen Luftfahrtministeriums führte zu dem Bau der V/1500. Es verlangte ein Flugzeug mit einer Reichweite von 1.000 km, um von Großbritannien aus Berlin erreichen zu können. Der Erstflug des Prototyps fand im Mai 1918 statt. Nachdem die erste Maschine bei einer Bruchlandung zerstört worden war, kam im Juni ein zweites Exemplar heraus. Dieses neue Flugzeug imponierte vor allem durch seine Ausmaße und seine Bewaffnung. Es hatte sechs MGs zu seiner Verteidigung und zum erstenmal bei einem britischen Flugzeug war eine Verteidigungsstellung im Heck des Rumpfes angebracht worden. Die Zuladung umfaßte dreißig 113 kg Bomben; außerdem war der Einbau von zwei »Riesenbomben« von je 1.497 kg vorgesehen. Um die aerodynamischen Eigenschaften der Maschine zu verbessern, waren die vier Motoren in zwei

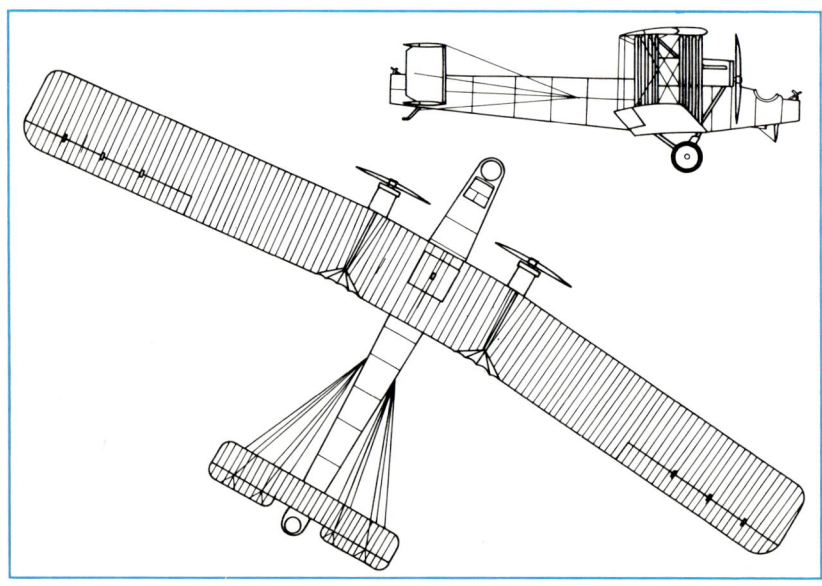

Gondeln zusammengefaßt worden, von denen jede einen Zug- und einen Schubpropeller hatte. Im Verlauf der Produktion wurden noch stärkere Motoren als der Rolls-Royce Eagle VIII eingebaut, so z. B. der Napier Lion von 450 PS und der Galloway Atlantic von 500 PS.

Das Ende des Krieges bedeutete aber auch das Ende der Handley-Page V/1500. Für eine kommerzielle Nutzung war das Flugzeug einfach zu groß und zu teuer. Die fertiggestellten Maschinen blieben nur für kurze Zeit im Einsatz. Der einzige Kriegseinsatz des Bombers fand in Indien statt. Im Mai 1919 bombardierte eine V/1500 Kabul, um die Rebellion, welche ganz Nord-West-Indien erfaßt hatte, niederzuschlagen.

Eine Handley-Page wurde 1919 für eine Atlantik-Überquerung vorbereitet; doch schon während der ersten Versuchsflüge traten unvorhergesehene Schwierigkeiten mit dem Kühlsystem der Motoren auf. Zu dieser Zeit schaffte jedoch ein anderes britisches Flugzeug die Überquerung des Atlantiks, nämlich

Flugzeug: Handley-Page V/1500
Hersteller: Handley-Page Ltd.
Typ: schwerer Bomber
Jahr: 1918
Motor: 4 flüssigkeitsgekühlte 375-PS-Rolls-Royce Eagle VIII, 12-Zylinder-V-Motoren
Spannweite: 38,40 m
Länge: 19,51 m
Höhe: 7,01 m
Startgewicht: 13.608 kg
Höchstgeschwindigkeit: 145,6 km/h in 1.892 m Höhe
Dienstgipfelhöhe: 3.353 m
Max. Flugzeit: 6 Stunden
Bewaffnung: 4–6 MGs; 3.390 kg Bomben
Besatzung: 4 Mann

eine Vickers Vimy mit Alcock und Brown am Steuer. Die Handley-Page V/1500 zeigte danach eine ganze Reihe von Demonstrationsflügen in Kanada und in den USA, um zivile Käufer zu finden. Der einzige kommerzielle Einsatz der Maschine fand in Großbritannien für begrenzte Zeit statt: die Handley-Page Transport Ltd. setzte 1919 eine V/1500 als Passagiermaschine auf der Strecke London–Brüssel ein. In der für diesen Zweck umgebauten Version fanden 40 Personen Platz.

Sopwith 5F.1 Dolphin
Sopwith TF.2 Salamander
Sopwith 7F.1 Snipe

Als das letzte größere Projekt vor dem Ende des Krieges brachte die Sopwith Aviation Company noch einen »reinen« Jäger (Snipe – Schnepfe) und zwei Kampfflugzeuge (Delphin und Salamander) heraus. Die Maschinen waren alle gut gelungen. Durch den Waffenstillstand wurde jedoch die Produktion der Salamander schon frühzeitig gestoppt. Sie enthielt als Erdkampfflugzeug einige interessante Neuerungen. Am erfolgreichsten war aber ohne Zweifel die Snipe, welche die Nachfolge der berühmten Camel antreten sollte. Sie galt bei Kriegsende als der beste Jäger der Alliierten.

Die Sopwith 7F.1 Snipe wurde von Herbert Smith um den neuen Rotationsmotor Bentley B.R.2 von 230 PS entworfen. Sie sollte mit ihren stärkeren Leistungen an die Stelle der Camel treten. Einige Ähnlichkeiten, nämlich den »höckerartigen« Rumpf und das Leitwerk, waren vorhanden. Die Tragflächen hatten beide V-Form und ihre Verstrebungen waren besonders sorgfältig gearbeitet. Der mittlere Teil des Oberflügels hatte einige Öffnungen, um die Sichtverhältnisse zu verbessern. Die Snipe ging Anfang 1918 in Serienfertigung. Im März wurden drei Staffeln der RAF in Frankreich mit dieser Maschine ausgerüstet. Im Einsatz erwies sie sich als außergewöhnlich wendig und robust. Ihre mittelmäßige Geschwindigkeit im Horizontalflug wurde durch eine außergewöhnliche Steiggeschwindigkeit wieder wettgemacht. Von der Snipe wurden ungefähr 1.500 Maschinen gebaut, und sie wurde zum Standard-Jäger der RAF der Nachkriegszeit.

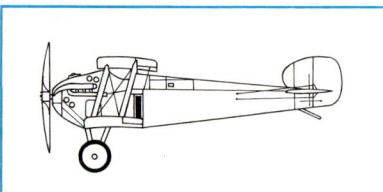

Flugzeug: Sopwith 5F.1 Dolphin
Hersteller: Sopwith Aviation Company
Typ: Angriffsjäger
Jahr: 1918
Motor: flüssigkeitsgekühlter 200-PS-Hispano-Suiza 8E, 8-Zylinder-V-Motor
Spannweite: 9,91 m
Länge: 6,78 m
Höhe: 2,59 m
Startgewicht: 907 kg
Höchstgeschwindigkeit: 206 km/ in 3.048 m Höhe
Dienstgipfelhöhe: 6.400 m
Max. Flugzeit: 1 Stunde und 45 Minuten
Bewaffnung: 3–4 MGs
Besatzung: 1 Mann

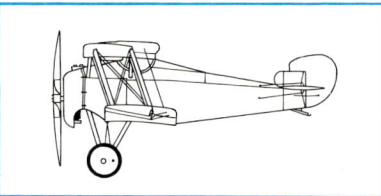

Flugzeug: Sopwith TF.2 Salamander
Hersteller: Sopwith Aviation Company
Typ: Angriffsjäger
Jahr: 1918
Motor: 230-PS-Bentley B.R.2, Rotationsmotor
Spannweite: 9,52 m
Länge: 5,94 m
Höhe: 2,84 m
Startgewicht: 1.138 kg
Höchstgeschwindigkeit: 201,1 km/h in 152 m Höhe
Dienstgipfelhöhe: 3.962 m
Max. Flugzeit: 1 Stunde und 45 Minuten
Bewaffnung: 2 MGs
Besatzung: 1 Mann

Kurz vor der Snipe hatten die Verbände in Frankreich eine andere Sopwith Maschine erhalten, die Dolphin. Um die Sicht zu verbessern, hatte man die Flügel nach hinten gestaffelt. Das Ergebnis war, daß der Pilot einen Stahlrohrrahmen und die Kolben von vier MGs kurz vor dem Gesicht hatte. Durch die Herausnahme von zwei MGs konnte eine Verbesserung erzielt werden. Die Dolphin leistete ausgezeichnete Dienste als Begleit- und Erdkampfflugzeug. Insgesamt wurden 1.532 Maschinen dieses Typs gebaut.

Die Sopwith Salamander kam viel zu spät heraus. Die RAF verfügte beim Waffenstillstand nur über 37 Maschinen. Diese Maschine, deren Prototyp am 27. April 1918 den Erstflug hatte, beruhte auf den Erfahrungen mit der TF.1. Die Salamander war eigentlich eine als Erdkampfflugzeug umgewandelte Camel. Sie erschien derart vielversprechend, daß sofort 1.100 Maschinen in Auftrag gegeben, von denen aber nur 102 fertiggestellt wurden. Sie trug wesentlich zur Entwicklung der späteren Angriffsflugzeuge bei.

Flugzeug: Sopwith 7F.1 Snipe
Hersteller: Sopwith Aviation Company
Typ: Jäger
Jahr: 1918
Motor: 230-PS-Bentley B.R.2, Rotationsmotor
Spannweite: 9,14 m
Länge: 5,84 m
Höhe: 2,89 m
Startgewicht: 916 kg
Höchstgeschwindigkeit: 195 km/h in 3.048 m Höhe
Dienstgipfelhöhe: 5.944 m
Max. Flugzeit: 3 Stunden
Bewaffnung: 2 MGs
Besatzung: 1 Mann

Vickers Vimy

Die Vickers Vimy kam gleichzeitig mit der Handley-Page V/1500 heraus. Sie waren die letzten schweren, britischen Bomber des I. Weltkriegs. Wie die V/1500, so sollte auch die Vimy in der Lage sein, Berlin zu erreichen. Von der Vickers Vimy kamen aber nur drei Maschinen zu den Einheiten, die nicht mehr entscheidend in das Kriegsgeschehen eingreifen konnten. Die zweimotorige Maschine von Vickers blieb bis 1924 bei der RAF und stand zahlreiche Fernflüge erfolgreich durch.

Die Arbeiten an der Vimy begannen im Frühjahr 1917. Im August wurden die drei Prototypen bestellt, welche für die Erprobungsflüge der Vorserie benötigt wurden. Der Erstflug war am 30. November. Während der Erprobung wurde noch mit dem Motor und einigen Ände-

rungsvorhaben experimentiert. Im März 1918 wurden 150 Maschinen bestellt; bis zum Ende des Krieges waren es 1.000 Bestellungen. Insgesamt wurden jedoch nur 221 Exemplare gebaut.

Die Vimy wurde in der Nachkriegszeit von neun Staffeln der Royal Air Force in Großbritannien und im Vorderen Orient geflogen. Auch wurde sie von einigen Schuleinheiten eingesetzt. Die Standardbewaffnung bestand aus vier MGs und einer maximalen Bombenzuladung von 2.180 kg. Unter den verschiedenen Motoren, die für die einzelnen Versionen vorgesehen waren, befand sich auch der Fiat A-12bis, ein wassergekühlter 12-Zylinder-V-Motor mit 300 PS. Bei ungefähr 80 Vimy wurden später die »festen« Motoren durch Sternmotoren wie den Bristol Jupiter oder den Arm-

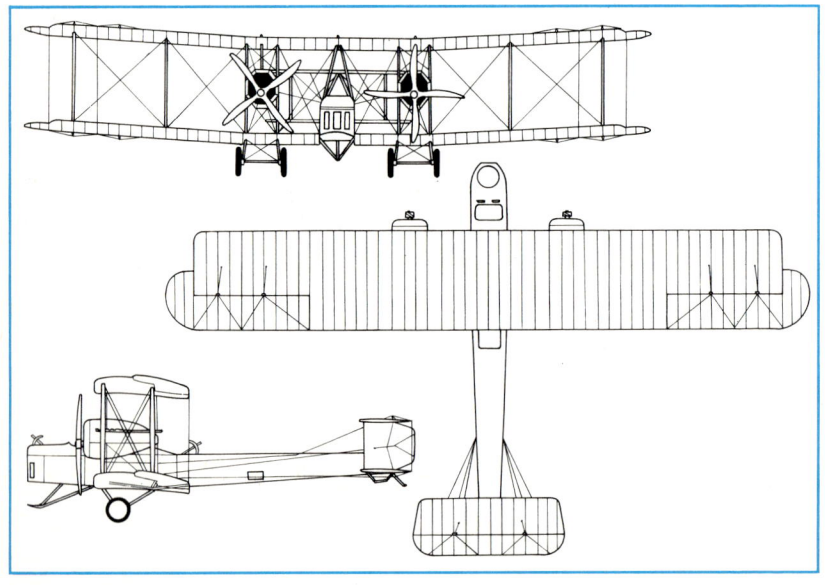

strong-Siddeley Jaguar ersetzt. Die beiden Standard-Motoren der Vickers Vimy waren aber der Fiat A-12bis und der Rolls-Royce Eagle VIII. Die entsprechenden Serien erhielten die Bezeichnung Mk.II–III und Mk.IV.

Bekannt wurde die Vickers Vimy vor allem durch ihre aufsehenerregenden Fernflüge im Jahre 1919. Im Juni schafften Hauptmann Alcock und Leutnant Arthur Whitten-Brown mit einer entsprechend geänderten Version die erste Nonstop-Überquerung des Atlantik. Dabei legten sie 3.032 km zurück und flogen von St. Johns auf Neufundland nach Clifden in Nordirland. Im November wurde ein weiterer interessanter Fernflug erfolgreich durchgestanden: die beiden australischen Brüder Ross und Keith Smith legten mit einer Vickers Vimy in weniger als 136 Flugstunden die 17.912 km von Großbritannien nach Australien zurück. Dieses Unternehmen war das erste dieser Art, das von einer australischen Besatzung mit einer englischen Maschine erfolgreich beendet wurde.

Flugzeug: Vickers Vimy
Hersteller: Vickers Ltd.
Typ: schwerer Bomber
Jahr: 1918
Motor: zwei flüssigkeitsgekühlte 360-PS-Rolls-Royce Eagle VIII, 12-Zylinder-V-Motoren
Spannweite: 20,73 m
Länge: 13,27 m
Höhe: 4,57 m
Startgewicht: 5.670 kg
Höchstgeschwindigkeit: 165 km/h in Meereshöhe
Dienstgipfelhöhe: 2.134 m
Reichweite: 1.450 km
Bewaffnung: 4 MGs; 2.180 kg Bomben
Besatzung: 3 Mann

1914 Martinsyde S.1. Spannweite: 8,43 m. Länge: 6,40 m. Höchstgeschwindigkeit: 153 km/h. Motor: 80-PS-Gnôme-Rotationsmotor. Die S.1 war der Sopwith Tabloid sehr ähnlich; sie wurde an der Westfront als schneller Aufklärer eingesetzt. Jede Einheit erhielt nur einige Maschinen, die bis Sommer 1915 im Einsatz blieben. Insgesamt wurden 60 Maschinen gebaut.

1914 R.A.F. B.E.8. Spannweite: 12,04 m. Länge: 8,31 m. Höchstgeschwindigkeit: 113 km/h. Motor: 80-PS-Gnôme-Rotationsmotor. Die B.E.8 wurde bei Kriegsbeginn in Frankreich sofort als Bomber eingesetzt, da sie zu dieser Zeit schon zur Verfügung stand. Später wurde sie aber zusammen mit einer Variante, der B.E.8a, die einige Änderungen an der Tragfläche und den Querrudern aufwies, als Aufklärer eingesetzt. Bis 1915 hatte das RFC 22 B.E.8a erhalten.

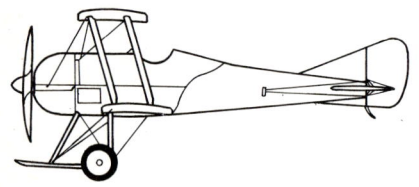

1914 R.A.F. S.E.2a. Spannweite: 8,38 m. Länge: 6,25 m. Höchstgeschwindigkeit: 154 km/h. Motor: 80-PS-Gnôme-Rotationsmotor. Die hervorragenden Eigenschaften dieser Maschine von Geoffrey de Havilland wurden nie ganz genutzt, weil sie keine geeignete Bewaffnung besaß. Als man sie endlich mit einem MG ausrüstete, waren ihr neuere Maschinen schon weit voraus.

1914 Sopwith Tabloid. Spannweite: 7,77 m. Länge: 6,20 m. Höchstgeschwindigkeit: 148 km/h. Motor: 80-PS-Gnôme-Rotationsmotor. Aus dem Gewinner des Schneider-Pokals von 1914 wurde eine Militärversion entwickelt, die erst als schneller Aufklärer und dann als leichter Bomber eingesetzt wurde. Von den 40 Maschinen hatten mehrere ein nach vorne schießendes MG und Ablenkbleche.

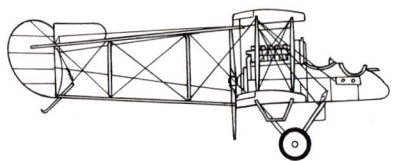

1915 Airco D.H.1A. Spannweite: 12,50 m. Länge: 8,82 m. Höchstgeschwindigkeit: 141 km/h. Motor: 120-PS-Beardmore. Die D.H.1 sah den F.E.1 und F.E.2 aus dem Jahre 1910 sehr ähnlich. Es war ein zweisitziger Doppeldecker mit Schubpropeller, der als Jäger und Aufklärer eingesetzt wurde. Die ersten Flüge des Prototyps fanden 1915 mit de Havilland am Steuer statt. 1917 wurden noch 73 D.H.1 eingesetzt.

1915 Armstrong-Whitworth F.K.3. Spannweite: 12,19 m. Länge: 8,84 m. Höchstgeschwindigkeit: 140 km/h. Motor: 90-PS-R.A.F. Von diesem Entwurf von Frederick Koolhoven, der 1915 in Serie ging, wurden 500 Maschinen gebaut. Sie wurden vor allem als Schulflugzeuge eingesetzt, da die Maschine sehr stark untermotorisiert war.

1916 R.A.F. B.E.2e. Spannweite: 12,42 m. Länge: 8,31 m. Höchstgeschwindigkeit: 132 km/h. Motor: 90-PS-R.A.F.1a. Obwohl diese Maschine das letzte Glied in der B.E.2-Serie war, kam sie dennoch eher einer radikalen Abkehr gleich: viel langsamer und mit ungenügender Defensivbewaffnung. Es wurden aber 1.801 Maschinen gebaut, die ab 1916 die übrigen B.E.2-Typen ablösten. Danach wurden sie als Schulflugzeug eingesetzt.

1916 Vickers F.B.12. Spannweite: 7,93 m. Länge: 6,56 m. Höchstgeschwindigkeit: 150 km/h. Motor: 100-PS-Gnôme-Monosoupape, Rotationsmotor. Dieser Doppeldecker mit Schubpropeller vom Juni 1916 war einer der letzten Versuche, aus der nunmehr überholten Formel, dennoch ein gutes Flugzeug zu machen.

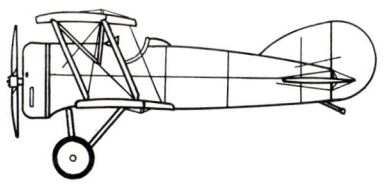

1916 Vickers F.B.19. Spannweite: 7,32 m. Länge: 5,54 m. Höchstgeschwindigkeit: 157 km/h. Motor: 110-PS-Le Rhône 9J, Rotationsmotor. Diese Maschine konnte im Einsatz nicht gefallen, obwohl sie schnell und gut bewaffnet war. Von den beiden Serien Mk.I und Mk.II wurden nur wenige Maschinen gebaut. Die F.B.19 wurde sofort als Schulflugzeug eingesetzt, im Vorderen Orient und beim Heimatschutz.

1916 Vickers F.B.9. Spannweite: 10,28 m. Länge: 8,66 m. Höchstgeschwindigkeit: 132 km/h. Motor: 100-PS-Gnôme-Monosoupape, Rotationsmotor. Diese verbesserte Version der berühmten F.B.5 »Gunbus« kam Anfang 1916 heraus. Man hatte die Konstruktion des Rumpfes und der Tragfläche verbessert. Außerdem befand sich das MG jetzt auf einer beweglichen Lafette. Die Maschine war nur als Schulflugzeug eingesetzt.

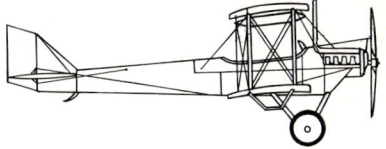

1917 Airco D.H.6. Spannweite: 10,95 m. Länge: 8,32 m. Höchstgeschwindigkeit: 106 km/h. Motor: 90-PS-R.A.F.1a. Dieses Schulflugzeug wurde 1918 noch als U-Boot-Jäger und See-Aufklärer eingesetzt. Die Produktion begann im Januar 1917 und umfaßte eine Bestellung von 2.950 Maschinen. Als die Avro 504 als Standard-Trainer zur Verfügung stand, setzte der RNAS die D.H.6 vor allem bei den Küsteneinheiten ein.

1917 Felixstowe F.2A. Spannweite: 29,15 m. Länge: 14,10 m. Höchstgeschwindigkeit: 153 km/h. Motor: zwei 345-PS-Rolls-Royce Eagle VIII. Diese Weiterentwicklung des Flugbootes Curtiss H.12 »Large America« wurde ein großer Erfolg; sie bestimmte bis in die 30er Jahre den Stil der englischen Flugboote. Von November 1917 bis März 1918 wurden 170 F.2A bestellt, die mit großem Erfolg in der Nordsee operierten.

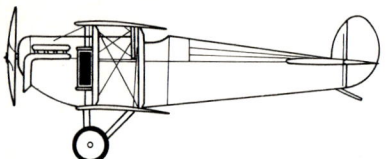

1917 Austin-Ball A.F.B.1. Spannweite: 9,14 m. Länge: 6,55 m. Höchstgeschwindigkeit: 222 km/h. Motor: 200-PS-Hispano-Suiza. Das große britische Flieger-As Albert Ball wirkte bei dem Bau dieses Flugzeugs beratend mit. Die hervorragende Maschine war der S.E.5a sogar noch überlegen. Da sie aber in der S.E.5a und der Camel zwei starke Konkurrenten hatte, wurde sie nicht in Serie gebaut.

1917 Fairey F.17 Campania. Spannweite: 18,78 m. Länge: 13,12 m. Höchstgeschwindigkeit: 129 km/h. Motor: 345-PS-Rolls-Royce Eagle VIII. Es war die erste Maschine, die nur für den Einsatz von einem Flugzeugträger aus konzipiert war. 1917 kamen zwei Prototypen heraus, von denen der zweite die Bezeichnung F.17 erhielt. Das Flugzeug kam bis 1919 in verschiedenen Versionen sowohl land- als auch trägergestützt zum Einsatz.

1917 Sopwith T.1 Cockoo. Spannweite: 14,25 m Länge: 8,69 m. Höchstgeschwindigkeit: 166 km/h. Motor: 200-PS-Sunbeam Arab. Diese Maschine geht auf eine Forderung der Admiralität zurück, die ein landgestütztes Flugzeug haben wollte, das mit einer Flugzeit von vier Stunden, 1 oder 2 Torpedos transportieren konnte. Insgesamt wurden 150 Maschinen gebaut, die aber zu spät herauskamen, um noch in die Kämpfe eingreifen zu können.

1917 Martinsyde F.3. Spannweite: 9,99 m. Länge: 7,76 m. Höchstgeschwindigkeit: 208 km/h. Motor: 275-PS-Rolls-Royce Falcon III. Diese Maschine von G. H. Handasyde aus dem Jahre 1917 war ein sehr schneller und wendiger Jäger. Da der vorgesehene Falcon-Motor aber in erster Linie für die Bristol Fighter gedacht war, wurde die Serie wieder annulliert und nur 6 Maschinen gebaut.

1918 Martinsyde F.4 Buzzard. Spannweite: 9,99 m. Länge: 7,76 m. Höchstgeschwindigkeit: 213 km/h. Motor: 300-PS-Hispano-Suiza 8F. Die Buzzard sollte die Nachfolge der F.3 antreten, der sie sehr stark ähnelte. Man hatte nur einen anderen Motor als den schwer erhältlichen Falcon genommen. Trotz guter Eigenschaften konnte die F.4 nicht mehr an den Kämpfen teilnehmen und die vorgesehene Großserie mußte wieder annulliert werden.

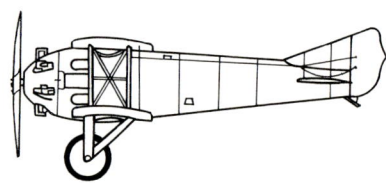

1918 B.A.T. Bantam Mk.I. Spannweite: 7,62 m. Länge: 5,61 m. Höchstgeschwindigkeit: 206 km/h. Motor: 170-PS-A.B.C. Wasp I-Sternmotor. Der Entwurf stammte von Frederick Koolhoven. Die schnelle und wendige Maschine litt jedoch unter der unzuverlässigen Leistung ihres noch nicht ganz ausgereiften Sternmotors. Die Produktion wurde schon nach 10 Maschinen wieder eingestellt.

Rußland

Die Entwicklung der russischen Luftstreitkräfte wurde durch den Ausbruch der Revolution von 1917 stark gebremst. Außerdem hing die russische Industrie für die Lieferung von Motoren und sonstigem Gerät vom Ausland – vor allem von Frankreich – ab. Sie war deshalb nie in der Lage, eine schlagkräftige Luftwaffe aufzubauen. Die einzige Pionierleistung der Russen auf dem Gebiet der Militärmaschinen war der Bau der Ilja Mourometz durch Igor Sikorsky. Es war der erste viermotorige Bomber der Welt und er wurde auch bei strategischen Bombenflügen eingesetzt.

Dabei hatte Rußland schon sehr früh Interesse an Militärflugzeugen gezeigt und 1910 in Gatschina bei St. Petersburg und in Sebastopol zwei Flugschulen eröffnet. In Gatschina fand 1911 auch die erste Schau von Militärflugzeugen statt. Hier traten die Flugzeuge bei Heeresmanövern auch zum erstenmal als Kampfmaschinen in Erscheinung. Bei Ausbruch des Krieges verfügten die zaristischen Luftstreitkräfte über 244 Flugzeuge, 12 Zeppeline und 46 Ballons. Die Fronteinheiten waren mit 145 Maschinen ausgerüstet.

Die russischen Luftstreitkräfte waren zu Beginn der Feindseligkeiten den Einheiten der übrigen Nationen gleichwertig. Sie konnten sich danach aber kaum weiterentwickeln. Der russischen Industrie fehlten die notwendigen finanziellen Mittel und sie baute fast nur französische Typen in Lizenz nach. So z. B. die zahlreichen Voisin, Nieuport, Farman und Morane der Firma Dux in Moskau. Bei den Motoren war Rußland fast gänzlich vom Ausland abhängig und es baute vor allem die Gnôme- und Hispano-Produkte in Lizenz nach. Außerdem mußten Frankreich, Großbritannien (B.E.2e, Vickers, F.B.19, Sopwith 1½ Strutter) und die USA (Curtiss-Wasserflugzeuge) eine Auswahl von Maschinen direkt nach Rußland liefern.

Wegen ihrer allgemeinen Unterlegenheit war die Moral der russischen Besatzungen nie besonders gut. Rußland hatte dennoch einige Flieger-Asse, die es allerdings nicht auf die gleiche Anzahl von Luftsiegen brachten wie die Flughelden der übrigen Nationen. An erster Stelle kam Alexander Alexandrowitsch Kasakoff mit 17 Siegen, dessen Maschinen alle mit einem riesigen Totenkopf bemalt waren. Auf ihn folgten Hauptmann Paul V. d'Argejeff mit 15 Siegen und Leutnant Alexander Prokofjeff de Seversky mit 13 Abschüssen.

Sikorsky Ilja Mourometz V

»Russkii Vitiaz« (der russische Ritter), war der Name des ersten viermotorigen Flugzeugs der Welt. Es war erbaut von Igor Sikorsky und G. I. Lavroff und hatte am 13. Mai 1913 seinen Erstflug. Ihm folgte bald eine neue und größere viermotorige Maschine, die am 12. Februar 1914 einen für die damalige Zeit sensationellen Rekord aufstellte. Mit 16 Passagieren und einem Hund an Bord stieg sie über Moskau auf 2.000 m. Der Flug dauerte 5 Stunden, wobei die Maschine eine Durchschnittsgeschwindigkeit von 100 km/h halten konnte. Von dieser Maschine, nach einem Helden der russischen Geschichte Ilja Mouromctz benannt, wurden sofort 10 Stück in einer Militärversion bestellt. Durch den Ausbruch des Krieges wurde dieser Auftrag auf 80 erhöht und an die Baltisch-Russische Waggon-Fabrik (R.B.V.Z.) vergeben.

Die viermotorige Maschine erschien in 5 Versionen, die sich alle in Ausmaß, Gewicht und Motor voneinander unterschieden. Eine Standardisierung wurde vor allem durch die großen Schwierigkeiten mit den Motoren verhindert. Rußland hing auf diesem Gebiet vollständig vom Ausland ab. Die Konstrukteure der Ilja Mourometz mußten ihre Maschinen immer an die gerade verfügbaren Motoren anpassen. So waren die verschiedenen Versionen mit Salmson, Sunbeam, Argus, Renault und R.B.V.Z.-Motoren ausgerüstet. Manche Flugzeuge hatten sogar zwei verschiedene Motorenpaare. Die größte und stärkste Ilja Mourometz war die Version E-1 mit vier 220-PS-Renault-Motoren. Sie wog 7 Tonnen und erreichte 137 km/h.
Der erste taktische Einsatz der Ilja Mourometz stand allerdings unter einem ungünstigen Stern. Die Leistungen der

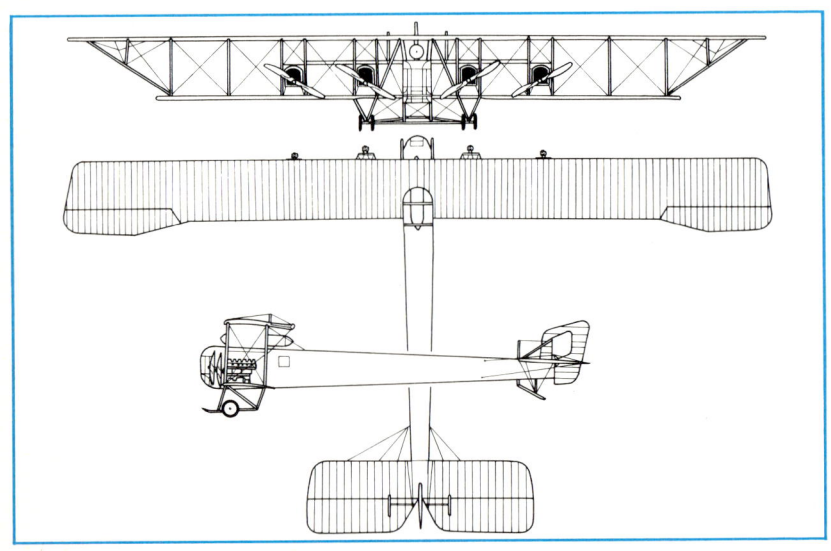

beiden ersten Maschinen fielen sehr bescheiden aus. General Helgard, der technische Inspekteur des Heeres, der R.B.V.Z. befahl, die Produktion einzustellen. Der Direktor der R.B.V.Z., M. V. Schidlowski, erreichte aber, daß diese Maßnahme wieder rückgängig gemacht wurde. Am 10. Dezember 1914 wurde Schidlowski zum Generalmajor ernannt und mit dem Kommando einer neugebildeten Eskadra Vozdushnykh Korablei betraut. Diese neue Einheit kam ab Februar 1915 von Polen aus zum Einsatz. Bis zum Ausbruch der Revolution waren die Ilja Mourometz nun ständig im Einsatz. Sie brachten es auf über 400 Bombenangriffe gegen Deutschland und Litauen. Dabei gingen nur zwei Maschinen verloren, was wohl der beste Beweis für die außergewöhnliche Robustheit der Maschine war. 1916 war die Ilja Mourometz schon so bekannt, daß Großbritannien und Frankreich sie in Lizenz nachbauen wollten. Obwohl der Zar seine Zustimmung gegeben hatte, wurde dieser Plan jedoch nicht verwirklicht.

Flugzeug: Sikorsky Ilja Mourometz V
Hersteller: Sikorsky & R.B.V.Z.
Typ: Bomber
Jahr: 1915
Motor: 4 flüssigkeitsgekühlte 150-PS-Sunbeam, 6-Zylinder-V-Motoren
Spannweite: 29,80 m.
Länge: 17,10 m
Höhe: 4,72 m
Startgewicht: 4.589 kg
Höchstgeschwindigkeit: 121 km/h in 1.981 m Höhe
Dienstgipfelhöhe: 3.000 m
Max. Flugzeit: 5 Stunden
Bewaffnung: 3–7 MGs; 521 kg Bomben
Besatzung: 4–7 Mann

Lebed 12

Flugzeug: Lebed 12
Hersteller: V. A. Lebedeff Aeronautics Ltd.
Typ: Aufklärer
Jahr: 1916
Motor: luftgekühlter 150-PS-Salmson, 9-Zylinder-Sternmotor
Spannweite: 13,14 m
Länge: 7,95 m
Höhe: –
Startgewicht: 1.213 kg
Höchstgeschwindigkeit: 134 km/h in 1.981 m Höhe
Dienstgipfelhöhe: 3.505 m
Max. Flugzeit: 3 Stunden
Bewaffnung: 2 MGs; 90 kg Bomben
Besatzung: 2 Mann

Der erste in Rußland entworfene und gebaute Aufklärer entstand 1915 auf der Grundlage einer deutschen Albatros B.II. Der Vater der Lebed 11 war A. Lebedeff, ein Pionier der russischen Luftfahrt. 1910 hatte er in Frankreich fliegen gelernt und danach in seiner Heimat eine Flugzeugfabrik aufgebaut. Auf den Typ 11, dessen Leistungen ungenügend waren, folgte bald die Version 12, die auch in beschränkter Anzahl in Serie gebaut wurde. Der Erstflug der Lebed 12 war am 28. Dezember 1915. Der offizielle Bericht des Testfliegers Sleptzoff enthielt einige Kritiken. Es wurden trotzdem 225 Maschinen bestellt, welche die Voisin ersetzen sollten. Das Ausschalten einiger technischer Fehler dauerte dann aber so lange, daß die Lebed 12 erst im Herbst 1916 zum Einatz kam. Sie war bei den Piloten wegen ihrer Neigung, urplötzlich in einen Sturzflug überzugehen, nicht sonderlich beliebt.

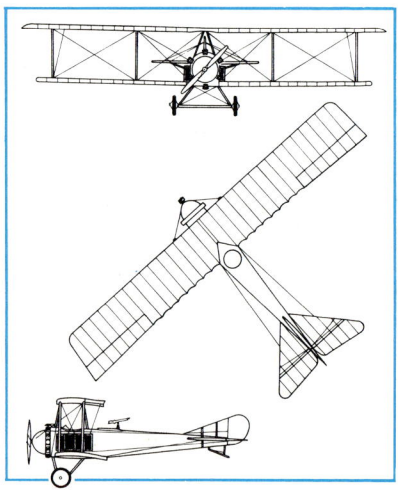

Anatra DS

In Odessa hatte der italienische Bankier A. Anatra eine Flugzeuggesellschaft gleichen Namens gegründet. 1917 brachte diese ihren Typ DS heraus, von dem in wenigen Monaten 70 Exemplare gebaut wurden. Die DS war eine Weiterentwicklung des Typs D, der 1916 zu einem Mißerfolg geriet. Der Rahmen gab ständig nach und der 100-PS-Gnôme Monosoupape-Rotationsmotor funktionierte nur sehr schlecht. Die Anatra DS erhielt einen Salmson (Canton-Unné)-Sternmotor von 150 PS und diese Auswahl führte zu einer spürbaren Verbesserung der Flugleistungen. Sie wurde dann auch Anasal oder Anatra-Salmson genannt. Wie schon das Vorgängermodell, so hielt sich das Modell DS ebenfalls an das allgemeine Schema des deutschen Aviatik. Ein intakt gebliebenes Beutemodell hatte als direkte Vorlage gedient.

Flugzeug: Anatra DS
Hersteller: Zavod A. A. Anatra
Typ: Aufklärer
Jahr: 1917
Motor: luftgekühlter 150-PS-Salmson, 9-Zylinder-Sternmotor
Spannweite: 11,43 m
Länge: 8,10 m
Höhe: 2,79 m
Startgewicht: 1.164 kg
Höchstgeschwindigkeit: 144 km/h in 1.981 m Höhe
Dienstgipfelhöhe: 4.298 m
Max. Flugzeit: 3 Stunden und 30 Minuten
Bewaffnung: 2 MGs
Besatzung: 2 Mann

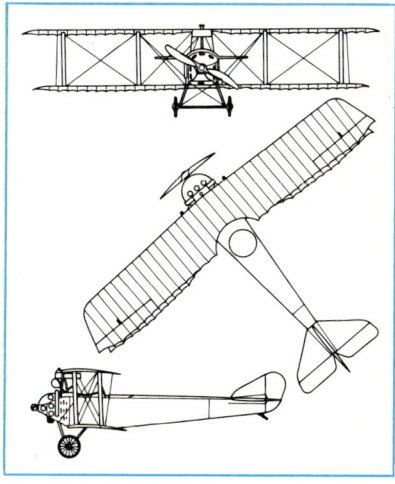

Italien

Italien trat erst ein Jahr nach den anderen Nationen in den Krieg ein. Obwohl die italienischen Luftstreitkräfte gut ausgebildet und auch kampfbereit waren, fehlte es ihnen, im Vergleich zu ihren Gegnern, an der notwendigen Kampferfahrung. Allerdings waren die Maschinen, mit denen die 12 Frontstaffeln ausgerüstet waren, zu diesem Zeitpunkt auch schon weitgehend überholt. Die Ausrüstung mit französischen Maschinen (Blériot, Farman, Nieuport) war notwendig geworden, weil die eigene Industrie noch keine gleichwertigen Flugzeuge hervorgebracht hatte. Dies sollte sich den ganzen Krieg über kaum ändern und zu einem ständigen Übergewicht der ausländischen Produkte führen. Es galt vor allem für die Jagdflugzeuge. Die ersten in Italien entworfenen Modelle kamen erst 1918 an die Front und konnten nicht mehr entscheidend in die Kämpfe eingreifen.

Einzige Ausnahmen waren die Seeflugzeuge und die Bomber. Hier nahm Italien wegen der guten Erzeugnisse von Caproni und Macchi eine Spitzenstellung ein. Bei den Bombern war Italien besonders stark. Mit den Ilja Mouromez waren die Caproni aus der Serie Ca.3 die

ersten Bomber der Welt, die für taktische Zwecke entwickelt und eingesetzt wurden. Ihren ersten Kriegseinsatz hatten sie am 20. August 1915 bei einem Bombenangriff auf den österreichischen Militärflugplatz von Aisovizza.

Das Jahr 1916 stand für Italien schon unter besseren Vorzeichen, denn die Jagdeinheiten waren mit den hervorragenden Nieuport 11 und 17 ausgerüstet worden. Am 6. April erhielt die Kampfmoral der italienischen Piloten einen neuen Aufschwung, als Francesco Baracca über Medeuzza seinen ersten Luftsieg errang. Gegen Ende des Jahres wurden auch die verstärkten Anstrengungen der nationalen Industrie endlich sichtbar, als sie unter dem Zwang der Kriegsereignisse 1.255 Flugzeuge und 2.300 Motoren herstellte. Außerdem hatte sich die Zahl der Fronteinheiten auf 49 Staffeln erhöht, darunter 13 Bomber-, 22 Aufklärer- und 9 Jägerstaffeln. 5 Staffeln wurden ständig für die Verteidigung besonders gefährdeter Punkte bereit gehalten. 1917 konnte die Produktion mit 3.861 Flugzeugen und 6.726 Motoren noch gesteigert werden. In diesem Jahr erhielt jede Armee ihre eigenen Luftstreitkräfte, während das Oberkommando ebenfalls über eigene

Einheiten verfügte. Auch die Zahl der Jagdstaffeln wurde erhöht (erst 12, dann 15), welche die besten verfügbaren Maschinen, wie die Hanriot HD.1 und die ersten Spad S.VII flogen. Ein Jahr später konnte die Spad S.XIII Italien sogar eine absolute Luftherrschaft über den direkten Gegner verschaffen.

Bei den letzten und entscheidenden Kämpfen des Jahres 1918 wurden die italienischen Jäger nach einem völlig neuartigen Konzept eingesetzt. Sie gingen in dichten Formationen zum Angriff über und erreichten durch ihre verbissene Kampfweise, daß die österreichischen Maschinen praktisch ganz vom Himmel verschwanden. Bei Kriegsende umfaßten die Luftstreitkräfte des Heeres 84 Staffeln, 5 Luftschiffe und vier Spezialeinheiten; die Marine hatte 44 Staffeln mit Wasserflugzeugen und 15 Luftschiffe. Die Heeresstaffeln flogen vor allem die Hanriot HD.1. Die letzte Version der Spad, die S.XIII, konnte nur noch bei zwei Einheiten eingesetzt werden. Die Bomberstaffeln flogen die hervorragenden S.V.A., die auch von den Aufklärern eingesetzt wurden sowie die Caproni-Typen für die Fernflüge. Insgesamt waren es 1.020 Aufklärer, 135 Bomber und 528 Jäger. Die nationale Produktion belief sich auf insgesamt 11.986 Flugzeuge.

In Italien gab es 43 Flieger-Asse; an ihrer Spitze Francesco Baracca mit 34 Siegen. Danach kamen Silvio Scaroni mit 26 Abschüssen, Pier Ruggero Piccio mit 24, Flavio Baracchini mit 21, Fulco Ruffo die Calabria mit 20, Martiale Cerutti und Ferruccio Ranza mit 17 sowie Luigi Olivari mit 12 Siegen. Diese Piloten waren fast alle in einer einzigen Einheit zusammengefaßt, der berühmten 91. Staffel von Francesco Baracca.

Nach seinem ersten Sieg am 6. April 1916 vermochte er sich zwei Jahre lang zu immer neuen Ruhmestaten zu steigern. Dabei konnten sich Baracca und seine Einheit sehr oft mit ihrem gefährlichsten Gegner, dem österreichischen Flieger-As Brumowski, messen. Dieser schaffte es, trotz seiner 40 Siege, den Krieg heil zu überstehen. Francesco Baracca, das »As der italienischen Asse«, wurde am 19. Juli 1918 von einem feindlichen Geschoß tödlich getroffen.

Ein schwarzes, steigendes Pferd auf weißem Grund. Dies war das Zeichen von Francesco Baracca, mit 34 Siegen erster unter den italienischen Flieger-Assen. Acht Jahre nach seinem Tod gab die Mutter des Helden, Gräfin Paolina Baracca, beim ersten Automobilrennen von Savio (Ravenna), das Zeichen ihres Sohnes an Enzo Ferrari weiter.

Caproni Ca.4

Neben den Doppeldeckern der Serie Ca.3 und der nachfolgenden Serie Ca.5 brachte die Firma Caproni auch noch mehrere Dreidecker heraus, welche die militärische Bezeichnung Ca.4 erhielten. Sie sollten die Möglichkeiten der vorhergehenden Bomber noch einmal steigern. Dabei kamen noch größere Maschinen heraus. Sie boten zwar keine außergewöhnlichen Flugleistungen, dafür konnten sie aber mit großer Sicherheit weit entfernte Ziele massiv angreifen.

Der erste Dreidecker aus der Serie Ca.4 erhielt vom Hersteller die Bezeichnung Ca.40. Der Rumpf und das Leitwerk waren – bis auf die drei Flügel – den vorhergehenden Doppeldeckern noch weitgehend nachempfunden. Dafür war die Bewaffnung verbessert worden. An-

statt des nach hinten schießenden MGs im »Käfig« über dem Schubpropeller, waren jetzt zwei MG-Stellungen innerhalb der Leitwerksträger vorgesehen. Bis zur Serienreife der Ca.40 stieß man jedoch auf Schwierigkeiten. Vor allem brachten die drei Isotta-Fraschini-Motoren von je 200 PS eine für ein Flugzeug dieser Größenordnung ungenügende Leistung. Es wurden nur drei Exemplare gebaut. Die Nachfolgeversion Ca.41 erhielt einen veränderten Rahmen und stärkere Motoren. Erst die Ca.42 ging endgültig in Produktion. Hier saßen die Piloten auch wieder nebeneinander, nachdem man es bei der Ca.41 mit einer Tandemanordnung versucht hatte. Es kamen erneut stärkere Motoren zum Einsatz, wie z. B. die amerikanischen Liberty. Von dieser Lei-

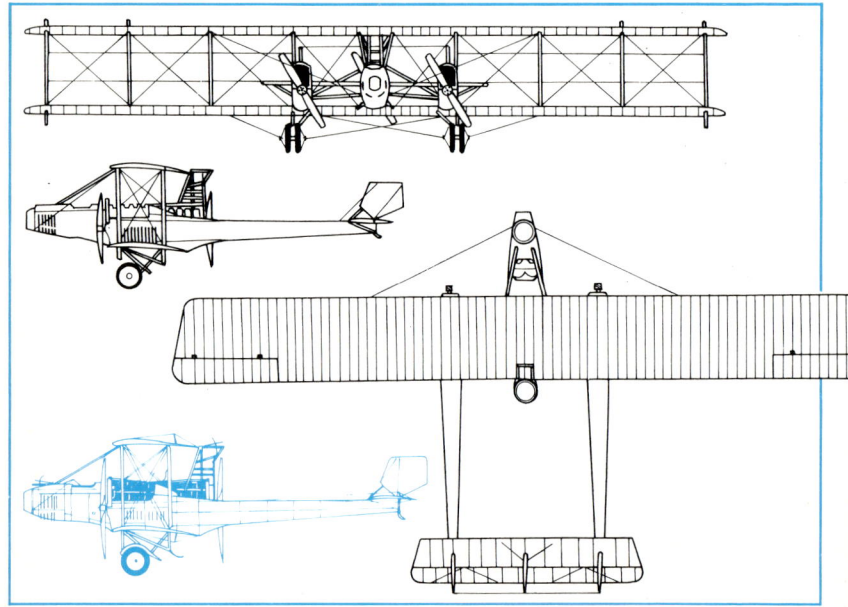

Caproni Ca.3 - 1917

stungssteigerung profitierte auch die Bewaffnung; in einigen Maschinen wurde sogar ein nach hinten schießendes Zwillings-MG montiert. Die Bomben von max. 1.450 kg waren in einem Behälter zwischen den Rädern des massiven Fahrwerks untergebracht.

Die Ca.42 wurde in 23 Exemplaren gebaut. 6 davon wurden vom britischen RNAS geflogen, der sie bei Kriegsende an Italien zurückgab. Die Maschine wurde vor allem als Nachtbomber eingesetzt. In den letzten Monaten des Krieges war sie aber auch an den Kämpfen bei Tage beteiligt, so z. B. in der Schlacht von Vittorio Veneto. Die übrigen Versionen boten ebenfalls interessante Aspekte. Diese wurden jedoch nur in einigen Exemplaren verwirklicht. So verfügte die Ca.43 der Marine über zwei Schwimmer und konnte zwei Torpedos mit sich führen. Die Ca.51 und die Ca.52 hatten beide doppelte Schwanzflossen und ein nach hinten schießendes MG. Es gab sogar eine zivile Version, die Ca.48. Es war eigentlich eine Ca.42 mit veränderter Kabine, um 18 bis 23 Passagiere aufnehmen zu können. Nach

Flugzeug: Caproni Ca.33
Hersteller: Societa di Aviazione Ing. Caproni
Typ: Bomber
Jahr: 1917
Motor: 3 flüssigkeitsgekühlte 150-PS-Isotta-Fraschini V-4B, 6-Zylinder-Reihenmotoren
Spannweite: 22,20 m
Länge: 10,90 m
Höhe: 3,70 m
Startgewicht: 3.810 kg
Höchstgeschwindigkeit: 136,8 km/h in Meereshöhe
Dienstgipfelhöhe: 4.100 m
Max. Flugzeit: 3 Stunden und 30 Minuten
Bewaffnung: 2–4 MGs; 453 kg Bomben
Besatzung: 4 Mann

dem Kriege wurde diese Variante zum Typ Ca.58 weiterentwickelt. In ihrer geschlossenen doppelstöckigen Kabine konnten bis zu 30 Personen befördert werden. Der Passagierdienst der Ca.48 blieb jedoch auf einige Flüge beschränkt, da es nicht gelang, regelmäßige Linienflüge einzurichten.

SIA 7B.1

Die S.I.A. (Società Italiana Aviazione)
war eine Tochterfirma der Fiat. Sie beschränkte sich in den ersten Kriegsjahren vor allem auf Lizenzfertigungen.
1917 brachte sie jedoch einen einsitzigen Doppeldecker heraus, dessen Entwurf von den Ingenieuren Savoia und
Verduzio stammte. Die SIA 7B.1 ging sofort in Produktion und war Ende 1917
einsatzbereit. Sie war elegant geraten
und die Konstruktion war aus Holz und
Stahlrohr, mit Leinen (Flügel und
Schwanzflossen) und mit Sperrholz
(Rumpf) verkleidet. Die Tragflächen hatten die gleiche Spannweite. Der
Oberflügel war darüber hinaus noch mit
Querrudern versehen. Die 7B.1 erwies
sich als sehr schnell und wendig, mit
guten Steigeigenschaften. Der Pilot
Laureati schraubte 1917 mit einer 7B.1
den Höhenweltrekord auf 6.750 m.
Beim Einsatz zeigten sich jedoch plötzlich Schwächen der Konstruktion, so
daß die Maschine im Juli 1918 zurückgezogen werden mußte.

Flugzeug: SIA 7B.1
Hersteller: Società Italiana Aviazione
Typ: Aufklärer
Jahr: 1917
Motor: flüssigkeitsgekühlter 260-PS-Fiat
A-12, 6-Zylinder-Reihenmotor
Spannweite: 13,32 m
Länge: 9,06 m
Höhe: 3 m
Startgewicht: 1.567 kg
Höchstgeschwindigkeit: 186,6 km/h in Mee-
reshöhe
Dienstgipfelhöhe: 7.000 m
Max. Flugzeit: 4 Stunden
Bewaffnung: 2 MGs; 60 kg Bomben
Besatzung: 2 Mann

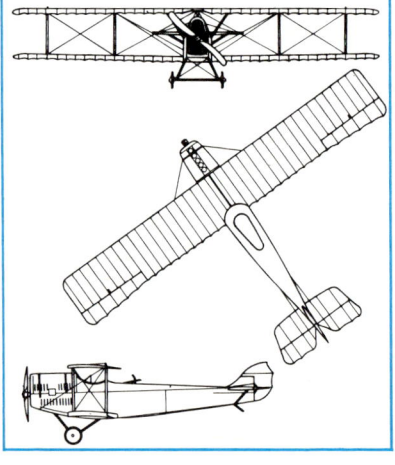

SAML S.2

Die SAML (Società Aeronautica Meccanica Lombarda) baute vor allem den
deutschen Doppeldecker Aviatik B.I in
Lizenz nach. In den Jahren 1916/1917
brachte sie auch ein eigenes Projekt
heraus, die S.1 mit einem 260-PS-Fiat
A-12-Motor. Die Version S.2 hatte verkürzte Flügel, eine einfachere Verstrebung, veränderte Höhenruder, ein zweites MG und einen stärkeren Motor. Die
beiden Typen wurden von insgesamt
16 Aufklärungsstaffeln geflogen und
kamen in Italien, Albanien und Mazedonien zum Einsatz. Insgesamt wurden
660 Maschinen gebaut. Bei einigen S.2
verzichtete man auf die Bombenzuladung und stattete sie mit einer Photoausrüstung aus. Andere Maschinen
dienten vor allem als Schulflugzeuge.
Die SAML wurden sogar noch bei den
Feldzügen zur Wiedereroberung der
afrikanischen Gebiete eingesetzt.

Flugzeug: SAML S.2
Hersteller: Società Aeronautica Meccanica
   Lombarda
Typ: Aufklärer
Jahr: 1917
Motor: flüssigkeitsgekühlter 300-PS-Fiat
   A-12, 6-Zylinder-Reihenmotor
Spannweite: 12,10 m
Länge: 8,50 m
Höhe: 2,98 m
Startgewicht: 1.395 kg
Höchstgeschwindigkeit: 162 km/h in Meeres-
   höhe
Dienstgipfelhöhe: 5.000 m
Max. Flugzeit: 3 Stunden und 30 Minuten
Bewaffnung: 2 MGs
Besatzung: 2 Mann

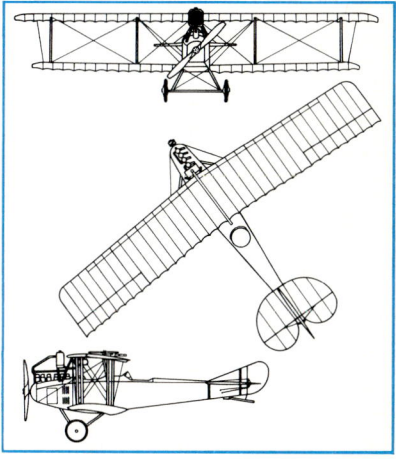

Caproni Ca.3
Caproni Ca.5

Italien und Rußland waren die ersten Nationen, die schwere Bomber entwickelten und einsetzten. Die ersten Caproni – die Ca.30 – kamen schon 1913 heraus. In anderen Ländern dachte man noch nicht an derart große Maschinen und schon gar nicht an ihren Einsatz als Bomber. Nur in Rußland hatte Igor Sikorsky bereits seine viermotorige Ilja Mourometz entworfen. Es sollten bald eine ganze Reihe berühmter Bomber folgen, wie die deutschen Gotha oder die britischen Handley-Page.

Am 20. August flogen mehrere Caproni Ca.32 den ersten italienischen Bombenangriff des Krieges. Auf diesen Typ, von dem 164 Maschinen gebaut wurden, folgte 1917 die Version Ca.33 (Ca.3 in der Militärbezeichnung). Obwohl beide Typen sich sehr ähnelten, wurde die Ca.33 das endgültige Modell. Es hatte die stärkeren Motoren und die größere Bombenzuladung aufzuweisen. Es waren drei Isotta-Fraschini V-4B-Motoren mit je 150 PS, von denen zwei mit Zugpropeller in Gondeln an den Flügeln angebracht waren. Der dritte mit Schubpropeller befand sich hinter dem Flugzeugrumpf. Die Position des hinteren MGs war ungewöhnlich und bestimmt nicht ideal. Es befand sich auf der Höhe der Hinterkante des Oberflügels, wobei sich der Schütze in einer Art Käfig über dem Propeller aufhalten mußte. Die Maschine fiel außerdem noch durch ihre großen Trag-

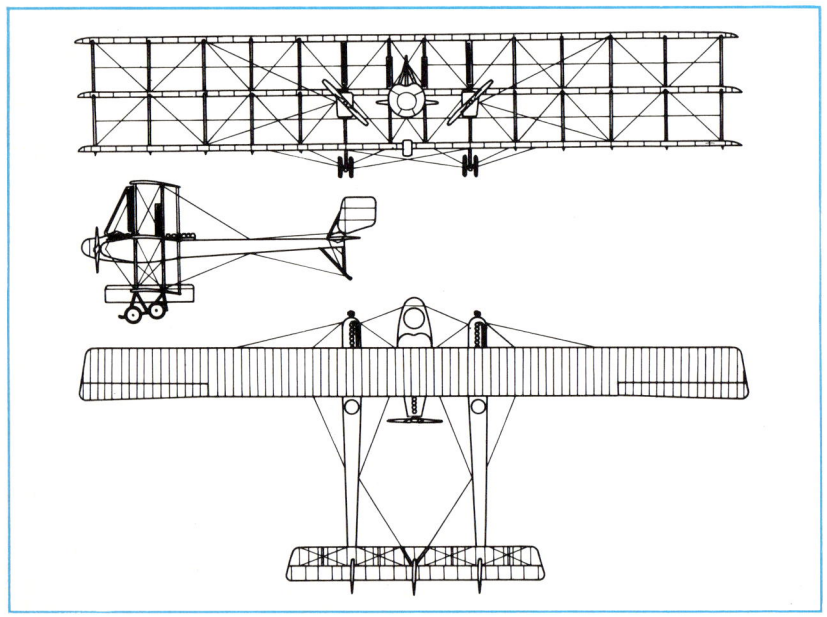

flächen, die doppelten Leitwerkträger für die Höhenflossen und die mehreckigen Seitenruder auf.

Die Ca.33 erreichte eine Stückzahl von 269 Maschinen. Sie wurden von zahlreichen Staffeln der Luftstreitkräfte und von der 1. Torpedostaffel der Marine geflogen. Außerdem wurde die Ca.33 in Frankreich von Esnault-Pelterie nachgebaut und auch von den französischen Streitkräften bis zum Ende des Krieges eingesetzt.

Im Oktober 1918 kam sogar noch eine neue Version zu den Einheiten, die Ca.46. In der Militärbezeichnung wurde diese Serie Ca.5 zugerechnet. Das erste Modell dieser neuen Serie war – nach dem Ca.4-Dreidecker – Anfang 1918, die Ca.44 gewesen. Danach kamen die Ca.45 und Ca.46, die beide in Großserien gehen sollten. Sie hatten vor allem stärkere Motoren als die Serie Ca.3. Von dieser Serie 5 wurden bis Kriegsende noch 225 Caproni gebaut. Außerdem wurden noch Fertigungslizenzen nach Frankreich, Großbritannien und in die USA vergeben.

Flugzeug: Caproni Ca.42
Hersteller: Società die Aviazione Ing. Caproni
Typ: Bomber
Jahr: 1918
Motor: drei flüssigkeitsgekühlte 270-PS-Isotta-Fraschini, 6-Zylinder-Reihenmotoren
Spannweite: 29,90 m
Länge: 13,10 m
Höhe: 6,30 m
Startgewicht: 6.709 kg
Höchstgeschwindigkeit: 126 km/h in Meereshöhe
Dienstgipfelhöhe: 3.000 m
Max. Flugzeit: 7 Stunden
Bewaffnung: 4 MGs; 1.450 kg Bomben
Besatzung: 4 Mann

Flugzeug: Caproni Ca.46
Hersteller: Societa di Aviazione Ing. Caproni
Typ: Bomber
Jahr: 1918
Motor: 3 flüssigkeitsgekühlte 300-PS-Fiat A-12bis, 6-Zylinder-Reihenmotoren
Spannweite: 23,40 m
Länge: 12,62 m
Höhe: 4,40 m
Startgewicht: 5.300 kg
Höchstgeschwindigkeit: 152 km/h in Meereshöhe
Dienstgipfelhöhe: 4.500 m
Max. Flugzeit: 4 Stunden
Bewaffnung: 2 MGs; 540 kg Bomben
Besatzung: 4 Mann

Ansaldo A.1 Balilla

Der erste nationale italienische Jäger konnte nicht mehr entscheidend in die Kämpfe eingreifen. Von den 108 Maschinen kamen nur noch einige rechtzeitig an die Front. Ing. Brezzi von der Ansaldo hatte das Flugzeug 1917 entworfen. Er war dabei von dem berühmten S.V.A. Aufklärer ausgegangen, dessen Geschwindigkeit, Robustheit und Wendigkeit er auch für den kleinen Jäger beibehielt. Im November 1917 wurde die Maschine von den berühmten Piloten Baracca, Piccio und Ruffo di Calabria erprobt. Sie waren zwar von der Geschwindigkeit sehr angetan, beanstandeten aber die mangelnde Manövrierfähigkeit, die einen gleichwertigen Kampf mit den Maschinen des Gegners unmöglich machte. Nach einigen Änderungen ging die »Balilla« dennoch in Produktion und kam dann zu den Einheiten des Heimatschutzes. Nach dem Kriege wurde sie in einige Länder, wie z. B. Litauen, exportiert.

Flugzeug: Ansaldo A.1 Balilla
Hersteller: Giovanni Ansaldo & Co.
Typ: Jäger
Jahr: 1918
Motor: flüssigkeitsgekühlter 220-PS-S.P.A. 6A, 6-Zylinder-Reihenmotor
Spannweite: 7,68 m
Länge: 6,84 m
Höhe: 2,53 m
Startgewicht: 885 kg
Höchstgeschwindigkeit: 220 km/h in 2.000 m Höhe
Dienstgipfelhöhe: 5.000 m
Max. Flugzeit: 1 Stunde und 30 Minuten
Bewaffnung: 2 MGs
Besatzung: 1 Mann

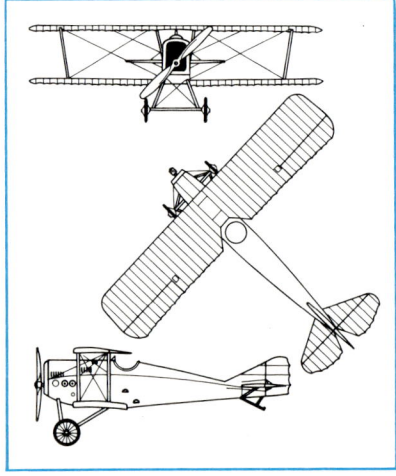

Pomilio PE

Die Pomilio PE war die erfolgreichste
Aufklärer-Version einer Reihe von zweisitzigen Doppeldeckern. 1917–1918
wurden diese von der Fabbrica Aeroplani Ing. O. Pomilio in Turin gebaut. Die
Pomilio PE erreichte von allen italienischen Flugzeugen die größte Stückzahl
(1.616 Maschinen). Sie behielt die ge-
mischte Rahmenbauweise aus Holz und
Metall ihrer Vorgänger (die Typen PC
und PD) bei, hatte aber ein größeres und
verändertes Leitwerk. Diese schnelle
Maschine verfügte über hervorragende
Steigfähigkeiten, die sie vor allem bei
der Aufklärung und bei der Artilleriebe-
obachtung unter Beweis stellen konnte.
112 Maschinen vom Typ PE waren an
der Schlacht von Vittorio Veneto beteiligt (28. Oktober 1918), und sie wurden
von ungefähr 30 Staffeln geflogen. Die
Maschine wurde in den Vereinigten
Staaten mit einem 400-PS-Liberty-Mo-
tor gebaut.

Flugzeug: Pomilio PE
Hersteller: Fabbrica Aeroplani Ing. O. Pomilio
e C.
Typ: Aufklärer
Jahr: 1918
Motor: flüssigkeitsgekühlter 260-PS-Fiat
A-12, 6-Zylinder-Reihenmotor
Spannweite: 11,78 m
Länge: 8,94 m
Höhe: 3,35 m
Startgewicht: 1.538 kg
Höchstgeschwindigkeit: 194 km/h in Meeres-
höhe
Dienstgipfelhöhe: 5.000 m
Max. Flugzeit: 3 Stunden und 30 Minuten
Bewaffnung: 2 MGs
Besatzung: 2 Mann

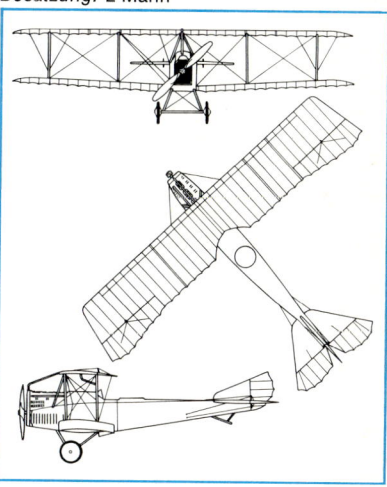

Ansaldo S.V.A. 5
Ansaldo S.V.A. 9

Am 9. August 1918 tauchten nach einem Flug von dreieinhalb Stunden 8 Maschinen der 87. Staffel über Wien auf. Es war 9.20 Uhr und die Flugzeuge blieben eine halbe Stunde über der österreichischen Hauptstadt. Es wurden Luftaufnahmen gemacht und Flugblätter abgeworfen. Um 12.40 Uhr waren sieben S.V.A. wieder zu ihrem Stützpunkt von San Pelagio zurückgekehrt. Bei diesem Flug von über 1.000 km wurden mehr als 800 km über feindlichem Gebiet zurückgelegt. Nur die Maschine von Leutnant Giuseppe Sarti mußte wegen Motorschadens bei Wien-Neustadt landen. Der Urheber dieser spektakulären Aktion war Gabriele d'Annunzio, der die Formation von einer zweisitzigen S.V.A.

aus leitete. Hauptmann Natale Palli flog diese Maschine. Die übrigen Maschinen waren alle einsitzig und verfügten über einen zusätzlichen Tank von 300 l.

Die S.V.A. ist vor allem durch diesen friedlichen Flug über Wien bekannt geworden. Sie war aber auch einer der besten leichten Bomber/Aufklärer des ganzen Krieges. Vor allem in den letzten Kriegsjahren war sie ohne Konkurrenz. Der Entwurf stammte von Umberto Savoia und Rodolfo Verduzio unter Mitarbeit von Celestino Rosatelli. Dieser sollte noch viele bekannte Flugzeuge bauen. Der Prototyp hatte am 19. März 1917 seinen Erstflug. Bei den verschiedenen Erprobungen befand man ihn zwar für schnell und robust, für einen Jäger erschien er aber allzu schwerfällig. Daraufhin entschloß man sich für einen Einsatz als Aufklärer.

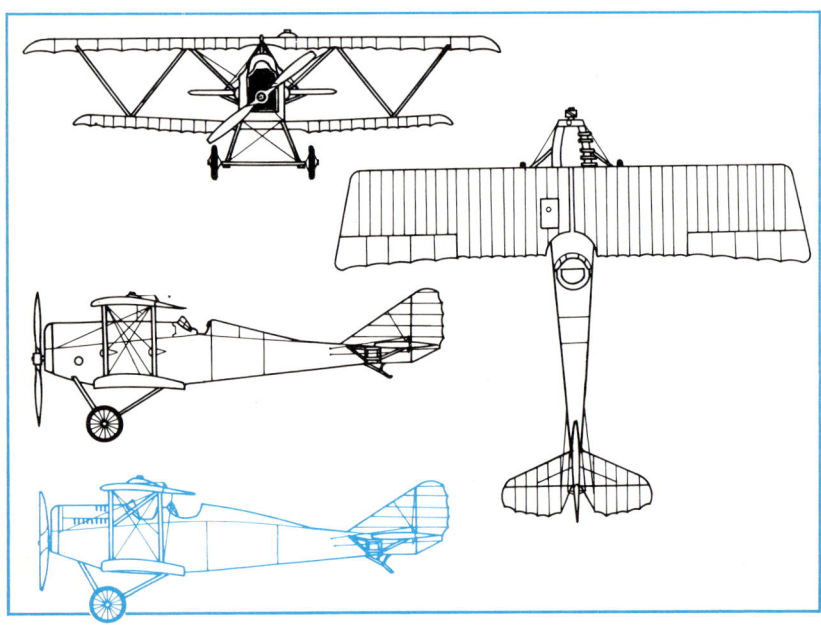

Als erste Version kam die S.V.A. 4 heraus, auf die sofort die S.V.A. 5 folgte. Die Unterschiede lagen vor allem in der Größe der Treibstofftanks (vier Stunden Flugzeit für den Typ 4 und sechs für den Typ 5) und in der Bewaffnung. Die einsitzige S.V.A. wurde ab Februar 1918 von 6 Aufklärungsstaffeln geflogen. Am 21. Mai 1918 beim Aufklärungsflug von Locatelli und Ferrarin über Friedrichshafen waren es 700 km.

Zur gleichen Zeit waren noch zwei neue zweisitzige Versionen entwickelt worden, die S.V.A. 9 und die S.V.A. 10. Die erste war ein Schulflugzeug ohne Bewaffnung und mit einer geringeren Reichweite als der Typ 5. Die zweite Version hingegen war als bewaffneter Aufklärer und leichter Bomber gedacht und kam noch in den letzten Kriegsmonaten zum Einsatz. Von der S.V.A. wurden insgesamt 2.000 Maschinen gebaut und bis in die 30er Jahre mit großem Erfolg geflogen. So legten Ferrarin und Masiero zwischen Februar und Mai 1920 die 18.105 km zwischen Rom und Tokio mit einer S.V.A. in 109 Flugstunden zurück.

Flugzeug: Ansaldo S.V.A. 5
Hersteller: Giovanni Ansaldo e C.
Typ: Aufklärer
Jahr: 1918
Motor: flüssigkeitsgekühlter 220-PS-S.P.A. 6A, 6-Zylinder-Reihenmotor
Spannweite: 9,45 m
Länge: 8,10 m
Höhe: 2,94 m
Startgewicht: 948 kg
Höchstgeschwindigkeit: 230 km/h in Meereshöhe
Dienstgipfelhöhe: 6.700 m
Max. Flugzeit: 6 Stunden
Bewaffnung: 2 MGs
Besatzung: 1 Mann

Flugzeug: Ansaldo S.V.A. 9
Hersteller: Giovanni Ansaldo e C.
Typ: Aufklärer
Jahr: 1918
Motor: flüssigkeitsgekühlter 220-PS-S.P.A. 6a, 6-Zylinder-Reihenmotor
Spannweite: 9,45 m
Länge: 8,10 m
Höhe: 2,92 m
Startgewicht: 1.040 kg
Höchstgeschwindigkeit: 218,8 km/h in Meereshöhe
Dienstgipfelhöhe: 5.000 m
Max. Flugzeit: 4 Stunden
Bewaffnung: –
Besatzung: 2 Mann

Macchi M.5

Die Macchi M.5 von Buzio und Calzavara galt als einer der besten »Wasser-
Jäger« des Krieges. Der Entwurf dieses
einsitzigen Flugbootes war aus dem
Jahre 1917. Es verfügte über zwei nach
vorne schießende Revelli MGs, und es
konnte mit Leistungen aufwarten, die
denjenigen der Landflugzeuge in nichts
nachstanden. Die ersten Maschinen
kamen im August 1917 zum Einsatz (Gesamtproduktion: 240). Sie wurden vor
allem als Aufklärer und Geleitjäger eingesetzt. Anfang 1918 wurden fünf Marinestaffeln mit der M.5 ausgerüstet. Einige Monate später wurden sie durch
den stärkeren Typ M.5 Mod. ersetzt, der
etwas kleiner war und eine stärkere Version (250 PS) des Isotta-Fraschini-Mo-
tors hatte. Die geänderte M.5 blieb bis
zum Ende des Krieges im Einsatz. Bis
zum Waffenstillstand hatte man
700 Einsätze geflogen und 16 feindliche
Maschinen abgeschossen.

Flugzeug: Macchi M.5 Mod.
Hersteller: S. A. Nieuport-Macchi
Typ: Aufklärer/Jäger
Jahr: 1918
Motor: flüssigkeitsgekühlter 250-PS-Isotta-
  Fraschini V-6B, 6-Zylinder-Reihenmotor
Spannweite: 9,70 m
Länge: 8 m
Höhe: 2,85 m
Startgewicht: 1.081 kg
Höchstgeschwindigkeit: 205 km/h in Meeres-
  höhe
Dienstgipfelhöhe: 5.990 m
Max. Flugzeit: 3 Stunden und 40 Minuten
Bewaffnung: 2 MGs
Besatzung: 1 Mann

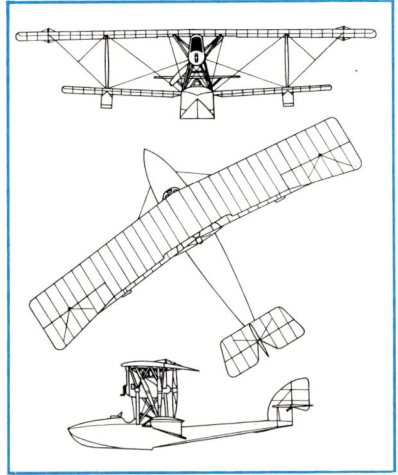

1915 Macchi Parasol. Spannweite:
13 m. Länge: 7,20 m. Höchstgeschwindigkeit: 125 km/h. Motor: 80-PS-Gnôme, Rotationsmotor. Dieser Entwurf von 1913 war der erste eigene Entwurf von Macchi. Der als Aufklärer gedachte Hochdecker stellte 1914 mit 2.700 m einen italienischen Höhenrekord auf. Die Maschine war jedoch schwer zu lenken, so daß die 42 Exemplare im Sommer 1915 zurückgezogen werden mußten.

1914 Caproni Ca.18. Spannweite:
10,93 m. Länge: 7,67 m. Höchstgeschwindigkeit: 130 km/h. Motor: 80-PS-Gnôme, Rotationsmotor. Die Caproni 18, die wie die Macchi aus dem Jahre 1913 stammte, gewann die erste Ausschreibung des Kriegsministeriums für ein neues Heeresflugzeug. Ihr folgten weitere Varianten, wie die Ca.24 und die Ca.25, die aber nur in kleineren Stückzahlen gebaut wurden. Die Ca.25 hatte einen Rotationsmotor von 35 PS.

1915 Macchi L.1. Spannweite: 16,40 m.
Länge: 10,25 m. Höchstgeschwindigkeit: 110 km/h. Motor: 150-PS-Isotta-Fraschini. Die Firma Macchi erwarb 1915 ein österreichisches Lohner-Wasserflugzeug, um eine fast identische Kopie herauszubringen, von der 150 Exemplare gebaut wurden. Die Maschine hatte einige sehr gute Eigenschaften und wurde vor allem als Seeaufklärer eingesetzt. Sie war das Vorbild für eine ganze Reihe von äußerst guten Maschinen.

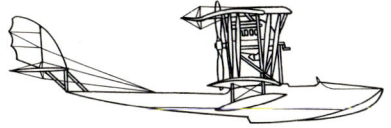

1915 Macchi L.2. Spannweite: 16 m.
Länge: 10,25 m. Höchstgeschwindigkeit: 140 km/h. Motor: 160-PS-Isotta-Fraschini. Sie mußte einige Monate später einer völlig neu konzipierten Variante weichen. Die Änderungen betrafen vor allem die Konstruktion der Tragflächen, eine Gewichtsverringerung und die Einführung eines stärkeren Motors. Insgesamt wurden nur 10 Maschinen gebaut.

1916 Macchi L.3. Spannweite: 15,95 m.
Länge: 9,97 m. Höchstgeschwindigkeit: 145 km/h. Motor: 160-PS-Isotta-Fraschini. Dies war die letzte Weiterentwicklung des Wasserflugzeugs L.1. Mit neuen Tragflächen und einer verbesserten Konstruktion wurde die L.3 in einer Stückzahl von 300 Maschinen gebaut. Sie wurde den ganzen Krieg über als Jäger, Bomber und Aufklärer eingesetzt. 1916 stellte sie mit 5.400 m einen neuen Höhen-Weltrekord auf.

1916 S.I.A. S.P.2. Spannweite: 16,74 m.
Länge: 10,77 m Höchstgeschwindigkeit: 120 km/h. Motor: 260-PS-Fiat A.12. Diese Maschine von Umberto Savoia und Ottorino Pomilio war eine Verbesserung der allgemeinen Formel der Farman-Flugzeuge. Es wurden insgesamt 402 S.P.2 gebaut, welche als Beobachter, Aufklärer und Schulflugzeuge eingesetzt waren. Am 17. April 1917 gelang einer S.P.2 mit 6.453 m ein neuer Höhen-Weltrekord.

1917 Macchi M.8. Spannweite: 16 m. Länge: 9,97 m. Höchstgeschwindigkeit: 162 km/h. Motor: 170-PS-Isotta-Fraschini. In der Reihe ihrer Flugboote brachte die Firma Macchi 1917 diesen Aufklärer heraus, von dem 57 Exemplare gebaut wurden. Er blieb bis zum Ende des Krieges als Seeaufklärer und U-Boot-Jäger im Einsatz. Nach dem Kriege wurde die M.8 noch für einige Zeit als Schulflugzeug eingesetzt.

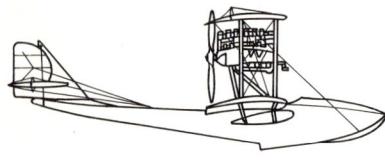

1917 S.I.A.I. S.8. Spannweite: 12,77 m. Länge: 9,75 m. Höchstgeschwindigkeit: 142 km/h. Motor: 170-PS-Isotta-Fraschini. Die S.8 von 1917 war das erste eigene Projekt der S.I.A.I., die bis dahin vor allem die F.B.A. in Lizenz gebaut hatte. Weil die S.8 ihre Fähigkeiten als Seeaufklärer und U-Boot-Jäger glaubhaft unter Beweis stellen konnte, wurden 900 Maschinen bestellt, von denen aber nur 172 ausgeliefert wurden.

1918 Macchi M.9. Spannweite: 15,45 m. Länge: 9,50 m. Höchstgeschwindigkeit: 187 km/h. Motor: 300-PS-Fiat A-12bis. Von den letzten Macchi-Flugbooten war die M.9 eine Weiterentwicklung des Typs M.8, und sie war genau auf einen Einsatz als Bomber zugeschnitten. Auch wenn 1918 nur einige Maschinen ausgeliefert wurden, so konnte die Maschine doch noch an mehreren Kämpfen teilnehmen. Sie blieb bis 1923 im Einsatz.

1918 S.V.A. 10. Spannweite: 9,18 m. Länge: 8,10 m. Höchstgeschwindigkeit: 207 km/h. Motor: 250-PS-Isotta-Fraschini. Letzte Variante der berühmten S.V.A.5; es war eine zweisitzige Version, die als leichter Bomber und bewaffneter Aufklärer gedacht war. Sie kam während der letzten Kriegsmonate noch recht zahlreich zum Einsatz. Wegen der ausgezeichneten Flugeigenschaften blieb sie auch noch nach Kriegsende im Einsatz.

·1918 S.I.A. 9B. Spannweite: 15,50 m. Länge: 9,70 m. Höchstgeschwindigkeit: 205 km/h. Motor: 700-PS-Fiat A-14. Weiterentwicklung des Typs 7B von 1917. Der Prototyp war zwar schon Ende 1917 fertig, doch die ersten Maschinen kamen erst gegen Ende des Krieges zu den Einheiten. Der neue Fiat-Motor von 700 PS trug entscheidend zu dem großen Erfolg dieser Maschine bei. Von den 500 bestellten Exemplaren konnten jedoch nur 62 ausgeliefert werden.

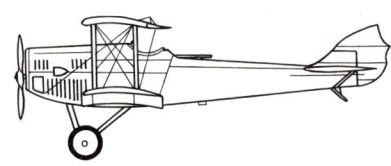

1918 Fiat R.2. Spannweite: 12,30 m. Länge: 8,80 m. Höchstgeschwindigkeit: 175 km/h. Motor: 300-PS-Fiat A-12bis. Dieses erste Flugzeug mit dem Namen Fiat stammt von Ingenieur Celestino Rosatelli. Bis Kriegsende wurden nur 129 fertiggestellt. Wegen ihrer hervorragenden Eigenschaften blieb die Fiat R.2 aber bis 1925 im Einsatz.

Die Vereinigten Staaten

Die Entwicklung der Militärfliegerei kam in den USA anfangs nur sehr langsam voran. Bis März 1911, als man endlich Mittel freimachte, um 5 Flugzeuge zu kaufen, bestand die amerikanische Luftmacht aus einer einzigen Maschine, dem berühmten Wright-Doppeldecker vom August 1909. Am 18. Juli 1914 wurden die Heeresflieger offiziell anerkannt (Aviation Section of the Signal Corps). Sie umfaßten 60 Offiziere und 260 Mann. Angesichts der katastrophalen Zustände von 1915 und 1916 wurde endlich ein großzügiges Aufbau- und Rekrutierungsprogramm in die Wege geleitet. Als die USA am 2. April 1917 in den Krieg eintraten, verfügten sie in ihren Luftstreitkräften dennoch nur über 131 Offiziere, darunter 83 Piloten, außerdem 1.087 Soldaten und etwa 250 Flugzeuge, von denen keines den damaligen Ansprüchen gerecht wurde. Europa konnte zu diesem Zeitpunkt schon eine dreijährige Erfahrung auf dem Gebiet des Luftkrieges vorweisen. Diese qualitative und quantitative Unterlegenheit zu beseitigen, gelang der American Expeditionary Force unter General William Mitchell erst 1918. Ihre Fronteinheiten wurden rationell organisiert und eingesetzt. Die Flugzeuge waren alle französischer Bauart: Nieuport und Spad als Jäger, Bréguet 14 als Bomber und Salmson als Aufklärer. Bei Kriegsende verfügte General Mitchell über 45 Frontstaffeln mit 740 Flugzeugen, 800 Piloten und 500 Beobachtern. Trotz aller Nachteile nahmen die Amerikaner sehr aktiv am Kampfgeschehen in der Luft teil. Die ersten Luftsiege errang die 94th Squadron, als Lt. Douglas Campbell und Lt. Alan Winslow am 14. April 1918 zwei deutsche Maschinen abschossen. Amerikanische Freiwillige flogen schon ab 1916 in der berühmten Escadrille 124 La Fayette, die ganz mit französischen Nieuport ausgerüstet war. Bei Kriegsende stellte sich die Kampftätigkeit der US Luftstreitkräfte wie folgt dar: Abschuß von 781 feindlichen Flugzeugen und 73 Ballons; bei eigenen Verlusten von 289 Maschinen und 48 Ballons. 150 Bombenangriffe bei denen 140 Tonnen Bomben abgeworfen wurden; 88 Flieger-Asse (mit mehr als 5 Siegen), darunter Edward Rickenbacker (26), Frank Luke jr. (21) und Raoul Lufbery (17).

Curtiss JN-4

Die »Jenny«, wie alle Maschinen der Doppeldecker-Serie Curtiss JN-4/JN-6 genannt wurden, war kein außergewöhnliches Flugzeug. Die Qualitäten dieser Maschine waren weder besser noch schlechter, als die der Zeitgenossen. In ihrer Funktion als Flugzeug für die fliegerische Grundausbildung wurde sie von allen Flugschulen des Heeres mit Erfolg eingesetzt. Die ausgemusterten JN-4 des Heeres wurden vom zivilen Markt aufgenommen und überall in den USA verbreitet. Als sie 1928 wegen der Sicherheitsbestimmungen zurückgezogen werden mußten, waren sie erheblich an der Entstehung der großen Flugleidenschaft beteiligt gewesen, welche die USA seit Ende des I. Weltkriegs ergriffen hatte.

Das amerikanische Heer verlangte in einer militärischen Forderung von 1914 einen Schul-Doppeldecker mit Zugpropeller. Die Curtiss Aeroplane and Motor Company aus Hammondsport entwickelte, in ihrer Eigenschaft als Hauptlieferant des Heeres, zwei Prototypen, beide mit dem 90-PS-O-5-Motor. Danach wurden die Hauptvorzüge der beiden Maschinen – Typ J und Typ N – in einem einzigen Modell zusammengelegt. Es war der Typ JN, der nach der Erprobung durch die Marine und das Heer 1915 in kleiner Stückzahl bestellt wurde. Über einige Varianten (JN-2 mit 10 Exemplaren und JN-3 mit 104) gelangte man 1916 zu der endgültigen Serienversion, der JN-4. Von diesem Typ baute Curtiss 701 Maschinen und die Canadian Aeroplanes Ltd. weitere 1.260. Letztere erhielten zur besseren Unterscheidung die Bezeichnung JN-4Can oder aber auch den Beinamen »Canuck«.

Einige Monate später kam bereits eine Weiterentwicklung heraus, die JN-4A. Diese wies einige Verbesserungen auf: größere V-Stellung der Flügel, Querruder an beiden Tragflächen und eine veränderte Form des Höhen- und Seitenruders. Die Maschine wurde mit 781 Exemplaren für die amerikanischen Heeres- und die britischen Marineflieger gebaut.

Im Juni 1917 kam die größte Serie heraus, die J-4D, welche sich von der JN-4A nur dadurch unterschied, daß sie verstellbare Leitwerksflächen und eine Öffnung im Oberflügel hatte, um die

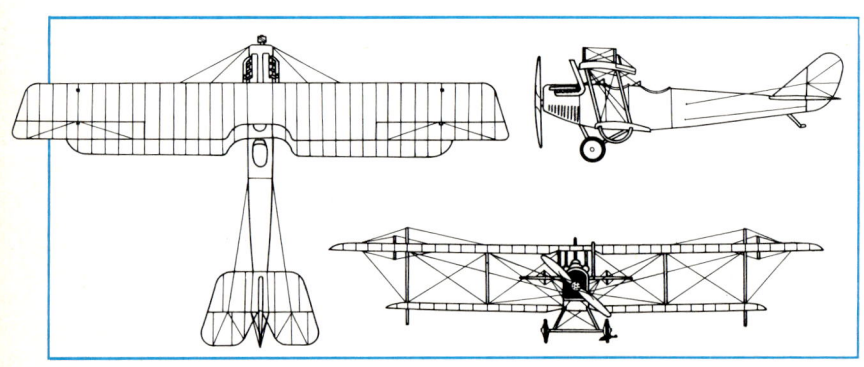

Sicht des Piloten zu verbessern. Von der JN-4D wurden 2.765 Maschinen gebaut. Mit ihr wurde ein interessanter Verusch durchgeführt, der später zu einer weiteren Version, der JN-4H, führte. Um die Leistungen des Schulflugzeugs zu steigern, erhielt eine JN-4D einen 150-PS-Hispano-Suiza-Motor. Es bedurfte hierzu keiner großen Änderungen, weil die beiden Motoren in etwa gleich waren und nur die Kühlerfläche und die größeren Tanks angepaßt werden mußten. An der Bauform selbst wurde kaum etwas geändert. Von der JN-4H wurden 929 Maschinen gebaut, denen verschiedene Aufgaben zugeteilt wurden: Bomber, Jäger, Aufklärer und MG-Flugzeug. Als letzte Version gab es dann die JN-6H (1.035 Stück) mit Hispano-Suiza-Motor.

Flugzeug: Curtiss JN-4
Hersteller: Curtiss Aeroplane and Motor Co.
Typ: Schulflugzeug
Jahr: 1916
Motor: flüssigkeitsgekühlter 90-PS-Curtiss-OX-5, 8-Zylinder-V-Motor
Spannweite: 13,29 m
Länge: 8,33 m
Höhe: 3,01 m
Startgewicht: 966 kg
Höchstgeschwindigkeit: 121 km/h
Dienstgipfelhöhe: 3.350 m
Max. Flugzeit: 2 Stunden
Bewaffnung: –
Besatzung: 2 Mann

Curtiss N-9

Aus der »Jenny«-Serie stammte auch noch ein weiteres interessantes Schulflugzeug, die Curtiss N-9, welche in den USA von den Flugschulen des Heeres und der Marine bis 1927 eingesetzt wurde. Die Maschine war schon Ende 1916 von Curtiss entwickelt worden und ging auf eine Variante der JN-4 (die JN-4B) zurück. Die große Spannweite der JN-4B war nämlich gut geeignet, das zusätzliche Gewicht der Schwimmer auszugleichen. Beim Motor – dem normalen OX 8-Zylinder-V-Motor der Jenny – nahm man aus dem gleichen Grund eine etwas stärkere Version von 100 PS. Von der Curtiss N-9 wurden insgesamt 450 Maschinen gebaut, welche Anfang 1917 in die Flugschulen des Heeres und der Marine kamen. Wegen des Waffenstillstands mußte ein Auftrag über weitere 1.200 Maschinen wieder gestrichen werden.

Flugzeug: Curtiss N-9
Hersteller: Curtiss Aeroplane and Motor Co.
Typ: Schulflugzeug
Jahr: 1917
Motor: flüssigkeitsgekühlter 100-PS-Curtiss OX-6, 8-Zylinder-V-Motor
Spannweite: 16,25 m
Länge: 9,09 m
Höhe: 3,33 m
Startgewicht: 1.093 kg
Höchstgeschwindigkeit: 113 km/h in Meereshöhe
Dienstgipfelhöhe: 2.743 m
Max. Flugzeit: 2 Stunden
Bewaffnung: –
Besatzung: 2 Mann

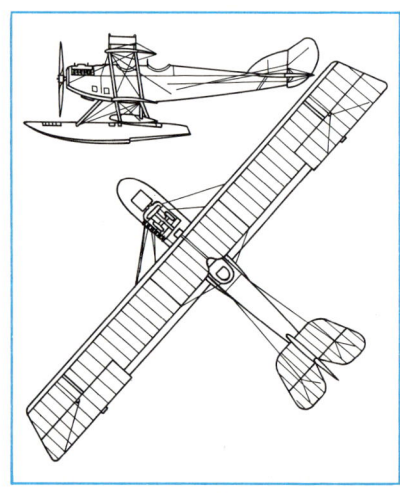

Thomas-Morse S.4

Der Entwurf für die S.4 stammte von B. D. Thomas, der auch an der Curtiss-Jenny mitgewirkt hatte. Die S.4 war zahlenmäßig nicht so stark verbreitet. (Stückzahl: 597). Der Erstflug der Maschine fand im Juni 1917 statt. Danach wurde sie von den Heeresfliegern als Fortgeschrittenen-Trainer eingesetzt. Die S.4 hatte aber einen schlechten Motor. Diese Fehler konnte erst in der Version S.4C ausgemerzt werden, als man den 100-PS-Monosoupape-Rotationsmotor durch einen 80-PS-Le Rhône ersetzte. Nach einem ersten Auftrag über insgesamt 500 Maschinen, mußte ein Folgeauftrag über weitere 155 Flugzeuge wegen des Waffenstillstands wieder annulliert werden. Die S.4 hatte bessere Flugeigenschaften als die »Jenny«, was nach dem Kriege bei ihrem Einsatz als Zivilflugzeug bewiesen wurde.

Flugzeug: Thomas-Morse S.4C
Hersteller: Thomas-Morse Aircraft Co.
Typ: Schulflugzeug
Jahr: 1917
Motor: 80-PS-Le Rhône 9C, Rotationsmotor
Spannweite: 8,07 m
Länge: 5,64 m
Höhe: 2,47 m
Startgewicht: 622 kg
Höchstgeschwindigkeit: 152,9 km/h in Meereshöhe
Dienstgipfelhöhe: 4.572 m
Max. Flugzeit: 2 Stunden und 30 Minuten
Bewaffnung: 1 MG
Besatzung: 1 Mann

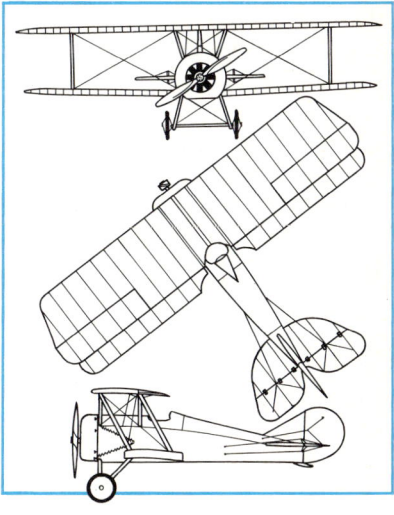

Packard Le Père-Lusac 11

Es war der erste Geleitjäger, der während des Krieges in den Vereinigten Staaten entworfen wurde, und zwar 1918 von Hauptmann G. Le Père von der französischen Fliegermission in den USA. Die Flugerprobung des Prototyps fiel im September 1918 derart positiv aus, daß ein Großauftrag über 4.500 Maschinen an die Packard Motor Car Co. in Detroit vergeben wurde. Bis zum Waffenstillstand wurden aber nur noch 27 Maschinen fertig, von denen zwei eine Einsatzerprobung an der Front mitmachten. Die Lusac 11 (Abkürzung für Le Père US Army Combat) war schnell, robust, wendig und verfügte außerdem über hervorragende Steigfähigkeiten. Die Bewaffnung entsprach ebenfalls den Ansprüchen des Jahres 1918: zwei nach vorne schießende Marlin-MGs und zwei Lewis-MGs auf Scarff-Ringlafette. Von der Lusac 11 wurden noch weitere Versionen abgeleitet, die aber nicht über das Stadium des Prototyps hinauskamen.

Flugzeug: Packard Le Père-Lusac 11
Hersteller: Packard Motor Car Co.
Typ: Jäger
Jahr: 1918
Motor: flüssigkeitsgekühlter 400-PS-Liberty 12-A, 12-Zylinder-V-Motor
Spannweite: 12,68 m
Länge: 7,70 m
Höhe: 2,89 m
Startgewicht: 1.699 kg
Höchstgeschwindigkeit: 212,4 km/h in 610 m Höhe
Dienstgipfelhöhe: 6.157 m
Reichweite: 515 km
Bewaffnung: 4 MGs
Besatzung: 2 Mann

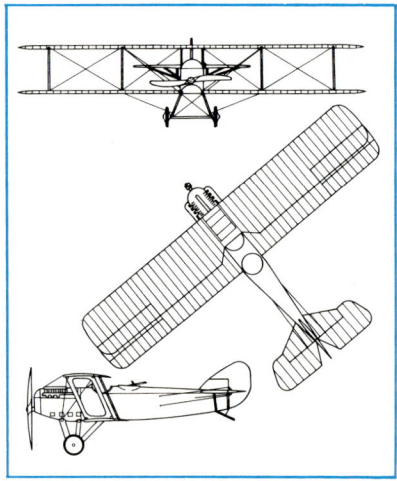

Standard E-1

Da die Standard E-1 als Jäger zu langsam war, wurde sie bei der Fortgeschrit-
tenen-Ausbildung eingesetzt. Der
Entwurf wurde 1917 von der Standard
Aircraft Corporation in Elizabeth, New
Jersey, erstellt, welche vor allem europäische Maschinen in Lizenz baute. Nachdem im Januar 1918 zwei Prototypen
ausgeliefert und erprobt worden waren,
wurden insgesamt 98 Maschinen in Auftrag gegeben. Das Flugzeug war relativ
klein und erinnerte etwas an die britischen Sopwith-Jäger. Die Standard E-1
war jedoch eindeutig untermotorisiert.
Selbst die Einführung eines stärkeren
Motors – des 100-PS-Gnôme 9B – verhalf nicht zu jener Geschwindigkeit, die
für ein gutes Kampfflugzeug unerläßlich
war. Bis zum Waffenstillstand wurden
168 Standard E-1 gebaut.

Flugzeug: Standard E-1
Hersteller: Standard Aircraft Co.
Typ: Schulflugzeug
Jahr: 1918
Motor: 80-PS-Le Rhône, Rotationsmotor
Spannweite: 7,32 m
Länge: 5,74 m
Höhe: 2,38 m
Startgewicht: 523 kg
Höchstgeschwindigkeit: 161 km/h in Meeres-
  höhe
Dienstgipfelhöhe: 4.511 m
Max. Flugzeit: 2 Stunden und 30 Minuten
Bewaffnung: –
Besatzung: 1 Mann

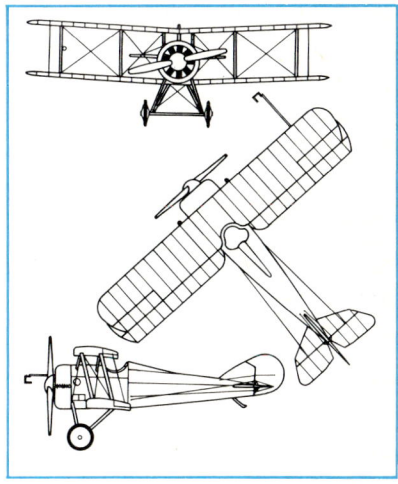

Curtiss H-16

Das Curtiss Flugboot vom Typ »America« sollte bei den Luftkämpfen entscheidend mitwirken. Die »America« wurde von den Briten gegen die deutschen U-Boote und Zeppeline in der Nordsee eingesetzt. So war es eine britische Curtiss H-12, welches als erstes in Amerika gebautes Flugzeug, eine feindliche Maschine abschoß.

Der amerikanische Flugzeugpionier Glenn Curtiss arbeitete seit 1914 an einem großen Wasserflugzeug mit zentralem Schwimmer. Er wurde dabei von dem ehemaligen britischen Marineoffizier John C. Porte unterstützt, der mit der neuen Maschine den Atlantik überqueren wollte. Der Ausbruch des Krieges verhinderte jedoch dieses Unternehmen. Porte kehrte nach Großbritannien zurück und bewirkte, daß die britischen Militärbehörden die beiden »America«-Flugboote kauften. Die Ende 1914 gelieferten Maschinen erhielten die Bezeichnung H-4. Sie fanden derartigen Anklang, daß zuerst 12 und dann noch weitere 50 Flugzeuge in Auftrag gegeben wurden. Ihr Einsatz war so erfolgreich, daß Großbritannien auch noch die folgenden Versionen der H-4 beschaffte, welche größer, stärker und besser bewaffnet waren. Von allen Versionen wurde die H-12 am meisten eingesetzt. In Großbritannien erhielt sie anstelle des 330-PS-Liberty den 250-PS-Rolls-Royce Eagle I-Motor. Die H-12 hatte eine vierköpfige Besatzung, eine Defensivbewaffnung von 3 bis 4 MGs und eine maximale Bombenzuladung von 208 kg. Der RNAS setzte 50 dieser Maschinen ein, welche »Large America« genannt wurde, um sie von den H-4 »Small America« zu unterscheiden. Im

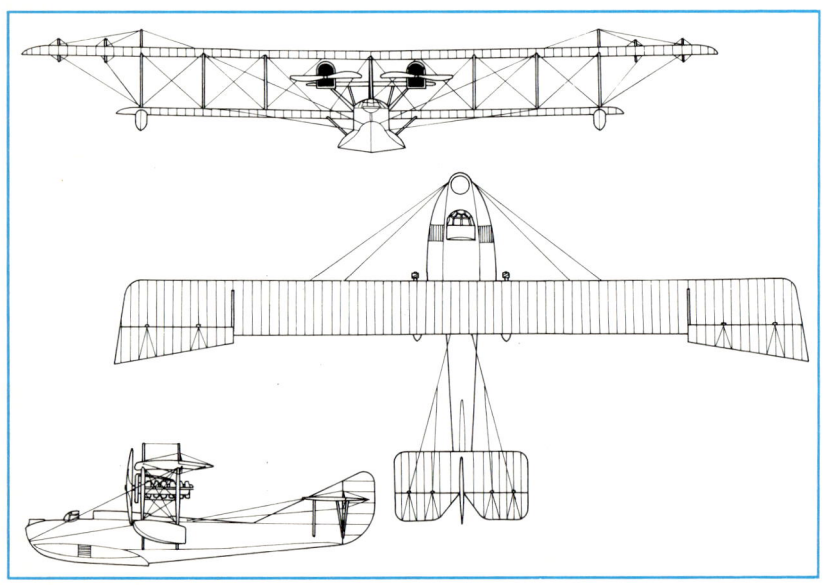

Mai 1917 wurde in der Nordsee mit diesen Maschinen ein Zeppelin abgeschossen und ein deutsches U-Boot versenkt.

Ende 1917 kam eine noch größere und besser bewaffnete Version des Curtiss-Wasserflugzeugs heraus: die H-16. Konstruktion und Form des Rumpfes waren entscheidend verbessert worden, während die Feuerkraft mit 6 MGs und einer Bombenzuladung von 420 kg praktisch verdoppelt worden war. Die Naval Aircraft Factory in Philadelphia baute 150 H-16, von denen 74 an die US-Marine gingen. Die übrigen Maschinen wurden vom RNAS übernommen, der aber anfänglich nur 25 einsetzte. Bis zum Ende des Krieges waren von diesen Maschinen sowieso nur 15 kampfbereit für einen Fronteinsatz. Bei der Version für die britische Marine war der 400-PS-Liberty-Motor durch den 375-PS-Rolls-Royce Eagle VIII ersetzt worden. Die Curtiss H-16 blieb aber bis 1921 auf den zahlreichen Küstenstützpunkten der britischen Marineflieger im Einsatz, die sogar noch 50 amerikanische Maschinen übernahmen.

Flugzeug: Curtiss H-16
Hersteller: Naval Aircraft Factory
Typ: Aufklärer/U-Boot-Jäger
Jahr: 1918
Motor: 2 flüssigkeitsgekühlte 400-PS-Liberty, 12-Zylinder-V-Motoren
Spannweite: 31,70 m
Länge: 14,05 m
Höhe: 5,39 m
Startgewicht: 5.889 kg
Höchstgeschwindigkeit: 139,9 km/h in Meereshöhe
Dienstgipfelhöhe: 3.810 m
Max. Flugzeit: 11 Stunden
Bewaffnung: 5–6 MGs; 420 kg Bomben
Besatzung: 4 Mann

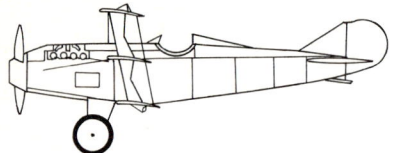

1916 Curtiss S.3. Spannweite: 7,62 m. Länge: 5,94 m. Höchstgeschwindigkeit: 180 km/h. Motor: 100-PS-Curtiss OXX-2. Als dieser einsitzige Dreidecker, der 1916 als Aufklärer gebaut worden war, im März 1917 zwei MGs erhielt, wurde er auf diese Weise der erste amerikanische Jäger. Das U.S. Signal Corps übernahm vier Maschinen, welche die Nummern N. 322–325 erhielten.

1918 Orenco B. Spannweite: 7,92 m. Länge: 5,73 m. Höchstgeschwindigkeit: 212 km/h. Motor: 160-PS-Gnôme-Monosoupape. Die Orenco B, die der Spad S.VII nachempfunden wurde, war der erste richtige Jäger des Heeres. Sie sollte vier 6,5 mm Revelli-MGs erhalten. Trotz hervorragender Flugfähigkeiten kam sie aber nicht über den Prototypen hinaus, der später als Trainer eingesetzt wurde.

1918 Wright-Martin M.8. Spannweite: 10 m. Länge: 6,55 m. Höchstgeschwindigkeit: 230 km/h. Motor: 300-PS-Wright-Hispano H. Der erste einsitzige Eindecker-Jäger, der in den USA gebaut wurde. Er hatte die von Wright-Martin gebaute Version des Hispano-Suiza-

Motors. Das Heer erwarb sofort zwei Exemplare, die sie im Dezember 1918 zur Erprobung der Motoren einsetzte.

1918 Bristol-Curtiss F2B. Spannweite: 11,99 m. Länge: 8,26 m. Höchstgeschwindigkeit: –. Motor: 400-PS-Liberty 12. Auf der Suche nach einem schon erprobten Flugzeug, das den neuen Liberty-Motor aufnehmen sollte, kam man auf die britische Bristol Fighter F2B. Die Curtiss Co. erhielt einen Auftrag über 2.000 Maschinen, der aber wieder annulliert wurde, als der Prototyp am 25. Januar 1918 zu Bruch ging.

1918 Curtiss HA. Spannweite: 10,97 m. Länge: 9,37 m. Höchstgeschwindigkeit: 212 km/h. Motor: 380-PS-Liberty 12. Die Curtiss Co. baute den ersten Jäger der US-Marine auf der Grundlage einer Ausschreibung von 1917. Es war ein zweisitziger Doppeldecker mit zentralem Schwimmer, der vier MGs aufnehmen sollte. Es wurden aber nur 3 Maschinen gebaut.

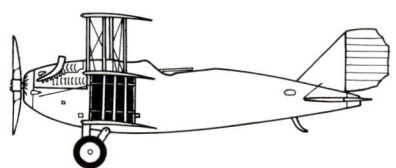

1918 Curtiss 18.-T. Spannweite: 9,73 m. Länge: 7,09 m. Höchstgeschwindigkeit: 270 km/h. Motor: 400-PS-Kirkham K-12. Dieser zweisitzige Dreidecker war eine der besten Maschinen von Curtiss. Es war auch die erste Landmaschine der US-Marine. Gebaut wurden zwei Maschinen – mit 4 MGs –, von denen eine am 30. Juli 1919 mit 10.940 m einen neuen Höhen-Weltrekord aufstellte.

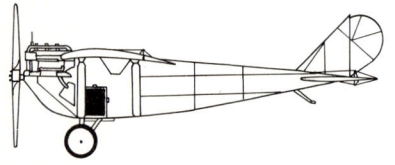

1914-15

Deutschland

1915-17   1917-18   1918

Bei Ausbruch der Feindseligkeiten verfügten die deutschen Luftstreitkräfte nur über langsame und unbewaffnete Flugzeuge, die ausschließlich zur Beobachtung und Aufklärung gedacht waren. Die deutschen Flieger waren anfangs den Heereseinheiten direkt unterstellt (Feldfliegerabteilungen mit je 6 Maschinen). Sie entwickelten sich aber verhältnismäßig schnell zu einer unabhängigen Waffengattung, die ständig ihre Organisationsform an die Gegebenheiten des Luftkampfes anzupassen versuchte. Die Entwicklung der Marineflieger-Abteilung, welche der Kaiserlichen Marine unterstand, ging ähnlich vor sich. Bei Kriegsende standen die deutschen Luftstreitkräfte auf

einem sehr hohen Niveau, und sie hatten während des Krieges hervorragend gekämpft. Der alliierte Sieg war nämlich nicht auf eine qualitative Überlegenheit der Flugzeuge und Motoren zurückzuführen, vielmehr auf die erdrückende zahlenmäßige Übermacht der Alliierten. Die Deutschen brachten ständig außergewöhnliche Maschinen hervor; Konstrukteure wie Fokker, Junkers, Heinkel, Platz und Thelen waren weltberühmt. Ihre Erzeugnisse waren den gegnerischen Maschinen immer gewachsen, meistens sogar überlegen.
In diesem Zusammenhang sind die deutschen Produktionszahlen äußerst vielsagend: 1911 waren es 24 Flugzeuge, 1912 schon 136, 1913 dann 446; 1914

im ersten Kriegsjahr 1.348, 1915 schon 4.532 und 1916 weitere 8.182. In den beiden letzten Kriegsjahren waren es Höchstzahlen; 1917: 19.746 und 1918: 14.123. Insgesamt wurden während des Krieges in Deutschland 48.537 Flugzeuge gebaut. In dem Bestreben, ihre Luftstreitkräfte optimal zu organisieren, führten die Deutschen eine strenge Einordnung der Kampfflugzeuge ein. Dabei zeigte der Anfangsbuchstabe des Kürzels immer den Flugzeugtyp an: A unbewaffneter Eindecker; B unbewaffneter Doppeldecker; C bewaffneter Aufklärungs-Doppeldecker, zuerst mit einem, dann mit zwei MGs; CL leichte Maschinen der C-Klasse; CLS Erdkampfflugzeuge der CL-Klasse; D einsitzige Doppeldecker-Jäger mit 2 MGs; J zweisitziges Erdkampf- und Infanterieverbindungsflugzeug; DJ einsitzige J-Klasse; E bewaffnete einsitzige Eindecker; Dr bewaffneter einsitziger Dreidecker; G zweimotorige Doppeldecker-Bomber; R mehrmotorige Fernbomber; S Erdkampfflugzeuge. Aus den Produktionszahlen geht hervor, daß die C- und D-Klasse – bewaffnete Aufklärer und Jäger – die höchsten Stückzahlen erreichten. Dabei war die Jagdwaffe ohne Zweifel das Schmuckstück der deutschen Luftstreitkräfte, denn die Deutschen hatten ihre vorübergehende Luftüberlegenheit immer den starken Jägern zu verdanken. Der moderne Jägertyp entstand 1915 mit der Einführung der Fokker E-Eindecker, die ursprünglich nur Verteidigungsaufgaben übernehmen sollte (Geleit für die Aufklärer), dann aber bald ihre ganze Kampfkraft ausspielte. Die Jäger waren auch die Ursache für eine der wichtigsten Umorganisationen der deutschen Luftstreitkräfte. Im August 1916 entstanden die Jagdstaffeln (Jastas), die ausschließlich aus Jägern bestanden; nach diesem Schema kamen später die Schlachtstaffeln (Erdkampf) und Bomberstaffeln auf. Im Sommer 1917 ging die Oberste Heeresleitung noch einen Schritt weiter und stellte die Jagdgeschwader auf, in denen in der Regel vier Jagdstaffeln zusammengefaßt wurden. Als erstes kam das Jagdgeschwader Richthofen an die Front (J.G.1), in dem die Jastas 4, 6, 10 und 11 unter dem Befehl von Manfred von Richthofen flogen. Die Gewohnheit, zuerst die Jasta und dann auch das Jagdgeschwader nach seinem Kommandanten zu benennen, führte zu einem ausgeprägten Korpsgeist und nährte die Rivalitäten zwischen den Einheiten, welche nach immer größerem Ruhm strebten. Jedes deutsche Flieger-As hatte seine eigene Jasta und diese Einheiten brachten ständig hervorragende Piloten hervor. Am Ende des Krieges konnte Deutschland 366 Flieger-Asse vorweisen. Manfred von Richthofen, der »Rote Baron«, war mit seinen 80 Siegen das absolute Flieger-As des gesamten Krieges. Auf ihn folgten Ernst Udet mit 62 Siegen und Erich Löwenhardt mit 53 Siegen. Dann kamen 30 Piloten mit 30 bis 48 Abschüssen, unter ihnen Oswald Boelcke, der im Verlauf des Krieges den deutschen Luftstreitkräften entscheidende Impulse gegeben hatte. Weitere 38 Asse hatten 20 bis 30 Siege zu verzeichnen und 96 Piloten schossen zwischen 10 und 20 Gegner ab.

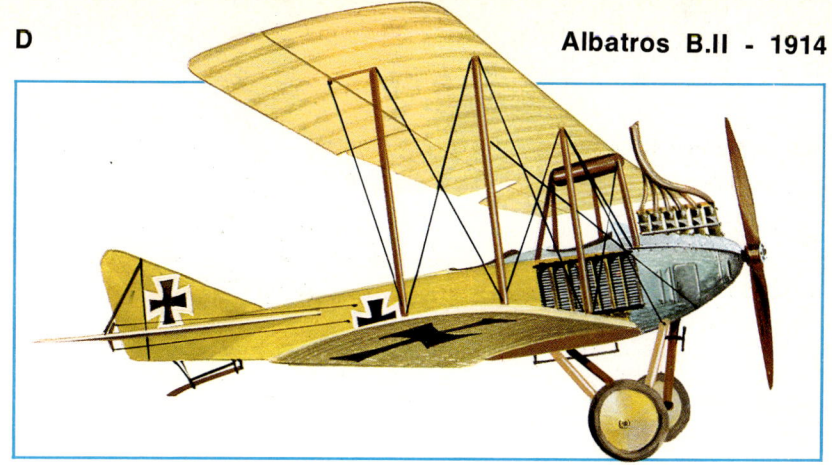

Albatros B.II

Die B.II stammte von Ernst Heinkel und hatte zu Beginn des Krieges sofort einen neuen Höhenrekord zu verzeichnen: 4.500 m mit dem Piloten Ernst von Lössl. Die Albatros B.II galt in den beiden ersten Kriegsjahren als Aufklärer, der den gestellten Ansprüchen gewachsen war. Die Produktionsaufträge waren auf mehrere deutsche Firmen verteilt worden. Einige Maschinen wurden an Österreich–Ungarn weitergegeben, wo sie stärkere Motoren erhielten und die Leistungen der ursprünglichen B.II übertrafen (Serie 21 und Serie 22). Die Albatros B.II blieben bis 1915 im Fronteinsatz; dann mußten sie neueren, bewaffneten Zweisitzern weichen und wurden an die Pilotenschulen gegeben, wo sie bis zum Ende des Krieges im Einsatz blieben.

Flugzeug: Albatros B.II
Hersteller: Albatros Werke GmbH
Typ: Aufklärer
Jahr: 1914
Motor: flüssigkeitsgekühlter 100-PS-Mercedes, 6-Zylinder-Reihenmotor
Spannweite: 12,80 m
Länge: 7,62 m
Höhe: 3,15 m
Startgewicht: 1.069 kg
Höchstgeschwindigkeit: 105 km/h in Meereshöhe
Dienstgipfelhöhe: 3.000 m
Max. Flugzeit: 4 Stunden
Bewaffnung: –
Besatzung: 2 Mann

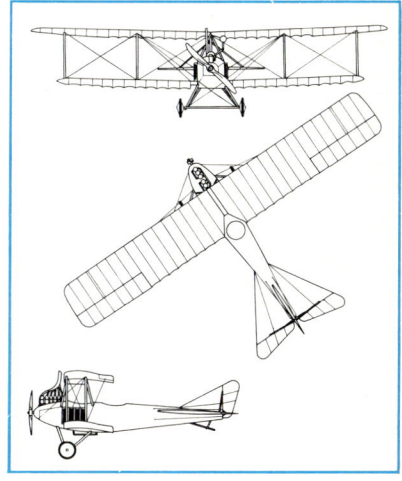

D.F.W. B.I

In den Vorkriegsjahren hatte die Gesellschaft Deutsche Flugzeug-Werke den
berühmten Eindecker »Taube« hervorgebracht. Bei der D.F.W. B.I waren die
Tragflächen der »Taube« nachempfunden, welche ihr sofort den Namen »fliegende Banane« einbrachten. Die ausgesprochen starke Wölbung der Zelle
sollte die Stabilität erhöhen und die
D.F.W. war sehr leicht zu fliegen. Die
Maschine war gleich zu Beginn des
Krieges einsatzbereit und wurde an der
West- und Ostfront eingesetzt. Wegen
der fehlenden Bewaffnung wurde der
Doppeldecker jedoch schnell von der
neuen C-Klasse verdrängt und ab 1915
mit der B.II an die Flugschulen verlegt.
Die Version C.I war ein verstärkter Typ
B: mit MG und einem 150-PS-Motor.

Flugzeug: D.F.W. B.I
Hersteller: Deutsche Flugzeug-Werke A.G.
Typ: Aufklärer
Jahr: 1914
Motor: flüssigkeitsgekühlter 100-PS-Merce-
des, 6-Zylinder-Reihenmotor
Spannweite: 13,97 m
Länge: 8,38 m
Höhe: 2,99 m
Startgewicht: 1.019 kg
Höchstgeschwindigkeit: 120 km/h in Meeres-
höhe
Dienstgipfelhöhe: 3.000 m
Max. Flugzeit: 4 Stunden
Bewaffnung: —
Besatzung: 2 Mann

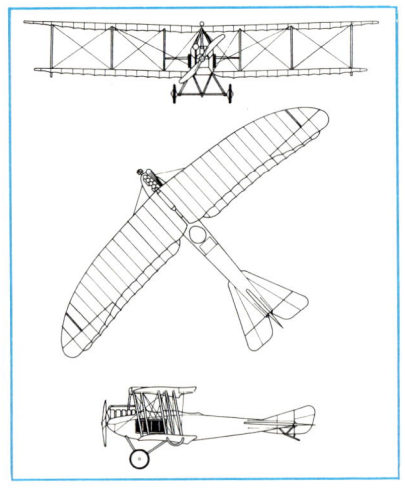

A.E.G. B.II

Wie alle Flugzeuge der B-Klasse, die in Deutschland zu Beginn des Krieges gebaut wurden, war auch die A.E.G. eine Übergangsmaschine, bis die nachfolgenden bewaffneten Varianten der C-Klasse 1915 zur Verfügung standen. Die B.II wurde 1914 von der Flugzeugabteilung der Allgemeinen Elektrizitätsgesellschaft in Henningsdorf (Berlin) gebaut. Sie war eine kleinere und wendigere Weiterentwicklung des Typs B.I. Der Rahmen aus Holz und Stahlrohr war mit Leinen verkleidet. Der Motor befand sich in einer Metallhaube, die mit Kühlungsöffnungen versehen war. Die Maschine kam nur manchmal zum Einatz (einige zu Beginn des Krieges). Sie führte ab 1915 zur Entwicklung der einzelnen Versionen der C-Klasse. Von diesen Versionen erzielte die C.IV von 1916 die größte Stückzahl und blieb auch bis Kriegsende im Einsatz.

Flugzeug: A.E.G. B.II
Hersteller: Allgemeine Elektrizitäts-Gesellschaft
Typ: Aufklärer
Jahr: 1914
Motor: flüssigkeitsgekühlter 110-PS-Mercedes, 6-Zylinder-Reihenmotor
Spannweite: 12,98 m
Länge: 7,80 m
Höhe: 3,10 m
Startgewicht: –
Höchstgeschwindigkeit: –
Dienstgipfelhöhe: –
Max. Flugzeit: –
Bewaffnung: –
Besatzung: 2 Mann

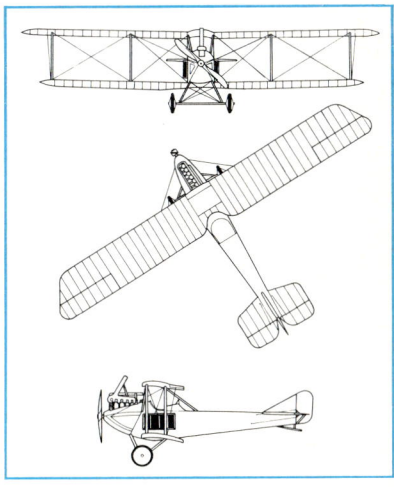

Aviatik C.I

Die Aviatik C.I kam 1915 als Nachfolgerin der B-Typen heraus (B.I und B.II), die in den ersten Kriegsmonaten eingesetzt worden waren. Sie hatte einen mit Leinen verkleideten Holzrahmen. Die Flügel hatten unterschiedliche Spannweiten und eine leichte V-Stellung; Querruder befanden sich nur an dem Oberflügel. Das Leitwerk hatte die typische »Herz«-Form aller Vorgängerinnen der C.I. Man hatte außerdem die »umgekehrte« Sitzordnung beibehalten (Beobachter vorn, Pilot hinten), was die Möglichkeiten der Maschine natürlich einschränkte. Dies wurde in der Version C.Ia auch wieder geändert. Die folgenden Serien C.II und C.III hatten stärkere Motoren, und sie wurden in größerer Stückzahl gebaut. Die C-Klasse wurde 1916 an der Westfront von den Aufklärungseinheiten und von einer Bombergruppe eingesetzt.

Flugzeug: Aviatik C.I
Hersteller: Automobil- und Aviatik-Werke A.G.
Typ: Aufklärer
Jahr: 1915
Motor: flüssigkeitsgekühlter 160-PS-Mercedes, 6-Zylinder-Reihenmotor
Spannweite: 12,50 m
Länge: 8 m
Höhe: 3,25 m
Startgewicht: 1.286 kg
Höchstgeschwindigkeit: 120 km/h in Meereshöhe
Dienstgipfelhöhe: 4.000 m
Max. Flugzeit: 3 Stunden und 30 Minuten
Bewaffnung: 1–2 MGs
Besatzung: 2 Mann

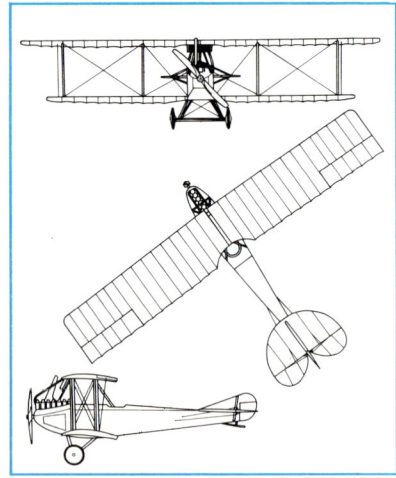

A.G.O. C.II

Die C.II von 1915 war der zweite Typ der C-Serie, der 1915 und 1916 von der A.G.O. gebaut wurde. Mit Ausnahme der C.IV – ein konventioneller Doppeldecker mit Zugpropeller – waren die C.I, C.II und C.III alle nach der Formel »Doppeldecker mit Schubpropeller und zwei Leitwerksträgern« gebaut worden. Außerdem war die Konstruktion dieser Maschinen sehr außergewöhnlich. Die beiden Leitwerksträger waren nicht aus dem üblichen Fachwerk, sondern ähnelten zwei vollständigen Rümpfen. Die C.II kam Ende 1915 zum Einsatz und konnte bald ihre Schnelligkeit und Wendigkeit beweisen; außerdem hatte sie eine ungewöhnlich große Reichweite. Sie blieb ein ganzes Jahr im Einsatz und war bei den Piloten sehr beliebt. Von der C.II wurden einige Maschinen mit einer größeren Spannweite gebaut, welche die Grundlage für die Version als Seeflugzeug bilden sollten.

Flugzeug: A.G.O. C.II
Hersteller: Ago-Flugzeugwerke
Typ: Aufklärer
Jahr: 1915
Motor: flüssigkeitsgekühlter 220-PS-Benz, 6-Zylinder-Reihenmotor
Spannweite: 14,48 m
Länge: 9,84 m
Höhe: 3,18 m
Startgewicht: 1.360 kg
Höchstgeschwindigkeit: 135 km/h in Meereshöhe
Dienstgipfelhöhe: 4.500 m
Reichweite: ungefähr 580 km
Bewaffnung: 1 MG
Besatzung: 2 Mann

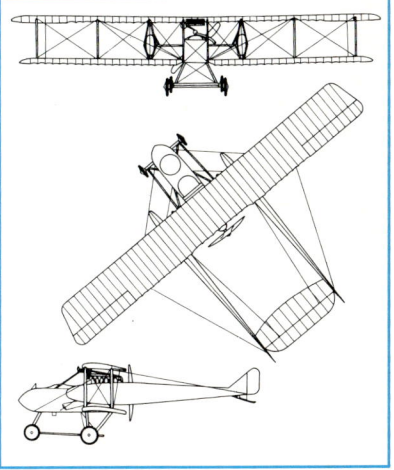

L.V.G. C.II
L.V.G. C.VI

Die L.V.G. C.I war der erste deutsche Aufklärer, bei dem der Beobachter ein MG mit freiem Schußfeld hatte. Sie bildete den Auftakt zu einer ganzen Reihe von Aufklärern der C-Klasse. Wie die meisten deutschen Maschinen des Jahres 1915 wurde die C.I von der Luft-Verkehrs-Gesellschaft ebenfalls auf der Grundlage der unbewaffneten Aufklärer der B-Klasse von 1914 entwickelt.

Die ersten vier Versionen C.I, C.II, C.III und C.IV waren von Franz Schneider entworfen worden. Auf die Version C.I folgte 1915 sofort eine verbesserte Variante, C.II, die in großer Stückzahl gebaut wurde und gegen Ende des Jahres zum Einsatz kam. Beide Versionen ge-

hörten bis 1916 zur Standard-Ausrüstung der deutschen Aufklärerstaffeln und wurden auch öfter als leichte Bomber eingesetzt. Am 28. November 1916 wurden von einer C.II zwei 10-kg-Bomben bei Tage auf den Londoner Victoria-Bahnhof abgeworfen, was unter der Bevölkerung, die bis dahin noch keine Tagesangriffe erlebt hatte, eine starke Panik hervorrief.

Auf die Varianten C.III und C.IV, die keine großen Stückzahlen erreichten, folgten 1917–1918 zwei äußerst verschiedene Versionen, die C.V und die C.VI. Der Entwurf für die beiden Maschinen stammte von einem ehemaligen Ingenieur der D.F.W., der zur L.V.G.

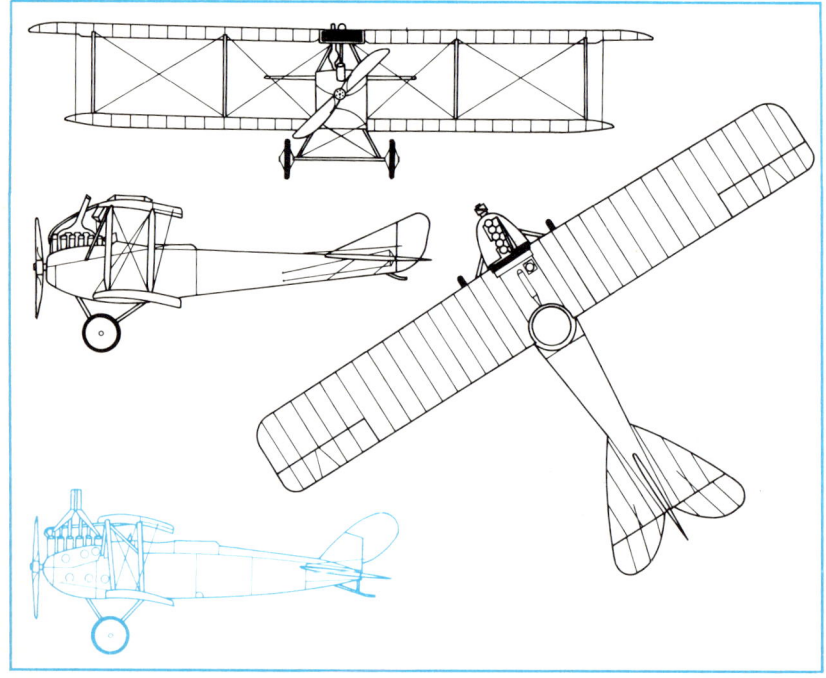

übergewechselt war. Es war somit kein Zufall, daß die C.V große Ähnlichkeit mit der gleichen Serie der D.F.W. hatte. Die L.V.G. C.V war trotz ihrer Größe ein robustes und wendiges Flugzeug, das an allen Fronten als Aufklärer, Beobachter und leichter Bomber eingesetzt wurde. Die Version C.VI kam 1918 heraus. Sie erfüllte die gleichen Aufgaben wie ihre Vorgänger, war ihnen aber an Schnelligkeit, Feuerkraft und Wendigkeit überlegen. Der Rumpf war tiefer angelegt worden; der Beobachter saß höher, was sein Schußfeld verbesserte und die Flügel hatten oben und unten Öffnungen, für die allgemeine Sicht. Die L.V.G. C.VI kam zusammen mit der C.V während der letzten Kriegsjahre verstärkt zum Einsatz. Insgesamt wurden mehr als 1.000 Maschinen gebaut und die beiden Typen waren derart verbreitet, daß im August 1918 noch mehr als 500 C.V und C.VI im Fronteinsatz standen. Die Version C.VIII kam Mitte 1918 nicht mehr über das Stadium des Prototyps hinaus. Sie war mit einem 240-PS-Benz-Motor ausgerüstet und hatte einige Konstruktionsverbesserungen erhalten.

Flugzeug: L.V.G. C.II
Hersteller: Luft-Verkehrs-Gesellschaft
Typ: Aufklärer
Jahr: 1915
Motor: flüssigkeitsgekühlter 160-PS-Mercedes, 6-Zylinder-Reihenmotor
Spannweite: 12,85 m
Länge: 8,10 m
Höhe: 2,92 m
Startgewicht: 1.402 kg
Höchstgeschwindigkeit: 130 km/h in Meereshöhe
Dienstgipfelhöhe: 5.030 m
Max. Flugzeit: 4 Stunden
Bewaffnung: 1–2 MGs
Besatzung: 2 Mann

Flugzeug: L.V.G. C.VI
Hersteller: Luft-Verkehrs-Gesellschaft
Typ: Aufklärer
Jahr: 1918
Motor: flüssigkeitsgekühlter 200-PS-Benz, 6-Zylinder-Reihenmotor
Spannweite: 13,03 m
Länge: 7,49 m
Höhe: 2,89 m
Startgewicht: 1.375 kg
Höchstgeschwindigkeit: 190 km/h in Meereshöhe
Dienstgipfelhöhe: 6.500 m
Max. Flugzeit: 3 Stunden und 30 Minuten
Bewaffnung: 2 MGs; 113 kg Bomben
Besatzung: 2 Mann

Rumpler C.I
Rumpler C.IV

Die Rumpler Flugzeug-Werke waren in den Jahren 1911–1914 mit ihrem Taube-Eindecker berühmt geworden. Zu Beginn des Krieges brachten sie einen unbewaffneten Doppeldecker der B-Klasse heraus, der 1914 und 1915 an der Westfront eingesetzt wurde. Mit Einführung der bewaffneten und zweisitzigen C-Klasse stellte Rumpler die C.I vor, welche der hervorragenden Eigenschaften wegen bis Februar 1918 im Einsatz bleiben sollte. Es kam sogar zu einer Großserie und die Fertigung wurde an die Firmen Brandenburg, M.F.W. und Bayru in Lizenz vergeben. Im Oktober 1916 waren 250 C.I an der Front, und die Produktion wurde bis Juni 1917 fortgesetzt.

Die Rumpler C.I wurde an der West- und an der Ostfront, in Palästina und in Mazedonien eingesetzt. Vor allem in Palästina spielten 1917 einige C.I eine wichtige Rolle, als sie in der Schlacht von Gaza als Beobachtungs- und Verbindungsflugzeuge eingesetzt wurden. Auch in der damals aufkommenden Luftbildaufklärung wurden sie verwendet. Die hervorragenden Flugeigenschaften und die stabile Fluglage ermöglichten es der Besatzung, ausreichend lange zu belichten.

Die C.IV war die zweite Maschine von Rumpler, welche in eine Großserie ging. Nach dem Typ C.III von 1916, der nicht sonderlich erfolgreich war, ermöglichte der 260-PS-Mercedes D.IV-Motor den

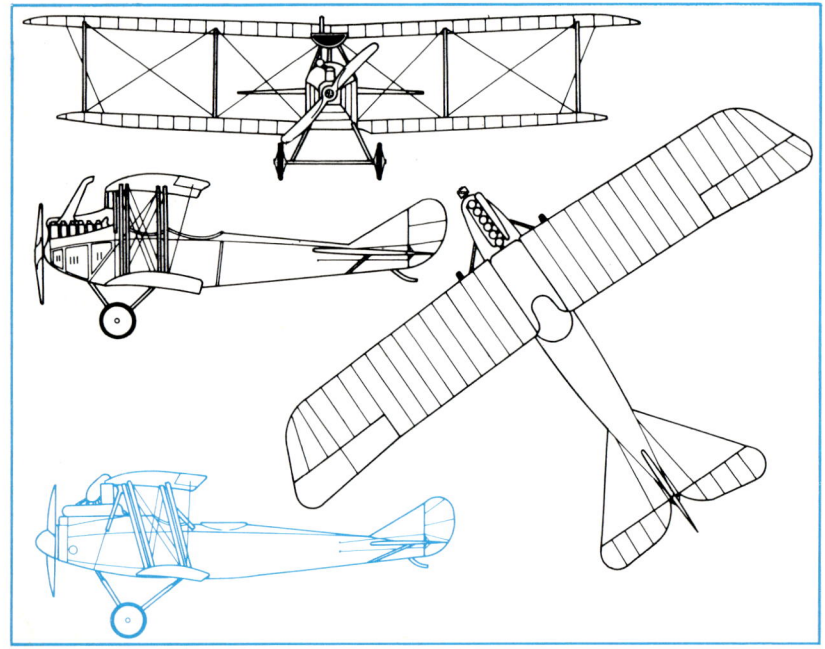

Bau einer verbesserten C.III. Die einzigen Änderungen betrafen die Konstruktion der Tragflächen und des Leitwerks, sowie die Auswahl und die Anbringung der Querruder. Ansonsten wahrte die C.IV die elegante Linie der C.III.

Das Flugzeug hatte eine ausgezeichnete Steig- und Höhengeschwindigkeit, so daß es seinen Gegnern auch noch in großen Höhen entkommen konnte. Außerdem war es für die Fernaufklärung besonders gut geeignet, eine Aufgabe, die an der West- und an der Ostfront erfüllt wurde. Die Bombenzuladung belief sich auf 100 kg. Die gegnerischen Piloten waren übereinstimmend der Meinung, daß die C.IV nur sehr schwer abgeschossen werden konnte.

Die nächste Version C.VII hatte einen leistungsgesteigerten 240-PS-Maybach Mb. IV-Motor, der ihr auch noch in 7.300 m Höhe eine hohe Geschwindigkeit verlieh. Bei diesen Flügen benötigte die Besatzung allerdings schon Atemgeräte.

Flugzeug: Rumpler C.I
Hersteller: E. Rumpler Flugzeug-Werke GmbH
Typ: Aufklärer
Jahr: 1915
Motor: flüssigkeitsgekühlter 160-PS-Mercedes D.III, 6-Zylinder-Reihenmotor
Spannweite: 12,15 m
Länge: 7,85 m
Höhe: 3,08 m
Startgewicht: 1.330 kg
Höchstgeschwindigkeit: 152 km/h in Meereshöhe
Dienstgipfelhöhe: 5.030 m
Max. Flugzeit: 4 Stunden
Bewaffnung: 2 MGs; 90 kg Bomben
Besatzung: 2 Mann

Flugzeug: Rumpler C.IV
Hersteller: E. Rumpler Flugzeug-Werke GmbH
Typ: Aufklärer
Jahr: 1917
Motor: flüssigkeitsgekühlter 260-PS-Mercedes D.IV, 6-Zylinder-Reihenmotor
Spannweite: 12,67 m
Länge: 8,38 m
Höhe: 3,40 m
Startgewicht: 1.630 kg
Höchstgeschwindigkeit: 171 km/h in 1.000 m Höhe
Dienstgipfelhöhe: 6.400 m
Max. Flugzeit: 3 Stunden und 30 Minuten
Bewaffnung: 2 MGs; 100 kg Bomben
Besatzung: 2 Mann

Fokker E.III

Die Wirkung des Fokker-Eindeckers im zweiten Kriegsjahr bezeichnete man als »Plage«. Obwohl diese Maschine keine außergewöhnlichen Flugeigenschaften hatte, veränderte sie den Luftkrieg und brachte Deutschland für einige Monate die absolute Luftherrschaft. Die Überlegenheit der Fokker lag einzig und allein in ihrer Bewaffnung; sie hatte als erste Kampfmaschine ein nach vorne schießendes MG, das mit dem Propeller synchronisiert war. Im Luftkampf führte der Einsatz eines wendigen Eindeckers mit dieser modernen Waffe gegen die langsamen und schwerfälligen Doppeldecker zu einer sofortigen Überlegenheit. Das Fehlen eines geeigneten Gegenmittels versetzte die alliierten Kommandobehörden in offene Panik. Das Royal Flying Corps war 1916 so weit, daß ein Aufklärer, der die deutschen Linien überquerte, von drei weiteren Maschinen begleitet sein mußte. Die »Fokker-Plage« nahm erst ein Ende, als die

neuen französischen und britischen Jäger ebenfalls synchronisierte Waffen erhielten.

Dabei war das Synchrongetriebe von Anthony Fokker nicht einmal eine Neuheit. 1913 hatte Franz Schneider schon eine solche Vorrichtung patentieren lassen. In Frankreich war Raymond Saulnier der Lösung auf der Spur. Und in Rußland hatten Poplavko und Smysloff-Dybowski ähnliche Versuche durchgeführt. Die Deutschen waren also nur durch Zufall Erste geworden. Und dieser Zufall war der Abschuß eines Morane-Saulnier L Eindeckers am 18. April 1915 bei Courtrai. Das Flugzeug wurde nämlich von dem französischen Flieger-As Roland Garros geflogen, der ein neues System ausprobierte: Metallplatten auf den Rotorblättern, um etwaige Treffer des vorderen MGs auf den Propeller abzulenken. Diese etwas primitive, aber doch gute Idee, ließ den Deutschen keine Ruhe und sie wollten sie

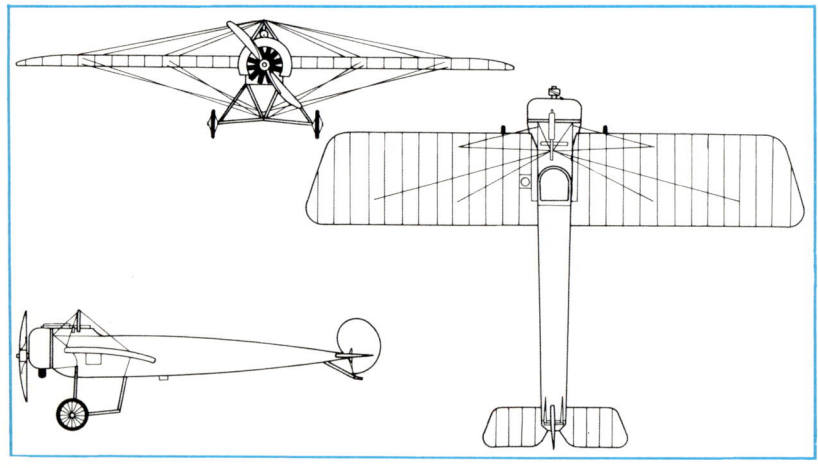

nachahmen. Anthony Fokker gab sich aber damit nicht zufrieden und baute ein Synchrongetriebe, das er mit einem seiner M5K-Eindecker erprobte. Das Experiment gelang und die neue Waffe wurde sofort in Auftrag gegeben.

Der Eindecker – in der militärischen Bezeichnung E.I – war sofort einsatzbereit; danach entstanden in rascher Folge die Versionen E.II und E.III, welche sich vor allem durch die Stärke der Motoren und die Spannweite unterschieden. Die E.III kam im August 1915 an die Westfront und wurde zusammen mit den beiden anderen Versionen von den Jägereinheiten eingesetzt. Die Bewaffnung bestand aus einem MG vom Typ LMG 08/15; einige Maschinen hatten zwei Waffen, was aber die Flugleistungen beeinträchtigte. Max Immelmann baute sogar 3 MGs auf seine Fokker E.IV, ehe er wieder zu dem von ihm bevorzugten Zwillings-MG zurückkehrte. An der Front fielen die Fokker-Eindecker über die Franzosen und Engländer her und schossen sie fast nach Belieben ab. Die Asse profitierten hiervon ganz besonders: Max Immelmann (der am

Flugzeug: Fokker E.III
Hersteller: Fokker Flugzeug-Werke GmbH
Typ: Jäger
Jahr: 1915
Motor: 100-PS-Oberursel-Rotationsmotor
Spannweite: 9,40 m
Länge: 7,29 m
Höhe: 2,79 m
Startgewicht: 608 kg
Höchstgeschwindigkeit: 141 km/$_{J \cdot H}$
Dienstgipfelhöhe: 3.660 m
Max. Flugzeit: 1 Stunde und 30 Minuten
Bewaffnung: 2 MGs
Besatzung: 1 Mann

18. Juni 1916 mit einer Fokker abgeschossen wurde), Oswald Boelcke, Kurt Wintgens und von Gerstoff. Diese Überlegenheit nahm erst ein Ende, als 1916 die französischen Nieuport und die britischen D.H.2 und F.E.2b an die Front kamen und das Gleichgewicht wieder herstellten.

A.E.G. G.IV

Die A.E.G. G.IV, welche Ende 1916 zum Einsatz kam, erreichte von allen Maschinen, welche die Allgemeine Elektrizitäts-Gesellschaft von 1915 bis 1918 in der G-Klasse baute, die höchste Stückzahl. Sie vereinte in sich alle guten Eigenschaften der Vorgängertypen (G.I, G.II und G.III), und sie hatte noch bessere Motoren. Der Rahmen bestand aus Holz und Stahlrohr, das vor allem bei den Tragflächen zur Anwendung kam. Von den Flügeln hatte nur der untere eine V-Stellung, während der obere mit Querrudern versehen war. Wegen ihrer allzu geringen Reichweite und Höhe wurde die G.IV vor allem für taktische Bombenflüge eingesetzt. Von den Versuchsversionen sei die G.IVb mit ihrer größeren Spannweite erwähnt, und die G.IVk mit ihrem doppeldeckigen Leitwerk, gepanzerten Motor und ihrer 20-mm-Kanone. Die letzte Version G.V kam zu spät heraus, um noch bei den Kämpfen eingesetzt werden zu können.

Flugzeug: A.E.G. G.IV
Hersteller: Allgemeine Elektrizitäts Gesellschaft
Typ: Bomber
Jahr: 1916
Motor: zwei flüssigkeitsgekühlte 260-PS-Mercedes D.IVa, 6-Zylinder-Reihenmotoren
Spannweite: 18,34 m
Länge: 9,85 m
Höhe: 3,89 m
Startgewicht: 3.630 kg
Höchstgeschwindigkeit: 166 km/h in Meereshöhe
Dienstgipfelhöhe: 4.000 m
Max. Flugzeit: 4 Stunden und 30 Minuten
Bewaffnung: 3 MGs; 360 kg Bomben
Besatzung: 3 Mann

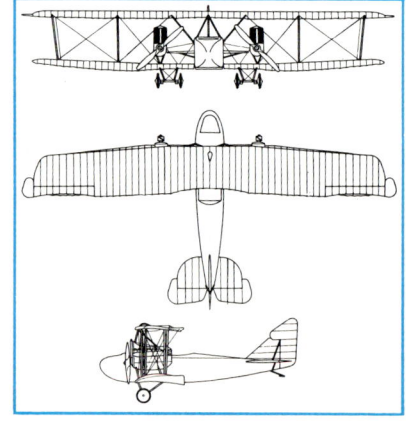

Hansa-Brandenburg KDW

Bei der KDW (Kampf-Doppeldecker, Wasser) von Ernst Heinkel aus dem Jahre 1916 handelte es sich um ein Seeflugzeug mit zwei Schwimmern, das aus einem Landflugzeug hervorgegangen war. Sie sollte als Abwehrjäger die übrigen Seeflugzeuge der Luftstützpunkte an der Adria und an der Nordsee schützen. Die Hansa-Brandenburg war Ende 1916 einsatzbereit; es wurden insgesamt 60 Maschinen gebaut, welche in 5 Produktionslose aufgeteilt waren, die Unterschiede in der Konstruktion und in der Auswahl und Stärke der Motoren aufzuweisen hatten. Die Produktion kam jedoch nur sehr langsam voran. Als die KDW endlich zu den Einheiten kamen, waren schon modernere und leistungsfähigere Maschinen herausgekommen, mit denen sie es nicht mehr aufnehmen konnten.

Flugzeug: Hansa-Brandenburg KDW
Hersteller: Hansa und Brandenburgische Flugzeug-Werke
Typ: Jäger
Jahr: 1916
Motor: flüssigkeitsgekühlter 150-PS-Benz, 6-Zylinder-Reihenmotor
Spannweite: 9,22 m
Länge: 8 m
Höhe: 3,30 m
Startgewicht: 1.045 kg
Höchstgeschwindigkeit: 172 km/h in Meereshöhe
Dienstgipfelhöhe: 4.000 m
Max. Flugzeit: 3 Stunden
Bewaffnung: 1–2 MGs
Besatzung: 1 Mann

Halberstadt D.II

Als die Überlegenheit des Fokker-Eindeckers im Frühjahr 1916 nachgelassen
hatte, mußte Deutschland bis zum
Herbst auf die neuen Albatros-Jäger
warten, um die Luftherrschaft wieder zu
erringen. In der Zwischenzeit hatte man
aber ein anderes Kampfflugzeug zur
Verfügung: eine Halberstadt der D-
Klasse. Diese war der Albatros D.I, die
fast gleichzeitig mit ihr herauskam, zwar
unterlegen, aber gab doch noch ein
ausgezeichnetes Übergangsflugzeug
ab. Die Halberstadt D.I wurde ab Sommer 1916 eingesetzt. Zu Beginn allerdings nur als Geleitjäger. Sie war trotz
ihrer eleganten Linienführung äußerst
robust. Es wurden außerdem noch zwei
weitere Versionen entwickelt, die D.III
und die D.IV. Von den verschiedenen
Varianten kamen in erster Linie die D.II
und D.III zum Einsatz; vor allem im Zeitraum Ende 1916 – Anfang 1917, als sie
den neuen Jastas zugeteilt wurden. Sie
wurden zuletzt als Schulflugzeuge eingesetzt.

Flugzeug: Halberstadt D.II
Hersteller: Halberstädter Flugzeug-Werke
Typ: Jäger
Jahr: 1916
Motor: flüssigkeitsgekühlter 120-PS-Merce-
des D.II, 6-Zylinder-Reihenmotor
Spannweite: 8,81 m
Länge: 7,29 m
Höhe: 2,67 m
Startgewicht: 728 kg
Höchstgeschwindigkeit: 145 km/h in Meeres-
höhe
Dienstgipfelhöhe: 4.000 m
Max. Flugzeit: 1 Stunde und 30 Minuten
Bewaffnung: 1–2 MGs
Besatzung: 1 Mann

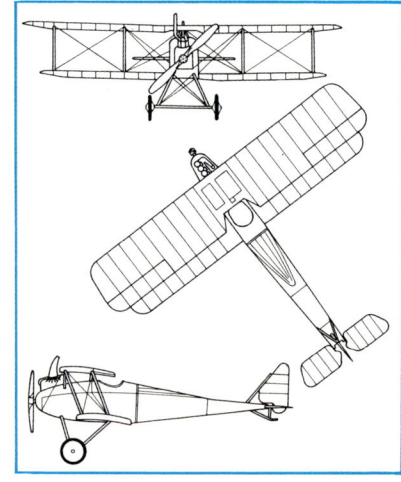

Albatros D.II

Die Fokker-Eindecker hatten für Deutschland die Luftüberlegenheit ab Winter 1915 erkämpft und sie im Sommer 1916 wieder verloren. Die Maschine, welche den Deutschen diese Überlegenheit wieder zurückeroberte, war ein eleganter Doppeldecker mit guten Flugleistungen und einer großen Feuerkraft, dessen erste Version (D.I) im August 1916 von dem Ingenieur Robert Thelen von den Albatros-Flugzeug-Werken entworfen worden war. Die D.I war der erste deutsche Jäger, der zwei nach vorn schießende und synchronisierte MGs mit guten Flugeigenschaften verbinden konnte. Die neue Maschine kam im Herbst zu den Jagdstaffeln; ihr folgte sofort eine verbesserte Version, die D.II. Die Albatros D.II wurde bereits nach einigen Monaten von der noch besseren D.III abgelöst. Trotzdem trug sie in dieser Zeit erheblich dazu bei, daß die Luftherrschaft wieder von den Alliierten auf die Deutschen überging.

Flugzeug: Albatros D.II
Hersteller: Albatros-Flugzeug-Werke
Typ: Jäger
Jahr: 1916
Motor: flüssigkeitsgekühlter 160-PS-Mercedes D.III, 6-Zylinder-Reihenmotor
Spannweite: 8,50 m
Länge: 7,40 m
Höhe: 2,74 m
Startgewicht: 886 kg
Höchstgeschwindigkeit: 175 km/h in Meereshöhe
Dienstgipfelhöhe: 5.180 m
Max. Flugzeit: 1 Stunde und 30 Minuten
Bewaffnung: 2 MGs
Besatzung: 1 Mann

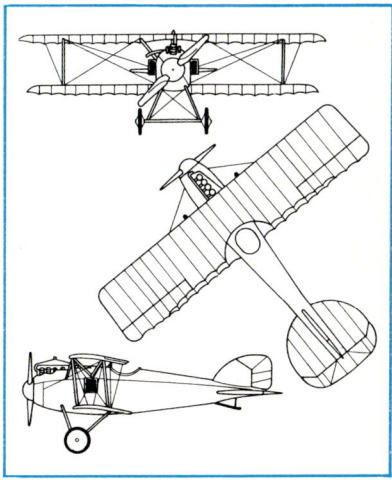

Albatros C.III
Albatros C.I
Albatros C.V
Albatros C.VII
Albatros C.X
Albatros C.XII

Die direkten Nachfolger der zweisitzigen unbewaffneten Doppeldecker der B-Klasse waren die Albatros der neuen C-Klasse. Sie wurden 1915 in zahlreichen verbesserten Versionen gebaut. Am Ende des Krieges hieß es von ihnen, daß sie von allen Aufklärern des I. Weltkriegs die meisten Einsätze zu verzeichnen hätten.

Die Albatros C.I entstand Anfang 1915 als eine Weiterentwicklung der zweisitzigen unbewaffneten B.II von Ernst Heinkel aus dem Jahre 1914. Die C.I hatte auch die allgemeine Konstruktion und die ausgezeichneten Flugqualitäten dieser Maschine. Der starke Motor (der die besten alliierten Modelle übertraf) und die Anbringung eines nach hinten schießenden MGs, machten aus diesem Flugzeug eine wirkungsvolle Waffe. So sammelten z. B. die zukünftigen Flieger-Asse Boelcke und von Richthofen auf einer C.I ihre ersten Kampferfahrungen.

Ende 1915 kam eine verbesserte Version des Aufklärers heraus, die Albatros C.III. Sie war eine Weiterentwicklung der B.III von 1914, von der die allgemeine Linienführung und die Form der Leitwerksflächen übernommen worden waren. Sie übertraf die C.I an Schnelligkeit, Wendigkeit und Robustheit, obwohl diese, von allen Albatros-Maschinen der C-Klasse, die höchste Stückzahl erreichte. Die C.III blieb ab Frühjahr 1916 ein Jahr im Einsatz, und sie wurde an allen Fronten als Beobachter, Photoaufklärer und sogar als leichter Bomber eingesetzt.

Von der Version C.IV wurden nur einige Maschinen gebaut. Dafür kam aber im Frühjahr 1916 eine völlig neue Version heraus, die C.V. Sie war etwas größer als die C.III und hatte einen stärkeren Motor und einen aerodynamischen Rumpf. Diese Maschine war kein großer Erfolg, auch wenn sie in einer Serie von 400 Flugzeugen gebaut worden war. Sie hatte ständig Pannen am Mercedes-Mo-

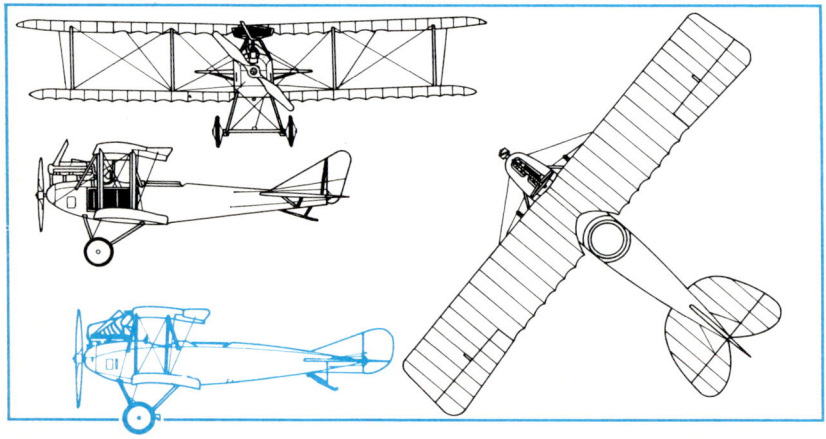

tor und war sehr schwer zu fliegen. Die nächste Version, die C.VII, war eine Art Kompromiß, da sie viele Komponenten der C.V übernommen hatte. Diese Maschine war schon erfolgreicher. Sie bildete zwar noch nicht den Abschluß der C.V-Entwicklung, wurde aber in großer Zahl gebaut und blieb bis Anfang 1917 im Einsatz.

Den Höhepunkt dieser Albatros-Entwicklung stellte dann die Version C.X dar, welche Mitte 1917 herauskam. Der große Erfolg war vor allem auf den 260-PS-Mercedes D.IVa-Motor zurückzuführen, der hervorragende Flugleistungen und eine gute Zuladung ermöglichte. Die Beobachter- und Aufklärerstaffeln flogen die Albatros C.X bis Mitte 1918. Die Erfahrungen mit der C.X ermöglichten sogar die Verwirklichung einer Version C.XII, welche den absoluten Höhepunkt der mit der C.V begonnenen Entwicklung darstellte. Sie galt als das beste Flugzeug der ganzen C-Klasse. Auch wenn der Motor der gleiche geblieben war, so hatte sie doch einen aerodynamisch besser ausgeformten Rumpf als die C.X. Sie galt außer-

Flugzeug: Albatros C.III
Hersteller: Albatros Flugzeug-Werke
Typ: Aufklärer
Jahr: 1916
Motor: flüssigkeitsgekühlter 160-PS-Mercedes D.III, 6-Zylinder-Reihenmotor
Spannweite: 11,70 m
Länge: 8 m
Höhe: 3,10 m
Startgewicht: 1.352 kg
Höchstgeschwindigkeit: 140 km/h in Meereshöhe
Dienstgipfelhöhe: 3.380 m
Max. Flugzeit: 4 Stunden
Bewaffnung: 1–2 MGs; 90 kg Bomben
Besatzung: 2 Mann

Flugzeug: Albatros C.I
Hersteller: Albatros Flugzeug-Werke
Typ: Aufklärer
Jahr: 1915
Motor: flüssigkeitsgekühlter 160-PS-Mercedes D.III, 6-Zylinder-Reihenmotor
Spannweite: 12,90 m
Länge: 7,85 m
Höhe: 3,14 m
Startgewicht: 1.190 kg
Höchstgeschwindigkeit: 132 km/h in Meereshöhe
Dienstgipfelhöhe: 3.050 m
Max. Flugzeit: 2 Stunden und 30 Minuten
Bewaffnung: 1 MG
Besatzung: 2 Mann

dem als »der schönste deutsche Zweisitzer an der Westfront«. Die C.XII blieb bis zum Waffenstillstand im Einsatz.

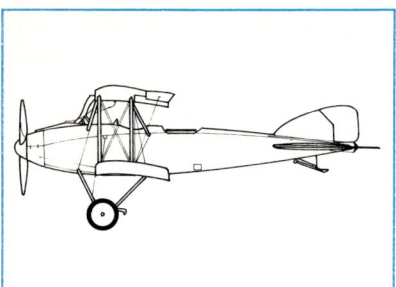

Flugzeug: Albatros C.V
Hersteller: Albatros Flugzeug-Werke
Typ: Aufklärer
Jahr: 1916
Motor: flüssigkeitsgekühlter 220-PS-Merce-
des, 6-Zylinder-Reihenmotor
Spannweite: 12,75 m
Länge: 8,94 m
Höhe: 3,55 m
Startgewicht: 1.069 kg
Höchstgeschwindigkeit: 170 km/h in Meereshöhe
Dienstgipfelhöhe: 5.180 m
Max. Flugzeit: –
Bewaffnung: 2 MGs; 180 kg Bomben
Besatzung: 2 Mann

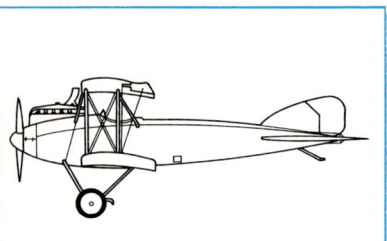

Flugzeug: Albatros C.VII
Hersteller: Albatros Flugzeug-Werke
Typ: Aufklärer
Jahr: 1916
Motor: flüssigkeitsgekühlter 200-PS-Benz Bz.
IV, 6-Zylinder-Reihenmotor
Spannweite: 12,78 m
Länge: 8,68 m
Höhe: 3,58 m
Startgewicht: 1.547 kg
Höchstgeschwindigkeit: 170 km/h in Meereshöhe
Dienstgipfelhöhe: 5.000 m
Max. Flugzeit: 3 Stunden und 20 Minuten
Bewaffnung: 2 MGs
Besatzung: 2 Mann

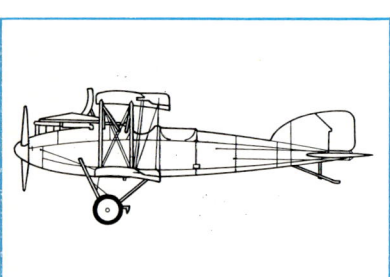

Flugzeug: Albatros C.X
Hersteller: Albatros Flugzeug-Werke
Typ: Aufklärer
Jahr: 1917
Motor: flüssigkeitsgekühlter 260-PS-Merce-
des D.IVa, 6-Zylinder-Reihenmotor
Spannweite: 14,33 m
Länge: 9,14 m
Höhe: 3,40 m
Startgewicht: 1.050 kg
Höchstgeschwindigkeit: –
Dienstgipfelhöhe: –
Max. Flugzeit: –
Bewaffnung: 2 MGs
Besatzung: 2 Mann

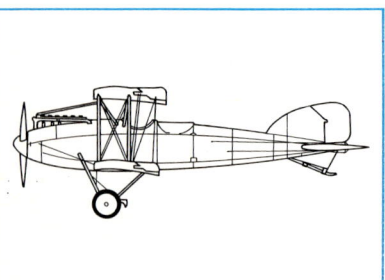

Flugzeug: Albatros C.XII
Hersteller: Albatros Flugzeug-Werke
Typ: Aufklärer
Jahr: 1918
Motor: flüssigkeitsgekühlter 260-PS-Merce-
des D.IVa, 6-Zylinder-Reihenmotor
Spannweite: 14,38 m
Länge: 8,84 m
Höhe: 3,25 m
Startgewicht: 1.636 kg
Höchstgeschwindigkeit: 176 km/h in Meereshöhe
Dienstgipfelhöhe: 5.000 m
Max. Flugzeit: 3 Stunden und 15 Minuten
Bewaffnung: 2 MGs
Besatzung: 2 Mann

A.E.G. C.IV

Von den Aufklärern der C-Klasse, welche die A.E.G. ab 1915 herausbrachte,
war die Version C.IV am besten gelungen. Sie kam 1916 heraus und stützte
sich weitgehend auf die Konstruktion
ihres Vorgängers C.II. Sie hatte jedoch
eine größere Spannweite und einen
160-PS-Mercedes D.III-Motor, der von
der für die Firma typischen Motorhaube
umgeben war. Die Zylinderköpfe waren
außen und sie hatten ein Auspuffrohr,
das bis an den Oberflügel heranreichte
und so einem »Rhinozeros-Horn« glich.
Die C.IV kam im Frühjahr 1916 bei den
Aufklärern zum Einsatz und bewies bis
Mitte 1918 ihre hervorragenden Eigenschaften. Sie wurde an allen Fronten
eingesetzt, so auch von den bulgari-
schen und türkischen Luftstreitkräften;
Ende 1916 erschien sogar eine Version
als Nachtbomber. Sie trug die Bezeichnung C.IV N., konnte sechs 50-kg-Bom-
ben mit sich führen und galt als eine der
besten Maschinen ihrer Kategorie.

Flugzeug: A.E.G. C.IV
Hersteller: Allgemeine Elektrizitäts Gesell-
schaft
Typ: Aufklärer
Jahr: 1916
Motor: flüssigkeitsgekühlter 160-PS-Merce-
des D.III, 6-Zylinder-Reihenmotor
Spannweite: 13,46 m
Länge: 7,15 m
Höhe: 3,35 m
Startgewicht: 1.120 kg
Höchstgeschwindigkeit: 158 km/h in Meeres-
höhe
Dienstgipfelhöhe: 5.000 m
Max. Flugzeit: 4 Stunden
Bewaffnung: 2 MGs; 90 kg Bomben
Besatzung: 2 Mann

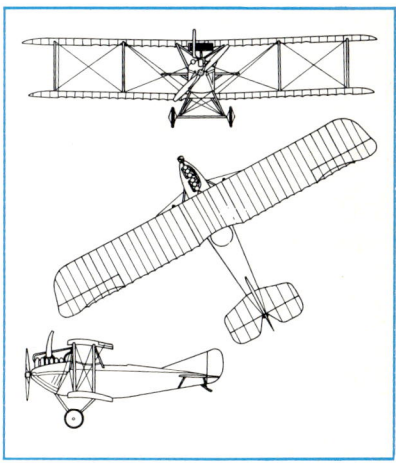

D.F.W. C.V

Das Modell C.V der Deutschen Flugzeug-Werke kam im Sommer 1916 als Weiterentwicklung der C.IV heraus. Es hatte zwar die gleichen Ausmaße, doch konnte der 200-PS-Benz-Motor (gegenüber 150 PS bei der C.IV) die Leistung ganz erheblich verbessern. Diese beiden Maschinen übertrafen die übrigen C-Modelle der D.F.W. und erfreuten sich größter Beliebtheit bei ihren Besatzungen. Die C.V war überdies die deutsche Maschine, welche die größte Stückzahl erreichte: 1.000 Maschinen, die neben der DFW noch von drei weiteren Auftragsnehmern gebaut wurden. Die C.V kam im Sommer 1916 zu den Einheiten; beim Waffenstillstand waren noch mehr als 600 Maschinen im Einsatz. Ihre Flugleistungen waren derart gut, daß sie in den Händen von erfahrenen Piloten auch den modernsten Jägern entkommen konnten.

Flugzeug: D.F.W. C.V
Hersteller: Deutsche Flugzeug-Werke A.G.
Typ: Aufklärer
Jahr: 1916
Motor: flüssigkeitsgekühlter 200-PS-Benz Bz.IV, 6-Zylinder-Reihenmotor
Spannweite: 13,29 m
Länge: 7,87 m
Höhe: 3,25 m
Startgewicht: 1.427 kg
Höchstgeschwindigkeit: 155 km/h in Meereshöhe
Dienstgipfelhöhe: 5.000 m
Max. Flugzeit: 4 Stunden und 30 Minuten
Bewaffnung: 2 MGs; 100 kg Bomben
Besatzung: 2 Mann

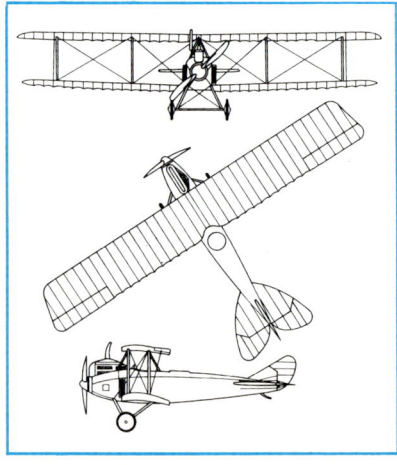

Rumpler 6B.1

Wie die zwei anderen Wasserflugzeug-Jäger – die Albatros W.9 und die Brandenburg KDW – war auch die Rumpler 6B die Weiterentwicklung eines Landflugzeugs; nämlich eines zweisitzigen Aufklärers der C.I-Klasse. Hierzu bedurfte es umfangreicher Änderungen der Konstruktion, und die erste Serienversion, 6B.1 genannt, kam im Sommer 1916 heraus. Mit dem Bau von insgesamt 38 Maschinen ging es nur sehr langsam voran, und die letzte Maschine wurde erst im Mai 1917 ausgeliefert. Die 6B.1 wurden von den Küstenstützpunkten an der Nordsee eingesetzt. Einige wurden sogar ans Schwarze Meer geschickt, um dort der Bedrohung durch die russischen Wasserflugzeuge zu begegnen. Die Variante 6B.2 von 1917 hatte eine größere Spannweite und einige Änderungen in der Konstruktion. Da sie aber den gleichen Motor besaß, fielen ihre Leistungen insgesamt schwächer aus. Dennoch wurden bis zum Januar 1918 50 6B.2 ausgeliefert.

Flugzeug: Rumpler 6B.1
Hersteller: E. Rumpler Flugzeug-Werke GmbH
Typ: Jäger
Jahr: 1916
Motor: flüssigkeitsgekühlter 160-PS-Mercedes D.III, 6-Zylinder-Reihenmotor
Spannweite: 12,05 m
Länge: 9,40 m
Höhe: 3,60 m
Startgewicht: 1.140 kg
Höchstgeschwindigkeit: 153 km/h in Meereshöhe
Dienstgipfelhöhe: 5.000 m
Max. Flugzeit: 4 Stunden
Bewaffnung: 1 MG
Besatzung: 1 Mann

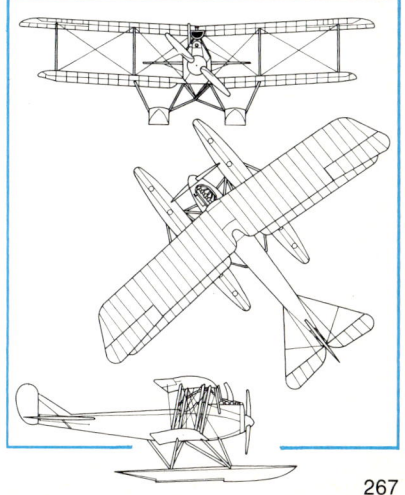

Friedrichshafen G.III

In den letzten Kriegsjahren hatten die Deutschen als schwere Bomber die Friedrichshafen der G-Klasse, sowie die Gotha und die Zeppelin R. Die beiden letzten Maschinen waren für die nächtlichen Angriffe auf London, die Friedrichshafen vor allem für Bombenflüge auf dem Kontinent eingesetzt.

Die erste Friedrichshafen der G-Klasse vom Herbst 1914 kam nicht über das Stadium des Prototyps hinaus. Die allgemeinen Flugleistungen und die Bombenzuladung waren zu schwach, was vor allem auf die mangelnde Erfahrung der von Zepplin gegründeten Firma zurückzuführen war. Die zweite Version

G.II kam erst zwei Jahre später heraus, und sie hatte trotz erheblicher Verbesserungen mit 150 kg immer noch eine zu geringe Zuladung. Die Maschine ging dennoch in Serie und wurde in geringer Stückzahl hergestellt. Sie wurde bis Ende 1917 von den Bombereinheiten eingesetzt. Erst die nächste Version, G.III wurde eine schlagkräftige Kampfmaschine, die in größerer Stückzahl hergestellt und bis zum Ende des Krieges eingesetzt wurde.

Die Friedrichshafen G.III kam ab Februar 1917 zum Einsatz. Sie war größer und robuster als ihre beiden Vorgänger, hatte stärkere Motoren und sie konnte

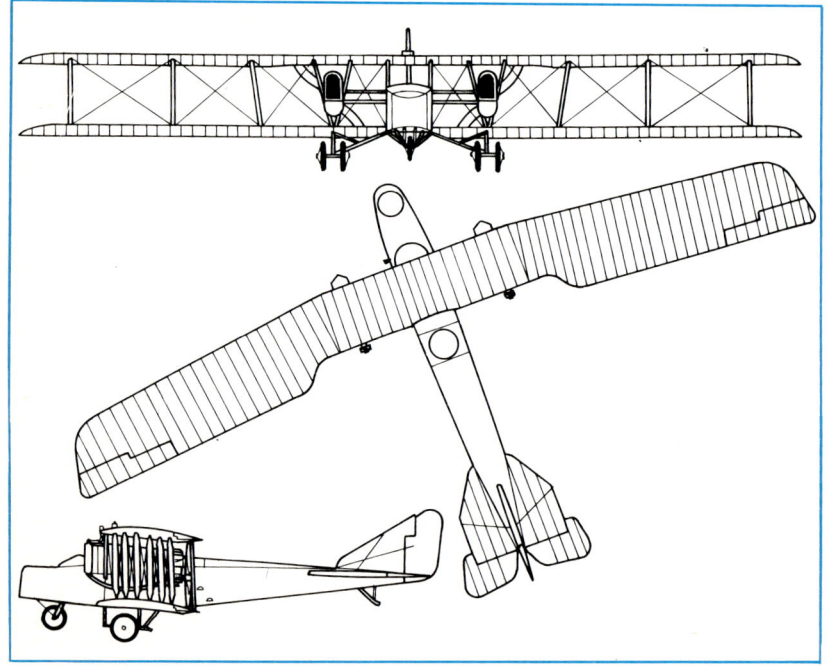

eine große Menge an Bomben mit sich führen. Die dreiköpfige Besatzung verfügte über zwei MG-Stellungen zur Verteidigung, mit je einem oder zwei MGs am Vorder- und Hintersitz. Hinten waren sie gefährlich nahe an den Propellern der beiden Schubmotoren, so daß der Schütze auf beiden Seiten durch ein metallenes Netz geschützt werden mußte.

Die Friedrichshafen wurden von drei Bombergruppen der deutschen Luftstreitkräfte geflogen. Diese hatten sich mit den Gotha G.V die Kriegsschauplätze für ihre nächtlichen Bombenangriffe aufgeteilt: die Gotha und später die Zeppelin R übernahmen die Angriffe auf die britischen Städte, während die G.III Ziele in Frankreich und Belgien angriffen. Im Sommer 1917 startete die Friedrichshafen des Kagohl 1 (Kampfgeschwader der Obersten Heeresleitung) eine Reihe von Angriffen auf britische Einrichtungen in Dünkirchen, welche vor allem die Hafenanlagen schwer beschädigten. In den folgenden Monaten war Paris das Hauptziel ihrer Angriffe.

Flugzeug: Friedrichshafen G.III
Hersteller: Flugzeugbau Friedrichshafen A.G.
Typ: Bomber
Jahr: 1917
Motor: zwei flüssigkeitsgekühlte 260-PS-Mercedes D.VIa, 6-Zylinder-Reihenmotoren
Spannweite: 23,75 m
Länge: 12,85 m
Höhe: 3,66 m
Startgewicht: 3.940 kg
Höchstgeschwindigkeit: 141 km/h in 1.000 m Höhe
Dienstgipfelhöhe: 4.510 m
Max. Flugzeit: 5 Stunden
Bewaffnung: 2–4 MGs; 1.000 kg Bomben
Besatzung: 3 Mann

Anfang 1918 kam eine neue Version, die G.IIIa heraus, welche ein doppeldeckiges Leitwerk und einige Änderungen der Konstruktion aufwies. Von diesen beiden Typen fertigten die Firmen Hansa und Daimler insgesamt 338 Maschinen in Lizenz.

Gotha G.V

Ab Mai 1917 flogen die Gotha ein Jahr lang eine Reihe von schweren Angriffen gegen die englische Hauptstadt. Es war die erste Bombardierung eines Einzelzieles über einen längeren Zeitraum hinweg. Auch wenn der Sachschaden in der Stadt nicht allzu groß war, so hatten die Angriffe doch eine starke psychologische Wirkung auf die Bevölkerung. Es waren die Vorboten der großen strategischen Angriffe des II. Weltkriegs. Dabei war die Gotha gar nicht das Superflugzeug, als das sie damals gern hingestellt wurde. Sie war zwar wendig und stark bewaffnet, hatte aber eine schwache Konstruktion und ein derart schwaches Fahrwerk, daß sie nur auf speziell vorbe-

reiteten Pisten landen konnte. Deswegen gingen auch während der ganzen Einsatzperiode 36 Gotha durch verschiedene Unfälle zu Bruch, während nur 24 abgeschossen wurden.

Die erste Gotha, die G.I, kam im Januar 1915 heraus; sie war von Oskar Ursinus und dem Heeresmajor Friedel für die Gothaer Waggonfabrik AG entworfen worden. Als Erdkampfflugzeug wurde sie an beiden Fronten eingesetzt. Die G.II von Hans Burkhard aus dem Jahre 1916 hatte eine fehlerhafte Konstruktion, und sie war wie die G.III ein Übergangsmodell, das 1917 zu der ersten Hauptversion, der G.IV, führte. Die Maschine wurde speziell für die Angriffe

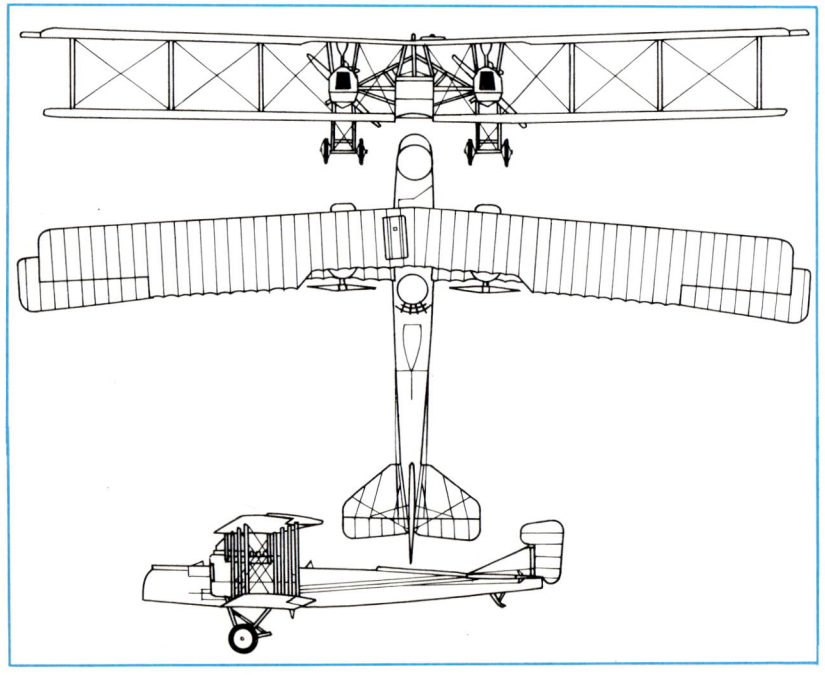

auf Großbritannien ausgewählt und in 230 Exemplaren gebaut. Im Mai begann die lange Serie von Tagesangriffen auf England, welche ab September von Nachtflügen abgelöst wurden. In der Zwischenzeit war auch noch die zweite Serienversion, die G.V, herausgekommen.

Die Gotha G.V hatte stärkere Motoren und brachte auch die besseren Flugleistungen. Es war eine Maschine, die trotz ihrer Ausmaße noch erstaunlich wendig war und wegen ihrer 3–4 Defensiv-MGs nur sehr schwer abgeschossen werden konnte. Die Bombenzuladung hing von der Entfernung des Ziels ab: von maximal 600 kg für kurze und mittlere Strekken ging sie für die Angriffe auf Großbritannien auf die Hälfte zurück.

Die beiden Versionen G.Va und G.Vb hatten ein doppeldeckiges Leitwerk und einen in seinem Vorderteil verkürzten Rumpf. Das doppeldeckige Leitwerk sollte das Schußfeld des hinteren MGs verbessern, während man mit der G.Va den schwächsten Punkt des Flugzeugs abstellen wollte: damit sie die harten Landungen auf unebener Piste besser

Flugzeug: Gotha G.V
Hersteller: Gothaer Waggonfabrik A.G.
Typ: Bomber
Jahr: 1917
Motor: zwei flüssigkeitsgekühlte 260-PS-Mercedes D.IVa, 6-Zylinder-Reihenmotoren
Spannweite: 23,70 m
Länge: 12,36 m
Höhe: 4,30 m
Startgewicht: 3.967 kg
Höchstgeschwindigkeit: 140 km/h in Meereshöhe
Dienstgipfelhöhe: 6.500 m
Reichweite: 840 km
Bewaffnung: 3–4 MGs; 600 kg Bomben
Besatzung: 3 Mann

überstehen sollte, fügte man ganz vorne an der Spitze des Rumpfes noch zwei Räder hinzu.

271

Zeppelin Staaken R.VI

Am 17. September 1917 tauchte ein weiterer strategischer Bomber der Deutschen über der britischen Hauptstadt auf, die Zeppelin Staaken R.VI. Es war der größte und bedrohlichste aller Bomber des I. Weltkriegs. Bei insgesamt 52 Einsätzen gegen Großbritannien warfen sie 2.772 Bomben mit einem Gesamtgewicht von 196 Tonnen ab. Die angerichteten Schäden waren nicht besonders groß; vor allem wenn man sie mit den Verheerungen des II. Weltkriegs vergleicht: 857 Tote, 2.058 Verletzte und ein Sachschaden von 1,5 Millionen Pfund. Um so größer war aber die psychologische Wirkung auf die Bevölkerung, welche offensicht-lich große Furcht hatte und keine ruhige Minute mehr erlebte. In der Nacht vom 16. Februar 1918 warf ein Zeppelin die erste 1.000-kg-Bombe und traf das Royal Hospital von Chelsea; dabei gab es zahlreiche Tote und Verletzte.

Das erste Riesenflugzeug der Firma Zeppelin stammte von B. G. Klein und H. Hirth. Die Maschine erhielt die Bezeichnung V.G.O.I und hatte am 1. April 1915 ihren Erstflug. Sie hatte drei 240-PS-Maybach MbIV-Motoren, davon zwei mit Schub- und einen mit Zugpropeller. Sie wurde zusammen mit der V.G.O.II ab 1916 eingesetzt, wobei sich herausstellte, daß sie zu schwach motorisiert war. Man versuchte diesem Mangel abzuhel-

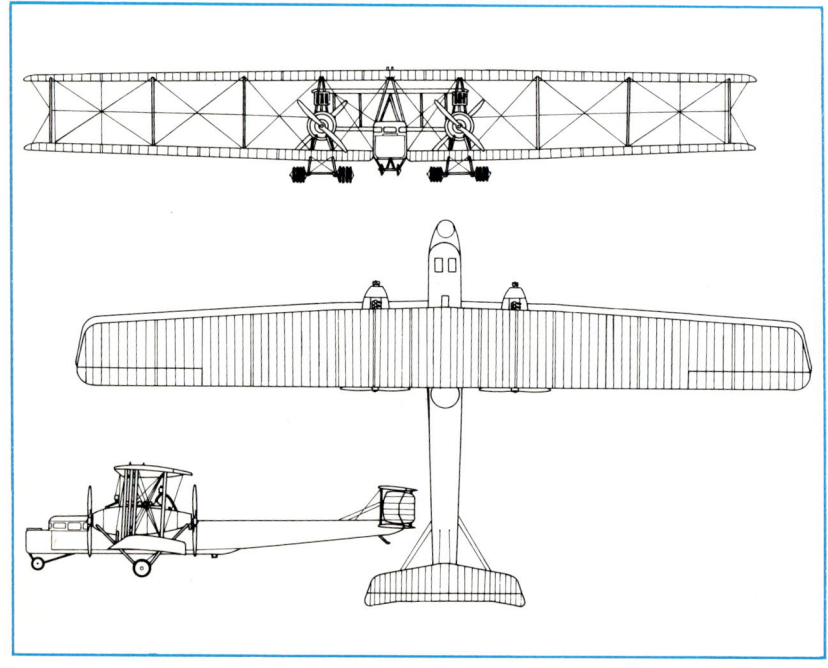

fen, indem man zuerst fünf, dann sechs Motoren einbaute. So hatte die Version V.G.O.III sechs 160-PS-Mercedes-Motoren; vier Motoren befanden sich paarweise in zwei Gondeln, die beiden anderen neben dem Rumpf. Man experimentierte weiter und obwohl die Versionen R.IV, R.V und R.VII alle zum Einsatz kamen, kamen sie dennoch nicht über das Stadium des Prototyps hinaus. Die erste Zeppelin-Maschine der R-Klasse, die auch in Serie ging, war die R.VI, von der 18 Flugzeuge gebaut wurden, und zwar sieben von der Firma Schüte-Lanz, sechs von der Aviatik, vier von O.A.W. und einer von Zeppelin-Staaken. Dadurch, daß man die Motoren paarweise in Tandem-Gondeln mit Schub- und Zugpropeller gruppierte, erhielt man ein größeres Schußfeld nach vorne, und man konnte die Steuerung der Motoren in einer Kabine zusammenlegen. Die Bombenzuladung konnte bis zu 2.000 kg gehen, mußte aber wegen der Reichweite meistens verringert werden. Im Innern des Flugzeugs fanden bis zu achtzehn 100-kg-Bomben Platz, während außen unge-

Flugzeug: Zeppelin Staaken R.VI
Hersteller: Zeppelin Werke Staaken
Typ: Bomber
Jahr: 1917
Motor: vier flüssigkeitsgekühlte 260-PS-Mercedes D.IVa, 6-Zylinder-Reihenmotoren
Spannweite: 42,20 m
Länge: 22,10 m
Höhe: 6,30 m
Startgewicht: 11.824 kg
Höchstgeschwindigkeit: 135 km/h in Meereshöhe
Dienstgipfelhöhe: 4.320 m
Max. Flugzeit: 7–10 Stunden
Bewaffnung: 4–7 MGs; 2.000 kg Bomben
Besatzung: 7 Mann

fähr eine Tonne Bomben mitgeführt werden konnte. Um so hoch wie möglich fliegen zu können, wurden zwei R.VI mit einem leistungsgesteigerten 120-PS-Zusatzmotor ausgestattet, der sie aus dem Bereich der gegnerischen Flugabwehr und der gegnerischen Jäger herausbringen sollte. Auf diese Weise erreichte eine der beiden Maschinen eine Höhe von 6.000 m.

Albatros D.III

Die Alliierten sollten den Monat April des Jahres 1917 nicht so schnell vergessen. Die zweite Phase der deutschen Luftüberlegenheit erreichte ihren absoluten Höhepunkt, als die ausgezeichneten Albatros D.II den Beistand eines neuen Jägers erhielten. Die Version D.III war unbestritten das beste Kampfflugzeug der ganzen Albatros-Reihe. Sie wurde im Januar 1917 in Dienst gestellt und löste in den neu organisierten Jagdstaffeln der Luftwaffe schrittweise die D.I und die D.II ab. Im November 1917 erreichte sie mit 446 Frontmaschinen die höchste Einsatzdichte. Auf der D.III errangen die deutschen Flieger-Asse wie Manfred von Richthofen, Werner Voss, Ernst Udet, Eduard von Schleich und Bruno Lörzer einen großen Teil ihrer Siege.

Die hervorragenden Leistungen der französischen Nieuport 17 ließen die deutschen Behörden ebenfalls nach einem Nachfolger für die Albatros D.II suchen. Der Konstrukteur R. Thelen behielt den Rumpf der D.II bei. Er sah aber einen stärkeren Motor und einen Anderthalbdecker mit V-Streben vor, der stark an den französischen Jäger erinnerte. Als Motor wählte man eine leistungsgesteigerte Version des Mercedes D.III, der auch noch in großen Höhen die nötige Leistung brachte. Die Tragflächen waren durch äußerst dünne V-Streben verbunden und der untere Flügel hatte eine geringere Tiefe. Dies ergab alles in allem einen einwandfreien eleganten Doppeldecker, der eine große Steiggeschwindigkeit und gute Leistungen in großer Höhe hatte, und der auch der D.II eindeutig überlegen war.

Die Großserie lief sofort an, und als eine der ersten Einheiten erhielt die berühmte Jasta 11 unter Manfred von Richthofen den neuen Jäger. Im Frühjahr 1917 waren alle 37 Front-Staffeln mit der D.III ausgerüstet. Als die nächste Version D.V eingeführt wurde, blieb die

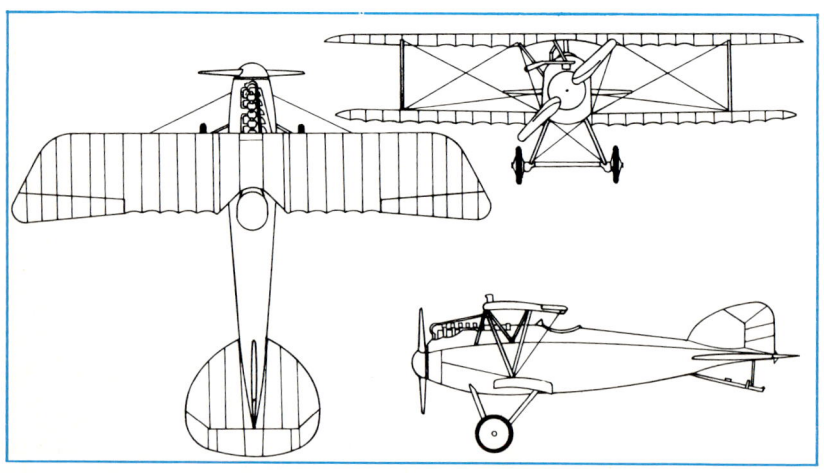

D.III dennoch der Standard-Jäger der Jastas. Sie beherrschte alle Luftkämpfe bis zum Ende des Jahres 1917; danach mußte sie den neuen Spad S.XIII, Sopwith Dreidecker, Camel und S.E.5a weichen. Bis Anfang 1918 waren insgesamt 800 Albatros D.III gebaut worden.

Der Jäger gehörte auch zur Ausrüstung der österreichisch-ungarischen Luftstreitkräfte, für die die O.E.F.F.A.G. die Serien 53, 153 und 253 baute. Neben einigen kleinen Änderungen erhielten diese Maschinen vor allem neue Motoren und zwar den 185-PS-Austro-Daimler für die Serie 53, die 200-PS-Version für die Serie 153 und die 225-PS-Version für die Serie 253. Die härteren Bedingungen für die Maschinen, in den Alpen mit ihren höher gelegenen Flugplätzen, erforderten die Einführung stärkerer Motoren.

Neben der Westfront wurde die Albatros D.III auch noch in Palästina und Mazedonien eingesetzt. Um der Überhitzung der Motoren vorzubeugen, wurden diese Maschinen mit einem Doppelkühler ausgestattet. Der Kühler war schon vorher aus praktischen Gründen verän-

Flugzeug: Albatros D.III
Hersteller: Albatros Flugzeug-Werke
Typ: Jäger
Jahr: 1917
Motor: flüssigkeitsgekühlter 176-PS-Mercedes D.IIIa, 6-Zylinder-Reihenmotor
Spannweite: 9,04 m
Länge: 7,32 m
Höhe: 2,97 m
Startgewicht: 884 kg
Höchstgeschwindigkeit: 176 km/h in 1.000 m Höhe
Dienstgipfelhöhe: 5.500 m
Max. Flugzeit: 2 Stunden
Bewaffnung: 2 MGs
Besatzung: 1 Mann

dert worden: um zu verhindern, daß bei einem Treffer das Kühlwasser dem Piloten ins Gesicht spritzte, war er leicht nach der Seite verschoben worden.

Fokker Dr. I

Bei Sailly-le-Sec im Tal der Somme stürzte am 21. April 1918 um 10.35 Uhr eine Fokker Dr.I (Serie 425/17) mit Manfred von Richthofen am Steuer ab und beendete die Laufbahn des berühmten »Roten Barons«. Der Erfolg des Dreideckers von Reinhold Platz aus dem Jahre 1917 war eng verbunden mit den Heldentaten des Jagdgeschwaders 1 unter Manfred von Richthofen, das wegen der grellen Bemalung seiner Flugzeuge »Fliegender Zirkus« genannt wurde.

Das Auftauchen der Sopwith-Dreidecker hatte die deutschen Behörden derart beeindruckt, daß sie Anthony Fokker drängten, ebenfalls einen Dreidecker zu bauen. Die Maschine von Reinhold Platz war dennoch keine Kopie des Jägers von Herbert Smith. Die beiden Maschinen hatten nur die Dreidecker-Formel und den Rotationsmotor gemeinsam. Der Prototyp V.3 erhielt nach der Flugerprobung noch eine zusätzliche Flügelverstrebung und 2 synchronisierte Spandau-MGs mit je 1.000 Schuß. Von dieser Variante V-4 wurden erst 2 Prototypen und später insgesamt 318 Maschinen hergestellt. Nach der taktischen Erprobung wurden schon zwei der vier Vorserien-Maschinen dem Jagdgeschwader 1 zugeteilt.

Der Erfolg stellte sich sofort ein. Werner Voss errang mit dem dritten Prototypen am 28. August 1917 seinen ersten Luftsieg und schoß innerhalb von drei Wochen 20 weitere Gegner ab, bis er selbst am 23. September von einer S.E.5a der 56. Staffel des RFC abgeschossen wurde. Die Auslieferung und der Einsatz der Dr.I-Serienmaschinen verzögerte sich aber noch, weil der Oberflügel fehlerhaft gearbeitet war. Fokker mußte deswegen die Serienfertigung unterbrechen, so daß die Dr.I erst im November einsatzbereit war.

Der Dreidecker bestach vor allem durch seine Wendigkeit. Er wurde zahlreichen

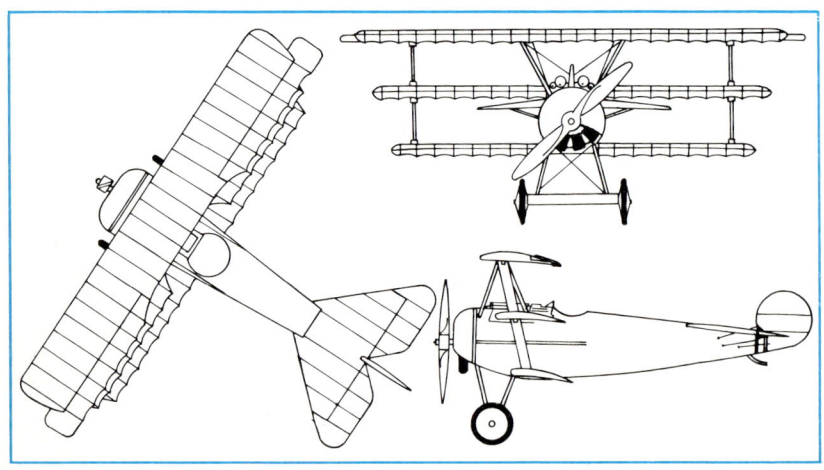

Fronteinheiten zugeteilt, und im Mai 1918 waren 171 Dr.I an der Front im Einsatz. Zu dieser Zeit wurde auch die Produktion eingestellt, weil die Dr.I allmählich von dem Doppeldecker Fokker D.VII abgelöst wurde. Von der D.VII waren im Mai schon 19 Maschinen einsatzbereit. Der Dreidecker Dr.I blieb jedoch bis zum Ende des Krieges im Einsatz, entweder bei den Heimatschutz-Kommandos oder – unbewaffnet – bei den Flugschulen.

Im Verlaufe der Fertigung versuchte man die Leistungen der Fokker Dr.I noch weiter zu steigern. So kam am 30. Oktober 1917 eine Variante heraus, die mit einem 160-PS-Goebel Goe.III-Motor ausgestattet war. Obwohl das Ergebnis recht positiv ausfiel, wurde diese Version nicht in Serie gebaut. Man versuchte es auch noch mit der 178-PS-Version des Goe.III und mit dem 160-PS-Siemens-Halske Sh.III-Sternmotor. Er vermittelte der Dr.I eine hervorragende Steigfähigkeit und eine ausgezeichnete Dienstgipfelhöhe. Diese Version war allerdings sehr schwierig zu fliegen.

Flugzeug: Fokker Dr.I
Hersteller: Fokker Flugzeug-Werke GmbH
Typ: Jäger
Jahr: 1917
Motor: 110-PS-Le Rhône 9J-Thulin, Rotationsmotor
Spannweite: 7,19 m
Länge: 5,77 m
Höhe: 2,95 m
Startgewicht: 585 kg
Höchstgeschwindigkeit: 165 km/h in 4.000 m Höhe
Dienstgipfelhöhe: 6.100 m
Max. Flugzeit: 1 Stunde und 30 Minuten
Bewaffnung: 2 MGs
Besatzung: 1 Mann

Halberstadt CL.II

Die Halberstadt CL.II wurde Anfang 1917, sofort nach der Einführung der neuen CL-Klasse, als zweisitziges bewaffnetes Erdkampfflugzeug gebaut. Diese neue Kategorie von Flugzeugen sollte vor allem den Kampftruppen am Boden eine direkte Feuerunterstützung bringen. Sie war eigentlich eine kleinere und leichtere Version der C-Klasse. Die CL.II kamen ab Sommer 1917 zu den Einheiten, und sie konnten sofort ihre hervorragende Kampfkraft beweisen. Mit ihren 2–3 MGs und einigen 10-kg-Minenbomben waren sie in der Lage, die Kampftruppen aus der Nähe wirkungsvoll zu unterstützen. In den ersten Monaten des Jahres 1918 waren alle deutschen Schlachtstaffeln mit Halberstadt-Maschinen ausgerüstet, welche vor allem eine verheerende Wirkung auf die Moral der gegnerischen Infanterie hatten. Die verbesserte Version CL.IV, die viel wendiger war, stammte aus dem Jahre 1918.

Flugzeug: Halberstadt CL.II
Hersteller: Halberstädter Flugzeug-Werke
Typ: Angriffsjäger
Jahr: 1917
Motor: flüssigkeitsgekühlter 160-PS-Mercedes D.III, 6-Zylinder-Reihenmotor
Spannweite: 10,77 m
Länge: 7,29 m
Höhe: 2,74 m
Startgewicht: 1.133 kg
Höchstgeschwindigkeit: 165 km/h in 5.000 m Höhe
Dienstgipfelhöhe: 5.100 m
Max. Flugzeit: 3 Stunden
Bewaffnung: 2–3 MGs; 50 kg Bomben
Besatzung: 2 Mann

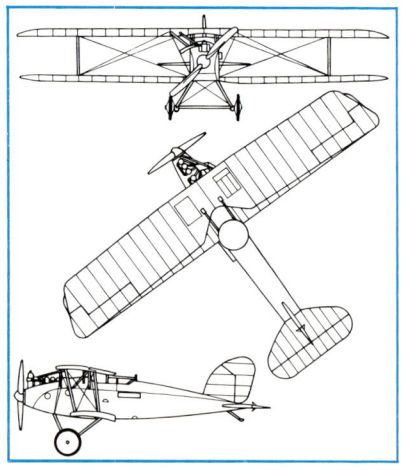

Hansa-Brandenburg W.12

Ernst Heinkel legte Ende 1916 die Pläne
für die Hansa-Brandenburg W.12 vor. Im
Januar 1917 war bereits der Erstflug. Die
deutsche Marine hatte in ihrer Forderung ein Wasserflugzeug verlangt, das
sich auch nach hinten verteidigen konnte. Heinkel entschied sich deshalb für
einen zweisitzigen Doppeldecker, bei
dem der hinten sitzende Beobachter
praktisch ein unbeschränktes Schußfeld nach hinten hatte. Die W.12 ging im
April 1917 in Serie; bis März 1918 wurden 145 Maschinen gebaut. Sie wurden
den deutschen Küsten- und Marine-
stützpunkten zugewiesen, und sie waren ihren Gegnern meist ebenbürtig.
Ende 1917 kam mit der W.19 eine verbesserte Version heraus. Diese beiden
Maschinen wurden dann bis zum Ende
des Krieges gemeinsam eingesetzt.

Flugzeug: Hansa-Brandenburg W.12
Hersteller: Hansa und Brandenburgische
Flugzeug-Werke
Typ: Jäger
Jahr: 1917
Motor: flüssigkeitsgekühlter 150-PS-Benz
Bz.III, 6-Zylinder-Reihenmotor
Spannweite: 11,20 m
Länge: 9,65 m
Höhe: 3,30 m
Startgewicht: 1.460 kg
Höchstgeschwindigkeit: 161 km/h in Meeres-
höhe
Dienstgipfelhöhe: 5.000 m
Max. Flugzeit: 3 Stunden und 30 Minuten
Bewaffnung: 2–3 MGs
Besatzung: 2 Mann

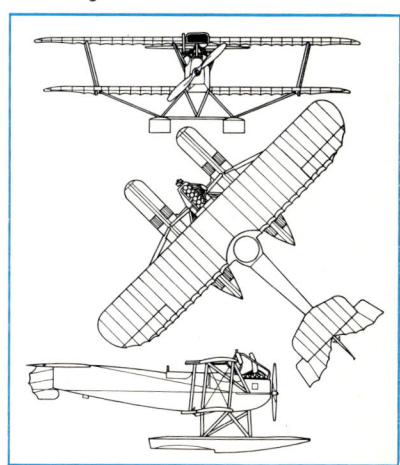

Pfalz D.III

Nach den Erfahrungen, die sie mit der Lizenzfertigung der Roland-Jäger gemacht hatten, wollten die Pfalz Flugzeug-Werke auch ein eigenes Flugzeug herausbringen. Rudolf Gehringer wurde mit dieser Aufgabe betraut, und sein Projekt kam im Frühjahr 1917 heraus. Obwohl der Einfluß der Roland-Typen nicht zu verkennen war, präsentierte sich die D.III als eine robuste und starke Maschine mit einer sauberen Linienführung. Sie ging nach der Erprobung sofort in Produktion und konnte ab August 1917 an die Einheiten ausgeliefert werden. Hier traf sie aber auf die Konkurrenz der Albatros D.Va und Fokker D.VII; außerdem standen ihr die Piloten ziemlich skeptisch gegenüber. Zusammen mit der verbesserten Version D.IIIa trugen die Pfalz-Jäger aber wesentlich dazu bei, die Luftüberlegenheit noch einmal für die deutsche Seite zurückzugewinnen. Von den beiden Versionen wurden insgesamt 1.000 Maschinen gebaut.

Flugzeug: Pfalz D.III
Hersteller: Pfalz Flugzeug-Werke
Typ: Jäger
Jahr: 1917
Motor: flüssigkeitsgekühlter 160-PS-Mercedes D.III, 6-Zylinder-Reihenmotor
Spannweite: 9,39 m
Länge: 6,96 m
Höhe: 2,67 m
Startgewicht: 928 kg
Höchstgeschwindigkeit: 165 km/h in 3.000 m Höhe
Dienstgipfelhöhe: 5.180 m
Max. Flugzeit: 2 Stunden und 30 Minuten
Bewaffnung: 2 MGs
Besatzung: 1 Mann

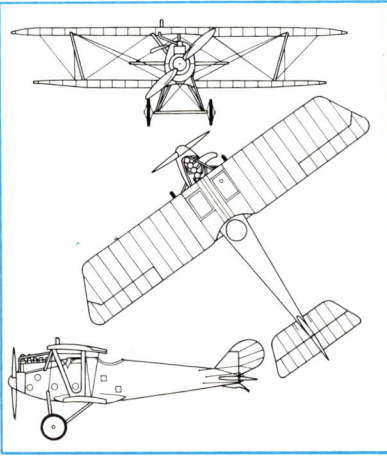

Albatros D.Va

Nach dem großen Erfolg ihrer D.III, beschlossen die Albatros Flugzeug-Werke eine verbesserte Version ihres Jägers herauszubringen, um den neuen Typen der Franzosen und Briten gewachsen zu sein. Die D.V kam Mitte 1917 fast gleichzeitig mit einer in der Konstruktion verbesserten Version, der D.Va, heraus. Die Maschine war eindeutig eine Weiterentwicklung der Albatros D.III. Eine Verbesserung war vor allem bei der Aerodynamik und in der sauberen Linienführung zu erkennen. Obwohl die D.V und die D.Va einen stärkeren Mercedes-Motor hatten, stellten sie eigentlich keine wesentliche Verbesserung der D.III dar. Die beiden Versionen wurden jedoch in sehr großer Stückzahl gebaut, und sie kamen ab Juli (D.V) und November 1917 (D.Va) zu den Einheiten. Im November waren mehr als 500 D.Va an der Front; im Mai 1918 war mit tausend Maschinen der Höhepunkt erreicht.

Flugzeug: Albatros D.Va
Hersteller: Albatros Flugzeug-Werke
Typ: Jäger
Jahr: 1917
Motor: flüssigkeitsgekühlter 180-PS-Mercedes D.IIIa, 6-Zylinder-Reihenmotor
Spannweite: 9,04 m
Länge: 7,32 m
Höhe: 2,85 m
Startgewicht: 935 kg
Höchstgeschwindigkeit: 187 km/h in 1.000 m Höhe
Dienstgipfelhöhe: 6.250 m
Max. Flugzeit: 2 Stunden
Bewaffnung: 2 MGs
Besatzung: 1 Mann

Siemens-Schuckert D.III

Die Siemens-Schuckert-Werke ließen von Harald Wolff einen Jäger entwerfen, der auf den neuen 160-PS-Siemens-Halske Sh.III, Rotationsmotor zugeschnitten sein sollte. Im Juni 1917 wurden drei Prototypen (D.II, D.IIa und D.IIb) dieses wendigen und sehr schnellen Jägers abgenommen. Aus der Weiterentwicklung dieses Projekts ging dann die endgültige Version D.III hervor, von welcher zunächst 200 Maschinen im Dezember 1917 bestellt wurden. Insgesamt wurden 80 D.III gebaut, welche von 8 Jastas, den Heimatschutzkommandos und einigen Flugschulen eingesetzt wurden. Die Hauptvorzüge der Maschine waren ihre Wendigkeit und ihre Steiggeschwindigkeit, die zu zahlreichen Luftsiegen verhalfen. Im August kamen die noch schnelleren und wendigeren D.IV heraus. Von den 280 in Auftrag gegebenen Maschinen wurden aber nur noch 123 gebaut.

Flugzeug: Siemens-Schuckert D.III
Hersteller: Siemens-Schuckert-Werke AG
Typ: Jäger
Jahr: 1918
Motor: 160-PS-Siemens-Halske Sh.III, Rotationsmotor
Spannweite: 8,43 m
Länge: 5,70 m
Höhe: 2,80 m
Startgewicht: 725 kg
Höchstgeschwindigkeit: 180 km/h in Meereshöhe
Dienstgipfelhöhe: 8.077 m
Max. Flugzeit: 2 Stunden
Bewaffnung: 2 MGs
Besatzung: 1 Mann

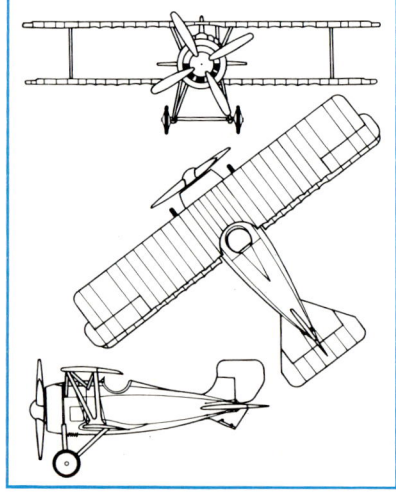

Roland D.VIb

Im Januar–Februar 1918 fand in Adlershof der erste offizielle Wettbewerb für die Auswahl eines Jägers der D-Klasse statt. Die beste der dort vorgestellten Maschinen war ein Projekt von Fokker, das später die Bezeichnung Fokker D.VII erhalten sollte. Die übrigen Maschinen, die auch alle sehr gut waren, wurden so das Opfer der außergewöhnlichen D.VII. Unter ihnen befand sich auch die Roland (L.F.G.) D.VIb, von der jedoch eine kleine Serie aufgelegt wurde, für den Fall, daß sich die Auslieferung der Fokker-Maschinen verzögern sollte. Die D.VIb hatte eine sehr gute Steiggeschwindigkeit und sie war ihrem direkten Gegner in mancher Hinsicht sogar überlegen. Das Hauptmerkmal war aber die Bauart ihres Rumpfes, die an die Beplankung eines Schiffes erinnerte und die großen Anteil an ihrer Robustheit hatte. An der Front kam die D.VIb jedoch nur begrenzt zum Einsatz.

Flugzeug: Roland D.VIb
Hersteller: Luftfahrzeug GmbH
Typ: Jäger
Jahr: 1918
Motor: flüssigkeitsgekühlter 200-PS-Benz Bz.IIIa, 6-Zylinder-Reihenmotor
Spannweite: 9,39 m
Länge: 6,33 m
Höhe: 2,80 m
Startgewicht: 860 kg
Höchstgeschwindigkeit: 183 km/h in Meereshöhe
Dienstgipfelhöhe: 5.800 m
Max. Flugzeit: 2 Stunden
Bewaffnung: 2 MGs
Besatzung: 1 Mann

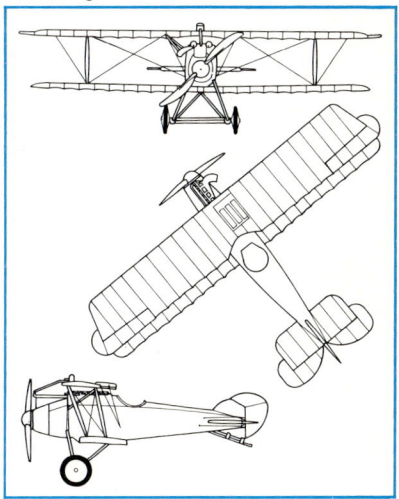

Junkers D.I

Das erste Ganzmetall-Flugzeug der Welt kam Ende 1915 heraus; es war die von Hugo Junkers entworfene J.1. Die Formel wurde ständig verbessert, bis im März 1918 der Typ J.9 die militärische Bezeichnung D.I erhielt. Diese Maschine war eine direkte Weiterentwicklung des Typs J.7 vom Oktober 1917. Sie hatte nur größere Ausmaße und einen stärkeren Motor, während sich an der Konstruktion nichts geändert hatte: das aus Metallrohren zusammengesetzte Gestell war mit gewellten Duraluminiumblechen verkleidet. Das Flugzeug war mit dem 185-PS-BMW- oder dem 180-PS-Mercedes-Motor sehr schnell und sehr wendig. Da man die neue Konstruktionstechnik aber noch nicht vollständig beherrschte, wurden nur 40 Exemplare gebaut, die vereinzelt an die Front kamen. Die größere, zweisitzige Version CL.I erwies sich als noch stärker, wendiger und schneller als die D.I.

Flugzeug: Junkers D.I
Hersteller: Junkers-Fokker AG
Typ: Jäger
Jahr: 1918
Motor: flüssigkeitsgekühlter 185-PS-BMW IIIa, 6-Zylinder-Reihenmotor
Spannweite: 8,88 m
Länge: 6,70 m
Höhe: 2,25 m
Startgewicht: 835 kg
Höchstgeschwindigkeit: 186 km/h in Meereshöhe
Dienstgipfelhöhe: 6.000 m
Max. Flugzeit: 1 Stunde und 30 Minuten
Bewaffnung: 2 MGs
Besatzung: 1 Mann

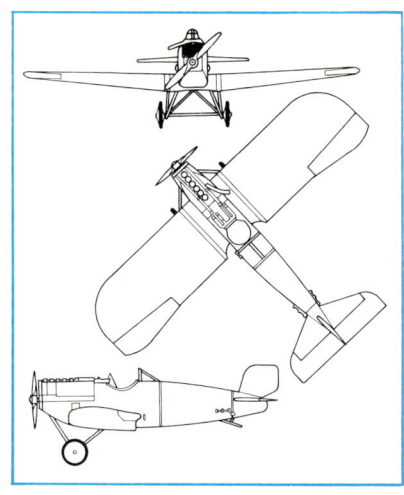

Halberstadt C.V

Die Halberstadt C.V war zusammen mit der Rumpler C.VII der Standard-Photoaufklärer des letzten Kriegsjahres. Die C.V war die Weiterentwicklung des Modells C.III, das Karl Theiss 1917 entworfen hatte. Die C.V verfügte über eine leistungsgesteigerte Version (220 PS) des Benz-Bz.IV-Motors, die vor allem zu guten Flugleistungen in großen Höhen verhalf. Die Photoausrüstung befand sich am Boden der Beobachterkanzel, in der eine nach unten gerichtete Öffnung angebracht war. Der Prototyp kam Anfang 1918 heraus; nach den Erprobungsflügen wurde die Maschine im Sommer eingesetzt und blieb bis zum Ende des Krieges an der Front. Die Fertigung war auf die Firmen Aviatik, BFW, DFW und Halberstadt verteilt worden. Von den Varianten war die C.VIII am interessantesten, da sie bis auf 9.000 m Höhe steigen konnte.

Flugzeug: Halberstadt C.V
Hersteller: Halberstädter Flugzeug-Werke
Typ: Aufklärer
Jahr: 1918
Motor: flüssigkeitsgekühlter 220-PS-Benz BzIV, 6-Zylinder-Reihenmotor
Spannweite: 13,62 m
Länge: 6,92 m
Höhe: 3,36 m
Startgewicht: 1.365 kg
Höchstgeschwindigkeit: 170 km/h in Meereshöhe
Dienstgipfelhöhe: 5.000 m
Max. Flugzeit: 3 Stunden und 30 Minuten
Bewaffnung: 2 MGs
Besatzung: 2 Mann

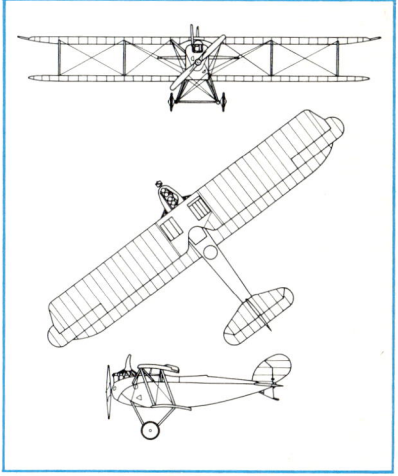

Fokker D.VII

Der große Wert der Fokker D.VII als Kampfflugzeug wurde nachträglich noch durch eine Klausel des Waffenstillstandsabkommens ausdrücklich bestätigt; in Artikel IV wurde nämlich bei dem Kriegsgerät, das die Deutschen an die Alliierten abliefern mußten, ausdrücklich die Fokker D.VII erwähnt. Sie galt als der absolut beste deutsche Jäger, und sie stellte die letzte Anstrengung der deutschen Kriegsmaschinerie dar, um in der Endphase des Krieges die Überlegenheit in der Luft doch noch zu behalten. Obwohl die D.VII von den besten französischen und britischen Jägern an Schnelligkeit übertroffen wurde, war sie den Spad S.XIII, S.E.5a und Sopwith Camel insgesamt überlegen, vor allem mit der Version F. Diese besaß eine ausgezeichnete Steigfähigkeit und brachte gute Flugleistungen in großer Höhe.

Das Projekt D.VII war Ende 1917 von Reinhold Platz auf der Grundlage einer militärischen Forderung herausgebracht worden. Diese verlangte nach einem Jäger der D-Klasse mit einem 160-PS-Mercedes-Motor. Der Prototyp Fokker V.11 (so die Fabrikbezeichnung) wurde im Januar/Februar 1918 dem Kriegsministerium in Adlershof vorgeführt. Die Maschine war ihren Konkurrenten (ungefähr 30) eindeutig überlegen, und sie fand vor allem begeisterte Zustimmung bei den Piloten. Bevor die Großserie anlief, schlug Manfred von Richthofen noch einige Änderungen vor. Danach wurde bei Fokker selbst, sowie bei den Firmen Albatros und OAW ein erstes Los über 400 Maschinen in Auftrag gegeben. Kurz darauf waren die Bestellungen schon auf 2.000 geklettert, von denen jedoch nur noch 1.000 fertig wurden.

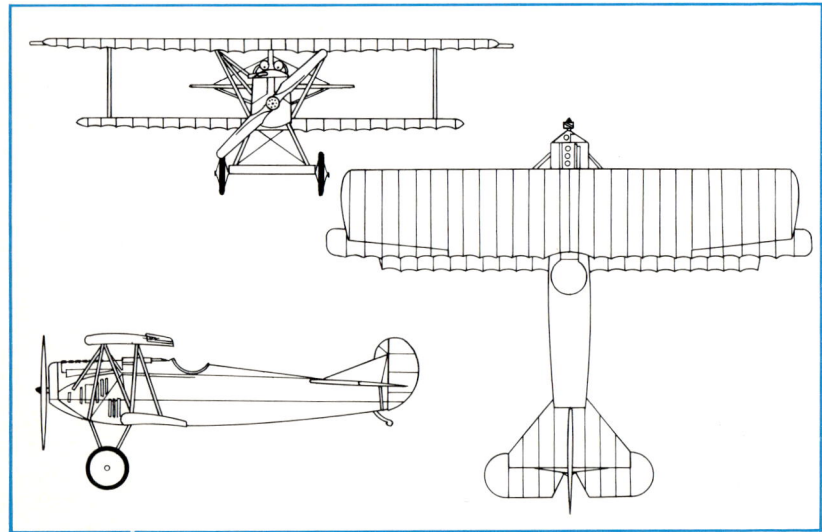

Die ersten D.VII kamen im April 1918 heraus und sie wurden sofort dem berühmten Jagdgeschwader 1 Manfred von Richthofens, zugeteilt. Die neuen Maschinen kamen immer zu den besten Einheiten, wo sie von den erfahrensten Piloten geflogen wurden. Die Fokker D.VII lösten schrittweise die Albatros und Pfalz ab. Die nicht so berühmten Einheiten erhielten die D.VII allerdings erst sehr viel später. Einen Monat vor dem Waffenstillstand waren jedoch 800 Maschinen an der Front, mit denen fast alle Einheiten ausgerüstet waren.

Die Fokker D.VII war robust, schnell, ziemlich wendig, und sie brachte vor allem gute Leistungen in großer Flughöhe. Diese letzte Eigenschaft wurde bei der Version F noch gesteigert, welche einen 185-PS-BMW IIIa-Motor hatte. Die D.VII F war zwar nicht viel schneller als die Grundversion, verfügte aber auch noch in 6.000 m Höhe über die volle Leistung des Motors. Entsprechend gut war auch ihre Steiggeschwindigkeit: sie kam in 14 Minuten auf 5.000 m Höhe

Flugzeug: Fokker D.VII
Hersteller: Fokker Flugzeug-Werke GmbH
Typ: Jäger
Jahr: 1918
Motor: flüssigkeitsgekühlter 160-PS-Mercedes D.III, 6-Zylinder-Reihenmotor
Spannweite: 8,92 m
Länge: 6,95 m
Höhe: 2,75 m
Startgewicht: 877 kg
Höchstgeschwindigkeit: 189 km/h in 1.000 m Höhe
Dienstgipfelhöhe: 6.000 m
Max. Flugzeit: 1 Stunde und 30 Minuten
Bewaffnung: 2 MGs
Besatzung: 1 Mann

gegen 38 Minuten und 5 Sekunden der D.VII mit Mercedes-Motor.
Nach dem Krieg ging die Produktion des Jägers in Holland weiter. Es war Anthony Fokker gelungen, 300 Motoren und die Einzelteile von 120 Maschinen vom Typ C.I und D.VII heimlich in die Niederlande zu transportieren. Die D.VII wurde von den niederländischen Luftstreitkräften in Holland und in den Kolonien noch einige Jahre eingesetzt. Die belgischen Luftstreitkräfte setzten bis 1926 einige Beutemaschinen als Schulflugzeuge ein, nachdem sie sie in Zweisitzer umgewandelt hatten.

Junkers CL.I

Die CL.I war eine Weiterentwicklung des
Eindecker-Jägers D.I. Von diesem
wurde die Konstruktion aus Stahlrohr
und gewelltem Duraluminiumblech
übernommen. Der Entwurf stammte von
Hugo Junkers und die Maschine hatte
am 4. Mai 1918 ihren Erstflug. Es konnten aber nur noch 47 Maschinen gebaut
werden. Die CL.I war sehr robust, sehr
schnell und äußerst stark bewaffnet.
Neben ihren MGs hatte sie am Rumpf
noch Behälter für Granaten, die bei der
Erdkampfunterstützung eingesetzt
werden konnten. Die CL.I war zweifellos
das beste Erdkampfflugzeug, das
Deutschland im Krieg gebaut hatte. Sie
kam ohne Zweifel viel zu spät und in zu
geringer Zahl an die Front. 1918 kam
auch eine Version als Wasserflugzeug
heraus, die mit 180 km/h sogar noch
schneller war als die Landversion.

Flugzeug: Junkers CL.I
Hersteller: Junkers-Fokker AG
Typ: Angriffsjäger
Jahr: 1918
Motor: flüssigkeitsgekühlter 180-PS-Merce-
   des D.IIIa, 6-Zylinder-Reihenmotor
Spannweite: 12,05 m
Länge: 7,90 m
Höhe: 2,65 m
Startgewicht: 1.055 kg
Höchstgeschwindigkeit: 169 km/h in Meeres-
   höhe
Dienstgipfelhöhe: 6.000 m
Max. Flugzeit: 2 Stunden
Bewaffnung: 3 MGs
Besatzung: 2 Mann

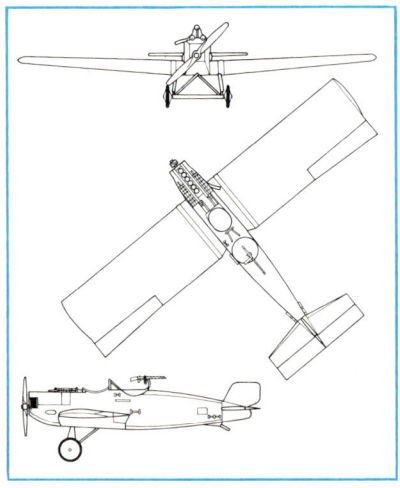

Pfalz D.XII

Wie die übrigen deutschen Flugzeuge aus dem letzten Kriegsjahr, hatte auch die D.XII der Pfalz Flugzeug-Werke sehr stark unter der Vorrangstellung der überragenden Fokker D.VII zu leiden. Die Maschine wurde in Adlershof, im Verlauf des 2. Wettbewerbs für Jäger der D-Klasse, vom 27. Mai bis 21. Juni 1918 erprobt; die Version mit Mercedes-Motor wurde für die Serie ausgewählt. Von der D.XII wurden 800 Maschinen gebaut, welche in den Einheiten zu den Fokker D.VII kamen. Diese direkte Konkurrenz war wohl Schuld daran, daß die Piloten und das Bodenpersonal dem Pfalz-Jäger eher mißtrauisch gegenüberstanden. Dabei war es eine starke, robuste und wendige Maschine, die vielleicht nicht der Fokker D.VII, dafür aber ihren direkten Gegnern gewachsen war. Vor Kriegsende kamen auch noch einige Varianten heraus, von denen die D.XII mit einem 185-PS-BMW IIIa-Motor noch in den letzten Kriegstagen erprobt wurde.

Flugzeug: Pfalz D.XII
Hersteller: Pfalz Flugzeug-Werke
Typ: Jäger
Jahr: 1918
Motor: flüssigkeitsgekühlter 180-PS-Mercedes D.IIIa, 6-Zylinder-Reihenmotor
Spannweite: 9 m
Länge: 6,35 m
Höhe: 2,70 m
Startgewicht: 902 kg
Höchstgeschwindigkeit: 180 km/h in Meereshöhe
Dienstgipfelhöhe: 5.640 m
Max. Flugzeit: 2 Stunden und 30 Minuten
Bewaffnung: 2 MGs
Besatzung: 1 Mann

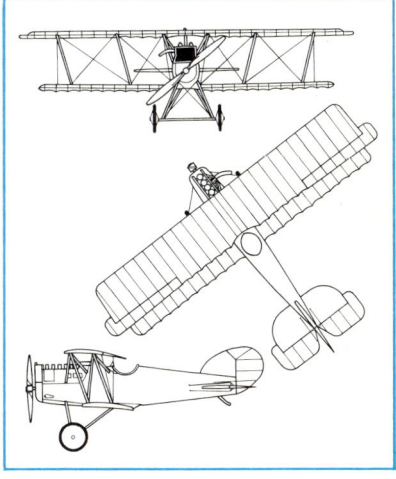

Fokker E.V./D.VIII

Auf 6.000 m in 16 Minuten. Von den ausgezeichneten Leistungen, welche das Fokker Projekt V. 26/28 beim zweiten Jägerwettbewerb in Adlershof bot, galt dies als ein absoluter Rekord. Dieser Typ E.V war einer der letzten Fokker-Jäger des I. Weltkriegs. Es war eine schnelle und wendige Maschine, die sich trotz des damals schon überholten Rotationsmotors bei den Gegnern gehörig Respekt verschaffte.

Der Entwurf für die E.V stammte erneut von Reinhold Platz, der schon einige legendäre Maschinen entworfen hatte. Bei seinen Bemühungen, einfache und leistungsstarke Maschinen zu bauen, brachte Platz eine Reihe von Eindekkern mit »Sonnenschirm«-Flügeln heraus. Trotz ihrer verschiedenen Motoren, hielten sich alle an das gleiche Konstruktionsprinzip. Das Gerüst des Rumpfes wurde von Stahlrohren gebildet, der Hochflügel war aus Holz und mit dem Rumpf über einfache Stahlstreben verbunden. Die drei Prototypen, die im Sommer 1918 in Adlershof vorgestellt wurden, hatten einen 110-PS-Oberursel UR.II-Rotationsmotor (Typ V.26), einen 145-PS-UR.III und den 160-PS-Goebel Goe.III-Rotationsmotor (beide Maschinen vom Typ V.28), sowie einen Benz von 195 PS für den Typ V.27. Alle Maschinen hatten zwei feste synchronisierte LMG 08/15.

Von der Maschine, die als Sieger aus dem Wettbewerb hervorging, wurden sofort 400 Stück in Auftrag gegeben. Sie sollte ursprünglich den 145-PS-Oberursel oder den 200-PS-Goebel Goe.III erhalten. Da sich die Auslieferung der beiden Motoren jedoch verzögerte, griff man auf den 110-PS-Thulin/Le Rhône-Rotationsmotor und auf den gleichstarken Oberursel UR.II zu-

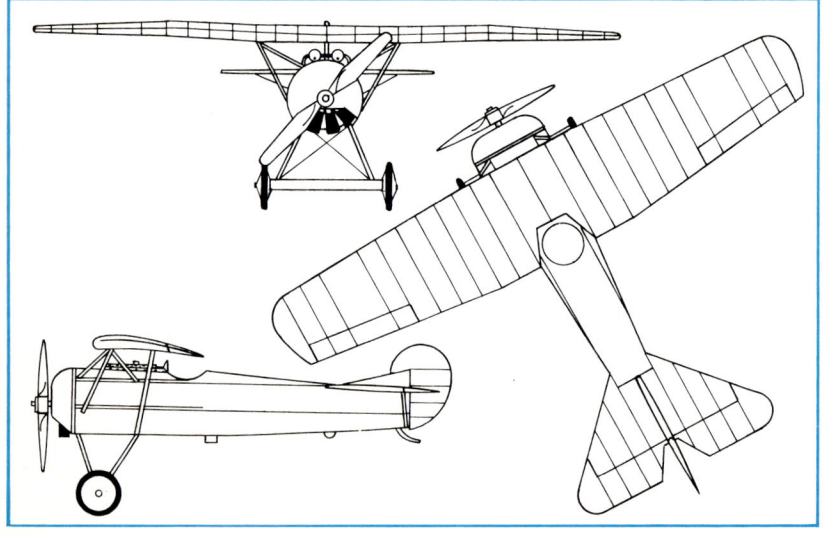

rück. Die ersten Maschinen – die inzwischen die Bezeichnung E.V erhalten hatten – wurden Ende Juni ausgeliefert und schon eine Woche später von der Jasta 6 geflogen. Leider wiederholte sich für die E.V das, was im Oktober 1917 schon die Auslieferung der Dr.I verzögert hatte: in kürzester Zeit stürzten drei Maschinen wegen Flügelbruchs ab. Die Fokker E.V erhielt Startverbot und während der Arbeit der Untersuchungskommission wurde die Serie ebenfalls unterbrochen. Aber wie bei dem Dreidecker wurden auch diesmal keine Fehler in den Entwürfen und Plänen entdeckt: die Unfälle waren erneut auf einen fehlerhaften Werkstoff und schlechte Verarbeitung zurückzuführen. Die Kommission verlangte keine Änderung und gab die Serie wieder frei. Inzwischen hatte die Maschine die neue Bezeichnung D.VIII erhalten.

Die Folgen dieser Verzögerung waren leicht vorauszusehen. Die Maschine flog erst am 24. Oktober 1918 ihren ersten Fronteinsatz. Am 1. November hatten jedoch schon 7 Jastas 85 Maschinen erhalten. Trotz der relativ schwa-

Flugzeug: Fokker E.V/D.VIII
Hersteller: Fokker Flugzeug-Werke GmbH
Typ: Jäger
Jahr: 1918
Motor: 110-PS-Oberursel UR.II, Rotationsmotor
Spannweite: 8,40 m
Länge: 5,86 m
Höhe: 2,82 m
Startgewicht: 562 kg
Höchstgeschwindigkeit: 185 km/h in Meereshöhe
Dienstgipfelhöhe: 6.300 m
Max. Flugzeit: 1 Stunde und 30 Minuten
Bewaffnung: 2 MGs
Besatzung: 1 Mann

chen Motoren (die nicht mehr durch stärkere Typen hatten ersetzt werden können) konnten die D.VIII in den wenigen Wochen bis zum Waffenstillstand noch ihre erstaunliche Kampfkraft unter Beweis stellen. Die Piloten lobten die ausgezeichnete Manövrierfähigkeit der Maschine, die sie uneingeschränkt für einen hervorragenden Jäger hielten.

Weitere Maschinen

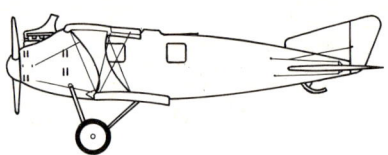

1914 Otto B. Spannweite: 14,94 m. Länge: 10,79 m. Höchstgeschwindigkeit: 109 km/h. Motor: 100-PS-Mercedes. Diese Weiterentwicklung der Doppeldecker mit Schubpropeller aus der Vorkriegszeit, blieb bis 1915 als Bomber und Aufklärer im Einsatz. Die langsame, aber zuverlässige Otto gehörte zu einer Spezialeinheit, die Großbritannien bombardieren sollte. Sie war an den ersten Nachtangriffen auf Dünkirchen im Januar 1915 beteiligt.

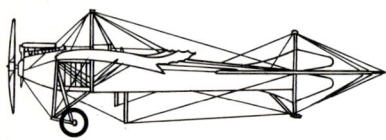

1914 Etrich Taube (Albatros). Spannweite: 15,24. Länge 10,36 m. Höchstgeschwindigkeit: 103 km/h. Motor: 100-PS-Mercedes. Der Eindecker des Österreichers Igor Etrich von 1910 wurde von zahlreichen Flugzeugherstellern in mehreren Varianten gebaut. Sie wurden bis 1915 von einigen Aufklärungseinheiten eingesetzt.

1915 Siemens-Schuckert R.I. Spannweite: 28,04 m. Länge: 17,47 m. Höchstgeschwindigkeit: 130 km/h. Motor: drei 150-PS-Benz. Die Siemens-Schuckert R von Franz und Bruno Steffen aus dem Jahre 1915 waren die ersten schweren Bomber der Deutschen. Sie folgten einem originellen Konzept, denn die drei Motoren waren im Rumpf verschalt und trieben zwei Propeller an, die sich zwischen den Flügeln befanden. Es wurden jedoch nur 7 Maschinen, die bis 1917 im Einsatz blieben, gebaut.

1915 L.F.G. Roland C.II. Spannweite: 10,26 m. Länge: 7,67 m. Höchstgeschwindigkeit: 165 km/h. Motor: 160-PS-Mercedes. Das Modell C.II der Roland vom Oktober 1915 erhielt wegen der Form seines Rumpfes den Namen »Walfisch«. Es brachte derart gute Leistungen, daß es nicht nur als Aufklärer, sondern auch als zweisitziger Jäger eingesetzt wurde. Die C.II blieb bis Ende 1917 an der Front.

1916 Albatros W.4. Spannweite: 9,47 m. Länge: 8,39 m. Höchstgeschwindigkeit: 161 km/h. Motor: 160-PS-Mercedes. Die Albatros W.4 war eine Weiterentwicklung der zweisitzigen Landflugzeuge D.I und D.II. Sie kam ab 1917 zu den deutschen Wasserflugzeug-Basen. Sie wurde von den Zweisitzern Hans-Brandenburg W.12 abgelöst, die in der Lage waren, sich gegen Angriffe von oben zu verteidigen.

1916 Albatros G.II. Spannweite: 17,01 m. Länge: 11,91 m. Höchstgeschwindigkeit: –. Motor: zwei 150-PS-Benz. Bei dem Versuch der Albatros Flugzeug-Werke, einen mehrmotorigen Bomber zu bauen, entstand eine verkleinerte Version des Modells G.I, dessen Prototyp 1916 vier Motoren erhalten hatte. Wegen seiner ungenügenden Leistung wurde das Flugzeug aber in einer stark veränderten G.III-Version mit stärkeren Motoren herausgebracht, von der nur einige Exemplare gebaut wurden.

1916 Siemens-Schuckert D.I. Spannweite: 8,22 m. Länge: 5,74 m. Höchstgeschwindigkeit: 175 km/h. Motor: 110-PS-Siemens-Halske, Rotationsmotor. Die D.I war bis auf den Motor und den vorderen Rumpf eine Kopie der Nieuport 17. Es wurden 94 Maschinen gebaut, die bis 1917 im Einsatz waren.

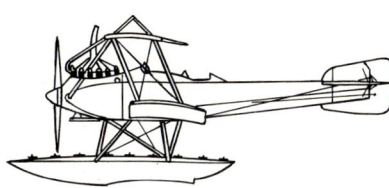

1916 Sablatnig S.F.2. Spannweite: 18,53 m. Länge: 9,53 m. Höchstgeschwindigkeit: 130 km/h. Motor: 160-PS-Mercedes. Dieser Entwurf von Joseph Sablatnig ging auf sein Modell S.F.1 von 1915 zurück. Es wurden 26 Maschinen gebaut, die 1916 und 1917 von den Marinefliegern als Schul-Wasserflugzeuge genutzt wurden. Wegen seiner schwachen Leistungen war dieser Doppeldecker als Kampfflugzeug nicht geeignet.

1917 Pfalz Dr.I. Spannweite: 8,53 m. Länge: 5,48 m. Höchstgeschwindigkeit: 201 km/h. Motor: 160-PS-Siemens-Halske, Rotationsmotor. So wie vorher die Nieuport 17, veranlaßte die Sopwith Triplane die deutschen Konstrukteure ebenfalls, eine kampfstarke Kopie herauszubringen. Dabei gelang ihnen mit dem Dreidecker Pfalz eine gute Maschine, die aber der überlegenen Fokker Dr.I weichen mußte. Es wurden nur 10 Maschinen gebaut.

1917 Sablatnig N.I. Spannweite: 16 m. Länge: 8,68 m. Höchstgeschwindigkeit: 125 km/h. Motor: 200-PS-Benz. Obwohl die Firma Sablatnig auf Wasserflugzeuge spezialisiert war, brachte sie auch einige gute Landflugzeuge hervor. So war der Typ N.I die Nachtbomber-Version des Modells C.I aus dem Jahre 1917. Trotz einer hervorragenden technischen Ausstattung für den Nachtflug wurden nur einige Maschinen gebaut.

1917 Albatros J.I. Spannweite: 14,25 m. Länge: 8,81 m. Höchstgeschwindigkeit: 140 km/h. Motor: 200-PS-Benz. Dieses Erdkampfflugzeug hatte fast die gleichen Tragflächen und das gleiche Leitwerk wie der Typ C.XII. Der vordere Teil mit den Tanks und dem Pilotensitz war gepanzert. Die J.I wurde trotz ihres schwachen Motors bis Kriegsende eingesetzt.

1917 Rumpler D.I. Spannweite: 8,40 m. Länge: 5,71 m. Höchstgeschwindigkeit: 199 km/h. Motor: 160-PS-Mercedes. Nach ihren geglückten Aufklärern versuchten sich die Rumpler Flugzeug-Werke auch an dem Bau eines einsitzigen Doppeldeckers. Ab 1917 kamen verschiedene Varianten heraus, die schließlich zu der D.I führten, welche aber als Kampfflugzeug nicht zu überzeugen vermochte.

Weitere Maschinen D

1917 L.F.G. Roland D.II. Spannweite: 8,94 m. Länge: 6,93 m. Höchstgeschwindigkeit: 169 km/h. Motor: 160-PS-Mercedes. Aus dem gelungenen Typ C.II wurde auch eine einsitzige Version entwickelt, die in der Version D.II ab 1917 zu den Einheiten kam. Die an sich gute Maschine, mußte aber den hervorragenden Albatros weichen und wurde nur an der Ostfront und in Mazedonien eingesetzt. Insgesamt wurden 300 Maschinen gebaut.

1918 Hansa-Brandenburg W.29. Spannweite: 13,50 m. Länge: 9,35 m. Höchstgeschwindigkeit: 175 km/h. Motor: 150-PS-Benz. Ernst Heinkel schuf Ende 1917 ein völlig neuartiges Wasserflugzeug. Es war ein zweisitziger Tiefdecker, der sowohl mit guten Flugleistungen, als auch mit einer starken Bewaffnung aufwarten konnte. Die W.29 war der Schrecken der alliierten Flieger über der Nordsee.

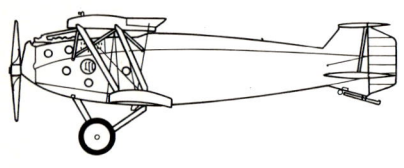

1918 Hannover CL.IIIa. Spannweite: 11,70 m. Länge: 7,58 m. Höchstgeschwindigkeit: 165 km/h. Motor: 180-PS-Argus. Der Hannoverschen Waggonfabrik gelang 1917 mit diesem zweisitzigen Doppeldecker ein gutes Flugzeug. Von dem Typ CL.IIIa wurden 357 Maschinen gebaut, die 1918 noch zum Einsatz kamen. Das doppeldeckige Leitwerk gab dem Beobachter ein Schußfeld ohne toten Winkel.

1918 Dornier D.I. Spannweite: 7,82 m. Länge: 6,12 m. Höchstgeschwindigkeit: 201 km/h. Motor: 185-PS-BMW. Dieser fortschrittliche Entwurf eines Doppeldecker-Jägers kam ohne Flügel-Verstrebungen aus, weil sein Rahmen aus Metall zu zwei Drittel mit Duraluminium verkleidet war. Die Serie wurde jedoch durch einen verunglückten Flug in Adlershof vereitelt, bei dem die Flügel brachen.

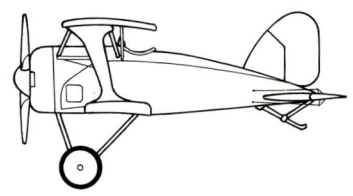

1918 Albatros D.XI. Spannweite: 8 m. Länge: 5,57 m. Höchstgeschwindigkeit: 190 km/h. Motor: 160-PS-Siemens-Halske, Rotationsmotor. Die D.XI brach Anfang 1918 mit der Albatros-Tradition des Reihenmotors. Im April 1918 wurde einer der beiden Prototypen in Adlershof erprobt. Da er seinen Konkurrenten unterlegen war, ging er nicht in Produktion.

1918. Junkers J.I. Spannweite: 16 m. Länge: 9,10 m. Höchstgeschwindigkeit: 155 km/h. Motor: 200-PS-Benz. Mit diesem Typ wollte Hugo Junkers ein Verbindungsflugzeug schaffen, das sich dann aber als das beste gepanzerte Flugzeug des ganzen Krieges erwies. Die Vorderfront, die den Motor, die Besatzung und die Tanks schützte, war aus 5 mm Gußstahl und wog 470 kg. Die übrige Verkleidung war aus Duraluminium. Es wurden insgesamt 227 Maschinen gebaut.

Österreich

36 Flugzeuge, ein Luftschiff, zehn Ballons. Diese bescheidene Anzahl von fliegenden Maschinen bildete 1914 das gesamte Kriegspotential der österreichischen Luftstreitkräfte. Die Flugzeuge waren fast alle vom Typ Taube; sie waren schon einige Jahre vorher zusammen mit mehreren Lohner-Doppeldeckern gekauft worden. Da die österreichischen Behörden vor dem Krieg ihre Luftstreitmacht vernachlässigt hatten, waren sie 1914 gezwungen, unter dem Zwang der Ereignisse schnell aufzurüsten. Hierbei kam ihnen zugute, daß sie mit den Daimler- und Hiero-Motoren wenigstens über gute nationale Produkte verfügten, mit denen sie ihre neuen Maschinen sofort ausstatten konnten. Den Österreichern kam gelegen, daß die italienischen Luftstreitkräfte 1915 über Maschinen verfügten, die ebenfalls nicht für einen Einsatz im Krieg konzipiert worden waren.

Die Lage normalisierte sich aber schnell und Österreich war bald in der Lage, gute nationale Maschinen, wie die Lohner, Brandenburg und Lloyd zusammen mit den deutschen Lizenzfertigungen in den Kampf zu schicken. So baute z. B. die Oeffag 1916 etwa 20 Maschinen des hervorragenden Typs Albatros D.II. Ein Jahr später erhielten die Österreicher mit den Jägern Aviatik D.1 von Julius von Berg, der Albatros D.III der Oeffag und der Gotha G.IV sogar noch bessere Maschinen, von denen die beiden ersten zu den erfolgreichsten Jägern des ganzen Krieges gehörten. Die österreichischen Luftstreitkräfte wurden 1917 auch neu organisiert und in drei Abteilungen gegliedert: Aufklärungskompanien mit 8–10 Zweisitzern der C-Klasse und 3–4 Begleitjägern; Jagdkompanien mit 16–20 Maschinen und Geschwader-Fliegerkompanien mit 10 Bombern und vier Begleitjägern. Im letzten Kriegsjahr brachte Österreich sogar noch fünf neue nationale Typen heraus: die Phönix C.I, die Ufag C.I und die Phönix D.I, DII und D.III. Dadurch stieg die Zahl der Jagdeinheiten auf 13. Im Gegensatz zum Heer fehlte es der Marine allerdings den ganzen Krieg über an geeigneten Maschinen: 1914 kamen 13 Wasserflugzeuge heraus, danach waren es 75 (1915), 102 (1916), 231 (1917) und 170 (1918). Während der heftigen Kämpfe an der Italien-Front zeichnete sich vor allem das österreichische Flieger-As Godwin Brumowski mit 40 Siegen aus.

Lloyd C.II

Die Aufklärer der C-Klasse, welche die Ungarische Lloyd-Flugzeug schon vor Ausbruch des Krieges herausgebracht hatte, wurden in den ersten beiden Kriegsjahren vor allem an der italienischen und rumänischen Front eingesetzt. Der Pilot Heinrich Bier stellte im Sommer 1914 mit der ersten Version (C.I) mit 6.170 m einen neuen Höhenweltrekord auf. Dabei hatte er noch einen Passagier an Bord. Die Version C.II von 1915 hatte einen stärkeren Motor und eine größere Spannweite; von ihr wurden etwa hundert Maschinen gebaut. Mit den Lloyd C.II kam auch noch eine bis dahin unbekannte Waffe zum Einsatz: ein Schwarzlose-MG für den Beobachter. Trotz zahlreicher Versionen (C.III, C.IV und C.V), die einige Änderungen in der Konstruktion aufwiesen und die vor allem stärkere Motoren hatten, vermochten die Lloyd C eigentlich nie zu überzeugen und blieben immer nur Mittelmaß.

Flugzeug: Lloyd C.II
Hersteller: Ungarische Lloyd-Flugzeug A.G.
Typ: Aufklärer
Jahr: 1915
Motor: flüssigkeitsgekühlter 145-PS-Hiero, 6-Zylinder-Reihenmotor
Spannweite: 14 m
Länge: 9 m
Höhe: 3,40 m
Startgewicht: 1.350 kg
Höchstgeschwindigkeit: 128 km/h in Meereshöhe
Dienstgipfelhöhe: 3.000 m
Max. Flugzeit: 2 Stunden und 30 Minuten
Bewaffnung: 1 MG
Besatzung: 2 Mann

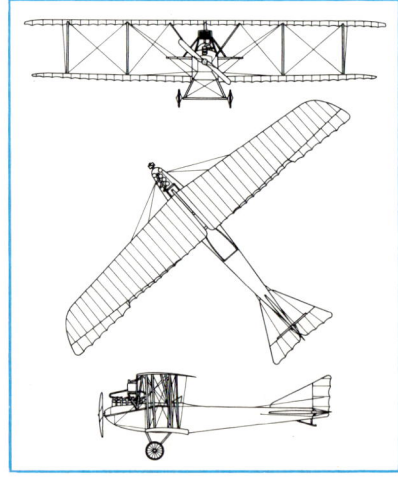

Aviatik B.II

Deutsche und Österreicher setzten diesen Aufklärer bis Ende 1916 recht massiv ein. Er wurde von der Österreichisch-Ungarischen Flugzeugfabrik Aviatik in Wien gebaut. Es war jedoch eine Variante des Zweisitzers B.I, der 1914 und 1915 von der deutschen Firma Automobil und Aviatik in Leipzig gebaut wurde. Die Unterschiede zwischen den beiden Maschinen lagen vor allem im Leitwerk und in der Stärke der Motoren. 1915 wurde von dem österreichischen Typ eine kleine Serie aufgelegt. In der nachfolgenden Version B.III wurde der Beobachter bewaffnet, und man suchte die allgemeine Konstruktion der Maschine zu verbessern. Dies hatte aber negative Auswirkungen auf die Flugeigenschaften. Der B.III brachte diese Anfälligkeit gegen Turbulenzen den Namen »Die Gondel« ein. Die an sich mittelmäßigen B.II und B.III blieben bis 1916 an der Front und kamen danach zu den Flugschulen.

Flugzeug: Aviatik B.II
Hersteller: Österreichisch-Ungarische Flugzeugfabrik Aviatik
Typ: Aufklärer
Jahr: 1915
Motor: flüssigkeitsgekühlter 120-PS-Austro-Daimler, 6-Zylinder-Reihenmotor
Spannweite: 14,02 m
Länge: 8 m
Höhe: 3,20 m
Startgewicht: 870 kg
Höchstgeschwindigkeit: 109 km/h in Meereshöhe
Dienstgipfelhöhe: 2.500 m
Max. Flugzeit: 4 Stunden
Bewaffnung: 20 kg Bomben
Besatzung: 2 Mann

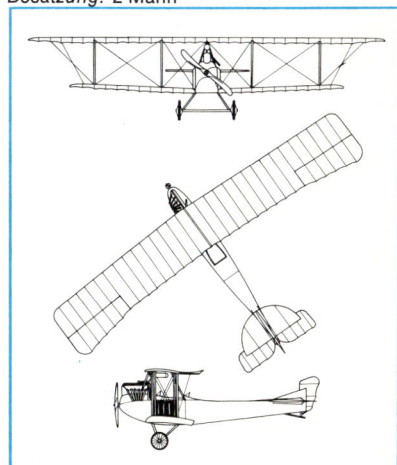

Hansa-Brandenburg C.I

Die von Ernst Heinkel entworfene Hansa-Brandenburg C.I wurde in Österreich von den Firmen Phönix und Ufag in 18 Serien gebaut. Bis auf einige kleine Änderungen unterschieden sich diese Varianten vor allem durch ihre Motoren. Dabei waren so verschiedene Antriebe vertreten wie der 160-PS-Austro-Daimler der Serien 23 und 26, die 230-PS-Hiero der Serie 429, der 160-PS-Mercedes der Serie 63 und der 300-PS-Hiero der Serie 69. Die Hansa-Brandenburg C.I war vom Frühjahr 1916 bis zum Waffenstillstand als Aufklärer, Artilleriebeobachtungsflugzeug und leichter Bomber im Einsatz. Wegen ihrer guten Flugeigenschaften war sie bei den Besatzungen sehr beliebt. Die Leistungen der Maschine konnte durch Einführung von stärkeren Motoren kontinuierlich gesteigert werden. Die C.I wurde außerdem noch als Nachtbomber eingesetzt.

Flugzeug: Hansa-Brandenburg C.I
Hersteller: Hansa und Brandenburgische Flugzeug-Werke
Typ: Aufklärer
Jahr: 1916
Motor: flüssigkeitsgekühlter 160-PS-Austro-Daimler, 6-Zylinder-Reihenmotor
Spannweite: 12,25 m
Länge: 8,45 m
Höhe: 3,32 m
Startgewicht: 1.310 kg
Höchstgeschwindigkeit: 140 km/h in Meereshöhe
Dienstgipfelhöhe: 5.800 m
Max. Flugzeit: 3 Stunden
Bewaffnung: 2 MGs; 60 kg Bomben
Besatzung: 2 Mann

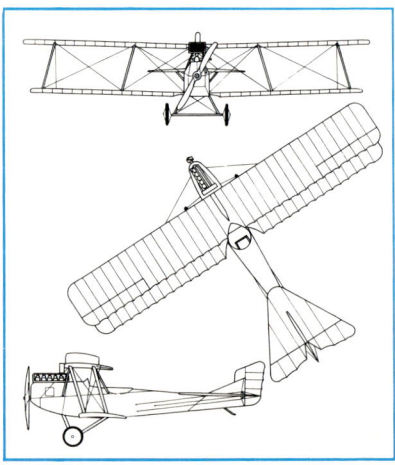

Lohner C.I

Die Lohner C.I war die letzte Maschine
einer Typen-Reihe der Jacob Lohner
Werke in Wien, die vor allem für ihre
Wasserflugzeuge bekannt waren. Die
erste Variante (Typ B) kam schon 1913
heraus; ihr folgte, gleich nach Ausbruch
der Feindseligkeiten, der noch unbewaffnete Zweisitzer B.I. Die Maschine
verfügte erst ab der Version B.IV über
eine Bewaffnung. Ihre Flugleistungen
vermochten nicht zu überzeugen; vor
allem in Höhen über 2.000 m brachte
der schwache 100-PS-Mercedes kaum
noch eine Steigerung. Dieser schlechte
Zustand konnte mit den Versionen B.VI
und B.VII in etwa beseitigt werden; 1916
kam dann die endgültige Version C.I als
Aufklärer an die Front. Diese Maschine
hatte im Vergleich zu ihren Vorgängerinnen eine geringere Pfeilung der Flügel und einfachere Verstrebungen. Sie
blieb bis zum Kriegsende im Einsatz.

Flugzeug: Lohner C.I
Hersteller: Jacob Lohner Werke & Co.
Typ: Aufklärer
Jahr: 1916
Motor: flüssigkeitsgekühlter 160-PS-Au-
stro-Daimler, 6-Zylinder-Reihenmotor
Spannweite: 13,46 m
Länge: 9,22 m
Höhe: 3,25 m
Startgewicht: 1.360 kg
Höchstgeschwindigkeit: 137 km/h in Meeres-
höhe
Dienstgipfelhöhe: 3.500 m
Max. Flugzeit: 3 Stunden
Bewaffnung: 1 MG
Besatzung: 2 Mann

Hansa-Brandenburg D.I

Flugzeug: Hansa-Brandenburg D.I
Hersteller: Phönix Flugzeug-Werke A.G.
Typ: Jäger
Jahr: 1916
Motor: flüssigkeitsgekühlter 160-PS-Austro-Daimler, 6-Zylinder-Reihenmotor
Spannweite: 8,51 m
Länge: 6,35 m
Höhe: 2,79 m
Startgewicht: 917 kg
Höchstgeschwindigkeit: 187 km/h in Meereshöhe
Dienstgipfelhöhe: 5.000 m
Max. Flugzeit: 2 Stunden und 30 Minuten
Bewaffnung: 1 MG
Besatzung: 1 Mann

Die D.I der Hansa-Brandenburg wurde trotz mäßiger Leistungen bis Mitte 1917 von den Österreichern als Kampfflugzeug eingesetzt. Dieser Jäger gehörte ohne Zweifel zu den weniger guten Projekten von Ernst Heinkel. Mangelnde Stabilität und schlechte Sichtverhältnisse für den Piloten, sowie eine Reihe von schweren Unfällen bei seiner Einführung im Herbst 1916, brachten ihm den Namen »Sarg« ein. Die D.I wurde von den österreichischen Gesellschaften Phönix und Ufag gebaut, welche in zwei Konstruktionsreihen je hundert Maschinen herausbrachten, die sich vor allem durch ihre Motoren voneinander unterschieden. Bei dem ansonsten sehr traditionell gehaltenen Rahmen (mit Leinen verkleidetes Holz) fielen die Verstrebungen der Flügel auf: acht mit Holz verkleidete Metallstäbe, die sternförmig zusammenliefen. Von diesem Konstruktionsdetail rührte der zweite Name der Maschine her: »Spinne«.

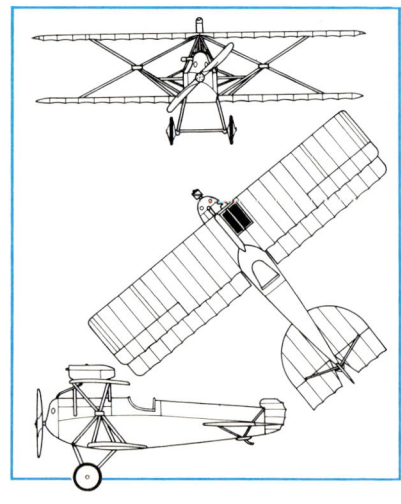

Hansa-Brandenburg CC

Der Entwurf für die Hansa-Brandenburg CC stammte von Ernst Heinkel. Sie wurde vor allem von der österreichisch-ungarischen Marine eingesetzt, die 1917 fast ganz auf Maschinen der Phönix-Werke umstieg. Das Flugboot hatte zwei Schwimmer an den unteren Flügelenden. Der Motor war mit einem Rohrgestänge direkt unter dem oberen Flügel befestigt und trieb einen Schubpropeller an. Die Flügel hatten eine sternförmige Verstrebung, ähnlich derjenigen der D.I-Jäger. Der Pilot saß im vorderen Teil des Flugboot-Rumpfes, und er verfügte dort über ein Schwarzlose-MG. Die österreichisch-ungarische Marine teilte diesen Flugboot-Jäger der »Klasse A« zu und setzte ihn recht zahlreich zur Verteidigung der Adriahäfen ein. In den Flugleistungen war die CC ihrem italienischen Gegenüber, der Nieuport 11, gleichwertig. Insgesamt wurden 135 Maschinen gebaut.

Flugzeug: Hansa-Brandenburg CC
Hersteller: Phönix Flugzeug-Werke A.G.
Typ: Jäger
Jahr: 1916
Motor: flüssigkeitsgekühlter 150-PS-Benz Bz. III, 6-Zylinder-Reihenmotor
Spannweite: 9,30 m
Länge: 7,65 m
Höhe: 3,20 m
Startgewicht: 1.356 kg
Höchstgeschwindigkeit: 175 km/h in Meereshöhe
Dienstgipfelhöhe: –
Max. Flugzeit: 3 Stunden und 30 Minuten
Bewaffnung: 1 MG
Besatzung: 1 Mann

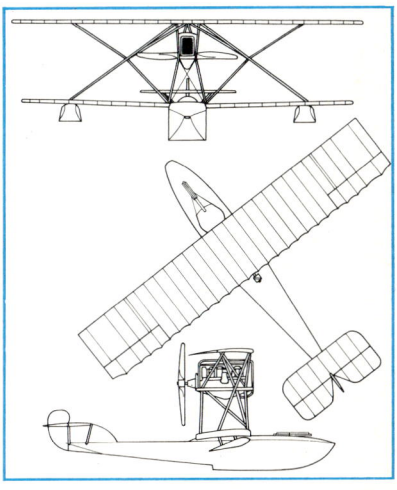

Aviatik D.I

Dieser Jäger von Julius von Berg war das erste rein nationale österreichische Kampfflugzeug und es entwickelte sich auch zur besten Maschine der Österreicher. Der Prototyp kam Anfang 1917 heraus. Von dem Produktionsauftrag, der über 2.200 Maschinen ging, konnten aber nur noch 700 fertiggestellt werden, welche die mittelmäßige Hansa-Brandenburg D.I ablösten. Die einzelnen Serienlose unterschieden sich durch ihre Motoren und die Änderungen, die aufgrund der im Luftkampf gewonnenen Erfahrungen verwendet wurden. So wurde das MG sehr bald wieder von dem oberen Flügel entfernt und durch ein synchronisiertes Zwillings-MG oberhalb der Bordinstrumente ersetzt, das dort sehr leicht von dem Piloten bedient werden konnte. Die D.I hatte allerdings einen schwachen Punkt, der bis Kriegsende nicht mehr behoben werden konnte: die Überhitzung des Austro-Daimler-Motors.

Flugzeug: Aviatik D.I
Hersteller: Österreichisch-Ungarische Flugzeugfabrik Aviatik
Typ: Jäger
Jahr: 1917
Motor: flüssigkeitsgekühlter 200-PS-Austro-Daimler, 6-Zylinder-Reihenmotor
Spannweite: 8 m
Länge: 6,95 m
Höhe: 2,49 m
Startgewicht: 881 kg
Höchstgeschwindigkeit: 185 km/h in Meereshöhe
Dienstgipfelhöhe: 6.220 m
Max. Flugzeit: 2 Stunden und 30 Minuten
Bewaffnung: 2 MGs
Besatzung: 1 Mann

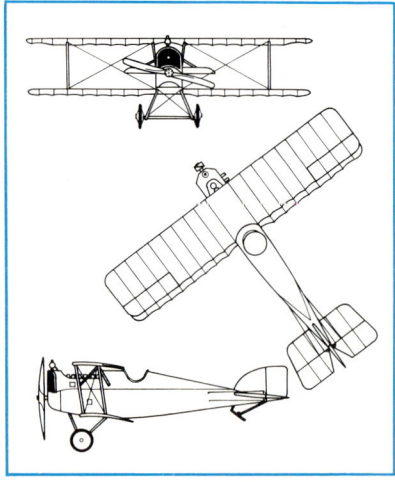

Phönix C.I

Die Phönix C.I war eine Weiterentwicklung der Hansa-Brandenburg C.II, die
Ernst Heinkel 1916 in Deutschland herausgebracht hatte. In Österreich bauten
die Phönix Flugzeug-Werke ungefähr
hundert Maschinen dieses Typs. Der
Aufklärer hatte einen sehr schmalen
und tiefen Rumpf, der gute Sicht- und
Schußverhältnisse bot. Neben der
Standardbewaffnung von 2 MG (von
denen das vordere synchronisiert war)
konnte die Maschine auch noch bis zu
50 kg Bomben aufnehmen, die vor allem
bei Störeinsätzen abgeworfen wurden.
Die Phönix C.I kam im Frühjahr 1918 zu
den Einheiten und blieb bis Kriegsende
im Einsatz. Nach dem Kriege wurde die
Maschine in Schweden in Lizenz wei-
tergebaut. Die Flugzeugwerke des
schwedischen Heeres bauten 30 Maschinen, die sie mit einem 220-PS-Benz
Bz.IV-Motor ausrüsteten. Die schwedischen Einheiten flogen diese Aufklärer
bis Ende 1920.

Flugzeug: Phönix C.I
Hersteller: Phönix Flugzeug-Werke A.G.
Typ: Aufklärer
Jahr: 1918
Motor: flüssigkeitsgekühlter 230-PS-Hiero,
6-Zylinder-Reihenmotor
Spannweite: 10,99 m
Länge: 7,52 m
Höhe: 2,95 m
Startgewicht: 1.105 kg
Höchstgeschwindigkeit: 177 km/h in Meeres-
höhe
Dienstgipfelhöhe: 5.400 m
Max. Flugzeit: 3 Stunden und 30 Minuten
Bewaffnung: 2 MGs; 50 kg Bomben
Besatzung: 2 Mann

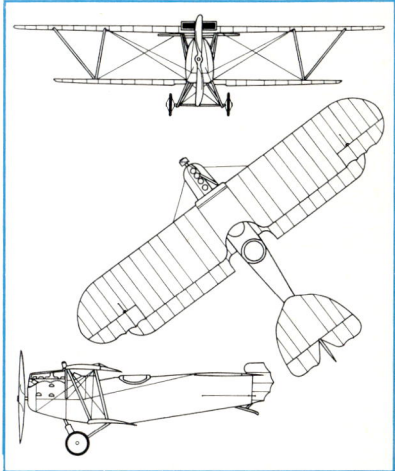

Ufag C.I

Wie die Phönix C.I ging auch die Ufag C.I auf die Hansa-Brandenburg C.II von Ernst Heinkel zurück. In Österreich wurde sie von der Ungarischen Flugzeugfabrik gebaut. Dennoch unterschieden sich die C.I der Phönix und der Ufag sehr stark voneinander, was 1917 bei einer Vergleichserprobung recht deutlich vor Augen geführt wurde: so war die Ufag der Phönix bei den Start-, Lande- und Steigleistungen unterlegen, erwies sich aber ansonsten als die schnellere und manövrierfähigere der beiden Maschinen. Die Militärbehörden entschlossen sich für beide Typen, denen sie verschiedene Aufgaben zuwiesen: die C.I der Phönix wurde als Höhenaufklärer eingesetzt, während die Ufag C.I als Aufklärer für niedrige Höhen und als Artillerie-Beobachter genutzt wurde. Von der Ufag C.I wurden ungefähr 150 Maschinen gebaut. Nach Kriegsende wurde noch ein kleines Los an Rumänien geliefert.

Flugzeug: Ufag C.I
Hersteller: Ungarische Flugzeugfabrik A.G.
Typ: Aufklärer
Jahr: 1918
Motor: flüssigkeitsgekühlter 230-PS-Hiero, 6-Zylinder-Reihenmotor
Spannweite: 10,69 m
Länge: 7,30 m
Höhe: 2,92 m
Startgewicht: 1.050 kg
Höchstgeschwindigkeit: 190 km/h in Meereshöhe
Dienstgipfelhöhe: 4.900 m
Max. Flugzeit: 3 Stunden
Bewaffnung: 2–3 MGs
Besatzung: 2 Mann

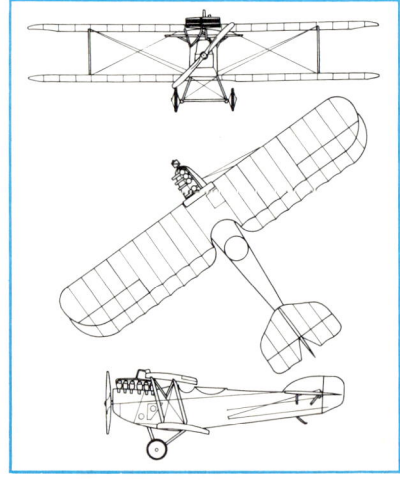

Phönix D.I

Im Rahmen ihrer Bemühungen, eine verbesserte Version der Hansa-Brandenburg D.I herauszubringen, stellten die Phönix-Werke 1917 einen neuen Prototypen vor. Die Maschine war eigentlich eine Weiterentwicklung des Grundtyps, von dem sie sich aber in der Konstruktion der Flügelform und vor allem durch die Einführung stärkerer Motoren unterschied. Die Erprobungsflüge zeigten einen sehr schnellen Jäger mit guten Steigfähigkeiten, der aber nicht sehr manövrierfähig war. Der Produktionsauftrag umfaßte drei Serien über insgesamt 500 Maschinen. Die D.I kam ab Februar 1918 zu den österreichischen Jagdkompanien, wo sie zusammen mit den Albatros D.III und Aviatik D.I den italienischen Hanriot und Spad erbitterte Kämpfe lieferten.

Im Juni führte auch die Marine die Phönix-Maschine ein und setzte sie für See-Aufklärungsflüge und zur Verteidigung der Marinestützpunkte in der nördlichen Adria ein.

Flugzeug: Phönix D.I
Hersteller: Phönix Flugzeug-Werke A.G.
Typ: Jäger
Jahr: 1918
Motor: flüssigkeitsgekühlter 200-PS-Hiero, 6-Zylinder-Reihenmotor
Spannweite: 9,88 m
Länge: 6,63 m
Höhe: 2,79 m
Startgewicht: 803 kg
Höchstgeschwindigkeit: 180 km/h in Meereshöhe
Dienstgipfelhöhe: 6.000 m
Max. Flugzeit: 2 Stunden
Bewaffnung: 2 MGs
Besatzung: 1 Mann

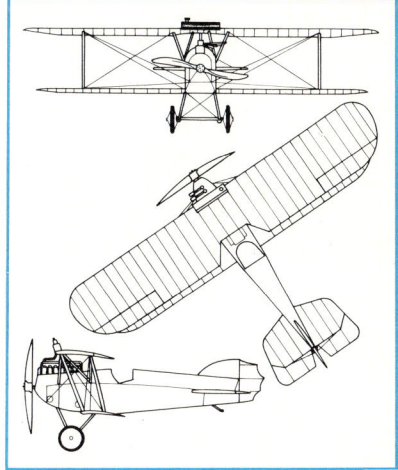

Motoren

In den ersten fünfzehn Jahren der Geschichte der Luftfahrt (1903–1918) war auch auf dem Gebiet der Flugzeugmotoren der technische Durchbruch gelungen. Bei dem ersten Flug der Brüder Wright war noch ein selbstentworfener und leistungsschwacher Antrieb zur Anwendung gekommen, der aber schon robust und zuverlässig war. Gegen Ende des Krieges kamen dann hochentwickelte Flugzeugmotoren auf den Plan, die für lange Zeit als der beste Ausdruck der Technologie ihrer Zeit galten. Dazwischen lagen einzelne Motoren, die als Marksteine in dieser technischen Entwicklung gelten können. Sie waren meistens sehr eng mit einer fliegerischen und sportlichen Glanztat verbunden, oder sie trugen in dieser Zeit entscheidend zur Begeisterung bei. So sei nur an die Bedeutung erinnert, die der »V-8«-Antoinette-Motor für die Anfänge der Luftfahrt hatte. Mit ihm konnten zahlreiche Probleme gelöst werden, mit denen sich die Konstrukteure schon seit Jahren herumgeplagt hatten. Der berühmte Flug von Louis Blériot im Jahre 1909, der so überschwenglich gefeiert wurde, war nur durch einen unbeständigen und nicht sonderlich starken 3-Zylinder-Motor ermöglicht worden, den neuen 25 PS Anzani.

Die Rotationsmotoren leiteten dann eine neue Etappe ein, die sich über einen größeren Zeitraum erstreckte und den Bau von völlig neuartigen Flugzeugen ermöglichte. Die Rückkehr zu den stehenden Motoren – Reihen- und V-Motoren, später die Sternmotoren – bedeutete gleichzeitig die Rückkehr zu einer traditionellen Technologie. Diese Weiterentwicklung sollte bis in die 40er Jahre Bestand haben.

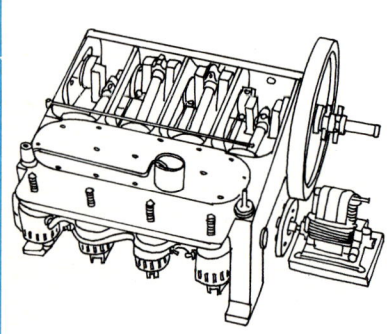

Wright Motor – 1903 (USA)

Es war der erste Motor, der mit Erfolg in ein Flugzeug eingebaut wurde. Die Brüder Wright entwarfen und bauten ihn für ihre Flyer I. Dieser wassergekühlte 4-Zylinder-Reihenmotor brachte bei 1.090 Umdrehungen 12 PS. Sein Trockengewicht lag bei 81 kg und der Motor brachte einige Neuerungen: er war »viereckig«, hatte fünf Halterungen, sowie eine feste und einstellbare Treibstoffzufuhr.

Antoinette – 1906 (F)

Dieses Projekt des Franzosen Léon Levavasseur war 1909 und 1910 der in Europa am weitesten verbreitete Flugzeugmotor. Er hatte 8 Zylinder mit einer V-Stellung von 90°, eine Verdampferkühlung und eine direkte Einspritzung.

Diese für die damalige Zeit sehr fortschrittlichen Merkmale machten aus dem Antoinette einen sicheren, robusten und auch starken Motor, der bei 1.000 Umdrehungen 50 PS brachte.

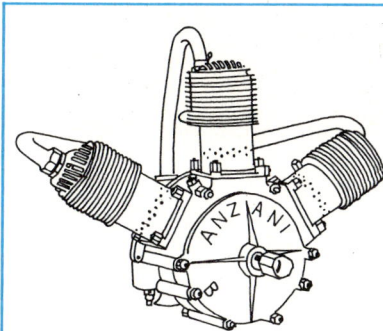

Anzani – 1909 (F)

Dieser Motor ermöglichte Louis Blériot 1909 die erste Überquerung des Ärmelkanals. Der wassergekühlte 3-Zylinder-Halbfächer-Motor brachte bei 1.600 Umdrehungen 25 PS. Die relativ schwache Leistung des Motors verlieh dem langen Flug von Blériot noch einen zusätzlichen Reiz. Der Motor hatte automatische Zuführklappen und mechanisch betätigte Auspuffklappen mit zusätzlichen Öffnungen in den Zylindern.

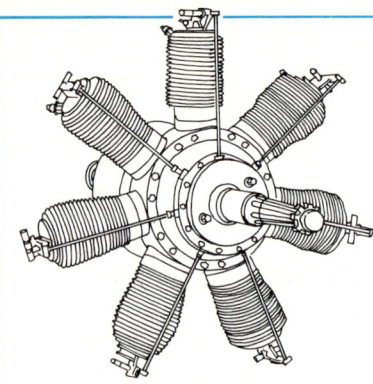

Gnôme 50 PS – 1909 (F)

Der Gnôme brachte die erste große Revolution auf dem Gebiet der Luftfahrt. Der Entwurf stammte von den französischen Brüdern Seguin. Es war der Auftakt zu einer langen Reihe von Motoren, die in immer stärkeren Versionen bis zum Ende des Krieges eingesetzt wurden. Bei den Rotationsmotoren drehten sich die Zylinder um die feste Welle und trieben auf diese Weise den Propeller an. Dieses Prinzip war schon 1887 von dem Australier Lawrence Hargrave erfunden worden.

Le Rhône 80 PS – 1913 (F)

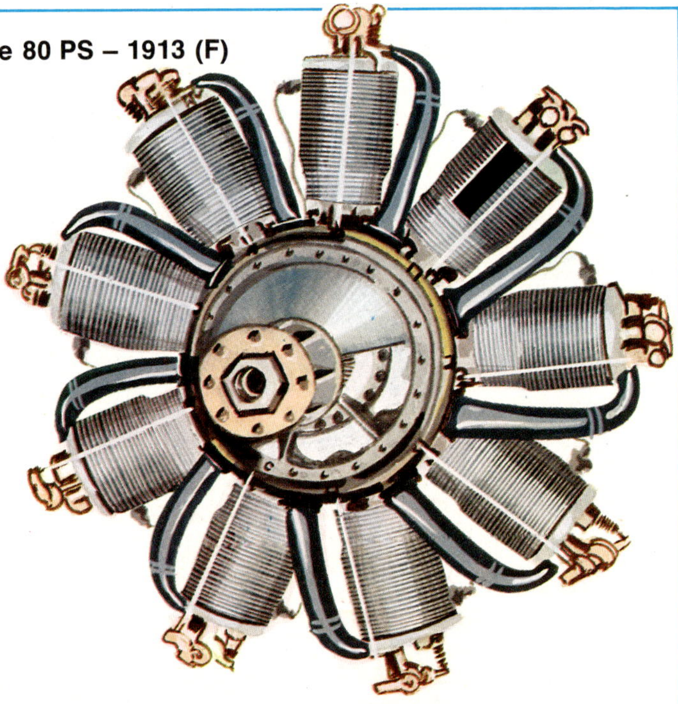

Dieser Rotationsmotor war im I. Weltkrieg wegen seiner Stärke und seiner Zuverlässigkeit sehr weit verbreitet. Er verlieh den Kampfflugzeugen einige hervorragende Flugeigenschaften. Das Reaktionsmoment und die Kreiselwirkung der Zylinder brachten nämlich eine äußerst gute Manövrierfähigkeit mit sich, von der vor allem die Jäger profitierten.

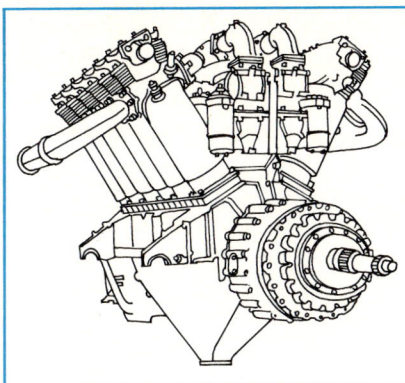

Rolls-Royce Eagle – 1915 (GB)

Dieser flüssigkeitsgekühlte V-12 wurde 1915 von Rolls-Royce zusammen mit dem Falcon, herausgebracht und bildete den Auftakt zu einer berühmten Familie von Flugzeugmotoren, die in den Merlin und Griffon des II. Weltkriegs ihren Höhepunkt fanden. Die Serie Mk.8 von 1917 brachte schließlich 360 PS. Der Motor wurde im Juni 1919 durch die Atlantik-Überquerung von Alcock und Brown weltberühmt.

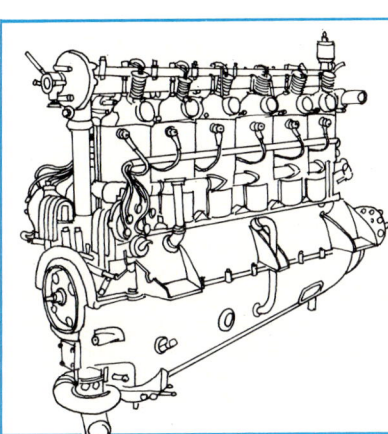

Mercedes 180 PS – 1917 (D)

Dieser Motor wurde vor allem durch die bekannten deutschen Jäger, wie die Albatros D.V, Fokker D.VII und Pfalz D.XII berühmt. Er gehörte zur Klasse III, die in der deutschen Klassifizierung Motoren zwischen 130 und 195 PS umfaßte. Er brachte bei 1.400 Umdrehungen/Minute 180 PS. Es war ein »flüssigkeitsgekühlter 6-Zylinder-Reihenmotor«, den Mercedes von Kriegsbeginn an herausbrachte.

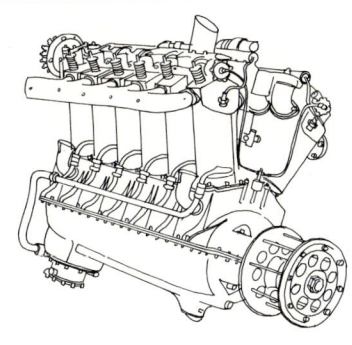

Liberty 400 PS – 1917 (USA)

Dieser V-12 gehörte zu den stärksten Motoren des ganzen Krieges. Obwohl er in Tausenden von Exemplaren gebaut wurde, kam er nicht mehr in einem rein amerikanischen Flugzeug zum Einsatz. Der einzige Jäger, der mit dem Liberty ausgerüstet wurde, war die Père-Lusac 11 von 1918, von der jedoch bis zum Waffenstillstand nur noch einige wenige Maschinen gebaut wurden. Der Liberty brachte bei 1.750 Umdrehungen 400 PS.

Die wichtigsten Ereignisse von den Anfängen bis 1918

1783 **4. Juni** – Erste öffentliche Vorführung eines Ballons. In dem französischen Ort Annonay lassen die Brüder Montgolfier einen Warmluft-Ballon ohne Passagiere in die Luft steigen.

19. September – In Versailles lassen die Brüder Montgolfier Tiere mit ihrem Warmluft-Ballon »fliegen«.

21. November – In Paris unternehmen Pilâtre de Rozier und François d'Arlandes die erste »Reise« in einem Ballon: 3 Kilometer in einer Flugzeit von 25 Minuten.

1785 **7. Januar** – Erste Überquerung des Ärmelkanals in der Luft durch Blanchard und Jefferson an Bord eines Ballons.

15. Juni – Erste Opfer der Luftfahrt. Romain und de Rozier kommen bei einem Brand ihres Wasserstoff- und Warmluftballons um.

1868 **Juni** – Erste Luftfahrtschau der Geschichte. Im Chrystal Palace in London werden Projekte und Modelle ausgestellt, darunter das Dreidecker-Dampfmodell von Stringfellow.

1896 **9. August** – Der große deutsche Pionier Otto Lilienthal kommt bei einem Unfall mit seinem Gleiter um.

1903 **7. Oktober** – In den USA kann Samuel Pierpont Langley nicht mit seiner Aerodrome abheben und stürzt in den Fluß Potomac.

8. Dezember – Die Aerodrome von Langley geht auch bei einem zweiten Versuch zu Bruch. Es ist der letzte Mißerfolg in den USA vor dem erfolgreichen Flug der Brüder Wright.

17. Dezember – Erster motorisierter Flug eines Flugzeugs. Die Wright Flyer I der Brüder Orville und Wilbur Wright startet, fliegt und landet erfolgreich in Kill Devil Hills bei Kitty Hawk in Nord-Karolina.

1904 **20. September** – Wilbur Wright vollendet mit seiner Flyer II den ersten Rundflug in Huffman Prairie. Am 7. September hatten die Brüder Wright ihre Startmethode mit Gegengewicht erfolgreich ausprobiert.

1905 **6. Juni** – Erster Flug eines Gleiters, mit Start vom Wasser aus. Das Experiment gelingt in Paris auf der Seine. Der von Gabriel Voisin gebaute Gleiter wurde von einem Motorboot angeschleppt.

5. Oktober – Erster Dauerrekord. Orville Wright schafft mit der Flyer III in Huffman Prairie einen Flug von über einer halben Stunde. Er blieb genau 38 Minuten und 3 Sekunden in der Luft.

1906 **13. September** – Erster motorisierter Flug in Europa. Er gelingt in Bagatelle, Frankreich, dem brasilianischen Pionier Alberto Santos-Dumont mit seiner Santos-Dumont 14bis. Der Flug gleicht aber eher einem kurzen Sprung.

23. Oktober – In Bagatelle legt das Flugzeug von Santos-Dumont 60 m zurück. Es ist der erste Flug, der in Europa weiter als 25 m geht.

12. November – Erneuter Erfolg für Alberto Santos-Dumont und seine 14bis. Das Flugzeug legt 220 m in 21 Sekunden zurück – seine beste Leistung. Dadurch fällt in Europa die »Mauer« der 100 m.

1907 **10. November** – In Issy gelingt Henri Farman mit einem Voisin-Doppeldecker der erste Flug in Europa über eine Minute.

1908   Das britische Heer erwirbt sein erstes Flugzeug: einen Cody-Doppeldecker.

13. Januar – Erster offizieller Rundflug in Europa von 1 km. Er gelingt erneut Henri Farman in Issy auf der von ihm umgebauten Voisin.

14. Mai – Erster Flug mit einem Passagier. In Kill Devil Hills nimmt Wilbur Wright C. Furnas mit.

30. Mai – In Europa findet ebenfalls der erste Flug mit Passagier statt. Henri Farman fliegt mit Ernest Archdeacon.

28. Juni – Erster motorisierter Flug in Deutschland. Ellehammer schafft mit seiner Ellehammer IV einen »Sprung« von 11 Sekunden.

4. Juli – Erster Flug über 1 km in den USA. Er bringt dem Piloten Glenn Curtiss und seiner June Bug den Scientific American-Preis ein.

17. September – Erstes Todesopfer bei einem motorisierten Flug. Leutnant Selfridge vom US Heer wird in Fort Myer bei einem Unfall mit der von Orville Wright gesteuerten Wright A getötet.

30. Oktober – Erster »cross country«-Flug in Europa. Henri Farman legt die 27 km zwischen Buoy und Reims zurück.

1909   Das US Heer erwirbt sein erstes Flugzeug: eine Wright Flyer A.

13. Januar – Erster Flug eines in Italien entworfenen und gebauten Flugzeugs; der Dreidecker von Aristide Faccioli geht jedoch in Turin zu Bruch.

23. Februar – Erster Flug im Commonwealth außerhalb Großbritanniens. McCurdy geht in Kanada mit der Silver Dart in die Lüfte.

6. März – Weltpremiere eines Leichtflugzeugs. Es ist die Demoiselle 20 von Alberto-Santos-Dumont.

23. Juli – Erster Flug in England eines in Großbritannien gebauten Flugzeugs, das auch über einen englischen Motor verfügt. Er gelingt Alliott Verdon Roe mit seiner Roe Triplane.

25. Juli – Erste Überquerung des Ärmelkanals mit einem Flugzeug. Louis Blériot fliegt mit seiner Blériot XI von Calais nach Dover.

1910   Erster Bombenangriff zur See – zu Versuchszwecken. Glenn Curtiss wagt das Experiment mit seiner Golden Flyer.

Glenn Curtiss stellt mit der Golden Flyer die erste Funkverbindung Luft/Boden her.

11. März – Erstflug des ersten »Ganzflüglers«. John William Dunne stellt in Großbritannien die Dunne D.5 vor.

28. März – Erster motorisierter Flug eines Wasserflugzeugs. Henri Fabre stellt in La Mede, Frankreich, seine Hydravion vor.

Oktober – Im Salon Aéronautique von Paris wird das erste Düsenflugzeug der Welt vorgestellt. Es ist die Coanda von Henri Coanda.

14. November – Erster Start von einem Flugzeugträger. Eugene Ely gelingt in Hampton Roads, Virginia, mit einer Curtiss Golden Flyer, der Start von der Brücke der Birmingham.

1911   **18. Januar** – Erste Landung auf einem Schiff. Eugene Ely landet erneut mit einer Curtiss Golden Flyer auf dem Deck des Kreuzers Birmingham, der in der Bucht von San Francisco ankert.

Juli – Die US Marine erwirbt ihr erstes Flugzeug: eine Curtiss Golden Flyer.

17. September – Der Amerikaner Rodgers schafft mit einer Wright Baby den 5.000 km langen Flug von Long Island (New York) nach Long Beach (Kalifornien).

22. Oktober – Erster Kriegseinsatz. Bei Bengasi führt Hauptmann Piazza mit seiner Blériot XI einen Erkundungsflug über den feindlichen Linien durch. Im Oktober nimmt ebenfalls das erste in Italien entworfene und gebaute Flugzeug, die Asteria N.2, an Kriegsaktionen in Lybien teil.

1912 **Februar** – Ein Flugzeug durchbricht die Schranke der 100 Meilen/Stunde (ungefähr 160 km/h). Es ist ein Deperdussin-Eindecker mit Vedrines am Steuer.

1. Mai – Erstflug in Großbritannien eines Flugzeugs mit geschlossener Kabine. Es ist die Avro F. von Alliott Verdon Roe.

April – Erste Austragung des Geschwindigkeitsrennens für Wasserflugzeuge, der Schneider-Trophäe. Als Sieger geht Prévost mit einem Deperdussin-Wasser-Rennflugzeug hervor.

1913 **13. Mai** – Igor Sikorsky stellt in Rußland das erste viermotorige Flugzeug der Welt mit Erfolg vor.

1914 Erster regelmäßiger Postflug. Ein Benoist XIV-Wasserflugzeug nimmt ihn von Tampa in Florida auf.

13. August – Das erste britische Flugzeug trifft in Frankreich ein. Es ist eine R.A.F. B.E.2a der 2. Staffel.

5. Oktober – Erster Abschuß eines deutschen Flugzeugs durch eine alliierte Maschine. Eine Voisin 3 der französischen Luftstreitkräfte schießt bei Reims eine Aviatik ab. Die Voisin 3 wird auch als erstes Flugzeug der Welt mit einer Kanone ausgerüstet (eine 37- oder 47-mm-Hotchkiss).

21. Dezember – Erster nächtlicher Bombenangriff des Krieges. Er wird von einer Maurice Farman M.F.11 des RNAS auf Ostende vorgetragen.

1915 Das erste feste MG schießt im Flug von einem Flugzeug aus. Es handelt sich um eine Morane-Saulnier L.

26. April – Erstes Victoria Kreuz (höchster britischer Militärorden) für ein Mitglied der Luftstreitkräfte. Es wird an Lt. W. B. Rhodes-Moorhouse von der 2. Staffel verliehen.

Erstes Flugzeug mit einem festen und synchronisierten MG: die deutsche Fokker E.III.

Erstes Ganzmetall-Flugzeug der Welt: die deutsche Junkers J.I.

2. August – Erste Versenkung eines Schiffes durch einen Torpedo, der von einem Flugzeug abgeworfen wurde. Dieser Erfolg gelingt Fregattenkapitän C. H. K. Edmonds mit einer Short 184.

1916 Bau des ersten russischen Aufklärers: der Lebed 12.

17. Mai – Erster erfolgreicher Versuch, ein Flugzeug durch ein anderes in die Luft tragen zu lassen und dort zu starten: die Bristol Scout D wird von einem Porte Baby-Wasserflugzeug transportiert.

November – In Großbritannien kommt der erste schwere Nachtbomber zum Einsatz: die Handley-Page 0/100.

1917 **Mai** – Erste strategische Bombardierung eines einzigen Zieles: die deutschen Bomber Gotha G.V greifen London an.

1918 Bau des ersten österreichischen Jägers: der Aviatik D.I.

In Großbritannien wird der erste strategische Bomber gebaut: es ist die Handley-Page V/1500, die auch das größte britische Flugzeug des ganzen Krieges ist.

Bau des ersten rein italienischen Jägers: der Ansaldo A.1 Balilla.

Register

(Die fettgedruckten Zahlen beziehen sich auf die abgebildeten Flugzeuge)

A

A.B.C.
- Wasp I. 214
Accles e Pollock, 77
- Seddon, 77, **77**
Achenbach, 20
Ader, Clément, 27, 28
- Avion III, 27, 28, **28**
- Eole, 27, **27**, 28
A.E.A., 58
- Red Wing, 96
- Silver Dart, 32, 96
A.E.F., (American Expeditionary Force), 155, 158, 160
A.E.G., 115, 265
- B.I, 249
- B.II, 249, **249**
- C.IV, 249, 265, **265**
- C.IVN., 265
- G.I. 258
- G.II, 258
- G.III, 258
- G.IV, 258, **258**
- G.IVb, 258
- G.IVk, 258
- G.V, 258
A.E.R., 138
Aerial Experiment Association, 32, 53, **84**
Aerial Steam Carriage, 14, 15, 18
Aerial Steamer, 18
Aerial Transit Co., 15
Aero Club Francia, 31, 41
Aeronautical Society of Great Britain, 17
A.G.O.
- C.I, 251
- C.II, 251, **251**
- C.III, 251
- C.IV, 251
Air Battalion of the Royal Engineers, 164
Aircraft Manufacturing Co., 180
- Airco D.H. 1, 212
- Airco D.H. 1A, 212
- Airco D.H. 2, 111, 164, 180, **180**, 202
- Airco D.H. 4, 200, 201, **201**, 204
- Airco D.H. 4A (Liberty plane), 200
- Airco D.H. 4B, 201
- Airco D.H. 5, 202, **202**
- Airco D.H. 6, 213
- Airco D.H. 9, 204, 205
- Airco D.H. 9A, 204, 205, **205**
- Airco F.E. 1, 212
- Airco F.E. 2, 212
Albatros Werke GmbH, 130, 149, 152, 174, 281, 286, 287, 294
- B.II, 218, 247, **247**, 262
- B.III 262
- C.1, 262
- C.III, 262, **263**
- C.IV, 262
- C.V, 262, 263
- C.VII, 262
- C.X, 262
- C.XII, 263, 293
- D.I, 112, 149, 177, 260, 274, 292
- D.II, 112, 121, 177, 261, **261**, 274, 292
- D.III, 112, 121, 147, 183, 190, 192, 261, 274, 275, **275**, 281, 305
- D.V, 121, 192, 275, 281
- D.Va, 280, 281, **281**
- D.XI, 294
- G.I, 292
- G.II, 292
- J.I, 293
- W.4, 267, 292
Albert, Prinz, 167
Alcock, John, 207, 211
American Expeditionary Force, 200, 201, 235
American Experiment Association, 96
Anatra, A., 219
Ansaldo Giovanni & C., 224, 228
- Ansaldo A. 1 (Balilla), 228, **228**
- S.V.A., 221, 228, 230
- S.V.A.4, 231
- S.V.A.5, 230, 231, **231**
- A.V.A.9, 231
- S.V.A.10, 231
Antoinette, 40, 43, 50
Antoinette IV, VI e VII (siehe Levavasseur, Léon)
Anzani, 47, 56
Arban, François, 24
Archdeacon, Ernest, 31
Argus, 82, 216, 294
Armstrong-Witworth
- F.K.3, 198, 212
- F.K.8, 198, **198**
A.S.L.
- Valkyrie A, 96
Asteria N. 2 e N. 3 (siehe Società Aeronautica Asteria)
Austin-Ball
- A.F.B.1, 214
Austro-Daimler, 97, 117, 275, 298, 302
Automobil und Aviatik-Werke, 130, 136, 162, 219, 273, 285
- B.I. 225, 250, 297
- B.II, 250
- C.I, 250, **250**
- C.Ia, 250
- C.II, 250
- C.III, 250
- D.I, 121, 305

Aviatik (siehe Automobil und Aviatik-Werke)
Avion III (siehe Ader, Clément)
A.V.Roe e Co., 50, 89
- Avro F, 89, **89**
- Avro 504, 164, 166, 167, 213
- Avro 504A, 166, **167**, 167
- Avro 504C, 166
- Avro 504D, 166
- Avro 504J, 167
- Avro 504K, 167
- Roe Biplane I, **50**
- Triplane I, 67, **67**

B

Baldwin, Frederick, 53
Ball, Albert, 149, 165, 214
Baracca, Francesco, 113, 129, 146, 147, 157, 220, 221, 228
Baracca, Paolina, **221**
Baracchini, Flavio, 153, 221
Barber, Horatio, 96
Barnwell, Frank S., 164, 172, 173, 189, 190
Barnwell, R.H., 95
Beardmore, 174, 188, 190, 212
Béchereau, Louis, 92, 146, 156, 157
Beedle, 77
Bell, Alexander Graham, 53, 58
Benoist
- Wasserfahrzeug, 97
Bentley
- B.R.2, 208
Benz, 117, 253, 266, 290, 292, 293, 294
- Bz.IV, 285, 303
Bequet, 146
Besnier, 12
B.F.W., 285
B.H.P., 200
Bier, Heinrich, 296
Birkigt, Marc, 146
Bishop, William, 149, 165, 192
Blackburn Aeroplane & Motor Co.
- Monoplane, 71, **71**
- Kangaroo, 203, **203**
Blackburn, Louis, 31, 32, 42, 43, 56, 57, 61, 80, 96, 162, 220
- Eindecker, 33, 129
- VII 43, **43**
- IX, 56
- X, 34, 47, 56, 57, **57**, 60, 66, 162, 164
- XII, 96
B.M.W., 284, 294
- IIIa, 287, 289
Boelcke, Oswald, 110, 112, 246, 257, 262
Bohem, 99
Borel, Gabriel, 97

– Eindecker, 97
Bourcart, 16
Boyvin de Bonnetot, Jean François, 12
Brandenburg, 147, 254
– CC., 147
– D.I, 147, 152
Bréant, 15
Breguet, Jacques, 90
Breguet, Louis, 90, 91, 142, 154, 162
– Doppeldecker, 128, 129
– Breguet I, 90, 96
– Breguet III, 90, 91, **91**
– Breguet X, 91
– Breguet 4B.2, 142
– Breguet T Ca.2, 142
– Br. 14, 154, 155, **155**, 160, 235
– Br. 14A2, 154
– Br. 14B2, 154
– Br. M5, 142, **143**
– Breguet 1914, 162
Brezzi, 228
Bristol (siehe British & Colonial Aeroplane Co. Ltd.)
British Aerial Transport Co. (B.A.T.)
– Batman Mk.I, 214
British & Colonial Aeroplane Co. Ltd., 190
– Bristol Boxkite, 96
– Bristol Fighter, 112, 164, 190, 191, 214
– Bristol F.2A, 121, 190, 191
– Bristol F.2B, 121, 190, 191, **191**, 244
– Bristol Jupiter, 211
– Bristol M.IA, 189
– Bristol M.IC, 189, **189**
– Bristol R.2A, 190
– Bristol R.2B, 190
– Bristol Scout A, 172
– Bristol Scout C, 172
– Bristol Scout D, 172, **173**
Brumowski, Godwin, 113, 221, 295
Buchet, 44
BU-3, 142
Burdin, 31
Burkhard, Hans, 271
Busteed, Harry, 172
Buzio, 232

C

Calderara, Mario, 33, 66
Calzavara, 232
Campbell, Douglas, 235
Canadian Aeroplanes Ltd.
– JN-4 Can. (Canuck), 236
Canton-Unné, 91, 135, 137, 160, 162
Caproni (siehe Società di Aviazione ing. Caproni)
Caproni, Gianni, 33
Carbery, 172
Castel, 20
Caudron Frères
– Caudron G.3, 138
– Caudron G.4, 138, **138**
– Caudron G.6, 138
– Caudron R. 138, 161
– Caudron R.4, 161, 163

– Caudron R.11, 161, **161**
Caudron, René, 161
Cavendish, Henry, 23
Cayley, George, 13, 14, , **14,** 15
Cerutti, Marziale, 221
Chanute, Octave, 26
Charles, Jacques César Alexandre, 22, 23
– Ciarliera, 23, **23**
Chauvière, 47, 56, 62
Chauvière, Lucien, 47
Chayez, Geo, 33
Chiribiri, Antonio, 88
Chiribiri A. e C.
– N.5, 88, **88**
Clément-Bayard, 63
Clerget, 139, 173
Club Aviatori, 33
Coanda, Henri, 75
– Coanda, 75, **75**
Cockburn, George, 65
Cody, Samuel Franklin, 32, 79
Cody Michelin Cup, 79, **79**
Collishow, Raymond, 165, 194
Colt, 134
Concours Militaire die Reims, 87
Coppa Ernest Archdeacon, 31, 41, 45
Coppa Gordon Bennett, 33, 58, 92, 140
Coppa Schneider, 33, 92, 94, 95, 199, 212
Coppens de Houthulst, Willy, 113, 129, 153
Curtiss, 53, 96
Curtiss, Glenn Hammond, 32, 34, 53, 58, 59, 76, 84, 85, 96, 242
– Doppeldecker 34
– June Bug, 32, 58, 84
– Hydro A.1, 84, **85**
– Hydro A.2, 85
– Hydro A.3, 85
– Hydro A.4, 85
– Hydro H.12 Large America, 213
Curtiss Aeroplane and Motor Co., 239, 242
– Curtiss JN-2, 236
– Curtiss JN-3, 236
– Curtiss JN-4, 236, **237** 238
– Curtiss JN-4A, 237
– Curtiss JN-4B, 238
– Curtiss JN-4D, 237
– Curtiss JN-4H, 127
– Curtiss JN-6, 236
– Curtiss JN-6H, 237
– Curtiss N-9, 238, **238**
– Curtiss HA, 244
– Curtiss S.3, 244
– Curtiss 18-T, 244
Curtiss H-4, H-12, H-16 (siehe Naval Aircraft Factory)
Cygnet
– I, 53
– II, 53, **53**

D

Daimler, 25, 269
Daindrieux, 21
D'Améncourt, Ponton, 17
D'Annunzio, Gabriele, 230
Darbesio, Francesco, 86
D Argueeff, Paul V., 215
D Arlandes, François, 22
Da Zara, Leonino, 68
Degen, Jacob, 12
De Groof, Vincent, 16
De Gusmâo, Laurenço, 12
– »Passarola«, 12
De Havilland, Geoffrey, 73, 164, 168, 180, 200, 202, 212
De Havilland-Hearle
– Biplano (N.1), 73, **73**
Delage, Gustave, 140, 141, 148, 149, 158, 159
Delagrange, Léon, 32, 44, 45, 68
De La Landelle, Gabriel, 17
De Lana, Francesco, 12
De La Pauze, 20
Deperdussin, Armand, 92, 93
Deperdussin Cie., 92
– Deperdussin Rennflugzeug, 92
– Deperdussin Wasser-Rennflugzeug, 92, **93**
– Deperdussin Eindecker, 94, 128, 129, 146
– Deperdussin TT, 162
De Pischoff, 47, 66
De Pischoff-Koechlin
– Doppeldecker, 47, **47**
D Equevilly, 55
– Mehrdecker, 55
De Rose, 140
De Rozier, Jean François Pilatre, 21, 22, **23**, 23, 24
D.F.W., 253, 285
– Eindecker Taube, 248
– B.I, 248, **248**
– B.II, 248
– C.I, 248
– C.IV, 266
– C.V, 266, **266**
Dickson, Bertram, 164
Dieuaide, Emmanuel, 20
Dohuet, Giulio, 34
Dorand, 54, 150, 163
– Aeroplane, 54, **54**
Dorand AR.1, AR.2 e DO.1 (siehe Section Technique de l'Aéronautique)
Dornier
– D.I, 294
Dunne, John William, 78
Dupont, Pierre, 152
Du Temple, Félix, 15, 16, 21
Dux, 215
Dutheil-Chalmers, 47, 62

E

Edmonds, C.H.K., 186
Edwards, 68, 77
– Rhomboidal, 69, **69**, 77
Ely, Eugene, 58
Ellehammer, Jacob C. H., 51
– Halbdecker u. Dreidecker, 51

– IV, 51, **51**
Ellyson, Theodore G., 84, 85
E.N.V., 96
Eole (siehe Ader, Clément)
Erwin, W. P., 160
Escadrilles
– BR.17, 162
– D.4, 162
– D.6, 162
– 124 La Fayette, 235
Eskadra Voztushnykh Korab-lei, 217
Esnault-Pelterie, Robert, 31, 46, 162, 223
– Rep. 1, 46, **46**
– Rep. 2, 46
– Rep. 2bis, 46
Etrich, Igo, 80, 292
Etrich Taube, 34, 80, **80**, 292

F

Fabbrica Aeroplani Ing. O. Pomilio, 229
– Pomilio PC, 229
– Pomilio PD, 229
– Pomilio PE, 229, **229**
Fabre, Henri, 76, 85
– Hydravion, 76, **76**
Faccioli, Aristide, 33, 68
F.A.I. (Internationaler Luft-fahrtverband), 99
Fairey
– F.17 Campania, 214
Farman, Freres, 135
– Henri Farman F.16, 134
– Henri Farman F.20, 133, 134, **135**, 164
– Henri Farman F.21, 134
– Henri Farman F.22, 134, 135
– Henri Farman F.23, 134
– Henri Farman F.27, 135
– F.40, 144, **144**
– F.41, 144
– F.46, 144
– F.50, 163
– F.56, 144
– F.60, 144
– F.61, 144
Farman, Henri, 32, 44, 45, 64, 65, 99, 115, 132, 133, 134, 135, 144, 215, 220, 233
– Doppeldecker, 34, 129
– Henri Farman III, 32, 65, **65**
Farman, Maurice, 132, 134, 135, 144, 215
– Maurice Farman M.F.7, 132, 133, 134
– Maurice Farman M.F.11, 132, 133, 134
F.B.A.
– B. 139
– C. 139, **139**
– H. 139
Felixstowe
– F.2A, 213
Ferber, Ferdinand, 31, 128
Ferrari, Enzo, 221
Ferrarin, 231
Fiat, 226
– A.10, 135
– A.12, 155, 200, 225, 233
– A.12bis, 155, 211, 234
– A.14, 234

– R.2, 234
Fletcher, A.A., 188
Flugrennen von England, 33
Flugrennen von Europa, 33
Flugwochen von Reims, 32
Fokker Aeroplanbau GmbH, 83
Fokker, Anthony, 82, 83, 245, 256, 257, 276, 287
– Fokker Spin, 82, **83**
– Fokker Spin I, 82
– Fokker Spin II, 82, 83
– Fokker Spin III, 83
– Fokker M.1, 83
Fokker Flugzeug-Werke GmbH
– Eindecker, 110, 140, 165, 170, 174, 180, 181, 260, 261, 283, 287, 293
– Dreidecker, 113, 196
– D.VII, 112, 121, 277, 280, 283, 286, 287, **287**, 288, 291
– D.VII F, 287
– D.VIII, 112, 291, **291**
– Dr.I, 121, 192, 198, 276, 277, **277**, 291, 293
– E, 117, 121, 149, 246
– E.I, 257
– E.II, 110, 257
– E.III, 257, **257**
– E.IV, 111, 257
– E.V., 290, 291
– M5K, 257
Folland, H.P., 192
Fonck, Réné Paul, 113, 129, 146, 149, 156
Forlanini, Enrico, 20
Fournier, 96
Friedel, 270
Friedrichshafen, 115
– G, 268
– G.II, 268
– G.III, 268, 269, **269**
– G.IIIa, 269
Fulton, J.D.B., 164

G

Galloway
– Atlantic, 207
Garros, Roland, 130, 256
Gastambide, Jules, 60
Gavotti, Giulio, 34
Gibbs, L.D.L., 164
Giffard, Henri, 24, **24**, 25
Givaudan, 70, **70**
Gnôme, 33, 65, 91, 92, 95, 96, 97, 129, 139, 162, 173, 212, 215, 233
– monosoupape, 33, 173, 213, 219, 239, 244
– 9B, 241
Godden, F.W., 192
Goebel
– Goe.III, 277, 290
Goedecker, Jacob, 82, 83
Gothaer Waggonfabrik A.G., 115, 222, 268, 269, 270, 272
– G.I, 270
– G.II, 270
– G.III, 271
– G.IV, 271
– G.V, 269, 271, **271**
– G.Va, 271

– G.Vb, 271
Goupy, Ambroise, 66
– II, 66, **66**, 90 (von Blériot ge-baut)
G.P. Deutsch-Archdeacon, 32
Grahame-White, 142
Green, 79, 96, 174
Green, Charles, 24
Guidoni, Alessandro, 97
Guynemer, Georges Marie, 129, 131, 140, 146, 149, 156

H

Hackett, A.G., 77
Halberstädter Flugzeug-Werke
– Halberstadt C.III, 285
– Halberstadt C.V, 285, **285**
– Halberstadt C.VIII, 285
– Halberstadt CL.II, 278, **278**
– Halberstadt CL.IV, 278
– Halberstadt D.II, 112, 121, 149, 260, **260**
– Halberstadt D.III, 112, 260
– Halberstadt D.IV, 260
Halifax, 206
Handasyde, G.H., 214
Handley-Page Transport Ltd., 115, 164, 186, 207, 222
– 0/100, 184, **185**
– 0/400, 184, 185
– 0/700, 185
– V/1500, 115, 206, 207, **207**, 210
Hannover Waggonfabrik
– CL.IIIa, 294
Hansa-Brandenburg C.I, CC e C.I (siehe Phönix Flug-zeug-Werke)
Hansa und Brandenburgische Flugzeug-Werke, 269
– Hansa-Brandenburg C.II, 303, 304
– Hansa-Brandenburg KDW, 259, **259**, 267
– Hansa-Brandenburg W.12, 279, **279**, 292
– Hansa-Brandenburg W.19, 279
– Hansa-Brandenburg W.19, 279
– Hansa-Brandenburg W.29, 294
Hargrave, Lawrence, 33, 70
Hawker, Harry, 94, 183, 194
Hearle, F.T., 73
Heinkel, Ernst, 245, 247, 259, 262, 279, 294, 298, 300, 301, 303
Helgard, 217
Henson, William Samuel, **13**, 14, 18
Herring, Augustus M., 58
Herring-Curtiss Co.
– Curtiss Golden Flyer, 32, 33, 58, **59**, 84
– Gold Bug, 58, 59, 96
Hiero, 295, 298
Hirth, H., 272
Hispano-Suiza, 118, 146, 156, 159, 163, 179, 190, 192, 193, 195, 214, 215, 237, 244
Holland, Robert 24

Home Defence, 167, 169, 175, 179
Hotchkiss, 116, 130, 136, 142, 162

I

Immelmann, Max, 110, 111, 174, 257
Imperial Airways, 185
Imperiale Servizio Aereo, 215
Internationale Flugwoche von Brescia, 33, 68
Isotta Fraschini, 226, 232, 233, 234
– V-4B, 222

J

J.A.P. 50, 67
Jeffries, John, 24
Junkers-Fokker A.G., 245
– C.L.I., 119, 284, 288, **288**
– J.1, 118, 284, 294
– J.7, 284
– J.9 (D.I), 284, **284**
Junkers, Hugo, 284, 288, 294

K

Kapferer, Henry, 44
Kaszka, Saudor, **119**
Kazakov, Alexander, A., 109, 113, **119,** 215
Kenworthy, J., 177, 192
Kirkham, 244
Klein, B.G., 272
Koolhoven, Frederick, 198, 212, 214
Kruten, **119**

L

La Grande Semaine d'Aviation de la Champagne, 32, 58, 99
Lancaster, 206
Landmann, 99
Langley, Samuel Pierpont, 9, 28, 29, 31
– Autodrome, 9, 29, **29,** 31
Latham, Hubert, 57, 60, 61, 64, 87
– Antoinette VII, 32, 64
Lavrov, G.I., 216
Lebedev, Vladimir A., 218
Lebedev V.A. Aeronautics Ltd.
– Lebed 11, 218
– Lebed 12, 218, **218**
Le Bris, Jean-Marie, 15
Leonardo da Vinci, 9, **10,** 11, 13
Le Père, G., 240
Le Rhône, 162, 163, 173, 239
– 9I, 152, 213
– 9R, 152
Les Cigognes, 129, 146, 148
Letord 4, 163
Letur, Louis Charles, 15
Levavasseur, Léon, 33, 60
– Antoinette, 33
– Antoinette IV, 60, 61, **61**
– Antoinette VI, 60
– Antoinette VII, 61
Lewis, 116, 134, 142, 144, 148,
154, 167, 173, 178, 187, 200, 205, 240
Lewis, Isaac Newton, 115
L.F.G.
– Roland, 280
– Roland C.II, 292, 294
– Roland D.II, 294
– Roland D.VI, 112
– Roland D.VIb, 283
Liberty, 200, 201, 204, 205, 227, 229, 243, 244
– 12, 155
Lilienthal, Otto, 26, **26,** 27, 31, 36
Lloyd (siehe Ungarische Lloyd Flugzeug A.G.)
LMG 08/15, 257, 290
Locatelli, 231
Lohner, Jacob, 233
Lohner, Jacob Werke
– Lohner B, 299
– Lohner B.I, 299
– Lohner B.II, 299
– Lohner B.IV, 299
– Lohner B.IV, 299
– Lohner B.VII, 299
– Lohner C.I, 299, **299**
Lorraine-Dietrich, 155, 163
L.V.G., 253
– C.I, 252
– C.II, 252, **253**
– C.III, 252
– C.IV, 252
– C.V, 252, 253
– C.VI, 252, 253
– C.VIII, 253
Lörzer, Bruno, 274
Loup, Michel, 15, **16**
Löwenhardt, Erich, 246
Lufbery, Raoul, 235
Luigi XVI, 22
Luke jr., Frank, 235

M

Macchi (siehe S.A. Nieuport-Macchi)
Manly, Charles, 29
Mannock, Edward, 113, 165, 192
Maria Antoinetta, 22
Marlin, 240
Martinsyde, Ltd.
– F.3, 214
– F.4 (Burrard), 214
– G.100 (Elephant), 188, **188**
– G.102, 188
– S.1, 212
Masiero, 231
Mason, Monck, 24
Maybach
– MbIV, 255, 272
Mc. Cubbin, 174
Mc. Cudden, James, 165, 192
Mc Curdy, J.A.D., 32, 53, 96
Melikoff, 20
Mercedes, 117, 262, 284, 286, 287, 289, 292, 293, 294, 298, 299
– D.III, 165, 274
– D.IVa, 263
Mesnier, 28
M.F.W. 254
Midland Aero Club, 77

Miller, Franz, 33, 68
Mitchell, William 235
Moineau, Réné, 163
Montgolfier, Jacques Etienne, 22
Montgolfier, Michel Joseph, 22
F.lli Montgolfier
– Montgolfier, 22, **23**
Moore-Brabazon, J.T.C., °50, 64, 81
Morano, F.lli, 97, 130, 151
Morane-Saulnier, 129
– G. 97, 215
– L. 110, 130, 256
– LA, 131
– N, 131, **131**
– P, 131
– AI, 131, 151
– BB, 162
– MS.27C.1, 151
– MS29C.1, 151
– MS.30E.1, 151
– T, 163
Mortimer, 72
Moy, Thomas, 18
Mozhaiski, Alexander F., 21, **22**

N

Napier
– Lion, 207
Naval Aircraft Factory
– Curtiss H-4, 242, 243
– Curtiss H-12, 242, 243
– Curtiss H-16, 243, **243**
Navarre, 149
Nawk, Kitty, 9, 36
N.E.C., 77
Nieuport (siehe Société Anonyme des Etablissements)
Nungesser, Charles, 129, **129,** 140, 149, 156

O

O.A.W., 273, 286
Oberursel, 111
– UR.II, 291
– UR.III, 290
O.E.F.F.A.G., 275
– Albatros D.II, 295
– Albatros D.III, 295
Oelerich, 99
Österreichisch-Ungarische Flugzeugfabrik Aviatik
– Aviatik B.II, 297, **297**
– Aviatik B.III, 297
– Aviatik D.I, 302, **302**
Olibari, Luigi, 221
Olympia, Aero Show, 81, 97, 170
Orenco, B. 244
Origoni, 86
Otto B. 292

P

Packard Motor Car Co., 118, 240
Packard Le Père-Lusac
– Lusac 11, 240, **240**
– Palli, Natale, 230

Passarola (siehe De Gusmâo, Laurenço-Guidoni
- Idro, 97
Paul Schmitt, 7, 163
Pénaud, Alphonse, 19
- »Planoforo«, 19
Pescara, Pateras, 97
Peugeot, 145
Pfalz Flugzeug-Werke, 280, 287
- Pfalz D.III, 192, 280, **280**
- Pfalz D.IIIa, 280
- Pfalz D.XII, 112, 289, **289**
- Pfalz D.XV, 289
- Pfalz Dr.1, 293
Phillips, Horatio F., 38, 52
- Mehrdecker 1, 38
Phönix Flugzeug-Werke
- Hansa-Brandenburg CI, 298, **298**, 304
- Hansa-Brandenburg CC, 301, **301**
- Hansa-Brandenburg D.I, 300, **300**, 301, 302, 305
- Phönix C.I, 303, **303**
- Phönix D.I, 305, **305**
- Phönix D.II, **119**
Piazza, Carlo, 34, 57
Piccio, Pier Ruggero, 221, 228
Pixton, Howard, 94, 199
Platz, Reinhold, 245, 276, 286, 290
Pomés, 20
Pomilio, Ottorino, 233
Pomilio PC, PD e PE (siehe Fabbrica Aeroplani Ing. O. Pomilio)
Ponzelli-Miller
- Aerocurvo, 68, **68**
Ponzelli, Riccardo, 68
Poplavko, 256
Porte, John C., 242
Premio Mortimer-Singer, 97
Prévost, Maurice, 92, 93, 99
Prix de l'Altitude, 61, 64
Prix de la Vitesse, 58, 61
Prix des Passegers, 64
Prokofieff de Seversky, Alexander, 215

R

R.A.F. (Royal Aircraft Factory), 164, 165, 168, 169, 171, 174, 176, 179, 181, 185, 191, 193, 201, 202, 208, 209, 210, 214
- B.E., 168
- B.E.1, 168
- B.E.2, 164, 168, 214
- B.E.2a, 164, 168
- B.E.c, 169
- B.E.2c, 110, 169, **169**, 178, 181
- B.E.2e, 213, 215
- B.E.8, 164, 212
- B.E.8a, 212
- B.E.12, 176, 181, **181**
- B.E.12a, 181
- B.E.12b, 181
- F.E.2, 174, 177
- F.E.2a, 174
- F.E.2b, 111, 174, 175, 257
- F.E.2d, 175
- F.E.8, 177, **177**

- R.E.5, 171, **171**, 176
- R.E.7, 176, **176**
- R.E.8, 178, **179**, 190, 198
- R.E.8a, 179
- R.E.9, 179
- R.T.1, 179
- S.E.2a, 212
- S.E.5, 112, 121, 164, 165, 192
- S.E.5a, 192, **193**, 193, 214, 275, 276, 286
R.A.F.
- 1a, 212, 213
- 3a, 200
Ramasotto, Maurizio, 88
Ranza, Ferruccio, 221
R.B.V.Z. Russisch-Baltische Waggonfabrik), 215, 216, 217
Renault, 91, 96, 145, 150, 163, 216
- 12K, 155
Rennen von Savio, **221**
R.E.P., 56, 96
- R.E.P. N, 162
Revelli, 116, 232, 244
R.F.C. (Royal Flying Corps), 34, 137, 148, 162, 164, 165, 166-169, 171, 172, 178, 179, 182, 183, 187, 190, 191, 194, 196, 198, 212, 256, 276
Rhodes-Moorhouse, W.B., 168
Richet, Charles, 90
Rickenbaker, Edward, 113, 129, 146, 235
R.N.A.S. (Royal Naval Air Service), 34, 137, 149, 162, 164, 166, 169, 172, 182, 183, 187, 194, 195, 196, 199, 213, 227, 243
Robert, M.N., 23
Roberts, 97
Rodgers, Calbraith, 33
Rolls-Royce, 118
- Eagle, 118, 175, 200
- Eagle I, 243
- Eagle III, 176
- Eagle VIII, 200, 207, 211, 213, 214, 243
- Falcon I, 190
- Falcon II, 191
- Falcon III, 191, 214
Romain, Pierre, 24
Rosatelli, Celestino, 230, 234
Roshon, 52
- multiplane, 52, **52**
Royce, Henry, 118
Ruchonnet, 92
Ruffo di Calabria, Fulco, 146, 221, 228
Rumpler E. Flugzeug-Werke GmbH, 80
- Eindecker Taube, 254
- B.I, 254
- C.I, 254, **255**, 267
- C.III, 254, 255
- C.IV, 254, 255
- C.VII, 255, 285
- D.I, 293
- 6B, 267
- 6B1, 267, **267**
- 6B2, 267

S

Sablatnig, Joseph, 293
- C.I, 293
- N.I, 293
- S.F.1, 293
- S.F.2, 293
S.A. des Appareils d'Aviation Hanriot, 113, 149
- Hanriot HD.1, 129, 153, **153**, 157, 221
Safety, 72, **72**
S.A. Nieuport-Macchi, 140, 149, 152, 153, 220, 233, 234
- Wasserflugzeuge, 139
- L.1, 233
- L.2, 233
- L.3, 233
- M.5, 232, **232**
- M.5, Mod., 232
- M.8, 234
- M.9, 234
- Parasol, 233
S.A.M.L. (Soc. Aeron Mecc. Lombarda), 225
- S.1, 225
- S.2, 225, **225**
Santos-Dumont, Alberto, **24,** 25, 28, 32, 40, 41, 51, 62, 63, 96, 99
- N. 14, 41
- N. 14bis, 40, 41, 60
- Aeronave N. 60, 40
- Demoiselle N. 19, 62
- Demoiselle N. 19bis, 62
- Demoiselle N. 20, 62, 63, **63**
Sarti, Giuseppe, 230
Saulnier, Raymond, 97, 130, 151, 256
Savoia, Umberto, 224, 230, 233
Scaroni, Silvio, 153, 221
Schneider, Franz, 252, 256
Schneider, Jacques, 33
Schüte-Lanz, 273
Schwarzlose, 116, 296, 301
Section Technique de l'Aéronautique
- Dorand AR.1, 150, **150**
- Dorand AR.2, A2, 150
- Dorand DO.1, 150
Seddon (siehe Accles e Pollock)
Seddon, J.W., 77
Seguin. F.Iii, 33
Selfridge, Thomas E., 49, 53, 96
Sforza, 11
Shidlovski, M.V., 217
Short, F.Iii, 81
Short Brothers, 78, 164, 186, 187
- Short N. 2, 81
- Short N. 3, 81, **81**
- Short 184, 186
- Short Bomber B, 186
- Dunne D.5, 78, **78**
- Dunne D.8, 78
S.I.A. (Società Italiana Aviazione) 133, 224
- 7B, 234
- 7B1, 214, **214**
- 9B, 234
- S.P.2, 233

- S.P.3, 233
S.I.A.I., 234
- S.8, 234
Siddeley Puma, 200
Siemens-Halske
- Sh.III, 277, 282, 293, 294
Siemens-Schuckart-Werke
A.G., 149, 282
- D.I, 293
- D.II, 282
- DIIa, 282
- D.IIb, 282
- D.III, 282, **282**
- D.IV, 282
- R.I, 292
Sigrist, F. 94
Sikorsky, Igor, 34, 121, 216, 222
- Ilya Mourometz, 115, 121, 215, 216, 220, 222
- Ilya Mourometz E-1, 216
- Ilya Mourometz V, **217**
- Russkii Vitiaz, 216
Sleptzov, 218
Smith, Herbert, 164, 194, 196, 208, 276
Smith, Keith, 211
Smith, Ross, 211
Smuts, Jan Christian, 165
Smyslov-Dybovski, 256
Smythies, 16
Società Aeronautica Asteria
- Asteria N. 2, 86
- Asteria N. 3, 86, **86**
Società Aeronautica Italiana, 68
Società die Aviazione ing. Caproni, 115, 121, 220, 221
- Ca.18, 233
- Ca.24, 233
- Ca.25, 233
- Ca.3, 220
- Ca. 32, 222
- Ca.33, 222, 223, **223,** 226
- Ca. 4, 226, **227**
- Ca.41, 223
- Ca. 42, 223, 227
- Ca.43, 227
- Ca.44, 223
- Ca.45, 223
- Ca.46, 223
- Ca.48, 227
- Ca.5, 223, 226
- Ca.51, 227
- Ca.52, 227
- Ca.58, 227
Societé Anonyme des Etablissements, Nieuport, 121, **129,** 156, 215, 220, 235, 257, 293
- Eindecker, 34, 128, 129, 152
- IVG, 97
- Nieuport 10, 140, 141
- Nieuport 11, 111, 129, 140, 141, **141,** 148, 158, 165, 220
- Nieuport 14, 163
- Nieuport 16, 141
- Nieuport 17, 111, **119,** 129, 148, 149, 158, 165, 192, 220, 274, 293
- Nieuport, 24, 158, 159
- Nieuport 27, 158, 159
- Nieuport 28, 129, 158, 159, **159**

- Nieuport 29, 159
- Nie. 10 AR, 141
- Nie. 10 AV, 140
Societé Antoinette
- Antoinette Lathan (Monobloc), 87, **87**
Societé des Atelier d'Aviation Breguet-Richet, 90
Socété des Moteurs Salmson, 160, **160** 163, 216, 219, 235
Salmson-Moineau,
- S.M.1, 163
Sommer, Roger, 65
Sopwith Aviation Co., 183, 195-197, 208, 241
- Sopwith Baby, 199, **199**
- Sopwith Bat Boat, 97
- Sopwith Camel, 112, 121, 153, 164, 165, 192, 194, 195, 197, 208, 209, 214, 275, 286
- Sopwith Pup, **165,** 177, 183, **183,** 196
- Sopwith Tabloid, 94, 95, **95,** 199, 212
- Sopwith Triplane, 112, 164, 165, 177, **195,** 196, 275, 276, 295
- Sopwith 1¹/₂ Strutter, 163, 165, 182, **182,** 183, 195, 215
- Sopwith, TF.1, 197, **197,** 209
- Sopwith TF.2, (Salamander), 197, 208, 209
- Sopwith T.1 Cockoo, 214
- Sopwith 5F.1, (Dolphin), 209
- Sopwith 7F.1, (Snipe), 208, 209
Sopwith, T.O.M., 94, 95
S.P.A.D., 113, **119,** 121, 152, 159, 165, 235
- A.2, 162
- S.VII, 111, 129, 146, **147,** 148, 149, 156, 157, 192, 194, 221, 244
- S.XI, 157, 160
- S.XIII, 112, 129, 146, 147, 149, 156, 157, **157,** 221, 275, 286
Spandau, 116, 276
Spandau, 116, 276
Standard Aircraft Co. 241
- Standard E-1, 241, **241**
Steffen, F.lii, 292
Stringfellow, John, 14, 17, 18, **19**
Struvé, 16
Sunbeam, 216
- Arab, 191, 214
S.V.A.
- 5, 234
- 10, 234
S.V.A. 4, 5, 9 e 10 (siehe Ansaldo Giovanni & C.)

T

Tatin, Victor, 19
Telescheff, 16
Theiss, Karl, 285
Thelen, Robert, 245, 261, 274
Thomas, B.D., 239
Thomas-Morse Aircraft Co.
- S.4, 239, **239**
- S.4C, 239

Thulin-Le Rhône, 291
Trophäe Michelin, 33, 79

U

Udet, Ernst, 246, 274
Ungarische Flugzeugfabrik, 298, 300, 301, 302
- Ufag C.I, 304, **304**
Ungarische Lloyd Flugzeug A.G.
- Llòyd C.I, 296
- Lloyd C.II, 296, **296**
- Lloyd C.III, 296
- Lloyd CIV, 296
- Lloyd C.V, 296
Ursinus, Oskar, 270

V

Vaugham, 72
Vauxhall, 24
Verdon-Roe, Alliot, 32, 50, 67, 89, 166
Verduzio, Rodolfo, 244, 230
Vermorel, 70
Vickers Ltd.
- N. 1, 96
- Vickers 18, 170
- F.B.5, 170, **170,** 213 (Gunbus)
- F.B.9, 213
- F.B.12, 213
- F.B.19, 213, 215
- Mk.II, 214
- Mk.II, 211, 214
- Mk.III, 211
- Vimy, 207, 210, 211, **211**
Vickers, 96, 116, 134, 146, 148, 154, 156, 173, 178, 200, 205
Vindex, 173
Vivinus, 64, 65
Voisin Charles, 44, 64
Voisin, F.Ili, 44, 45, 64
Voisin, Gabriel, 31, 44, 64, 68, 85, 136, 145
- Doppeldecker, 50, 64, 129
- Voisin 4, 137, 143, 145
- Voisin 4 LB, 137
- Voisin 4 LB.S, 137
- Voisin 5, 137, **137,** 143, 145
- Voisin 6, 137
- Voisin 8, 145, **145**
Voisin-Delagrange, 44, 45
Voisin-Farman (Doppeldekker), 44, 45
von Berg, 295, 302
von Daum, Franz, 82, 83
von Gerstoff, 257
von Lössl, Ernst, 247
von Richthofen, Manfred, 113, 114, 190, 246, 262, 274, 276, 286, 287
von Schleich, Eduard 274
von Zeppelin, Ferdinand, 25, 26, 268
- Zeppelin I, **25,** 26
- Zeppelin L.56, 26
- Zeppelin LZI, 25, **25**
Voss, Werner, 274, 276
Vulia, Trajan, 42, 80
- Vuia N.1, 42, **42**
Vuillerme, 154

W

Waller, 174
Washington, George, 24
Winstow, Alan, 235
Wintgens, Kurt, 257
Wise, John, 24
Wissemann, 129
Whitten-Brown, Arthur, 207, 211
Wolff, Harald, 282
Wolseley
− Viper, 193
− Viper, 193
Wright, F.lli, 9, 21, 27, 31, 32, 34, 36, 37, 39, 40, 44, 47, 48, 50, 74

Wright, Orville, 26, 28, 31, 32, 36, 37, 40, 48, 49, 66, 71, 82, 99
Wright Brothers, 44, 79, 81, 96, 128, 235, 237, 244
− Wright A, 74
− Wright B, 74, **74**
− Wright, EX, 74
− Wright R, 74
− Wright Baby 33
− Wright Baby Grand, 74
− Flyer I. 9, 36, 37, **37**
− Flyer II, 31
− Flyer III, 31, 39, **39,** 40, 48
− Flyer A, 32, 48, 49, **49**
Wright-Martin, 244
− M.8, 244

Z

Zavod A.A. Anatra, 219
− Anatra D. 219
− Anatra DS, 219, **219**
Zeppelin Werke Staaken
− Staaken, 115, 273
− Staaken R, 268, 269
− Staaken R.VI, 272, **273**
− Zeppelin R.IV, 273
− Zeppelin R.V. 273
− Zeppelin R.VI, 273
− Zeppelin R.VIII, 273
− Zeppelin V.G.O.I, 272
− Zeppelin V.G.O.II, 273
− Zeppelin V.G.O.III, 273